Stefan Terzibaschitsch

Flugzeugträger der U.S. Navy

Band 1: Flottenflugzeugträger

2., überarbeitete und erweiterte Auflage

Bernard & Graefe Verlag

Das vordere Bild des Schutzumschlages zeigt *Coral Sea* (CV-43); auf dem Flugdeck befinden sich Flugzeuge des Geschwaders CVW-13. (Foto: USN amtlich, 1985)

Die Fotos auf der Rückseite des Schutzumschlages zeigen

links oben: *Carl Vinson* (CVN-70), aufgenommen 1982 kurz vor der Indienststellung. (Foto: Newport News S. B. & D. D.)

rechts oben: *Midway* (CV-41), aufgenommen Ende 1979 im Indischen Ozean. (Foto: USN amtlich)

links unten: Backbordseite der Insel von *Nimitz* (CVN-68), aufgenommen im August 1975 in Wilhelmshaven. (Foto: Verfasser)

rechts unten: Steuerbordseite der Insel von *Forrestal* (CV-59), aufgenommen vor New York City am 5. Juli 1976. (Foto: Verfasser)

1. Auflage 1978

Lithos: Repro GmbH, Landshut/Karl Wenschow GmbH, München
Satz und Druck: Karl Wenschow GmbH, München
Bindung: Conzella, Urban Meister
Herstellung und Layout: Walter Amann, München
Printed in Germany

ISBN 3-7637-5803-8

Inhalt

Vorwort

Bei Beendigung des Zweiten Weltkrieges war die amerikanische Marine die stärkste der Welt, womit Großbritannien die bis zum Beginn jenes Krieges innegehabte Vormachtstellung zur See an die Vereinigten Staaten abgeben mußte. Amerikanische Flugzeugträger waren es, die geholfen hatten, die entscheidenden Siege in den Weiten der pazifischen Kriegsschauplätze zu erringen. Auch im Atlantik halfen amerikanische Geleitträger ihren britischen Schwesterschiffen bei der Bekämpfung deutscher U-Boote. Mit Beginn des Einsatzes dieser Schiffe wurde für die damalige deutsche Seekriegsführung der U-Boot-Krieg wesentlich problematischer und die relative Sicherheit der alliierten Schiffsgeleitzüge größer.
Die organisatorischen, finanziellen und personellen Anstrengungen der Vereinigten Staaten, eine dem japanischen Gegner überlegene Flotte zu erbauen, fand beim Bau der Flugzeugträger ihren besonderen Niederschlag. War die amerikanische Marineleitung schon Mitte der 20er Jahre zu der Erkenntnis gekommen, daß ein künftiger Krieg zur See ohne die Unterstützung durch eine eigene Seeluftwaffe nicht mehr denkbar sei, so verhinderten zunächst die Beschränkungen des Washingtoner Flottenvertrages einen wirksameren Aufbau der amerikanischen Trägerflotte. Nach Wegfall dieser Beschränkungen und als klar wurde, daß die USA auf die Dauer einer Teilnahme am bereits im Gang befindlichen globalen Krieg nicht entrinnen konnten, setzte ein zielstrebiges Bauprogramm ein, das jedoch erst so spät zur Auswirkung kam, daß nach den ersten verlustreichen Kämpfen der amerikanischen Flotte im Pazifik zeitweilig nur ein einziger halbwegs kampfbereiter Träger zur Verfügung stand; ein Zustand, der sich erst ab Ende 1942, dann aber bald entscheidend, zu ändern begann.
Beim Überfall Japans auf Pearl Harbor besaß die U.S. Navy sieben aktive Flugzeugträger, die bald der vollen Wucht japanischer Angriffe ausgesetzt waren. Vier von ihnen gingen 1942 durch Feindeinwirkung verloren. Seit Ende 1942 bis zum Kriegsschluß im August 1945, d. h. in nur 2½ Jahren, kamen 17 Flottenträger der *Essex*-Klasse und 9 leichtere Träger-Umbauten der *Independence*-Klasse hinzu. Trotz zum Teil schwerer Beschädigungen zahlreicher Träger ging bis zum Kriegsschluß nur noch ein leichter Träger verloren. Der Kampf der Flottenträger wäre jedoch in seiner erwiesenen Wirksamkeit kaum mit solchen Erfolgen gekrönt gewesen, wenn es nicht noch auch die kleineren, gebrechlichen Geleitflugzeugträger gegeben hätte. 124 wurden erbaut, 38 davon an die Royal Navy ausgeliehen. Sechs amerikanische Geleitträger wurden während der Kämpfe versenkt. Das gesamte Bauprogramm war ursprünglich noch viel größer; als sich das für die Alliierten erfolgreiche Kriegsende abzuzeichnen begann, wurden die Bauaufträge für 27 Träger annulliert; darunter waren 3 CVB, 8 CV und 16 CVE.
In den 50er und 60er Jahren waren es wieder Trägerflugzeuge, ohne deren Unterstützung die Erdkämpfe in Korea und Vietnam nicht erfolgreich hätten bestanden werden können. Hierbei konnten zunehmend die guten Eigenschaften von Hubschraubern genutzt werden. Während der Einsätze vor Korea und vor Vietnam ging kein Flugzeugträger verloren, auch waren keine Beschädigungen durch Feindeinwirkung zu verzeichnen, es gab jedoch Ausfälle durch Unglücke, die zu Wochen und Monate dauernden Reparaturen führten.
Auch heute noch, 35 Jahre nach dem Ende des Zweiten Weltkrieges, steht außer Zweifel, daß es die amerikanische bordgestützte Seeluftwaffe ist, die den schmalen Grat der gerade noch vorhandenen amerikanischen Übermacht zur See darstellt. Dem gegenüber steht eine stetig wachsende Sowjet-Flotte, die sich seit einigen Jahren ebenfalls anschickt, ihre bordgestützte Seeluftwaffe auf die Weltmeere zu bringen. Die Notwendigkeit der Beibehaltung der amerikanischen Übermacht zur See ist offensichtlich und wird kaum bezweifelt. Um die wirtschaftlichste Art, die Seeluftwaffe zu erhalten und ihr die am besten geeigneten seegehenden Plattformen bereitzustellen, wird gegenwärtig – wie übrigens fast ständig seit dem Zweiten Weltkrieg – zäh gerungen. Gefahren werden dabei sichtbar – bedingt durch mangelnde Einsicht in Mindestprioritäten und verursacht durch das beständige Anwachsen der Schiffbaukosten – daß durch unangebrachte Schiffbau-Auftragsreduktionen Fehler gemacht werden könnten, deren Folgen an die Substanz des Verteidiungspotentials der USA und damit der NATO gehen würden.
Mitten in diesem andauernden Prozeß erscheint dieses Werk, das sich erstmalig in der deutschspra-

chigen Marineliteratur mit den Flugzeugträgern der U.S. Navy befaßt, einer Marine, die zahlenmäßig mehr Träger hatte als alle übrigen Flotten der Welt zusammen. Der Bogen, der dabei gespannt wird, reicht von den Anfängen der Trägerwaffe überhaupt, d. h. vom ersten Flugzeugträger *Langley* (CV-1) bis in die Gegenwart zum letzten fertiggestellten Atomträger *Dwight D. Eisenhower* (CVN-69). Damit wird die vom Verfasser begonnene Serie von geschlossenen Bild-Dokumentationen einzelner Schiffsgattungen der U.S. Navy, die mit den im Zweiten Weltkrieg eingesetzten Kreuzern und Schlachtschiffen eingeleitet wurde, fortgesetzt. Der Ordnung halber darf hier nicht unerwähnt bleiben, daß die vom gleichen Verfasser stammenden Bände „Die Seeluftwaffe der U.S. Navy und des Marine Corps", erschienen 1974, und „Das FRAM-Modernisierungsprogramm der U.S. Navy", erschienen 1975 beim J. F. Lehmanns Verlag in München, als hilfreiche Ergänzung des hier vorliegenden Bandes angesehen werden müssen. Dies gilt sinngemäß auch für die zahlreichen Einzel-Veröffentlichungen des Verfassers über Flugzeugträger, die in verschiedenen Jahrgängen der „Marine-Rundschau" erschienen sind.

Der Umfang der gebotenen Materie machte es notwendig, eine Teilung in zwei Bände vorzunehmen. Der vorliegende Band behandelt Schiffe der Kategorien CV, CVB, CVA, CVL, CVS und CVN einschließlich deren teilweise zweckentfremdeten Umbauten, während die Masse der Geleitflugzeugträger (CVE) und die wenigen Klassen der mit der Luftwaffe in Verbindung stehenden Hilfsschiffe in einem später erscheinenden zweiten Band vorgestellt werden. Das *Aussehen* der Flugzeugträger steht hier mehr im Mittelpunkt als deren *schiffbautechnische Details*. Flugzeugträger wurden während des Zweiten Weltkrieges und in der Zeit danach mehrmals grundlegend umgerüstet und modernisiert. Aber auch bei den neueren Trägerklassen werden ständig Änderungen vorgenommen, deren Art und Umfang hier in Text, Bild und Zeichnung festgehalten werden.

Einige der älteren Zeichnungen und Deckspläne stammen aus der Feder von Herrn Klaus-Dieter Schack. Der größere Teil wurde von Herrn Eberhard Kaiser neu angefertigt. Ihm dankt der Verfasser für den Eifer, mit dem er an die Herstellung der Zeichnungen herangegangen ist. Unterschiede im Stil der beiden Zeichner ergeben sich verständlicherweise schon dadurch, daß die älteren Zeichnungen ursprünglich für den viel kleineren Maßstab vorgesehen waren, wie er beim „Weyers Flottentaschenbuch" Verwendung findet. In diesem Band werden die Zeichnungen – wie bei den übrigen Büchern des Verfassers – im internationalen Modellbau-Maßstab 1:1250 wiedergegeben.

Großer Wert wurde auf die Foto-Auswahl gelegt. Der größte Teil besteht aus amtlichen Fotos der U.S. Navy, die den Sammlungen der Bibliothek für Zeitgeschichte in Stuttgart, des Verfassers sowie der Herren Gerhard Albrecht, Siegfried Breyer und Jürg Kürsener entnommen wurden. Allen Beteiligten sei Dank für die leihweise Überlassung gesagt. Ein kleiner Teil der Fotos stammt von den Berufsfotografen Marius Bar, Wright & Logan und Real Photographs; die meisten wurden bisher noch nicht publiziert. Einzelfotos trugen bei die Herren G. Ghiglione, A. Fraccaroli, G. Gotuzzo, Dr. W. Noecker (†), N. Polmar, P. H. Silverstone, Pradignac & Leo und Fr. Villi.

An dieser Stelle sagt der Verfasser seinen besonders tief empfundenen Dank seinem maritimen Freund A. D. Baker, III, der nicht nur mit einer großen Anzahl von Fotos aushalf, sondern auch zahlreiche unschätzbare Einzelinformationen lieferte.

Schließlich dankt der Verfasser herzlich dem Verlag Bernard & Graefe, daß er in folgerichtiger Fortsetzung der beim J. F. Lehmanns Verlag begonnenen Serie diesen Band in sein Verlagsprogramm aufgenommen hat; Herrn Arnold Kludas für das sorgfältige Lesen des Manuskriptes; Herrn Prof. Dr. Jürgen Rohwer für die Genehmigung, Fotos aus dem Archiv seiner Bibliothek für Zeitgeschichte in Stuttgart verwenden zu dürfen; dem Department of the Navy in Washington, dort den Herren R. A. Carlisle beim Office of Naval Informations, R. T. Speer beim Naval Historical Center, Cl. van Vleet, dem „Naval Aviation Historian", für die Belieferung mit Fotos und sehr wertvollen Einzel-Informationen; den Kommandanten und Presseoffizieren zahlreicher U.S.-Flugzeugträger und der Werft Newport News S. B. & D. D. Co. für die Zusendung von Fotos und Informationsmaterial.

Leonberg, im Sommer 1978

Stuttgarter Str. 25 Stefan Terzibaschitsch

Vorwort zur 2. Auflage

Seit der Erscheinung der ersten Auflage des vorliegenden Buches im Jahre 1978 sind beinahe acht Jahre vergangen. In diesem Zeitraum hat die Flugzeugträgerwaffe bei der U.S. Navy, ja bei den Überlegungen der verantwortlichen amerikanischen Politiker an Bedeutung gewonnen. Der Bau von atomangetriebenen Trägern hat sich durchgesetzt, die Bauzeiten sind kürzer, als dies in den 70er Jahren der Fall gewesen war. Alle sind sich darüber im klaren, daß die Zahl von 13 aktiven Flugzeugträgern unter Berücksichtigung der diversen Spannungsfelder rund um die Weltkugel nicht mehr als ausreichend angesehen werden kann. Gegenwärtig wird die Zahl von 15 aktiven Trägern anvisiert, wobei berücksichtigt werden muß, daß die beiden alten Träger *Midway* und *Coral Sea* altersmäßig ebenso negativ zu Buche schlagen wie der uralte Schulträger *Lexington*. Es gilt nun, sie alle im Laufe der frühen 90er Jahre zu ersetzen. Die Lebenserwartung der ohnehin stabiler gebauten „Super"-Flugzeugträger wird durch das SLEP-Modernisierungsprogramm noch verlängert. Dennoch darf man nicht übersehen, daß auch die ersten Super-Träger der *Forrestal*-Klasse rund 30 Jahre alt sind. Will man unter den gegebenen Umständen eine Flotte von 15 aktiven Trägern aufrechterhalten, so darf mit dem Bau neuer Träger zu keinem Zeitpunkt aufgehört werden. Während der Regierungszeit der Reagan-Administration sind zwei neue CVN kommissioniert worden, zwei weitere wurden im Tandemverfahren zum Bau vergeben. Ein weiterer CVN soll kurz nach 1990 in Auftrag gegeben werden. Hierbei ist man den klugen Weg gegangen, nicht immer wieder neue Typen zu entwickeln; man hält sich an das bewährte Spitzenmodell *Nimitz*, von dem es bis zur Mitte der 90er Jahre vermutlich sieben Einheiten geben wird.

Bei den Flugzeugen ist die Umrüstung der Jagdstaffeln auf die F-14A abgeschlossen, und durch den Zugang der Doppelzweck-Maschine F/A-18 wird eine neue Ära eingeleitet. Die Bordgeschwader erfahren bei Verwendung der neu aufgestellten VFA-Staffeln zugleich eine Erweiterung der Jagdkapazität, alternativ mit der Verbesserung der Qualität der leichten Jagdbomberflugzeuge. Einen wesentlichen Fortschritt bringt auch die Einführung der verbesserten „Harrier"-Version AV-8B in acht Staffeln des Marine Corps, als Ersatz für die veraltete A-4M. Hierdurch wird die Voraussetzung geschaffen, daß die neue Klasse von amphibischen Mehrzweckschiffen – *Wasp* (LHD-1) – zusammen mit ihrer Vorgängerklasse *Tarawa* (LHA-1)-Senkrechtstarter aufnehmen und bei Bedarf in der „Sea Control"-Rolle eingesetzt werden kann.

Bei der Aufstellung der Konzeption für die zweite Auflage des Flugzeugträgerbuches waren sich Verlag und Autor darüber im klaren, daß all dieser Entwicklung der vergangenen Jahre Rechnung getragen werden sollte. Das Resultat dieser Überlegungen liegt jetzt vor.

Weit über seine eigentliche Aufgabe, Zeichnungen auch für diesen Band zu liefern, ist mir Herr Eberhard Kaiser im Laufe der langjährigen Zusammenarbeit zu einem unentbehrlichen Berater geworden, wofür ich ihm vielmals danke.

Zusätzlich zu all den im Vorwort der ersten Auflage erwähnten Personen und Institutionen möchte ich ausdrücklich danken

- Herrn Willi Donko, der zahlreiche Schiffsfotos beigesteuert hat und mir auch sonst in mancher Hinsicht geholfen hat,
- den Herren L. van Ginderen, Pradignac & Léo und Zeitlhofer für die uneigennützige Zurverfügungstellung von Schiffsfotos, wie auch
- Herrn Roger Pfister, meinem jungen schweizerischen Marinefreund, für manchen stillen aber unentbehrlichen Dienst.

Leserzuschriften auch zu dem nun vorliegenden Band sind mir stets willkommen. Auf langwierige briefliche Erörterungen kann ich mich aus zeitlichen Gründen jedoch nicht einlassen und bitte um Verständnis hierfür.

Leonberg, im Frühjahr 1986

Stefan Terzibaschitsch

Abkürzungs- und Stichwort-Verzeichnis

Abkürzung bzw. Stichwort	englische Bedeutung	deutsche Bedeutung
Schiffs-Kategorien		
AC	Collier	Kohlenfrachter
AV	Seaplane Tender	Seeflugzeugtender (hier Reparaturschiff)
AGMR	Major Communication Relay Ship	Nachrichtenverbindungs- und Relaisschiff
CC	Command Ship	Kommando- und Hauptquartier-Schiff
CV	Aircraft Carrier	Flugzeugträger
CVA	Attack Aircraft Carrier	Angriffs-Flugzeugträger
CVAN/CVN	Attack Aircraft Carrier, nuclear powered	Atomangetriebener Angriffs-Flugzeugträger
CVB	Large Aircraft Carrier	Schwerer Flugzeugträger
CVL	Small Aircraft Carrier	Leichter Flugzeugträger
CVE	Escort Aircraft Carrier	Geleit-Flugzeugträger
CVS	ASW-Support Carrier	U-Jagd-Flugzeugträger
CVT	Training Aircraft Carrier	Schul-Flugzeugträger
LHA	Multi-purpose Amphibious Assault Ship	Mehrzweck-Hubschrauberträger
LPH	Amphibious Assault Ship	Hubschrauberträger
AVT	Auxiliary Aircraft Transport	Flugzeugtransporter
IX	Unclassified Miscellaneous	Sonstiges Hilfsschiff
Schiffsverbände		
ASW-Group	Anti-Submarine Warfare Group	U-Jagd-Trägergruppe (CVS + Begleitschiffe)
CARDIV	Carrier Division (heute nicht mehr gültig)	Trägerdivision
CARGRU	Carrier Group (heutige Bezeichnung)	Trägerdivision
CTF	Carrier Task Force	Träger-Einsatzverband
TF	Task Force	Einsatzverband
TG	Task Group	Einsatzgruppe (mehrere bilden eine TF)
TU	Task Unit	Teil-Verband
I, III etc FL	I, III etc Fleet	I., III usw. Flotte (Kurzbezeichnung für den größtmöglichen Schiffsverband der Navy)
HUK	Hunter/Killer Group	Andere Bezeichnung für den U-Jagdverband der früheren 50er Jahre
Träger-Flugzeugverbände		
CVG/CAG/ CVBG/CVW/ CVLG/ CVSG/CVEG	Carrier Air Group/Wing	Verschiedene Kürzungen für die diversen Bezeichnungen der Träger-Flugzeuggeschwader zwischen ca. 1940 und 1978
CVG (N)	Night Carrier Air Group	Nacht-Flugzeuggeschwader der End-40er Jahre
ATG	Air Task Group	Ad-hoc-Geschwader, zumeist zusammengesetzt aus verschiedenen, nicht zueinander gehörenden Staffeln verschiedener anderer Geschwader
Sq.	Squadron	Staffel (Grundeinheit auch bei der bordgestützten Seeluftwaffe)
VF	Fighting Sq.	Jagdstaffel
VF (N)	Night Fighting Sq.	Nachtjagdstaffel
VB	Bombing Sq.	Bomberstaffel
VS	Scouting Sq.	Bordaufklärungsstaffel (bis Kriegsende)

Abkürzung bzw. Stichwort	englische Bedeutung	deutsche Bedeutung
VS	Air Anti-Submarine Sq.	U-Jagdstaffel (ab 1955)
VSB	Scouting/Bombing Sq.	Bomber/Aufklärerstaffel (sowohl für VB, wie für VS als auch VSB wurden zumeist die selben Flugzeugtypen – mit unterschiedlicher Zuladung – verwendet)
VT	Torpedo Sq.	Torpedostaffel (bis Kriegsende)
VT	Training Sq.	Schulstaffel (gegenwärtig)
VTB	Torpedo/Bombing Sq.	Torpedo/Bomberstaffel
VC	Composite Sq.	Zumeist größere Staffel, in denen mehrere Flugzeugtypen vorhanden waren
VA	Attack Sq.	Jagdbomberstaffel
VAH	Heavy Attack Sq.	Bomberstaffel (ab ca. 1951)
RVAH	Reconnaissance Attack Sq.	Bord-Fernaufklärerstaffel
VAP	Heavy Photographic Sq.	Fotoaufklärungsstaffel mit A-3-Maschinen
VFP	Light Photographic Sq.	Fotoaufklärungsstaffel mit F-8-Maschinen
VAW	Carrier Early Warning Sq.	Radar-Frühwarnstaffel
VAQ	Tactical Electronic Sq.	ECM-Staffel
VQ	Fleet Air Reconnaissance Sq.	Flotten-Erkundungsstaffel
HS	Helicopter Anti-Submarine Sq.	Hubschrauber-U-Jagdstaffel
HSL	Helicopter Sea Control Sq.	Hubschrauber-U-Jagdstaffel mit Maschinen für den Einsatz auf Zerstörern und Fregatten
HU	Helicopter Utility Sq.	Hubschrauber-Hilfsdienststaffel (aufgehoben)
HC	Helicopter Combat Support Sq.	Neue Bezeichnung für die HU-Staffeln
MAW	Marine Air Wing	Flugzeuggeschwader des Marine Corps
MAG	Marine Air Group	Flugzeug- bzw. Hubschraubergruppe des USMC
VMF/VMFA	Marine Fighting Sq.	USMC-Jagdstaffel
VMA	Marine Attack sq.	USMC-Jagdbomberstaffel
VMA/AW	Marine All-Weather Attack Sq.	USMC-Allwetter-Bomberstaffel (mit A-6)
VMAQ	Marine Tactical Electronic Sq.	USMC-ECM-Staffel
VMFP	Marine Light Photographic Sq.	USMC-Fotoaufklärerstaffel
VMCJ	Marine Composite Reconnaissance Sq.	Alte Bezeichnung für die nunmehr getrennten VMAQ- und VMFP-Staffeln
VMC	Marine Composite Sq.	Gemischte USMC-Staffel (nicht mehr vorhanden)
HMH	Marine Heavy Helicopter Sq.	Schwere USMC-Hubschrauber-Transportstaffel
HMH	Marine Medium Helicopter Sq.	Mittlere USMC-Hubschrauber-Transportstaffel
HML	Marine Light Helicopter Sq.	Leichte USMC-Hubschrauber-Transportstaffel
HMA	Marine Attack Helicopter Sq.	USMC-Erdkampf-Unterstützungsstaffel

Sonstige Abkürzungen und Stichworte

AN/SPS...		voll ausgeschriebener Serien-Präfix bei neueren Radargeräten der Army/Navy-Serie
BPDMS	Basis Point Defence Missile System	Abkürzungen für Nahabwehrbereichs-Lenkwaffenanlagen mit Sea Sparrow-Flugkörpern
IPDMS	Improved Point Defence Missile System	
CHAFROC	Chaff Rocket	Radartäusch- (Düppel-) Raketen
CTOL	Conventional Take-off and Landing	Konventionell startende und landende Flugzeuge

Abkürzung bzu. Stichwort	englische Bedeutung	deutsche Bedeutung
COD	Carrier-on-board-delivery	Abkürzung für die Bord-Kurierflugzeuge der Flugzeugträger (bisher C-1A und C-2A)
CV-Konzept		Neue Zusammensetzung des Bord-Flugzeuggeschwaders in den 70er Jahren, wobei neben taktischen auch U-Jagdstaffeln mitgeführt werden
ESM	Electronic Countermeasures (passive)	Elektronische Kriegführung (passiv)
ECM	Electronic Countermeasures (active)	Elektronische Kriegführung (aktiv)
ECCM	Electronic Counter-Countermeasures	Abwehr Elektronischer Gegenmaßnahmen
FLG		Feuerleitgerät
FL-Radar		Feuerleitradar
FRAM	Fleet Rehabilitation and Modernization Program	Umfangreiches Modernisierungsprogramm der U.S. Navy in den frühen 60er Jahren
IFF	Identification friend/foe	Gerät zur Freund-Feind-Unterscheidung
L/25		Kaliber × 25 = Rohrlänge (bei Geschützen)
Mk 51, Mod. 3	Mark 51 Model 3	Seriennummer und Version eines Gerätes
NRT	Naval Reserve Training Ship	Trainingsschiffe der Marine-Reserve
NTDS	Naval Tactical Data System	datenverarbeitendes Kommando- und Übermittlungsgerät auf größeren Kriegsschiffen
SCB	Ship Characteristic Board	In Verbindung mit einer Serienzahl: Bau- bzw. Umbaumaßnahmen-Bezeichnung (nur bis 1966)
SLEP	Service Life Extension Program	FRAM-ähnliches Modernisierungsprogramm für Flugzeugträger ab *Forrestal*-Klasse, beginnend Anfang der 80er Jahre
SPN ...		Standard-Präfix bei Landeanflug-Radarantennen
SPS ...		Standard-Präfix bei Radargeräten (ab etwa 1950)
SPG ...		Standard-Präfix bei Flugkörper-Leitgeräten
SQS ...		Standard-Präfix bei Sonargeräten auf Überwasserschiffen
SRN ...		Standard-Präfix bei TACAN-Anlagen
STOL	Short take-off and landing	Kurzstreckenstarter
TACAN	Tactical Air Navigation Aid	Navigationshilfe für Flugzeuge und Hubschrauber
URN ...		Standard-Präfix bei TACAN-Anlagen
USMC	United States Marine Corps	Abkürzung für das U. S. Marine Corps
USN	United States Navy	Abkürzung für die Marine der U.S.A.
USS	United States Ship	Präfix vor Schiffsnamen U.S. Navy
USNS	United States Naval Ship	Präfix vor Schiffsnamen nicht kommissionierter U.S.-Schiffe
USAAF	United States Army Air Force	Abkürzung für die Luftstreitkräfte der U.S.A., als diese noch keine selbständige Waffengattung waren, sondern dem Heer (U.S. Army) unterstanden
USAF	United States Air Force	Luftwaffe der Vereinigten Staaten
VTOL	Vertical Take-off and Landing	Senkrechtstarter
WSC-		Präfix für Nachrichtenverbindungs-Anlagen über Satelliten

Namensgebung amerikanischer Flugzeugträger

Bei der Namensgebung amerikanischer Kriegsschiffe gab es viele Jahre lang eine gewisse Systematik. So wurden z. B. benannt:

- ☐ Schlachtschiffe nach Bundesstaaten der U.S.A.
- ☐ Kreuzer nach Städten
- ☐ Zerstörerführer und schwere Fregatten nach verdienten Admiralen
- ☐ Zerstörer nach verdienten Offizieren
- ☐ Geleitschiffe nach verdienten Mannschaftsdienstgraden der Navy und des Marine Corps
- ☐ U-Boote nach Fischen und Meerestieren
- ☐ Strategische U-Schiffe nach für die amerikanische Geschichte verdienten Personen.

Diese Systematik wurde in den letzten Jahren durchbrochen, so daß gegenwärtig – nicht zuletzt auch wegen etlicher Umklassifizierungen – bei der Namensgebung erhebliche Konfusion herrscht.

Die Namensgebung der Flugzeugträger war niemals homogen und erfolgte schon immer nach unterschiedlichen Gesichtspunkten. Im Anfang wurden den Namen von
für das Flugwesen verdienten Personen gewählt, wobei in den dreißiger Jahren auch die damals noch vorhandenen Seeflugzeugtender einbezogen waren. Hiervon zeugen die Namen *Langley* und *Wright.*

Beliebt war die Benennung nach
Kampforten oder Schlachten der amerikanischen Kriege.
Hiernach wurden benannt *Antietam, Belleau Wood, Bennington, Bunker Hill, Cowpens, Lake Champlain, Lexington, Monterey, Oriskany, Princeton, San Jacinto, Saratoga, Ticonderoga, Valley Forge* und *Yorktown.*

Einige Träger wurden nach
früheren, historisch bedeutenden Schiffen
benannt, wie z. B. *Bon Homme Richard, Boxer, Enterprise, Essex, Franklin, Hancock, Intrepid, Kearsarge und Ranger.*

Nur zwei Träger erhielten *Insekten*-Namen, nämlich *Wasp* und *Hornet.* Dies sind zugleich Traditionsnamen der Marine.

Manche der im II. Weltkrieg erbauten Träger – wie übrigens auch ein Teil der Geleitflugzeugträger (CVE) – erhielten Namen *großer Seeschlachten und Landungen, wie* z.B. *Bataan, Coral Sea, Leyte, Midway, Phillippine Sea, Saipan* und *Tarawa.*

Erst ab Ende des II. Weltkriegs wurden Träger nach *verdienten Präsidenten der Vereinigten Staaten* benannt, so *F. D. Roosevelt, Dwight D. Eisenhower, John F. Kennedy, Theodore Roosevelt, Abraham Lincoln* und *George Washington,*
aber auch nach *anderen verdienten Persönlichkeiten,* wie *Cabot, Forrestal, Nimitz, Randolph* und *Carl Vinson.* Beim letztgenannten Namen handelt es sich um eine höchst eigenwillige, nicht allgemein gutgeheißene, persönliche Entscheidung des Präsidenten Nixon, CVN-70 nach dem *noch lebenden* Kongreßmitglied Carl Vinson zu benennen, der sich als langjähriger Vorsitzender eines Verteidigungsausschusses für die Stärkung der Navy eingesetzt hat.

Etwas seltener geschieht die Namensgebung nach sonstigen, z.T. *traditionellen Begriffen,* wie z. B. *America, Constellation, Independence, Kitty Hawk.* Einmalig ist die Benennung *nach einem berühmt gewordenen imaginären Begriff,* nämlich *Shangri La.*

Wie aus den Tabellen am Ende des Buches zu ersehen ist, wurden etliche Flugzeugträger bereits während der Bauzeit umbenannt. Dies geschah, um diesen Trägern *Traditionsnamen gesunkener oder sonst bekanntgewordener Flugzeugträger* zu geben. Hierzu gehören *Enterprise, Hornet, Independence, Langley, Lexington, Princeton, Wasp und Wright.*

Klassifikation und Kennungen amerikanischer Flugzeugträger

Jedes Schiff der U.S. Navy besitzt neben dem Schiffsnamen eine Kennung, die aus zwei bis vier Buchstaben (für die jeweilige Schiffs-Kategorie) und einer innerhalb der Kategorie fortlaufenden Nummer besteht. Die Kennung wird nur einmal vergeben, und zwar dann, wenn feststeht, daß der Bau des Schiffes autorisiert ist. Die Namensgebung erfolgt in der Regel erst wesentlich später, jedoch stets noch vor der Kiellegung.
Am 17. Juli 1920 wurden für die Gattung der Flugzeugträger die Kenn-Buchstaben CV eingeführt. Am 15. Juli 1943 erhielten die neun leichten Flugzeugträger der *Independence*–Klasse, und später auch die beiden letzten der *Saipan*-Klasse, die Kennbuchstaben CVL. Sie wurden als „small aircraft carrier" bezeichnet, das „L" stand aber offensichtlich für „light". Die Bezeichnung „large aircraft carrier" erhielten am 15. April 1945 die schweren Träger der *Midway*-Klasse; zugleich wurde für sie die Kennung CVB eingeführt, wobei das „B" für „battle" gestanden hat. Für den ersten fertiggestellten Superträger *Forrestal* war noch vor Baubeginn ebenfalls diese Kennung vorgesehen, jedoch wurden dann am 1. Oktober 1952 alle CV und CVB zu CVA = „attack aircraft carrier" umklassifiziert. Als Folge der damaligen Intensivierung der bordgestützten U-Jagd erhielten bereits am 8. Juli 1953 etliche Träger die Bezeichnung CVS für „anti-submarine warfare carrier", wobei das „S" für „support" gestanden hat. Darunter waren alle SCB-27A-Umbauten. Diese Trennung in CVA bzw. CVS bestand bis 1973, als aus wirtschaftlichen Erwägungen alle CVS nacheinander ausrangiert wurden. Nach Einführung des sogenannten „CV-Konzeptes" wurde *Saratoga* II bereits 1970 wieder zu CV reklassifiziert. Es folgten weitere Einzel-Umklassifizierungen, bis dann auch die restlichen aktiven Träger am 1. 7. 1975 wieder die frühere Kennung CV erhielten. Dies galt auch für die nicht direkt vom CV-Konzept betroffenen Träger der *Midway*-Klasse. – Ab 29. 5. 1956 wurde der Zusatzbuchstabe „N" für atomangetriebene Träger eingeführt (CVAN bzw. gegenwärtig CVN).
Sämtliche CV, CVL, CVA, CVS, CVAN, und CVN sind fortlaufend von 1 bis z.Zt. 73 durchnumeriert. Nur sie sind Gegenstand dieses Buches. In einer gesonderten Nummern-Reihe waren die wesentlich kleineren Geleitflugzeugträger erfaßt.

Über deren Klassifizierung wird in einem der letzten Abschnitte dieses Buches die Rede sein.
Mehrere leichte und auch große Träger schieden im Laufe ihrer Dienstzeit aus der Organisation der Seeluftwaffe aus und erhielten in Verbindung mit ihrer neuen Verwendung auch neue Kennungen. Dies galt auch für eine Anzahl von älteren, eingemottet in der Reserveflotte befindlichen Trägern. Es wurden eingeführt:

- ☐ Am 27. Oktober 1955: LPH = Amphibious Assault Ships (Hubschrauberträger)
- ☐ Am 20. April 1959: AVT = Auxiliary Aircraft Transport (Flugzeugtransporter)
- ☐ Am 15. April 1961: CC = Command Ship (Führungsschiffe)
- ☐ Am 1. Juni 1963: AGMR = Major Communication Relay Ships (Nachrichtenverbindungs-Relaisschiffe)

Die den großen und mittleren Trägern zugewiesenen Kenn-Nummern und die dazugehörigen Namen sowie die im Laufe der Dienstzeit erfolgten Umklassifizierungen ergeben sich aus der nachfolgenden Übersicht:

Kenn-Nr.	Name	begonnen als	umklassifiziert als								Bemerkungen
			CVL	CVA	CVS	LPH	AVT	CC	AGMR	CV	
1	*Langley*	(AC)/CV									21.4.37 als AV-3 reklassifiziert
2	*Lexington*	(CC)/CV									
3	*Saratoga*	(CC)/CV									
4	*Ranger*	CV									

Kenn-Nr.	Name	begonnen als	umklassifiziert als CVL	CVA	CVS	LPH	AVT	CC	AGMR	CV	Bemerkungen
5	*Yorktown*	CV									
6	*Enterprise*	CV		1.10.52	8. 8.53						
7	*Wasp*	CV									
8	*Hornet*	CV									
9	*Essex*	CV		1.10.52	8. 3.60						
10	*Yorktown*	CV		1.10.52	1. 9.57						
11	*Intrepid*	CV		1.10.52	8.12.61						
12	*Hornet*	CV		1.10.52	27. 6.58						
13	*Franklin*	CV		1.10.52	8. 8.53		15.5.59				
14	*Ticonderoga*	CV		1.10.52	21.10.69						
15	*Randolph*	CV		1.10.52	31. 3.59						
16	*Lexington*	CV		1.10.52	1.10.62						1.1.69 als CVT-16 reklassifiziert, am 1.7.78 als AVT-16
17	*Bunker Hill*	CV		1.10.52	8. 8.53		15.5.59				
18	*Wasp*	CV		1.10.52	1.11.56						
19	*Hancock*	CV		1.10.52						30.6.75	
20	*Bennington*	CV		1.10.52	30. 6.59						
21	*Boxer*	CV		1.10.52	1. 2.56	30.1.59					
22	*Independence*	(CL)/CV	15.7.43								
23	*Princeton*	(CL)/CV	15.7.43								
24	*Belleau Wood*	(CL)/CV	15.7.43								
25	*Cowpens*	(CL)/CV	15.7.43				15.5.59				
26	*Monterey*	(CL)/CV	15.7.43				15.5.59				
27	*Langley*	(CL)/CVL	15.7.43								
28	*Cabot*	(CL)/CVL	15.7.43				15.5.59				1950: CVL(K) – 28 bzw. 29; Kennung nicht wirksam geworden
29	*Bataan*	(CL)/CVL	15.7.43				15.5.59				
30	*San Jacinto*	(CL)/CVL	15.7.43				15.5.59				
31	*Bon Homme Richard*	CV		1.10.52							
32	*Leyte*	CV		1.10.52	8. 8.53		15.5.59				
33	*Kearsarge*	CV		1.10.52	1.10.58						
34	*Oriskany*	CV		1.10.52						30.6.75	

Kenn-Nr.	Name	begonnen als	umklassifiziert als									Bemerkungen
			CVL	CVB	CVA	CVS	LPH	AVT	CC	AGMR	CV	
35	*Reprisal*	CV										
36	*Antietam*	CV			1.10.52	8. 8.53						
37	*Princeton*	CV			1.10.52	1. 1.54	2.3.59					
38	*Shangri La*	CV			1.10.52	6.69						
39	*Lake Champlain*	CV			1.10.52	21. 8.57						
40	*Tarawa*	CV			1.10.52	10. 1.55		1.5.61				
41	*Midway*	CV		15.7.43	1.10.52						30.6.75	
42	*F. D. Roosevelt*	CV		15.7.43	1.10.52						30.6.75	
43	*Coral Sea*	CV		15.7.43	1.10.52						30.6.75	
44		CV										
45	*Valley Forge*	CV			1.10.52	1. 1.54	1.7.61					
46	*Iwo Jima*	CV										
47	*Philippine Sea*	CV			1.10.52	15.11.55		15.5.59				
48	*Saipan*	CV	15.7.43					15.5.59	1.1.64	21.8.64		Sollte CC-3 werden
49	*Wright*	CV	15.7.43					15.5.59	1.9.63			
50–55		CV										
56–57		CV		15.7.43								
58	*United States*	CV		15.7.43								
59	*Forrestal*	CVB			1.10.52						30.6.75	
60	*Saratoga*	CVB			1.10.52						1.7.72	
61	*Ranger*	CVA									30.6.75	
62	*Independence*	CVA									28.2.73	
63	*Kitty Hawk*	CVA									29.4.73	
64	*Constellation*	CVA									30.6.75	
65	*Enterprise*	CVAN									30.6.75	
66	*America*	CVA									30.6.75	
67	*John F. Kennedy*	CVA									1.12.74	
68	*Nimitz*	CVAN									30.6.75	
69	*Dwight D. Eisenhower*	CVAN									30.6.75	

Kenn-Nr.	Name	begonnen als	umklassifiziert als									Bemerkungen
			CVL	CVB	CVA	CVS	LPH	AVT	CC	AGMR	CV	
70	*Carl Vinson*	CVN										
71	*Theodore Roosevelt*	CVN										
72	*Abraham Lincoln*	CVN										
73	*George Washington*	CVN										

Flugzeugträger 1920 – 1950

Nach anfänglichen Versuchsstarts und -landungen der ersten bordfähigen Flugzeuge in den Jahren vor dem I. Weltkrieg war es das Jahr 1911, das als Gründungsjahr der amerikanischen Seeluftwaffe angesehen werden kann. In diesem Jahr wurden die ersten Gelder bewilligt und die ersten Offiziere erhielten ihre Pilotenausbildung. 1914 erklärte der damalige Secretary of Navy Josephus Daniels, daß die Waffe Flugzeug einen großen Teil der amerikanischen Seestreitkräfte bilden muß, und zwar in defensiver wie in offensiver Hinsicht. Trotz alledem gab es im April 1917 erst 48 Navy-Piloten, einschließlich derer des Marine Corps, sowie 54 zumeist gebrechliche Flugmaschinen; danach aber ging der Aufbau rapide voran. Die Marineflieger versenkten bereits im I. Weltkrieg etwa ein Dutzend deutscher U-Boote.

In den 20er Jahren konnte dann ein enormer Aufschwung verzeichnet werden. Die Flugzeuge wurden stabiler, sie hatten größere Reichweiten und flogen höher. Die meisten Schlachtschiffe und Kreuzer erhielten schwenkbare Katapulte, und die mit Schwimmern ausgerüsteten Aufklärungsflugzeuge wurden zum verlängerten Arm der Seestreitkräfte. Neue Kampftaktiken für Jagd- und Bombenflugzeuge wurden entwickelt. Zugleich aber waren dies auch Jahre der Unsicherheit und der Diskussion über das umstrittene Thema „Flugzeug contra Schlachtschiff“.

Der enorme Unterschied bei den Einsatzmöglichkeiten von CV-1 *Langley* und den nur relativ kurze Zeit später fertiggestellten beiden Schlachtkreuzer-Umbauten *Lexington* und *Saratoga* könnten darauf schließen lassen, daß die letzteren eher so etwas wie eine Verlegenheitslösung gewesen sind. Man hätte eher gemeint, daß der *Langley* zunächst einmal ein mittlerer Trägertyp hätte folgen müssen, auf dem die Praxis des nunmehr intensivierten Flugbetriebs erprobt würde. Dem war aber nicht so. Man muß wissen, daß sich bereits geraume Zeit vor der im November 1921 stattgefundenen Flottenkonferenz in Washington die U.S. Navy mit Flugzeugträger-Studien und -Vorentwürfen beschäftigt hat, bei denen es um Schiffe von bis zu 35 000 ts Standard ging. Dabei ist auch wissenswert, daß diese Vorentwürfe im wesentlichen von den Erfahrungen der britischen Flotte beeinflußt waren. Der später bekanntgewordene britische Schiffskonstrukteur S. V. Goodall war eine Zeitlang bei der amerikanischen Marinebehörde für Vorentwurfs-Planungen zuständig. Er hatte somit wesentliches Mitspracherecht bei der Bestimmung von Kriegsschiffsklassen der U.S. Navy. Parallel hierzu kamen von der höheren Marineschule in Newport Ergebnisse von Planspielen, die ebenfalls in die Vorausplanungen eingebracht wurden. Einige Gedanken, die damals schon zur Planung von großen Flugzeugträgern geführt hatten, sind erwähnenswert. Die Leistungen der Jagdflugzeuge im gerade beendeten I. Weltkrieg gestatteten die Annahme, daß einer künftigen Begegnung gegnerischer Flotten erst einmal Luftkämpfe vorangehen würden. In jedem Fall sollten Aufklärungsflugzeuge der eigenen Flotte ermöglichen, früher – d. h. auf größere Entfernung – mit einem gezielten Beschuß beginnen zu können, nachdem erst einmal festgestellt wurde, mit einem wie starken Gegner man es überhaupt zu tun hatte. Zugleich sollten die gegnerischen Flugzeuge daran gehindert werden, dasselbe zu tun. Hierzu war die Erlangung der Luftüberlegenheit Trumpf, und dafür waren große Schiffe nötig, die zugleich viele Flugzeuge aufnehmen sollten. Die damals bereits geforderte Geschwindigkeit von mindestens 30 kn resultierte nicht etwa aus der Notwendigkeit des katapultlosen Starts der Bordflugzeuge, sondern aus der Forderung, mit den schnellen Schlachtschiffen und den Schlachtkreuzern Schritt halten zu können. Damals ordnete man noch dem Flugzeugträger seinen Platz bei den Aufklärungsstreitkräften zu. Der geforderte starke passive Schutz gegen Torpedos sowie die geplante Gelegenheits-Bewaffnung von bis zu 12 Torpedorohren wie auch die Forderung nach einer adequaten Geschützbewaffnung deuten auf die Annahme, daß die Flugzeugträger bei der ihnen zugedachten Aufgabe durchaus auch befähigt sein sollten, sich an einer Seeschlacht zu beteiligen, und daß sie in einer Seeschlacht bevorzugtes Ziel für den Gegner sein würden.

Bereits im Juli 1920 forderten die Flottenplaner den Neubau von vier Flugzeugträgern, drei Schlachtschiffen und einem Schlachtkreuzer; ein Jahr später rangierten die Flugzeugträger auf dieser Liste als vordringlich. Die erste Studie, die bereits Mitte 1918 angefertigt wurde, sah den Entwurf eines Trägerschiffes mit 24 000 ts Wasserverdrängung vor, das bei einer Antriebsleistung von

rund 140 000 PS 35 kn schnell sein sollte. Vermutlich waren hier zwei Inseln vorgesehen, auf jeder Seite des Schiffes eine. Weitere Vorentwürfe wurden durchgeplant, aber aus finanziellen Gründen bewilligte der Kongreß weder aus dem Etat 1920 noch 1921 einen Träger. Lediglich Mittel für den Umbau des Marine-Kohlenfrachters *Jupiter* wurden bewilligt, der dann als *Langley* (CV-1) der erste Flugzeugträger der U.S. Navy wurde, und der nicht mehr als ein Versuchsschiff sein konnte.
Aus dieser Sicht war für die U.S. Navy die anläßlich der Washingtoner Flottenkonferenz geschaffene Gelegenheit, zwei bereits vorhandene Schlachtkreuzer-Rümpfe zu Flugzeugträgern fertigbauen zu können, keineswegs eine Verlegenheitslösung. Die Größe der Schiffe gestattete die Mitnahme von (damals) bis zu 90 Maschinen, und die gegenüber einem Neubau errechneten etwas niedrigeren Umbaukosten (22,4 Mio $ gegenüber 27,1) beeinflußten die Entscheidung positiv.
In den 20er Jahren waren bei der Seeluftwaffe entscheidende Meilensteine zu verzeichnen:

- ☐ Im Juli 1921 wurde das ehemalige deutsche Linienschiff *Ostfriesland* durch Heeresflugzeuge durch schwere Bomben versenkt
- ☐ im März 1922 wurde der erste Flugzeugträger CV-1 *Langley* in Dienst gestellt, von dem aus – wenn auch nur im beschränkten Umfang – echter Flugbetrieb praktiziert und geübt werden konnte
- ☐ im Januar 1928 fanden die ersten Starts und Landungen auf den beiden großen Trägern *Lexington* und *Saratoga* statt. Dies war der Beginn des fortgeschrittenen und regelmäßigen Einsatzes der trägergestützten Luftwaffe, der seitdem bereits 50 Jahre lang praktiziert wird.

Die stürmische Expansion wurde in den 30er Jahren wegen der schwierigen wirtschaftlichen Lage etwas gebremst. Dennoch ging der Bau der Flugzeugträger weiter. Im Juni 1934 kam CV-4 *Ranger*, als erstes von Anfang an als Flugzeugträger gebautes Schiff, in Fahrt. Parallel zur Entwicklung der Bordflugzeuge verlief diejenige von landgebundenen und amphibischen Aufklärungsflugzeugen mit großer Reichweite, zu deren Betreuung Seeflugzeugtender eingeführt wurden. Später wurden auch Luftschiffe für die Aufklärung und bei der U-Jagd eingesetzt. Im März 1936, kurz bevor CV-6 *Enterprise* in Dienst kam, umriß die Navy in einem „Naval Expansion Act" die künftige Mindest-Wasserverdrängung von Flugzeugträgern mit 40 000 ts und die Soll-Zahl an Navy-Flugzeugen mit „nicht weniger als 3000". Ende der 30er Jahre wurde dann die Zusammensetzung des Träger-Flugzeuggeschwaders deutlich. Zum Einsatz kamen dort: Jagdflugzeuge (VF), Aufklärer (VS), Bomber (VB), die auch Sturzkampfeigenschaften hatten, sowie Torpedoflugzeuge (VT). Dies blieb bis etwa Mitte des II. Weltkriegs gültig, und nur am Verhältnis der einzelnen Flugzeugarten zueinander wurden Verschiebungen vorgenommen.
Die „Naval Aviation" hatte am 1. Juli 1941, also kurz vor dem Kriegseintritt der U.S.A., knapp 3400 Flugzeuge. Im Laufe des Krieges steigerte sich die Anzahl auf insgesamt ca. 41 000; davon waren 13 900 VF, 5100 VS und VB, 4900 VT. Durch diese Maschinen wurden im Laufe des Krieges ca. 15 000 gegnerische Flugzeuge und 174 Kriegsschiffe, darunter 13 U-Boote, vernichtet. Im atlantischen Bereich fielen allein 63 deutsche U-Boote Navy-Flugzeugen zum Opfer. All dies geschah in voller Integration mit den eigenen Seestreitkräften. Die vor dem Krieg erbauten CV-2 und 3 sowie 5 bis 8 waren der vollen Wucht der ersten japanischen Angriffe im Pazifik ausgesetzt; die leichten Träger der *Independence*-Klasse halfen den großen der *Essex*-Klasse ab 1943, die maritime Handlungsfreiheit wieder zu erlangen. Die beiden letzten leichten Träger jedoch, CVL-48 und 49, sowie die drei schweren der *Midway*-Klasse kamen zu spät zur Flotte, um noch am Kriegsgeschehen teilzunehmen. Insbesondere die letzteren aber wurden durch einschneidende Umbauten in den 50er und 60er Jahren so modernisiert, daß sie z. T. *(Midway)* die modernsten Strahlflugzeuge bis weit in die 80er Jahre mitführen können.

Waffen

Die Entwicklung und der Einsatz von Bordwaffen auf Flugzeugträgern stehen in Beziehung zum jeweiligen Stand der taktischen Einsatzplanungen sowie der immer fortschreitenden Waffen-Technologie. So ging man anfangs davon aus, daß die großen Flugzeugträger durchaus in Überwasserkämpfe, d. h. Schiff gegen Schiff, verwickelt werden könnten. Die Folge war die Einplanung von so typenfremden Geschützen, wie denen des Kalibers 20,3 cm auf CV-2 *Lexington* und CV-3 *Saratoga*, die nota bene auch zum Erscheinungsbild mancher japanischen Flugzeugträger gehörten. In den 20er Jahren galt noch verbreitet die Annahme, daß vor allem die schweren Schiffsgeschütze Seeschlachten entscheiden würden. Es war daher kaum denkbar, daß ein schweres Kampfschiff ohne eine entsprechende, für ein Seegefecht wirksame Bewaffnung fuhr. Gerade bei den ersten großen Trägern ging man von der These aus, daß diese Schiffe nach einer Ausschaltung ihres Flugbetriebes imstande sein müßten, als schwere Kreuzer weiterzukämpfen. Durch ihre hohe Geschwindigkeit und die Bestückung mit Seeziel-Ge-

schützen des Kalibers 20,3 cm würden sie hierfür durchaus befähigt sein. Die weitere Entwicklung ergab dann in zunehmendem Maße, daß der Träger nicht etwa nur als Unterstützung der Schlachtschiffe zu werten sei, sondern daß er selbst als Hauptschiff der Flotte zu gelten habe, dessen Vernichtung der Gegner vornehmlich anstreben würde. Denn auch auf der Gegenseite waren die japanischen Träger als Offensivschiffe konzipiert und ihre Bordflugzeuge wurden zur gefährlichsten Waffe, gegen die man sich ausreichend zu schützen haben würde. Bereits ab Ende der 20er Jahre verzeichnet man die Zunahme der Verwendung von mittelkalibrigen Fla-Waffen, zu denen eher zögernd mehrere Jahre später die leichten Fla-Waffen hinzukamen. Auch bei der Wahl der Fla-Bewaffnung spielten die bei Schießübungen gewonnenen Erkenntnisse eine entsprechende Rolle. Die ursprünglichen Annahmen entsprachen der Erwartung, daß die gegnerischen Flugzeuge durch ein Sperrfeuer weitreichender Geschütze am Durchbruch in Richtung der eigenen Schiffe gehindert werden könnten. Hierfür wählte man das Geschützkaliber 12,7 cm, das für die kommenden Jahrzehnte der U.S. Navy – nicht nur auf Flugzeugträgern – erhalten blieb. Erst gegen Ende der 30er Jahre führte man auch leichtere Maschinenwaffen ein, um einzelne durchgebrochene gegnerische Flugzeuge auf kurze Distanz bekämpfen zu können.
Im Kriege gewonnene Erkenntnisse bewiesen, daß in Wirklichkeit die Flugzeuge viel zäher waren, als man zunächst gedacht hatte. Gut geführte Torpedo- und Bomberstaffeln wurden im Laufe des Krieges für die Träger zur großen Gefahr, gegen die man sich nur durch gezielten Direktbeschuß wehren konnte. Im Gegensatz zu den 12,7-cm-Geschützen, deren Zahl im Laufe des II. Weltkriegs nur bei *Saratoga* erhöht wurde, vergrößerten sich die Zahlen der leichten Fla-Rohre beträchtlich, dies allerdings nicht nur auf Flugzeugträgern.
Nachstehend eine Übersicht über die auf Flugzeugträgern bis etwa 1950 eingesetzten Waffen. Hinsichtlich der Anzahl der leichten Flak je Schiff gab es z.T. erhebliche Unterschiede, wie aus den am Ende des Buches veröffentlichten Tabellen ersehen werden kann.

Seezielgeschütz 20,3 cm L/55
Schußweite 29,0 km bei 40° Rohrerhöhung. Die vier schmalen Doppeltürme vor der Brücke und hinter dem Schornstein von CV-2 *Lexington* und CV-3 *Saratoga* wurden 1941/42 entfernt, weil sie zu diesem Zeitpunkt mehr denn je typenfremd waren, und weil Platz geschaffen werden mußte für die schwere Flak. Der frühe Verlust der *Lexington* verhinderte die komplette Umrüstung bei diesem Schiff.

Mehrzweckgeschütz 12,7 cm L/25
Schußweite 13,3 km bei 40° Rohrerhöhung. Erste Generation der bordgestützten Flak, eingesetzt auf allen Vorkriegsträgern mit Ausnahme der *Yorktown*-Klasse. Auf *Saratoga* wurden diese Geschütze bei Kriegsbeginn gegen solche des neuen L/38-Modells ausgetauscht, deren Fla-Komponente weit besser ausgebildet war.

Mehrzweckgeschütz 12,7 cm L/38
Schußweite 16,6 km bei 45° Rohrerhöhung, Schußhöhe 11,3 km bei 85° Rohrerhöhung.
Wurde gegen Ende der dreißiger Jahre eingeführt und auf Trägern in zwei Versionen installiert:
- Als Doppelturm* Mk 32 und Mk 38 an Deck von *Saratoga* und *Essex*-Klasse
- Als Einzellafette Mk 12 auf *Saratoga* (CV-3) und auf *Essex*-Klasse.

Mehrzweckgeschütz 12,7 cm L/54 Mk 39
Schußweite 23,7 km bei 45° Rohrerhöhung, Schußhöhe 14,9 km bei 85° Rohrerhöhung. Wurde ausschließlich auf den drei *Midways* installiert. Jeder Turm wiegt etwa 25 t. Durch eine größere Rohrlänge als bei der L/38 und die Verwendung von schwereren Geschossen erreichte man hier bei gleicher Schußfolge (18 je Minute) größere Schußweiten. Dies entsprach der alten These, daß gegnerische Flugzeuge bereits auf größere Distanz mittels eines Geschoß-Vorhangs aufgehalten werden sollten. Die im Laufe der 50er Jahre von diesen drei Schiffen entfernten Türme wurden an die japanische Marine abgegeben, die damit ihre ersten neuen Nachkriegs-Zerstörer ausrüstete.
Die bisher erwähnten Geschütze wurden halbautomatisch nachgeladen, und sie benötigten dafür mehr Bedienungsmannschaften. Dies galt jedoch auch für die Maschinenflak, deren hohe Schußfolge ein schnelles Heranschaffen der Ersatzmunition notwendig machte, insbesondere bei den vierrohrigen Lafetten.

28-mm-Vierlingsflak
Schußweite 6,8 km bei 41° Rohrerhöhung, Schußhöhe 5,8 km bei 90° Rohrerhöhung. Dies war kurz vor dem Kriegseintritt der U.S.A. der erste Versuch, die Nahabwehr gegen Flugzeuge zu intensivieren. Im Volksmund als „Chicago-Klavier“ oder auch als „pom-pom“ bezeichnet, war dieses Geschütz bei den Besatzungen nicht sonderlich beliebt, weil die Rohre bei längerem Einsatz un-

* Der Ordnung halber muß hier erwähnt werden, daß in der U.S. Navy die Bezeichnung „Geschützturm“ (gun turret) erst für Geschütze ab Kaliber 15,2 cm verwendet wurde. Alle anderen Geschütze geringeren Kalibers waren als „Lafetten“ (mounts) bezeichnet, selbst wenn sie hinter rundum geschlossenen, leicht gepanzerten Schutzschildern untergebracht waren, die in diesem Band als „Türme“ angesprochen werden.

brauchbar wurden. Da auch klar wurde, daß die Schießerfolge nicht den gestellten Erwartungen entsprachen, wurde die 28-mm-Flak nach Kriegsbeginn durch die 40-mm-Bofors ersetzt. Die 28-mm-Flak war in mäßiger Anzahl auf der *Lexington*-Klasse, auf CV-4 *Langley*, CV-7 *Wasp* und der *Yorktown*-Klasse zum Einsatz gekommen.

40-mm-Vierlingsflak L/60 Bofors
Schußweite 10,0 km bei 42° Rohrerhöhung,
40-mm-Zwillingsflak L/60 Bofors
Schußhöhe 7,0 km bei 90° Rohrerhöhung. Gerade noch rechtzeitig schloß die U.S. Navy 1939 Lizenzverträge mit der schwedischen Firma Bofors und der schweizerischen Firma Oerlikon ab, wonach die Massenproduktion der leichten Maschinenflak in den U.S.A. beginnen konnte. Es gab kaum eine Schiffsgattung, auf der im Laufe des II. Weltkrieges nicht die 40-mm-Flak in einer ihrer Versionen eingeführt wurde, nämlich

- ☐ als Einzelgeschütz (auf Trägern jedoch nicht eingesetzt),
- ☐ als Zwillingslafette (bei den Flotten-Trägern vor allem auf den CVL eingesetzt) und
- ☐ als Vierlingslafette, die relativ viel Raum auf einem Schiff beanspruchte.

Wegen des hohen Gewichtes der Vierlingsflak mußten hinsichtlich der Schiffsstabilität genaue Berechnungen angestellt werden. Soweit sie nicht fest an Deck installiert waren, beanspruchten die Vierlinge solide und gut unterfangene Fla-Stände („Schwalbennester"). Auch mußte bei der hohen Anzahl installierter Lafetten die elektrische Anlage entsprechend dimensioniert werden. Während des ganzen Weltkrieges waren diese Geschütze die Hauptträger der Nahabwehr, wenngleich es sich besonders bei Kriegsende zeigte, daß die Wirkung der 40-mm-Geschoße nicht immer ausreichte, um entschlossene „Kamikaze"-Flieger am Absturz auf das eigene Schiff zu hindern. Mit Ausnahme von CV *Yorktown* I, *Hornet* I und *Wasp* I besaßen alle anderen schweren Träger, aber auch die CVL, 40-mm-Vierlinge, wobei auf *Saratoga* insgesamt fast 100 Rohre Aufstellung fanden.

20-mm-Flak L/70, Mk 4 Oerlikon
Schußhöhe 3,1 km bei 90° Rohrerhöhung. Ab 1942 in unterschiedlicher Anzahl auf praktisch allen Trägern aufgestellt, zumeist als Einzelgeschütz. Gegen Kriegsende mehrte sich die Aufstellung von Zwillings-20-mm-Flak, wobei der Kriegsschluß die Aufstellung weiterer Zwillinge überflüssig machte. Die 20-mm-Oerlikon ersetzte praktisch die 12,7-mm-Fla-MGs, die noch auf älteren, vereinzelt auch auf neueren Trägern vorhanden waren. Insbesondere kurz vor Kriegsende hat sich herausgestellt, daß die moralische Wirkung dieser Waffe auf die eigenen Besatzungen weit größer war, als ihre effektive Wirksamkeit gegen gegnerische Flugzeuge. Bereits vor dem Ende des II. Weltkrieges begann man auf manchen Trägern, aber auch auf anderen Schiffen, mit dem Abbau der 20-mm-Geschütze, die wegen ihres relativ geringen Raumbedarfs und wegen der Unabhängigkeit von der elektrischen Energie überall dort festgeschraubt worden waren, wo sich gerade Platz fand.

12,7-mm-Fla-MG
waren – mit Ausnahe der *Langley* I – auf allen Vorkriegs-Trägern installiert, wo sie dann ab etwa 1942 durch die 20-mm-Oerlikon ersetzt wurden. Von Haus aus für den Nahbereich eine gute Waffe, war ein erfolgreicher Einsatz nur bei sehr großer zahlenmäßiger Massierung möglich.

Schiffs-Elektronik

Beim Kriegseintritt der U.S.A. in den II. Weltkrieg gab es auf Flugzeugträgern, ja auf Kriegsschiffen überhaupt, noch recht wenige elektronische Geräte. Auf den älteren und größeren Schiffen gab es vollstabilisierte, telemetrische Feuerleitgeräte für die schweren und mittleren Geschütze, die Flak begnügte sich mit kleineren, visuell arbeitenden Zielauffassungsgeräten. Die gesteigerten Leistungen der Bordflugzeuge waren Ursache dafür, daß zuverlässigere, schneller arbeitende Leitgeräte entwickelt werden mußten. Der enorme Fortschritt in der Elektronik wurde genutzt, um auch den Flugzeugen nützliche Geräte zuzuführen. Nachfolgend werden die am häufigsten benutzten elektronischen Geräte erwähnt, sowie einige Geräte, die noch ohne Hilfe der Elektronik wirkten.
Bis zum Ende des II. Weltkriegs findet man auf Flugzeugträgern vier Gruppen von elektronischen Geräten:

- ☐ Geschütz-Feuerleitgeräte (FLG) ohne oder mit FL-Radar,
- ☐ Radar-Ortungsgeräte für Überwasser-, Navigations- und Luftüberwachungsbereiche,
- ☐ Freund/Feind-Selektiergeräte (IFF), und
- ☐ Geräte für die Flugzeug-Landehilfe („homing beacons")

Manche dieser Geräte waren so groß, daß sie durchaus zum Element der Schiffserkennung und -klassifizierung wurden.

Feuerleitgeräte

Das Feuer der 20,3-cm-Geschütze auf CV-2 *Lexington* und CV-3 *Saratoga* wurde noch durch Basis-Entfernungsmeßgeräte geleitet, und auch für die 12,7-cm-Artillerie hatten die älteren Träger optisch arbeitende Geräte MK 33, die voll stabilisiert waren, und die im Laufe des Krieges (wie z. B. auf CV-4 *Ranger* mit Mk-4-FL-Radar) auch Radarleitung erhielten. Beginnend mit CV-8 *Hornet* wurde auf Flugzeugträgern das

FLG Mk 37 eingeführt, das zunächst auch nur optisch eingesetzt wurde. Dies war auf Flugzeugträgern das Standard-FLG für die 12,7-cm-Artillerie, konnte aber auch – auf anderen Schiffsgattungen, wie Schlachtschiffen oder Kreuzern – zur Zielauffassung durch andere Geschütze verwendet werden, so u. a. für 15,2-cm-Geschütze auf Kreuzern, aber auch für 40-mm- und 7,6-cm-Geschütze auf Flugzeugträgern. Auf den beiden übriggebliebenen älteren Trägern *Saratoga* I und *Enterprise* I wurden die älteren FLG durch je zwei Mk 37 im Laufe des Krieges ersetzt. In den ersten Kriegsjahren wurde zur exakteren Zielauffassung das Mk 37 FLG mit Mk-4-FL-Radar gepaart. Mit Hilfe dieses Geräts konnte man nun anfliegende Flugzeuge auf große Entfernung orten und mit Blindfeuer exakt bekämpfen. Noch nicht möglich war hier die Erfassung von sehr nah und hoch fliegenden Luftzielen. Deswegen, aber auch weil neue Flugzeugtypen immer schneller wurden, wurde Mk-4-FL-Radar in der zweiten Kriegshälfte durch die FL-Radarkombination Mk 12/22 ersetzt, wobei Mk 12 für den Horizontal- und Weitbereich zuständig war, Mk 22 aber (scherzhaft wegen seiner Form als „Orangenschale“ bezeichnet) als „high-finder“ für die vertikale Zielauffassung. Trotz der stetigen Verbesserung der FLG konnten im Verlauf des Krieges entscheidende Abschußerfolge vor allem durch die Verwendung von Fla-Geschossen mit damals hochgeheimen Annäherungszündern erreicht werden.
Das sehr zuverlässige FLG Mk 37 hatte nur den Nachteil, daß es zu groß bzw. zu schwer war, um in größerer Zahl an Bord genommen werden zu können. 1943 wurde ein Versuch unternommen, Träger der *Essex*-Klasse mit einem dritten Mk-37-Gerät auszurüsten. Aus Raum- und Sicherheitsgründen wurde dann 1944 dieses Vorhaben aufgegeben und nur *Midway* und *F. D. Roosevelt* hatten anfangs für mehrere Jahre insgesamt je vier Mk-37-Geräte an Bord. Somit konnte nur ein Teil der zahlreichen 12,7-cm-Geschütze radargesteuert gerichtet werden, und es waren zusätzliche, kleinere Geräte erforderlich, um jedem Geschütz oder Gruppen von Geschützen Zielhilfe geben zu können. Noch im II. Weltkrieg war dies an erster Stelle das
FLG MK 51. Dieses Gerät war unter Einschluß des Sichtgerätes Mk 14 entwickelt worden. Es war vornehmlich für die Feuerleitung der 40-mm-Flak bestimmt, und jedem 40-mm-Vierling wurde ein Mk-51-Gerät zugeteilt. In Ergänzung zu Mk 37 erhielten Gruppen von je zwei oder drei 12,7-cm-Geschützen je ein Mk-51-Gerät, das mit Mk 37 gekoppelt werden und damit auch Blindbeschußeigenschaften gewährleisten konnte. Die ersten beiden Modelle von Mk 51 wirkten noch ohne Radarunterstützung, Modell 3 konnte jedoch mit dem FL-Radar Mk 32 gekoppelt werden; eine Kombination, die auf Flugzeugträgern nur selten realisiert wurde, weil inzwischen mit
FLG Mk 57 in Verbindung mit FL-Radar Mk 29 sowie
FLG Mk 63 in Verbindung mit FL-Radar Mk 28 (später dafür Mk 34) etwa bei Kriegsschluß zwei neue Anlagen eingeführt wurden. Wie auch Mk 51 waren diese beiden Geräte sehr klein und als Mittel zur Identifizierung ungeeignet. Das Vorhandensein des FLG Mk 63 konnte daran erkannt werden, daß die entsprechenden 40-mm-Vierlinge mit der Radarantenne Mk 28 bzw. Mk 34 am Schutzschild ausgerüstet waren. Damit konnten endlich auch diese Geschütze „blind“ schießen. Das optische Sichtgerät
FLG Mk 14 war Richtmittel für alle Versionen der 20-mm-Flak, aber eben auch Bestandteil des FLG Mk 51.

Radar-Ortungsgeräte

Nachdem 1938 auf dem alten Schlachtschiff *New York* (BB-34) die erste größere Radaranlage mit der Bezeichnung XAF etwa ein Jahr lang erprobt wurde, war mit

CXAM die erste operative Anlage eingeführt worden, die noch vor dem Eintritt der U.S.A. in den II. Weltkrieg installiert wurde, und zwar zunächst in nur sieben Exemplaren: auf dem Schlachtschiff *California*, den Flugzeugträgern *Yorktown*, *Enterprise* und auf den schweren Kreuzern *Augusta*, *Pensacola*, *Northampton*, *Chester* und *Chicago* I. Dies war eine Rahmenantenne, die – noch ohne Dipolreihen – in einer Halterung gefaßt war. Diese Radarantenne konnte nur sehr schwer erkannt werden. Die Reichweite betrug ca. 100 Meilen. In vierzehn Exemplaren geliefert wurde die durch ihre Maserung (Dipol-Reihen) für die Schiffserkennung belangreichere
CXAM-1, die man nicht nur auf einigen Schlachtschiffen findet, sondern – wie nachfolgend nachgewiesen wird – auch auf einigen vor der *Essex* erbauten Trägern. Die mit CXAM gemachten Erfahrungen waren so zufriedenstellend, daß sehr bald weitere neue Typen entwickelt und eingeführt wurden. Dies waren einmal die Anlagen der **SC-Serie,** deren Version SC und SC-1 eine kleinere, viereckige, ca. 2,3 × 2,6 m messende Antenne

(gemasert) benutzten, die auf Flugzeugträgern in den ersten Kriegsmonaten nur ganz selten geführt wurde (so auf CV-3 *Saratoga*).

Mit **SC-2** und **SK** folgten zwei Seriengeräte, die mit der *Essex*- und *Independence*-Klasse eingeführt wurden. Sie gehörten beide zu ein und derselben Anlage, lediglich die Form der Antennen war unterschiedlich. Die SK-Antenne hatte in etwa die Form und die Abmessungen von CXAM-1, während die SC-2-Antenne ca. 4,6 × 1,8 m maß. Beide Antennen wurden – zumindest auf der *Essex*-Klasse – paarweise, d. h. je eine SK- und eine SC-2-Antenne, angebracht, damit der 360°-Bereich voll abgedeckt werden konnte. Aufgrund der mit CXAM gemachten Erfahrungen wurden sehr bald zusätzliche Aufsatz-Antennen mit dem Abfrage-Gerät BT-5 an die Oberkante von SK bzw. SC-2 gesetzt, womit der IFF-Bereich abgedeckt war. Die Reichweite dieser Anlage betrug ca. 80 Meilen, was bei den damaligen Flugzeuggeschwindigkeiten in einer Vorwarnzeit von rd. 16 Minuten resultierte. Die SK-Antenne wurde in etwa 250 Exemplaren an die U.S. Navy geliefert. Neben SK und SC-2 gab es bis zum Kriegsende auf Flugzeugträgern nur noch die

SK-2-Antenne, die rund und grob gemasert war und einen Durchmesser von ca. 5,2 m hatte. Sie löste vor allem SK ab, während SC-2 zumeist weiterhin – vereinzelt bis in die 50er Jahre – benutzt wurde. Für die Anlage SK-3 wurde dieselbe Antenne benutzt, hier gab es jedoch ein Zusatzgerät zur Verbesserung der Ortung im Höhenwinkelbereich.
Zugleich aber ergab sich die Notwendigkeit, die eigenen Flugzeuge per Radar zu leiten. Hier gab es ab 1943 mit

SM und etwas später mit **SP** die beiden ersten Vertreter in Form von relativ kleinen, fein gemaserten Rundantennen, die sich beide so ähnlich waren, daß eine Unterscheidung visuell kaum möglich war. Insbesondere für SM gab es dabei eine aufgesetzte IFF-Zusatzantenne mit der Bezeichnung BO. SM hatte einen Durchmesser von ca. 2,4 m und SP einen solchen von ca. 1,8 m. Erstmalig wurde SM auf CV-16 *Lexington* installiert, damals noch unter der Bezeichnung CXBL. Neben fast ebenso vielen an die britische Marine abgegebenen Anlagen wurden für die U.S. Navy ca. 23 Anlagen geliefert. Auch die SP-Antenne, die in nahezu 300 Exemplaren gefertigt wurde, hielt sich – insbesondere auf Kreuzern – noch lange nach dem II. Weltkrieg. Die Konfusion bei der ohnedies schon schwierigen Erkennung wird noch größer, wenn man erfährt, daß manche SP-Radaranlage mit der SM-Antenne gepaart wurde. Direkte Nachfolger von SM und SP nach dem Kriege waren in der Reihenfolge der Einführung die „high-finder" SX, SPS-8A und SPS-8B, sowie viel später auch SPS-30.
Die erste serienmäßige Überwasser- und Navigations-Ortungsanlage mit nicht allzu weiten Ortungsbereich war
SG, die zur besseren Erfassung des 360°-Horizontes zumeist paarweise eingesetzt wurde. Es handelte sich hier um eine kleinere, vollflächige Parabolscheibe mit den ungefähren Maßen 40 × 120 cm, die für die Schiffserkennung nicht von großer Bedeutung gewesen ist. Aus der SG-Serie ist nach dem Krieg dann nur noch SG-6 bekanntgeworden, das eine zusätzliche Höhenortungs-Komponente hatte und mit der Antenne SPS-4 praktisch identisch war. Diese Antenne bestand aus einem ca. 0,6 × 2,1 m messenden, gemaserten Parabolsegment mit einem Höhenwinkel-Zusatz von ca. 1,5 m. – Bei der Einführung der
SA-Serie ging es darum, daß auch mit kleineren Antennen Leistungen erzielt werden, die denen von z. B. CXAM entsprechen. Nach weniger erfolgreichen Resultaten mit SA-1 bewährten sich dann SA-2 und SA-3 mit ihrer gleichen Antenne, die aus einem Rechteck von ca. 2,7 × 1,5 m bestanden. Hiervon wurden nahezu 1000 Anlagen ausgeliefert, die vor allem auf kleineren Schiffen installiert wurden. Ein Einsatz auf den Flottenträgern ist nicht bekanntgeworden. Dagegen gab es mehrere Versionen aus der nicht allzu erfolgreichen
SR-Serie, die kurz nach dem II. Weltkriege eingeführt wurde. Auf den drei *Midways* und auf einem CVL kam SR-2 zum Einsatz, ein Gerät, das außerdem auf mehreren Überwasserschiffen und U-Booten installiert wurde. SR-2 hatte eine ca. 4,6 × 4,7 m große Parabolabschnittantenne. Die SR-Anlagen wurden nach Einführung der SPS-6-Antenne mit dieser gepaart, so daß die Bezeichnung SPS-6C Nachweis dafür war, daß die Anlage SR-6C mit SPS-6 gekoppelt war.
Wie für die späteren Jahre muß auch hier festgestellt werden, daß *allein* aufgrund der mitgeführten Antenne *nicht* auf eine bestimmte Radaranlage geschlossen werden konnte.

Radaranlagen für die Flugzeug-Landehilfe

Nachdem es in den ersten Kriegsmonaten während der turbulenten Trägerschlachten im Eifer der Ereignisse gelegentlich vorgekommen war, daß heimkehrende, oft beschädigte Bordmaschinen auf einen falschen, mitunter auch feindlichen Flugzeugträger zu landen versuchten, wurde es notwendig, den eigenen Maschinen auf elektronischem Wege Landehilfe zu bieten. Unter dem Sammelbegriff „homing beacons" wurden speziel-

le Nahbereichsgeräte eingeführt, die den heimkehrenden Flugzeugen eine sichere Landung auf dem eigenen Träger ermöglichten. Neben kleineren Geräten, wie YJ, BN und CPN-6 war es vor allem die stets an der höchsten Mastspitze angebrachte Antenne
YE, die relativ deutlich zu erkennen war, und die sich bis in die 50er Jahre halten konnte, um später von TACAN und anderen Geräten abgelöst zu werden.

Passiver Schutz

In der Zeit der Entwicklung der ersten Generation amerikanischer Flugzeugträger gehörte die offene Seeschlacht Schiff gegen Schiff noch zu den Wahrscheinlichkeiten eines kommenden Krieges. Neben der permanenten Steigerung der Geschützkaliber und der Zunahme an Rohrwaffen je Schiff wurde bei den Kreuzern und den Schlachtschiffen die Schiffspanzerung so verstärkt, daß sie den gegnerischen Geschossen nach Möglichkeit widerstehen konnte. Es ist hier nicht möglich, auf alle Aspekte der bei Flugzeugträgern verwendeten Panzerung detailliert einzugehen. Über die Panzerstärken wird – sofern bekannt – nachfolgend bei den einzelnen Klassen kurz berichtet. Zwei Fakten sind jedoch erwähnenswert:

- □ Die Seitenpanzerung konnte schon aus Gewichtsgründen nicht die Rolle spielen wie bei den Schlachtschiffen, da den Komponenten „Geschwindigkeit" und „Flugzeugkapazität" absoluter Vorrang gegeben werden mußte
- □ Im Gegensatz zu den damals modernen britischen Flugzeugträgern waren die Flugzeugdecks der amerikanischen Träger so gut wie ungepanzert.

Die Amerikaner gingen hierbei von der Annahme aus, daß bei Bombentreffern das Flugzeugdeck durchschlagen werden sollte, damit die volle Wirkung der Bomben-Detonation erst im Hangardeck eintritt. Ein so beschädigtes Flugzeugdeck konnte mit Bordmitteln leichter und schneller wiederhergestellt werden, als ein mit einer dicken Panzerung ausgestattetes. Es ging darum, daß nach einem Bombenangriff in schnellstmöglicher Zeit wieder Flugzeuge starten und landen konnten. Als dann aber bei der Beschädigung des britischen Trägers *Illustrious* deutlich wurde, daß dieses Schiff gesunken wäre, wenn es nicht ein so gut gepanzertes Flugzeugdeck gehabt hätte, wurde man in den Staaten nachdenklich und entschloß sich, die drei schweren Flottenträger der *Midway*-Klasse horizontal unter der Holzbeplankung zu panzern. Die Stärke der Flugzeugdeck-Panzerung auf diesen Schiffen ist bis heute noch nicht amtlich bekanntgegeben worden, man darf aber davon ausgehen, daß sie mindestens 76 mm betrug. Die Folge dieser Maßnahme war einschneidend. Wegen der für die Schiffsstabilität nunmehr erforderlichen größeren Rumpfbreite konnten die Träger den Panamakanal nicht mehr passieren!
Der größte Wert für den passiven Schutz von U.S.-Flugzeugträgern bestand jedoch in der von Klasse zu Klasse verbesserten Unterteilung in möglichst viele wasserdichte Abteilungen, die den Untergang von mindestens zwei Trägern der *Essex*-Klasse verhindert haben mag.

Farbanstriche und Tarnungen

Grundsätzlich galt es, die eigenen Schiffe so anzustreichen, daß der Gegner sie vom Wasser aus oder aus der Luft so spät wie möglich erkennen und identifizieren konnte. Je nach Aufgabenstellung, Einsatzgebiet, Umgebung und je nach dem gewünschten Tarnungseffekt wurde, die Schiffe in verschiedener Art durch Ein-, Zwei- oder Mehrfarbanstriche getarnt. Hierbei wurde verschiedenes bezweckt:

- □ Ein Schiff sollte aus der Luft so spät wie möglich erkannt und identifiziert werden
- □ Es sollte gegen den Horizont nur schwer auszumachen sein
- □ Der Gegner sollte bezüglich der Gattung des Schiffes möglichst lang getäuscht werden
- □ Es sollte die Zugehörigkeit zu einer anderen Gattung vorgetäuscht werden
- □ Es sollte eine höhere Geschwindigkeit vorgetäuscht werden, usw. usw.

In der U.S. Navy wurden die Richtlinien für die Anwendung verschiedener Tarnanstriche und Tarnschemata („measures") im Laufe des Krieges mehrfach modifiziert. Manche Schemata hatten sogar mehrere Muster („design"). „Measure 32/6A" stand z. B. für das Tarnschema 32, die 6 bedeutete eine bestimmte einheitliche Anordnung des Tarnmusters, und das A deutete darauf hin, daß dieses Muster für Flugzeugträger entworfen war. Es kam jedoch auch vor, daß Träger ein für Zerstörer bestimmtes Muster (hierfür der Buchstabe D) erhielten.
Von U.S.-Flugzeugträgern wurden zu verschiedenen Zeitpunkten folgende Tarn-Schemata geführt:

Schema 1 „dark grey" – einheitlich dunkelgrauer Anstrich aller Vertikalflächen. Wurde ab etwa September 1941 nicht mehr aufgetragen. In Pearl Harbor hatten bei Kriegsbeginn zahlreiche Schiffe diesen Anstrich.

Schema 3 „light grey" – einheitliches helles Friedensgrau, das bis etwa 1941 fast alle Schiffe führten. Während des Krieges wurde dieser Anstrich kaum mehr aufgetragen.

Schema 5 „bow wave" – eine der frühen Täusch-Tarnschemata; sollte im Zusammenhang mit Schema 1 bzw. 3 die küstliche Markierung einer hohen Bugwelle darstellen.

Schema 11 „sea blue" – seeblauer Einheitsanstrich aller Vertikalflächen; etwa Anfang 1943 eingeführt. Matter Anstrich mit einem Blau, das etwas heller war, als das Blau, mit dem damals Bordflugzeuge angestrichen waren. Vom Schema 21 nur sehr schwer zu unterscheiden.

Schema 21 „navy blue" – etwas dunkler als Schema 11; etwa Mitte bis Ende 1943 eingeführt.

Schema 14 „ocean grey" – einheitlicher, ozeangrauer Anstrich aller Vertikalflächen. Etwa 1943–1945 benutzt und auf Fotos nur sehr schwer von Schema 1, 11 und 21 zu unterscheiden.

Schema 12 „graded system" – gleich nach Kriegsbeginn eingeführte zweitönige Tarnung: vom Wasserpaß bis zu Höhe des Hauptdecks (bei Flugzeugträgern bis zum Hangardeck) parallel zur Wasserlinie seeblau; alles darüber ozeangrau; Mastspitzen und über die Masse der Aufbauten hinausragende Teile dunstgrau. Auf einigen wenigen Schiffen erst bei Kriegsende eingeführt und zu dieser Zeit nur schwer von Schema 22 zu unterscheiden. Erkennungshilfe: Kontrast zwischen dem unteren und oberen Anstrich ist geringer als bei Schema 22.

Schema 22 „graded system" – Rumpf vom tiefsten Punkt parallel zur Wasserlinie in marineblau, alles darüber samt Aufbauten „haze grey" (dunstgrau). Erster Nachweis für dieses Schema August 1941, letzter etwa 1947.

Schema 32 „medium pattern system" – ab Ende 1943 in Gebrauch. In 3–6 Tönen abgestufte, große Tarnflächen in dunkleren Farben und mit diversen Mustern, wie man sie insbesondere bei der *Essex*-Klasse beobachten kann. Die benutzten Farben sind: schwarz, „pale grey", „haze grey", „ocean grey", „ocean green", „haze green", was immer man sich darunter vorstellen mag. Die einzelnen Muster bestanden aus Mischungen von jeweils drei bis sechs dieser Farben.

Schema 33 „light pattern system" – insgesamt heller als Schema 32, jedoch diesem sehr ähnlich. Diverse dunkelblaue, graue und grüne Tönungen.

Die Anstriche der Flugzeugträger-Decks wechselten mehrmals im Laufe des Krieges. Ende 1941 wurden zunächst die holzbeplankten Decks dunkelgrau überstrichen. Die Kenn-Nummer wurde entweder in Dunkelblau oder in einem helleren Grau ausgebildet, wenn das Deck sehr dunkel war. Ab etwa Mitte 1944 wurde dann „sea blue" angeordnet.

Auf nachgewiesene, beobachtete oder auch nur vermutete Tarn-Schemata wird nachfolgend bei den einzelnen Schiffsgeschichten und in den Bildunterschriften hingewiesen.

Während die einzelnen Tarn-*Schemata* („measures") maßgebend für die Unterscheidung nach den verwendeten Tarn-*Farben* waren, ging es bei der Bezifferung der Tarn-*Muster* („design") um die Kennzeichnung bestimmter einheitlicher „dazzle patterns", die für jeweils eines oder mehrere Schiffe entworfen wurden. Nach vielen Jahren der auf diesem Gebiet herrschenden Unsicherheit wurden vor einiger Zeit offensichtlich einschlägige Archiv-Unterlagen freigegeben. Larry Sowinski, anerkannter amerikanischer Modellbauer, hat sich der nicht unbedingt komplizierten, aber doch sehr umfangreichen Materie angenommen. Die im Literaturverzeichnis am Ende dieses Buches aufgeführten beiden bisher veröffentlichten Broschüren „Camouflage" (I) und „Camouflage II" dienen als Grundlage der vorstehenden und der nachfolgenden Ausführungen.

Aufgrund der vorliegenden Forschungsergebnisse steht fest, daß keiner der nach Ende des II. Weltkrieges fertiggestellten Flugzeugträger Tarnmuster führte, viele jedoch einen Tarnanstrich. Von den während des Krieges operierenden Trägern hatten (mit Ausnahme der vier gesunkenen Vorkriegseinheiten CV-2, 5, 7 und 8) nur drei Schiffe zu keinem Zeitpunkt ein Tarnmuster, nämlich:

- ☐ CVL-27 *Langley* II – hatte Tarnanstrich nach Schema 21
- ☐ CVL-28 *Cabot* – hatte Tarnanstrich nach Schema 21
- ☐ CV-16 *Lexington* II – hatte zunächst Anstrich nach Schema 21, dann nach Schema 12

Es waren im übrigen folgende Tarnmuster vorhanden:

Muster 11-A war speziell für CV-3 *Saratoga* entworfen, unter Berücksichtigung ihrer einmaligen Seitenansicht. Es wurde mit den Farben des Schemas 32 gekoppelt, d. h. die dunkelste Fläche war schwarz.

Muster 1A war ebenfalls nur für ein Schiff entworfen, nämlich für CV-4 *Ranger*. Es war das einzige Muster, das vier Tönungen hatte, die meisten anderen hatten drei. Es waren Hellgrau, Dunstgrau, Ozeangrau und Marineblau.

Muster 4Ab wurde nur von CV-6 *Enterprise* I geführt. Amtlich mit Schema 33 gekoppelt, scheint es jedoch, als wenn hier die dunkelste Tönung doch das Schwarz von Schema 32 gewesen ist.

Muster 6/10D war das einzige Tarnmuster mit nur zwei Tönungen (Hellgrau und Schwarz) und wurde nur von CV-9 *Essex* geführt. Das Muster war ursprünglich für Zerstörer entworfen und nachfolgend für *Essex* adaptiert.

Muster 6A war in der Praxis mit den Farben des Schemas 32 ausgestattet und wurde von CV-17 *Bunker Hill* und CV-13 *Franklin* geführt, wobei *Franklin* jedoch zwischen Mai und November 1944 an der Backbordseite Muster 3A führte. Offiziell war 3A ein sog. „offenes" Muster, d. h. mit keinem Schema fest gekoppelt.

Muster 3A war ebenfalls nicht an ein festes Schema gebunden. Drei Träger führten es beidseitig: CV-12 *Hornet* II (mit Farben des Schemas 33), CV-11 *Intrepid* und CV-19 *Hancock* (mit Farben des Schemas 32). Außerdem führte *Franklin* dieses Muster – ebenfalls mit Schema 32 – zeitweilig an der Backbordseite.

Muster 10A wurde mit den Farben des Schemas 33 von CV-10 *Yorktown*, 18 *Wasp* und 38 *Shangri La* geführt.

Muster 17A ist insofern etwas verwirrend, als es unter dieser Nummer in Wirklichkeit zwei zwar ähnliche, aber dennoch verschiedene Muster gegeben hat, die beide offiziell als zu Schema 32 zugehörig geführt wurden. Muster 17A-1 war das einzige sechstönige Muster in der U.S. Navy, und seine Farben waren: Hellgrau, Mittelgrau, Dunstgrau, Ozeangrau, Marineblau und Schwarz. CV-15 *Randolph* und CV-20 *Bennington* führten als einzige dieses Muster. *Bennington* wurde nach nur wenigen Monaten gemäß 17A-2 neu angestrichen, wobei dann, wie auch auf CV-31 *Bon Homme Richard* und CV-36 *Antietam*, die drei Normalfarben von Schema 32 verwendet wurden.

Muster 8A war ein „offenes" Muster, bei dem nur eine Farbe fest spezifiziert war, nämlich Weiß für einige überhängende Teile des Schiffes. Dies war eines von drei Mustern, die von den leichten Trägern der *Independence*-Klasse geführt wurden. Muster 8A wurde von CVL-22 *Independence* und CVL-29 *Bataan* geführt und offensichtlich mit dem Marineblau von Schema 33 kombiniert.

Muster 7A wurde aus den Farben des Schemas 33 zusammengefügt und von CVL-23 *Princeton*, 25 *Cowpens* und 30 *San Jacinto* geführt.

Muster 3D ein für Zerstörer entworfenes Muster, das von CVL-24 *Belleau Wood* und 26 *Monterey* geführt wurde.

Kriegsteilnahme, Beschädigungen und Totalverluste

Am II. Weltkrieg nahmen 30 Flugzeugträger teil – die Geleitträger nicht mitgerechnet. Es waren dies:

7 vor dem Krieg erbaute CV
14 CV der *Essex*-Klasse
9 CVL der *Independence*-Klasse

Vier der Vorkriegsträger gingen in der ersten Phase des Krieges, d. h. bis Ende 1942, durch Feindeinwirkung verloren. Ein leichter Träger wurde 1944 versenkt. Dazu war noch der Verlust von sechs Geleitträgern zu beklagen. Insgesamt gab es bei den Flottenträgern folgende Totalverluste:

CV	Name	Datum der Versenkung	Ort der Versenkung	Bemerkungen
2	*Lexington*	8. 5. 42	Korallensee	2Flugzeugbomben + 2–3 Flugzeugtorpedos; Versenkung durch eigene Torpedos
5	*Yorktown*	7. 6. 42	Midway	3 Flugzeugbomben, + 2 Flugzeugtorpedos + 2 U-Boottorpedos
7	*Wasp*	15. 9. 42	Guadalcanal	2–3 U-Boottorpedos; Versenkung durch eigene Torpedos
8	*Hornet*	26. 10. 42	Santa Cruz	5 Flugzeugbomben + 3 Flugzeugtorpedos
23	*Princeton I*	24. 10. 44	Leyte-Golf	1 Flugzeugbombe, danach Feuer im Hangar; Versenkung durch eigene Kräfte

Neben diesen Totalverlusten gab es im Laufe des Krieges, ganz besonders im letzten Stadium, auf zahlreichen Trägern z. T. erhebliche Beschädigungen, die oft zur Folge hatten, daß die Schiffe für eine kurze oder längere Zeit ihren Flugbetrieb einstellen mußten. Die nachfolgende Übersicht enthält sämtliche bekanntgewordenen schwereren Beschädigungen von Flugzeugträgern. Hierbei konnten wertvolle Erkenntnisse über die Standfestigkeit insbesondere der Schiffe der *Essex*-Klasse gewonnen werden. Entsprechende Folgerungen bezüglich des passiven Schutzes von nach dem Kriege erbauten Flugzeugträgern ergaben sich daraus zwangsläufig.

Beschädigungen von US-Trägern

CV / CVL	Name	Datum der Beschädigung	Ursache der Beschädigung	Operationen fortgesetzt	Operationen zeitw. eingest.	Operationen eingestellt	Dauer der Werftzeit	Bemerkungen
3	*Saratoga*	11. 1.42	1 U-Boots-Torpedo	x			4 Monate	Werftzeit wurde zum Einbau von Torpedo-Wulsten genutzt
6	*Enterprise*	1. 2.42	1 Flugz.-Bombe	x				Nur Splitterwirkung
5	*Yorktown*	8.5. 42	3 Flugz.-Bomben	x				1/2 Stunde nach Treffern Flugbetrieb aufgenommen
6	*Enterprise*	24. 8.42	4 Flugz.-Bomben	x		x	3 Wochen	1½ Stunden nach Treffern Flugbetrieb fortgesetzt, bis Steuerung ausfiel
3	*Saratoga*	31. 8.42	1 U-Boots-Torpedo		x		7 Wochen	5½ Stunden nach Treffer Halt wegen Brandes i. d. Elektroanlage; danach Flugbetrieb aufgenommen
6	*Enterprise*	26.10.42	2 Flugz.-Bomben		x		2 Wochen	1¼ Stunden nach Treffern Flugbetrieb aufgenommen
22	*Independence*	20.11.43	1 Flugz.-Torpedo			x	24 Wochen	3 Schraubenwellen zerstört sowie beträchtlicher Wassereinbruch
16	*Lexington*	4.12.43	1 Flugz.-Torpedo			x	8 Wochen	Angesichts der notwendigen Fahrt zur Werft Flugbetrieb nicht fortgesetzt
11	*Intrepid*	27. 2.44	1 Flugz.-Torpedo			x	6 Tage	Steueranlage beschädigt

CV / CVL	Name	Datum der Beschädigung	Ursache der Beschädigung	Operationen fortgesetzt	Operationen zeitw. eingest.	Operationen eingestellt	Dauer der Werftzeit	Bemerkungen
18	*Wasp*	19. 2.44	5 Flugz.-Bomben	x				Teilzerstörungen und lokale Brände
17	*Bunker Hill*	19. 6.44	1 Flugz.-Bombe	x				Teilbeschädigungen und lokale Brände
13	*Franklin*	13.10.44	Kamikaze	x				Unbedeutende Beschädigungen
19	*Hancock*	14.10.44	1 Flugz.-Bombe	x				Geringfügige Teilbeschädigungen
13	*Franklin*	15.10.44	3 Flugz.-Bomben	x				Geringfügige Teilbeschädigungen und Brände
11	*Intrepid*	29.10.44	Kamikaze	x				Geringfügige Brände, rasch unter Kontrolle
13	*Franklin*	30.10.44	Kamikaze		x		10 Wochen	3 Stunden nach Treffer Landebetrieb fortgesetzt; nach 5 Stunden Startbetrieb fortgesetzt; ausgedehnte Brände innerhalb von 2½ Stunden gelöscht
16	*Lexington*	5.11.44	Kamikaze	x				Geringfügige Brände wurden innerhalb von 20 Minuten gelöscht
9	*Essex*	25.11.44	Kamikaze	x				Geringfügige Brände und Flugdeckbeschädigungen; Flugbetrieb nach 30 Minuten aufgenommen
11	*Intrepid*	25.11.44	2 Kamikaze			x	7 Wochen	Verbreitete Brände und Beschädigungen; Flugdeck-Brände nach 15 Minuten gelöscht, die übrigen nach 2½ Stunden
24	*Belleau Wood*	30.10.44	Kamikaze			x	4,5 Wochen	Beträchtliche Brände, auch am Flugdeck
28	*Cabot*	25.11.44	2 Kamikaze		x		2 Wochen	Geringfügige Brände und Teilbeschädigungen; 1 Stunde nach Treffer Flugbetrieb wieder aufgenommen
14	*Ticonderoga*	21. 1.45	2 Kamikaze			x	9 Wochen	Ausgedehnte Brände und Kabelbeschädigungen
3	*Saratoga*	21. 2.45	4 Kamikaze 2 Flugz.-Bomben		x		10 Wochen	Treffer über einen Zeitraum von 2 Stunden; 1½ Stunden nach letztem Treffer Landebetrieb aufgenommen
15	*Randolph*	11. 3.45	Kamikaze			x	3 Tage	Beschädigung am Ankerplatz Ulithi
6	*Enterprise*	18. 3.45	1 Flugz.-Bombe	x			12 Tage	Geringfügige Brände und Beschädigungen
11	*Intrepid*	18. 3.45	Kamikaze	x			11 Tage	Geringfügige Benzin-Brände und Teil-Beschädigungen
10	*Yorktown*	18. 3.45	1 Flugz.-Bombe	x				Äußere Teilbeschädigungen durch Druckeinwirkung. Geringfügige Brände schnell gelöscht
13	*Franklin*	19. 3.45	2 Flugz.-Bomben			x	bis Kriegs-Ende	Katastrophale Feuersbrünste und Explosionen eigener Bomben
18	*Wasp*	19. 3.45	1 Flugz.-Bombe		x		7 Wochen	Mehrere Brände und mittlere Beschädigungen; 1 Tag nach Treffer Flugbetrieb aufgenommen, dann aber Fahrt zur Werft

CV / CVL	Name	Datum der Beschädigung	Ursache der Beschädigung	Operationen fortgesetzt	Operationen zeitw. eingest.	Operationen eingestellt	Dauer der Werftzeit	Bemerkungen
19	*Hancock*	7. 4.45	Kamikaze		x		7 Wochen	Mehrere Brände; 4½ Stunden nach Treffer Landebetrieb aufgenommen
6	*Enterprise*	11. 4.45	2 Kamikaze		x		4 Wochen	Geringfügige Brände, Beschädigung des Rumpfes und Wassereinbruch; Maschinenschaden durch Druckeinwirkung; 1¾ Stunden nach 2. Treffer Starts aufgenommen
9	*Essex*	11. 4.45	1 Flugz.-Bombe	x				Geringfügige Beschädigungen; ¾ Stunde nach Treffer Flugbetrieb aufgenommen
11	*Intrepid*	16. 4.45	Kamikaze		x		5 Wochen	Mehrere Feuersbrünste und Teilbeschädigungen durch Druckeinwirkung; 2¼ Stunden nach Treffer Brände gelöscht und zum Flugbetrieb bereit
17	*Bunker Hill*	11. 5.45	2 Kamikaze			x	16 Wochen	Mehrere Brände und Beschädigungen
6	*Enterprise*	11. 5.45	Kamikaze			x	14 Wochen	Brände innerhalb von 30 Minuten unter Kontrolle, wegen Ausbeulung des Flugdecks mußten eigene Flugzeuge andere Schiffe anfliegen
27	*Langley*	21. 1.45	1 Flugz.-Bombe		x		9 Tage	Mittlere Beschädigungen durch Druckeinwirkung; geringfügige Brände; 2½ Stunden nach Treffer Landebetrieb aufgenommen
30	*San Jacinto*	6. 4.45	Kamikaze	x				Geringfügige Beschädigungen

Bordflugzeuge 1939–1950

Es ist im Rahmen dieses Buches nicht möglich, eingehend auf die kontinuierliche Entwicklung von Flugzeugen der U.S. Navy detailliert einzugehen, noch ist es seine Aufgabe, die „Waffe Flugzeug" in all seinen technischen Details vorzustellen. Es sollen eher die verschiedenen Flugzeugtypen in Beziehung gesetzt werden zu den Trägern, auf denen sie eingesetzt waren. Soweit sich bezüglich der Verwendung einzelner Typen in der Zeit von etwa 1922 bis 1939 Nachweise erbringen ließen, wird das im Rahmen der entsprechenden Übersichten erwähnt. Ausführlichere Beschreibungen dieser ersten Bordflugzeuge findet man in einschlägigen Büchern (siehe hierzu das Literaturverzeichnis).

Beginnen wir mit dem Jahr 1939. In Europa beginnt ein zunächst als lokal eingeschätzter Krieg, der sich jedoch sehr bald ausweitet, um Ende 1941 nach dem Überfall Japans auf Pearl Harbor weltweite Ausmaße zu erlangen. 1939 hat die amerikanische Trägerwaffe ihre volle Stärke noch nicht ganz erreicht. CV-7 *Wasp* und CV-8 *Hornet* fehlen noch, dennoch sind auf den fünf vorhandenen Trägern bereits über 400 Flugzeuge vorhanden, 320 davon im pazifischen Raum. Die Zusammensetzung der Bordgeschwader hat jene Form erreicht, mit der man zwei Jahre später in den Krieg zog. In den rund 2½ Jahrzehnten seit den ersten Anfängen der Seeluftwaffe war die Entwicklung soweit gediehen, daß 1939 Maschinen vorhanden waren, deren Leistungen mit denen der landgebundenen Flugzeuge durchaus verglichen werden konnten. Dabei ist interessant festzustellen, daß 1939 die Geheimhaltung in den Vereinigten Staaten weit gründlicher praktiziert wurde als in der Gegenwart. Genaue technische Details neu eingeführter Flugzeuge waren damals kaum bekannt.

Bord-Jagdflugzeug war damals (ab 1935 eingeführt) F2F, das ab 1939 durch F3F abgelöst wurde. Der Doppeldecker-Einsitzer hatte eine Geschwindigkeit von maximal 230–260 Meilen in der Stunde und ein Abfluggewicht von rund 2,2 t. – Die SBC-3 Helldiver Sturzkampfmaschine fand man damals sowohl in den Bomberstaffeln (VB), wie auch in den Aufklärungsstaffeln (VS). Auch dies waren Doppeldecker mit einer Geschwindigkeit von 237 Meilen je Stunde und einem Abfluggewicht von ca. 3,4 t. Parallel dazu gab es noch die SB2U Vindicator als Tiefdecker-Maschine mit in etwa gleicher Geschwindigkeit und einem Abfluggewicht von rund 4,2 t. In den Bomberstaffeln fand man Maschinen, die in ihrer Leistung und im Aussehen den VSB sehr ähnlich waren. Erwähnenswert ist hier der Sturzkampfbomber BT-1 mit einer Geschwindigkeit von 222 Meilen in der Stunde und einem Abfluggewicht von 3,2 t. Schwerer waren schon damals die Torpedoflugzeuge. Die TBD Devastator war mit 206 Meilen in der Stunde langsamer als die übrigen Kampfmaschinen, sie wog 4,6 t. An Stelle von Torpedos konnte sie Bomben in entsprechendem Gewicht mitführen.

Es wurden jedoch sehr schnell weitere Typen entwickelt, die dann auf den neuen Trägern eingesetzt wurden. Die Weiterentwicklung der Radarelektronik ermöglichte auch den Flugzeugbesatzungen, sich der Ortungsmöglichkeiten zu bedienen. Gegen Ende des II. Weltkrieges wurden Radar-Frühwarnflugzeuge eingeführt, eine Flugzeugart, ohne die heute kein Bordgeschwader auskommen kann.

Bis zum Kriegsende gab es auf Flugzeugträgern nur Propellerflugzeuge, deren Abfluggewicht nicht über 7 t hinausging. Dies waren relativ kleine Maschinen, so daß die an sich schon eingeplante Aufstockung des Bord-Geschwaders von 80 auf ca. 100 Maschinen ohne zusätzliche Maßnahmen bewerkstelligt werden konnte. Zu niedrigeren Zahlen kam es erst wieder in den 50er Jahren, als der Strahlantrieb eingeführt wurde und als infolge zusätzlicher Aufgaben die Bordflugzeuge wesentlich schwerer wurden.

Eine Übersicht über die wichtigsten bordgestützten Flugzeuge aus dieser Zeit befindet sich im Tabellenteil am Ende dieses Buches.

Gliederung des Träger-Flugzeuggeschwaders

Die Grundeinheit der amerikanischen Seeluftwaffe ist die Staffel („squadron"). Je nach Flugzeugtyp umfaßten zu verschiedenen Zeiten die Bordstaffeln 10 bis 30 Maschinen. Alle Staffeln eines Trägers wurden zu einem Flugzeuggeschwader zusammengefaßt. Im Laufe ihrer Existenz führten diese Geschwader verschiedene Bezeichnungen und damit auch Abkürzungen. Am Anfang stand die Bezeichnung „Air Group"; damals noch ohne eine dazugehörige Nummer, wurde sie nach dem jeweiligen Träger benannt, z. B. „Lexington Air Group". Erst 1938 wurde die „Air Group" eingeführt und erhielt erstmalig einen eigenen Kommandanten, der sich „Commander Air Group" nannte. Obwohl heute längst nicht mehr als „Air Group" bezeichnet, sondern als Geschwader („wing"), wird dessen Kommandant noch gegenwärtig mit „CAG" abgekürzt. Die Numerierung der Geschwader wurde erst 1942 eingeführt, als CAG-9 auf *Essex* (CV-9) eingesetzt wurde. Die bereits vorhandenen älteren Gruppen erhielten nachträglich die Nummern ihrer Träger, wurden jedoch immer noch zusätzlich mit deren Namen bezeichnet. Ab Mitte 1944 wurden Änderungen bei den Bezeichnungen gültig, die das Ziel hatten, die Zugehörigkeit des Geschwaders zu einer bestimmten Kategorie von Trägern zu kennzeichnen. Analog den Träger-Kategorien CVB, CV, CVL und CVE erhielten die Geschwader die Bezeichnungen CVBG, CVG, CVLG und CVEG. Dieser Zustand dauerte bis zum September 1948 an, als sämtliche Träger-Flugzeuggeschwader als „Carrier Air Group" umklassifiziert wurden und die einheitliche Abkürzung „CVG" erhielten. Entsprach anfangs die Nummer der CVG der des jeweiligen Trägers, so verlor sich später diese Beziehung immer mehr.

Während des II. Weltkrieges veränderte sich die Zusammensetzung des Bordgeschwaders mehrmals, je nach Art und Anzahl der Flugzeuge und je nach den gestellten Aufgaben. Etwa Ende 1943 gab es auf Schiffen der *Essex*-Klasse im Normalfall:
1 VF-Staffel mit 36 Flugzeugen,
1 VB-Staffel mit 36 Flugzeugen,
1 VT-Staffel mit 18 Flugzeugen,
insgesamt also 90 Maschinen.
Im Laufe des Krieges wurde die Anzahl der Flugzeuge nacheinander von 80 auf bis über 100 erhöht und ein Geschwader umfaßte 1945 (wiederum Beispiel *Essex*-Klasse)
2 VF-Staffeln mit 73 Flugzeugen,
1 VB-Staffel mit 15 Flugzeugen,
1 VT-Staffel mit 15 Flugzeugen,
insgesamt also 103 Flugzeuge. Hierzu kamen noch jeweils einige Hilfsdienst-, Kurier- und Stabs-Maschinen an Bord. Soweit bekannt, wird im Tabellenteil auf die bei den einzelnen Schiffen bekanntgewordene Geschwader-Zusammensetzung bzw. die geflogenen Flugzeugtypen hingewiesen.
Aufklärer und Bomber waren meist dieselben Typen. Es gab sowohl „reinrassige" Staffeln, wie VS, VB, VT, als auch kombinierte, wie VSB, VBF oder VTB. VSB-Maschinen hatten beim Aufklärungseinsatz zusätzliche Benzinkanister, durch die sie eine wesentlich größere Reichweite hatten.
Die wesentlich kleineren Geleitflugzeugträger (CVE) hatten anstelle der CVG in der Regel stark vergrößerte kombinierte Staffeln an Bord, die als „Composite Squadrons" (VC) bezeichnet wurden. Sie bestanden aus einer veränderlichen Anzahl von Jagd- und Torpedoflugzeugen.
Die CVLG an Bord der leichten Träger (CVL) hatten manchmal nur Jagdmaschinen an Bord, die den Schutz derjenigen Trägergruppen übernahmen, deren Kampfmaschinen sich im Einsatz weit vom eigenen Träger befanden.
Das Flugzeugbeschaffungsprogramm für das Jahr 1945 sah für jeden aktiven Träger die Bereitstellung von zwei Bordgeschwadern vor, die sich im Einsatz jeweils ablösen sollten. Außerdem war vorgesehen, daß für jede Bordstaffel auf dem Träger 100% Ersatzteile vorhanden waren.

Flugzeugträger-Klassen der U.S. Navy (1920-1950)

Erläuterungen zu den Informationen im Schiffsteil

Die Kurzlebensläufe der Schiffe konnten wegen des begrenzten Raumes nur stichwortartig verfaßt werden. Sie wurden nach Angaben der im Literaturverzeichnis aufgeführten Nachschlagewerke zusammengestellt, zum Teil auch nach amtlichen Lebensläufen der Naval History Division in Washington.
Es gibt bis zum Abschluß des Manuskriptes dieses Buches noch keine geschlossenen Veröffentlichungen über die *Schiffselektronik*. Die Angaben hierüber stellen die Summe von Informationen dar, die aus Einzel-Veröffentlichungen amtlicher und privater Stellen zusammengetragen werden konnten. Die dort ausgewiesenen Jahreszahlen basieren zumeist auf langjährigen Foto-Auswertungen des Verfassers. Sie beziehen sich daher nicht immer auf den Zeitpunkt der Einführung eines oder mehrerer Geräte, sondern zeigen zumeist das Jahr an, in dem die Geräte auf einem Schiffsfoto nachweisbar sind. Nur die detaillierten Angaben über die Feuerleitgeräte des Jahres 1945 entstammen amtlichen Dokumentationen.
Die Angaben über die *Schiffs-Tarnung* entsprechen weitgehend den Forschungsergebnissen der im Literaturverzeichnis aufgeführten einschlägigen Werke und sind als weitgehend zuverlässig zu betrachten.

Für die ausgiebige Verwendung der unvermeidlichen Abkürzungen wird um Verständnis gebeten und auf das ausführliche Abkürzungs- und Stichwort-Verzeichnis verwiesen.

Langley (CV-1)

Nachdem in den Jahren zuvor bereits Versuchs-Starts und -Landungen sehr leichter Flugzeuge von Bord verschiedener größerer Kriegsschiffe stattgefunden hatten, und der Wert des Flugzeuges als „Waffe“ und damit als ein mögliches Mittel des Seekrieges erkannt wurde, strebte die U.S. Navy nunmehr den Einsatz einer größeren Zahl von Flugzeugen von einem Schiff aus an. Dies war die Geburtsstunde der amerikanischen Trägerwaffe. Bevor mit dem Bau von entwurfsmäßig konzipierten Flugzeugträgern begonnen wurde, war man bestrebt, erst einmal ein vorhandenes Schiff als Flugzeugträger umzubauen. Man wählte hierfür den 1912 vom Stapel gelaufenen Marine-Kohlenfrachter *Jupiter* (AC-3), gab ihm im April 1920 den Namen *Langley* und klassifizierte ihn bereits im Juli 1919 als CV-1; es war dies die Nummer eins einer neu entstandenen Gattung, die in weniger als 30 Jahren nach einer stürmischen Entwicklung zu einer der wichtigsten des Seekrieges wurde.

Die turbo-elektrische Antriebsanlage der *Langley* befand sich achtern, so daß die in der Schiffsmitte liegenden vier Bunkerräume als eine Art Hangar für rund 55 *zerlegte* oder 33 *flugbereite* Flugzeuge eingerichtet wurden. Die Flugzeuge wurden mit Hilfe von zwei 3-t-Arbeitskränen hinaufgehievt oder hinabgelassen. Die bestehenden Aufbauten wurden entfernt und über dem Rumpf eine ca. 163 m lange, holzbeplankte Start- und Landefläche errichtet, das erste Flugzeugdeck der Welt.

Der Flugbetrieb war damals noch recht umständlich, da die an Deck gehievten Flugzeuge erst einmal flugbereit gemacht werden mußten. Auf dem achteren Ende des Flugzeugdecks durfte jedoch höchstens die Hälfte der einsatzfähigen Maschinen aufgestellt werden, wenn weiter vorn mit eigener Kraft gestartet werden sollte – denn für Radflugzeuge wurden zur damaligen Zeit Katapulte noch nicht benötigt. Die sehr leichten Flugzeuge hoben mit Gegenwind nach ca. 120 m Startbahn relativ sicher ab. Das Flugzeugdeck war 162,7 m lang und 19,5 m breit. Es gab in der Schiffsmitte einen Flugzeugaufzug, der sich zwischen den beiden Laderäumen befand. Einen Hangar gab es noch nicht, dagegen eine offene Arbeitsfläche unter dem Flugzeugdeck. Zwei Kräne ragten beiderseits über die Bordkante hinaus, mittels derer Seeflugzeuge gehoben werden konnten. Die erste Bremsseilanlage bestand aus einem Geflecht von kreuz und quer gespannten Drahtseilen. Die Rauchgase wurden vom Kessel aus einem an der Backbordseite achtern befindlichen Schornstein zugeführt, der während des Flugbetriebs seitlich abgeklappt wurde. Später kam ein weiterer, gleicher Schornstein hinzu. Die Navigationsbrücke befand sich unter dem vorderen Überhang des Flugzeugdecks. Es gab zwei teleskopartig ausfahrbare Maste. Nach Zugang der neuen, größeren Nachfolger wurde *Langley* im April 1937 als AV-3 reklassifiziert. Nach Demontage des vorderen Drittels des Flugzeugdecks wurde das Schiff als Seeflugzeugtender eingesetzt.

CV-1 Langley

Kurzlebenslauf

1/1923	Beginn der ersten regelmäßigen Flugoperationen (Atlantik).
11/1924	Pazifik; steter Wechsel zwischen Westküste und Hawaii; vor allem Schulungsaufgaben, Piloten-Training, Flugbetriebspraxis; dies
bis 1936	10/1936 Umbau als Seeflugzeugtender AV-3; Verbleib im Pazifik.
2–7/1939	Gastrolle bei der Atlantischen Flotte.
9/1939	Als Flugzeugtransporter im Westpazifik.
1942	Australien, Indonesische Gewässer.
2/1942	5 Flugzeugbomben-Treffer. Totalverlust. 16 Tote.

Schiffselektronik

keine

Tarnschemata

keine

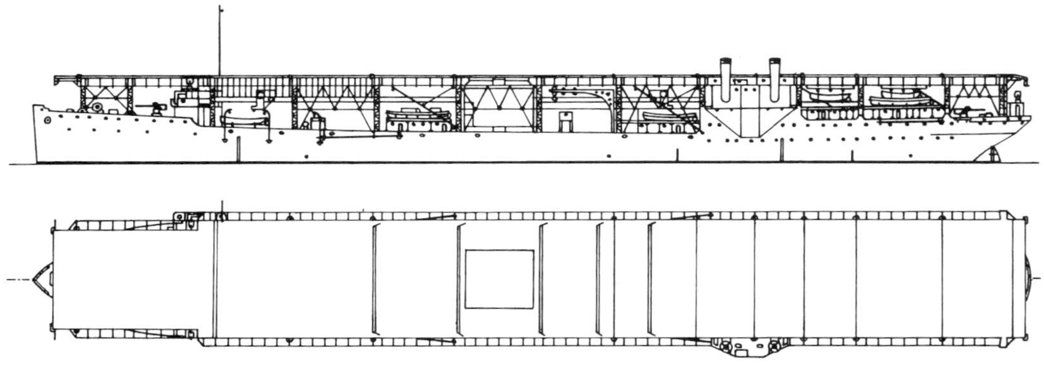

Backbord- und Decksansicht von CV-1 *Langley* im Jahre 1930, mit nunmehr zwei klappbaren Schornsteinen. Beachtenswert ist das Fehlen einer Insel, die kaum auszumachende Brücke hinter den beiden vorderen 12,7-cm-Geschützen und der teleskopartig ausziehbare Mast.

CV-1 *Langley* am 7. März 1930 in der Panama-Kanal-Zone mit 24 Flugzeugen auf dem Deck und ausgefahrenen Masten. Die beiden Schornsteine sind leicht zur Seite abgeklappt. Die Navigationsbrücke befindet sich unterhalb des Niveaus des Flugzeugdecks. Davor wie auch ganz achtern sieht man zwei der vier 12,7-cm-L/25-Geschütze. Foto: USN (Sammlung BfZ)

Landebetrieb auf der *Langley*, aufgenommen im Oktober 1931. Die Trägerwaffe hat lange Zeit gebraucht, bis sie so etwas wie »schöne« Schiffe hervorgebracht hat. Die *Langley* war es sicherlich noch nicht. Bemerkenswert ist, daß schon damals das Flugzeugdeck sehr hoch über der Wasserlinie gelegen hat. Der „Taubenschlag", das Häuschen ganz achtern auf der Schanz, diente lange Zeit als Wohnraum für den Ersten Offizier.
Foto: USN (Sammlung BfZ)

Letztes Aussehen der *Langley*, hier vor Hawaii am 29. Juli 1938 als Seeflugzeugtender mit der Kennung AV-3, die damals noch nicht angebracht war. Das Schiff ist mit Flugzeugen und Material für die Seeaufklärungsstaffeln VP-1 und VP-18 beladen. Das vordere Drittel des ursprünglichen Flugzeugdecks fehlt. In dieser Phase fungierte das Schiff oft als Flugzeugtransporter, eine Rolle, bei der die *Langley* am 27. Februar 1942 durch die Japaner versenkt wurde.
Foto: USN (Sammlung A. D. Baker)

Lexington-Klasse (CV-2)

Nachdem 1922 infolge finanzieller Anspannung der Kongreß nur dem Umbau der *Jupiter* zum Experimentier-Träger *Langley* zustimmte, ansonsten aber seine Zustimmung zum Bau von größeren und leistungsfähigeren Trägern, die sich schon im Stadium der Vorentwurfsarbeiten befanden, versagte, ergab sich als Folge der Ergebnisse der Flottenkonferenz von Washington, daß die U.S.A. die bereits begonnenen sechs Schlachtkreuzer der *Lexington*-Klasse (klassifiziert als CC-1 bis CC-6) nicht mehr weiter bauen durften. Die beiden ersten Schiffe dieser Klasse, CC-1 *Lexington* und CC-3 *Saratoga* waren bereits vom Stapel gelaufen. Aus der Not eine Tugend machend, erreichten die Vereinigten Staaten, daß die beiden unfertigen Rümpfe als Flugzeugträger fertiggebaut werden durften. Nach Umplanung ähnlicher Vorentwürfe von nicht realisierten Projekten entstanden damals, zu Beginn der bordgestützten Seeluftwaffe, zwei mächtige Einheiten, die für lange Zeit zu den größten Kriegsschiffen der Welt gehörten. Durch Erhöhung des Rumpfes um die Höhe des Hangars war ein kompakter Schiffskörper geschaffen worden, bei dem das Flugzeugdeck konstruktionsmäßig zum Rumpf gehörte, etwas was bei allen späteren amerikanischen Trägerentwürfen nicht mehr der Fall gewesen ist.

Äußerlich waren diese beiden Schwesterschiffe durch all die Jahre ihres Daseins nicht zu verwechseln. Eine „Insel“ im Sinne der späteren Deutung dieses Begriffes gab es hier noch nicht. Die Rauchgasabzüge der 16 Dampfkessel wurden zu einem breiten, alleinstehenden Schornstein zusammengefaßt, vor dem eine schmale Brücke auf der Steuerbordkante des Flugzeugdecks aufgestellt war. Diese wurde jedoch auf *Saratoga* während des Krieges vergrößert. Das Flugzeugdeck war aus Stahl, jedoch mit Holzplanken abgedeckt. Es gab zwei Hangardecks, eine auf amerikanischen Trägern einmalige Anordnung. Vom Entwurf her sollten die beiden Schiffe eine Wasserverdrängung von nicht mehr als 33 000 ts haben. Es wurden jedoch weitere 3000 ts genehmigt, um damit den Gewichtsbedarf für Maßnahmen zur Verstärkung des Horizontalschutzes gegen Bomben zu decken. Die Seiten des Hangardecks waren ungepanzert, während die Wasserlinien-Panzerung auf 152 mm reduziert wurde.

Was den Flugzeugeinsatz betrifft, so stellten diese beiden Schiffe gegenüber der *Langley* einen enormen Fortschritt dar. Es gab zwar nur zwei Flugzeug-Innenaufzüge, aber es konnten alle mitgeführten 90 Maschinen so auf dem Achterdeck gestaut werden, daß sie von dort aus noch ausreichend Platz hatten, um mit eigener Kraft zu starten. Es gab zwar an der Steuerbordseite des Flugzeugdecks schon damals ein elektrisch angetriebenes Katapult, jedoch wurde dieses bereits 1931 entfernt und erst 1944 auf *Saratoga* durch zwei hydraulische Katapulte des Typs H-IVC ersetzt. Diese hatten eine Schubkraft von 7,2 t und konnten Flugzeuge auf eine Startgeschwindigkeit von 135 km/h beschleunigen. 1931 kam die erste Bremsseilanlage mit acht quer gespannten Stahlseilen zum Einbau. Parallel zur Einführung neuerer Flugzeuge sank die Aufnahmekapazität von anfangs 90 Maschinen auf 69 im Jahre 1944. Die Antriebsanlage mit turbo-elektrischer Kraftübertragung, die die beiden Schiffe als Schlachtkreuzer haben sollten und die auch schon eingebaut war, wurde beibehalten. Mit einer Leistung von 180 000 PS wurden über 33 kn Geschwindigkeit erreicht. Dementsprechend wurde auch die Rohrbewaffnung dimensioniert. Zu jener Zeit war man der Ansicht, daß Flugzeugträger im Rahmen von schnellen Flottenverbänden operieren würden, und daß sie dabei durchaus bevorzugtes Ziel gegnerischer Angriffe werden könnten. Infolge ihrer hohen Geschwindigkeit waren sie imstande, den damals noch langsameren Schlachtschiffen zu entkommen, nicht aber den Kreuzern. Um gegen diese gewappnet zu sein, wurden acht 20,3-cm-Geschütze gewählt, die in vier schmalen Türmen vor die Brücke bzw. hinter den Schornstein gesetzt wurden. Dieses Kaliber fand man zu jener Zeit auch auf den japanischen Trägern *Kaga* und *Akagi*. Da außerdem noch zwölf 12,7-cm-L/25-Flak an Bord waren, hatten die beiden Schiffe neben ihren Flugzeugen noch die Kampfkraft von schweren Kreuzern. Weitere Überlegungen gingen dahin, diese Schiffe als Kreuzer operieren zu lassen, wenn ihre Fähigkeit, Flugzeuge einzusetzen, durch Feindeinwirkung zunichte gemacht werden sollte. Als die Voraussetzungen für solche Überlegungen nicht mehr gegeben waren, wurden beim Eintritt in den II. Weltkrieg alle 20,3-cm-Türme entfernt. *Saratoga* erhielt in gleicher Anordnung vier Doppeltürme mit Geschützen des

Kalibers 12,7 cm L/38, während *Lexington* infolge Mangels an dieser damals noch relativ neuen Waffe ihren letzten Kampf ohne diese Doppeltürme bestehen mußte. Entsprechend den Erfordernissen des Krieges wurde die Fla-Bewaffnung auf *Saratoga* bis zum Kriegsende beträchtlich aufgestockt. Der Vorrat an Flugzeug-Benzin betrug ca. 436 ts. Beide Einheiten waren bereits bei Kriegseintritt mit der Radaranlage CXAM-1 ausgerüstet, und *Saratoga* erhielt ab 1942 radargesteuerte Feuerleitgeräte. Zugleich wurde ihr Flugzeugdeck verlängert, die Brücke vergrößert und an der Steuerbordseite wurde ein mächtiger Wulst angebracht. Das zunächst 266,7×27,4 m messende Flugzeugdeck wurde auf *Saratoga* ab 1942 auf 277 m verlängert. Es waren nur zwei Aufzüge vorhanden, die das Flugzeugdeck mit dem Hangardeck verbanden. Die Schiffspanzerung setzte sich wie folgt zusammen:
Wasserlinie 152 mm
Schotten 178 mm
Flugdeck 25 mm
Hauptdeck 51 mm
untere Decks 25-76 mm
Geschütztürme bis zu 76 mm
Barbetten 152 mm

CV-2 Lexington

Kurzlebenslauf

4/1928	Pazifik; Training von Bordstaffeln, Entwicklung von Lufttaktikverfahren, Manöver; gelegentlich auch im Atlantik, bis
12/1941	Hawaii TF 12, Wake, Pearl Harbor.
1942	TF 11 Korallensee, Neu Guinea, Pearl Harbor.
5/1942	Korallensee, 2 Flugzeugtorpedo- und 3 Flugzeugbomben-Treffer, danach Explosionen, Totalverlust.

Schiffselektronik

Radar:
1941: CXAM-1
Feuerleitung:
1941: Mk 51

Tarnschemata

10/1941: Schema 1 kombiniert mit Schema 5

USS *Lexington* (CV-2) im Jahre 1928, kurz vor der Aufnahme der Flugoperationen. Charakteristisch für das damalige Aussehen waren: der sehr breite Schornstein und die vier 20,3-cm-Doppeltürme auf der Steuerbordseite des Flugzeugdecks. Beachtenswert sind die hellen Abdeckplanen für die jeweils drei 12,7-cm L/25-Geschütze. Foto: USN

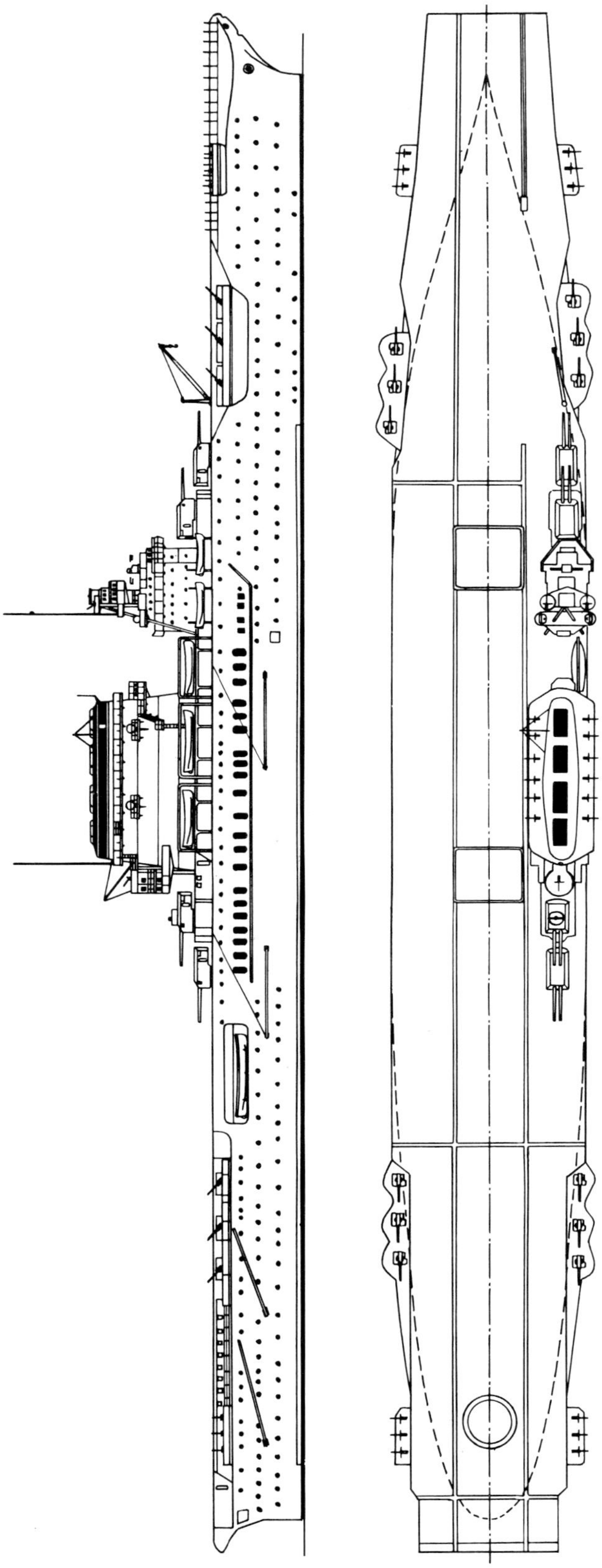

CV-2 *Lexington,* Aussehen etwa 1939, noch vor Installation der 28-mm-Flak. Bei den dargestellten leichten Rohrwaffen handelt es sich offensichtlich um die Fla-MG. Der schwarze Rand an der Oberkante des Schornsteins war in den Vorkriegsjahren kennzeichnend für *Lexington.*

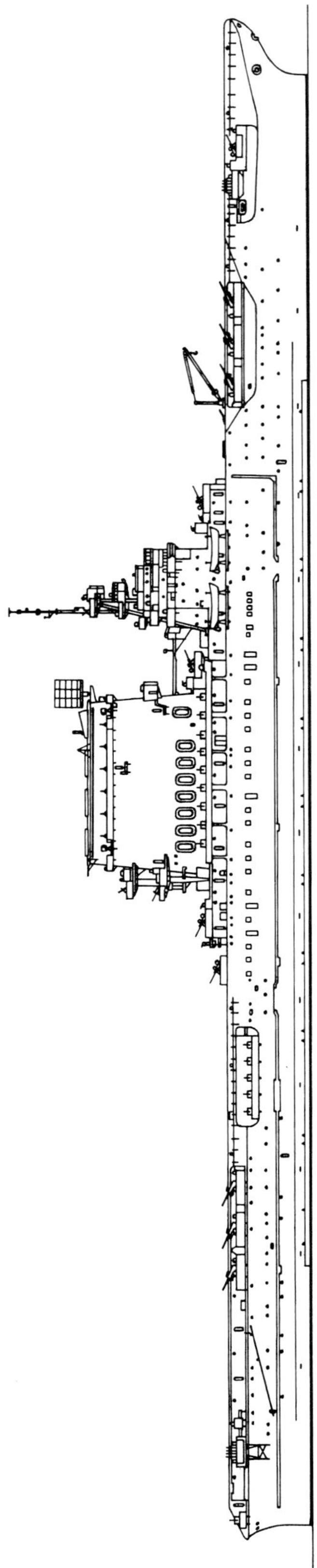

Letztes Aussehen der *Lexington,* bevor das Schiff während der Schlacht in der Korallensee verlorenging. Hier konnten die 20,3-cm-Geschütztürme nicht mehr durch die 12,7-cm-Doppeltürme ersetzt werden. Dagegen befinden sich 28-mm-, 20-mm-Flak sowie CXAM-1-Radar an Bord.

CV-2 *Lexington*, Aussehen etwa 1936. Kennzeichnend war hier stets der sehr breite Schornstein mit schwarzer Oberkante, unter der sich der zur Aufnahme von Fla-MGs bestimmte Umlauf befand. Gut sichtbar sind sowohl die 20,3-cm-Doppeltürme wie auch die zu Dreiergruppen zusammengefassten 12,7-cm L/25-Geschütze. Mit Ausnahme der MGs gab es damals noch keine leichte Maschinenflak.
Foto: USN (Sammlung A. D. Baker)

Im Oktober 1941 präsentiert sich *Lexington* noch mit den 20,3-cm-Doppeltürmen, jedoch bereits kriegsgrau bemalt, und zwar in einer Kombination von Tarnschema 1 und 5. Die Zahl der 12,7-cm-Geschütze ist schon auf zehn reduziert, die Maschinenflak vom Kaliber 28 mm befindet sich an Bord. Kurz danach wurden die 20,3-cm-Doppeltürme entfernt. Foto: USN

Dies ist die letzte Gesamtansicht der äußerlich nur scheinbar noch intakten *Lexington*, am 8. Mai 1942 von einem Kreuzer aus aufgenommen. Das Schiff erhielt zwei Torpedotreffer, deren Wirkung zu der späteren schweren Explosion führte, in deren Folge das Schiff dann am Nachmittag desselben Tages aufgegeben werden mußte. Hier fehlen die 20,3-cm-Geschütze.
Foto: USN (Sammlung A. D. Baker)

CV-3 Saratoga

Kurzlebenslauf

1928/41	Wie *Lexington* (CV-2).
12/1941	Von der Westküste in den Westpazifik.
1/1942	Hawaii, U-Boottorpedo-Treffer, Werft Westküste; dabei Ausbau der 20,3-cm-Doppeltürme; Flugzeugtransport für die Träger im Pazifik und Inselbesatzungen; Guadalcanal, Ost-Salomonen.
1943	Ost-Salomonen, Rabaul, Nauru, Makin, Tarawa, Werft Westküste, Einbau von insg. 60 40-mm-Flak an Stelle von 36 20 mm.
1944	Pearl Harbor, Marshall-Inseln, Eniwetok, weitere zahlreiche Pazifik-Einsätze, auch mit britischen und französischen Seestreitkräften; Werft Westküste, Pearl Harbor, Training von Nachtjagd-Piloten.
1945	Ulithi, japanische Inseln, Iwo Jima, Treffer durch Flugzeugbomben, Eniwetok, Werft Westküste, Trainingsfahrten Pearl Harbor, Magic Carpet-Fahrten.
1946	Nach Beschädigung während der Atombomben-Versuche bei Bikini gesunken.

Schiffselektronik

Radar:

1/1942	CXAM-1, SC
1943	CXAM-1
1945	SK, SC-3, SM

Feuerleitung:

5/1942	2 Mk 37 mit FL-Radar Mk 4
1945	2 Mk 37 mit FL-Radar Mk 4/22 (unübliche Kombination); FL-Radar Mk 12 war vorgesehen, jedoch nicht mehr installiert.
	für 40-mm-Flak insg. 25 Mk 51 Mod. 2

Tarnschemata

10/1941	Schema 1
vor 2/1944	Schema 21
ab 2/1944	Schema 32/11A
1945	Schema 21

Friedensaufnahme von CV-3 *Saratoga* aus den 30er Jahren. Die zur leichteren Unterscheidung vom Schwesterschiff *Lexington* – insbesondere da beide Schiffe oft im Verband fuhren – am Schornstein angebrachte senkrechte dicke Linie ist lange Zeit kennzeichnend für *Saratoga* gewesen. Foto: USN

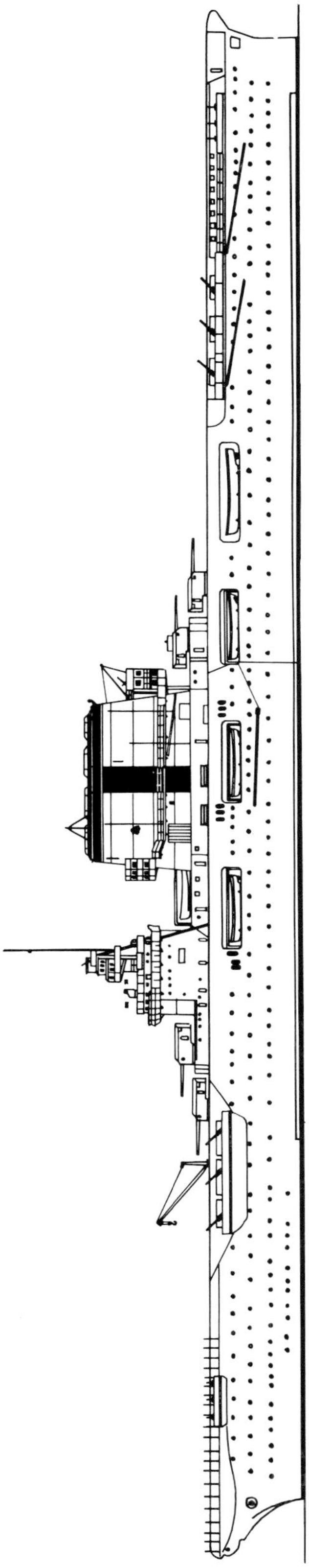

CV-3 *Saratoga*, Aussehen etwa 1937, mit dem typischen senkrechten Kenn-Streifen am Schornstein.

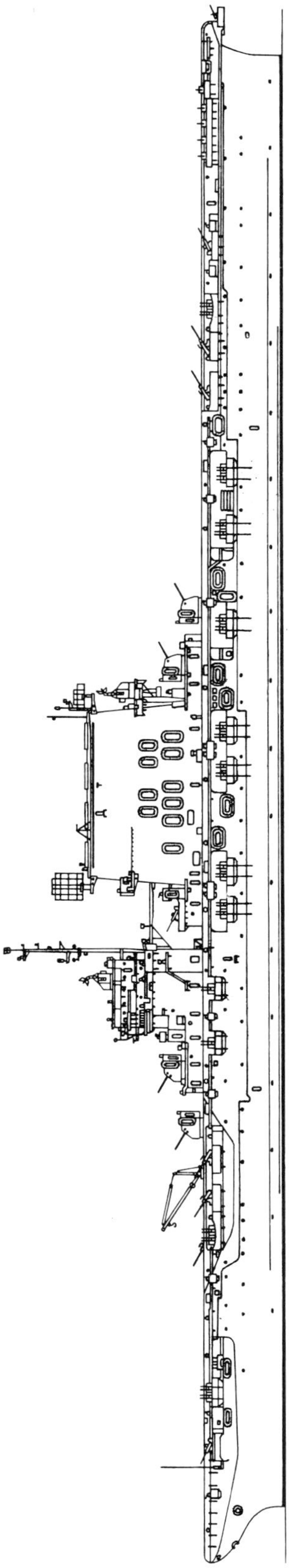

Saratoga im Januar 1944. Sichtbar sind alle seit 1942 gültig gewordenen Veränderungen.

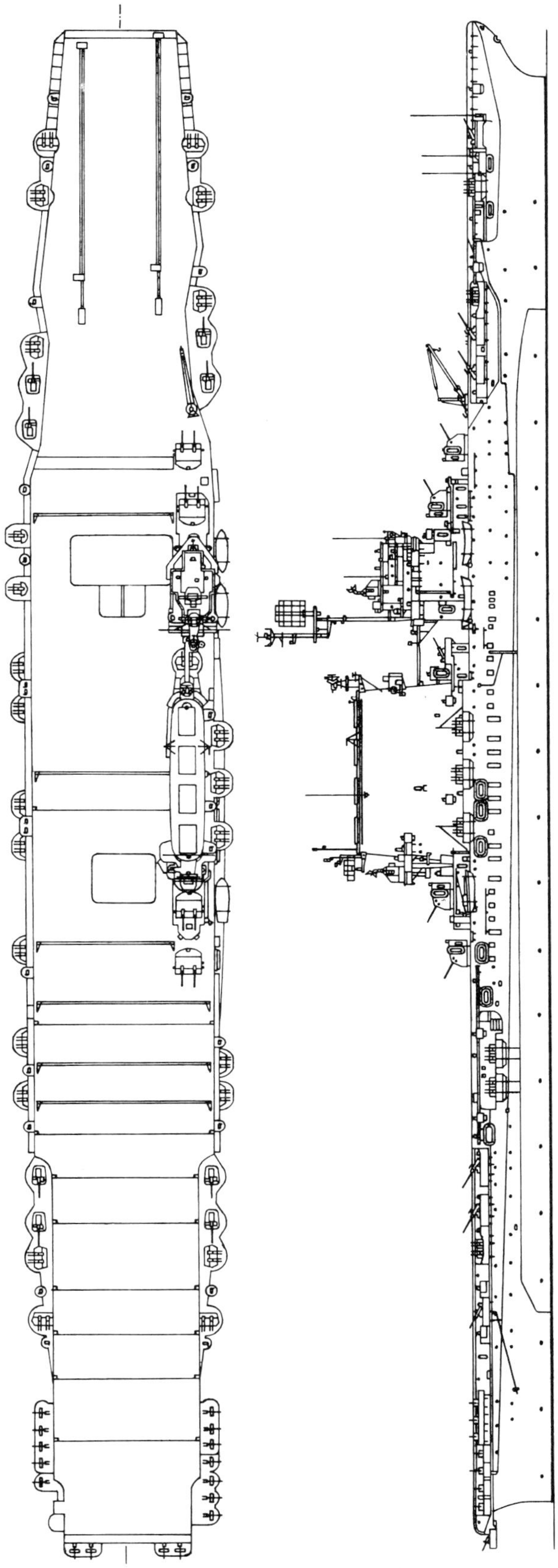

Nur wenige Monate später, etwa im September 1944, findet man anstelle der SK-Radarantenne, die nun auf die Mastplattform gewandert ist, die Jäger-Leitantenne SM. Dies war das letzte Aussehen der *Saratoga* als vollwertiger Träger.

Gründlich verändert präsentiert sich *Saratoga* hier in der Marinewerft am Puget Sound am 14. Mai 1942, als die 20,3-cm-Doppeltürme bereits durch 12,7-cm-Doppeltürme ersetzt waren. Auch hier wird es sich um die Bemalung nach Schema 1 handeln. Man beachte das nach achtern verlängerte Flugzeugdeck. Foto: USN

Die kriegsbedingten Veränderungen an Brücke und Schornstein werden auf diesem ebenfalls am 14. Mai 1942 in der Werft aufgenommenen Foto augenscheinlich: die veränderte Brücke erhielt einen anderen Mast; hier wie auch am Schornsteinrand findet man nun FLG Mk 37 mit FL-Radar Mk 4. An der Vorderkante des Schornsteins befindet sich CXAM-1-Radar, an der Achterkante (nur schwach sichtbar) SC. An den Schornsteinflanken hängen Rettungsflöße, darunter sind die 20-mm-Flakstände zu erkennen. 12,7-cm-Doppeltürme befinden sich vor der Brücke und hinter dem Schornstein. Deutlich wahrnehmbar ist der Rand des damals angebrachten breiten Rumpfwulstes. Foto: USN

Etwa zu Beginn des Jahres 1944 fuhr *Saratoga* mit Tarnanstrich nach Schema 32/11A, das speziell für dieses Schiff entwickelt worden war. Zahlreiche 40-mm-Flakstände waren inzwischen hinzugekommen. Die FLG Mk 37 haben nunmehr FL-Radar Mk 4/22. Foto: USN

Mehr als ein Jahr später lag *Saratoga* wieder in der Marinewerft am Puget Sound, wo wesentliche Veränderungen vorgenommen wurden. Das am 15. Mai 1945 aufgenommene Foto zeigt das Schiff bei einer Geschwindigkeits-Versuchsfahrt, angemalt nach Schema 21. Der alte T-förmige Aufzug wurde wesentlich vergrößert. Auch hier ist der Rumpfwulst klar sichtbar. Erkennbare Radarausrüstung: SG und SK auf dem Mast, SP an der Vorderkante, SG und SC-3 an der Achterkante des Schornsteins. Foto: USN (Sammlung A.D. Baker)

Saratoga, aufgenommen nach derselben Werftzeit, bei der der achtere Flugzeugaufzug entfernt und der achtere Teil des Hangars in zahlreiche Unterkunftsräume unterteilt wurde. Hierdurch wurde das Schiff zur Übernahme von heimkehrenden Truppen vorbereitet, eine Operation, die später unter der Bezeichnung „Magic Carpet" („Fliegender Teppich") bekannt wurde. Foto: USN

Diese Aufnahme der *Saratoga* wurde im Herbst 1945 gemacht, anläßlich der Rückkehr zahlreicher Kriegsteilnehmer aus dem pazifischen Raum. Der dunkle Anstrich nach Schema 21 ist unverkennbar. Außerdem wird hier besonders deutlich, daß der Schornstein während einer Werftzeit etwas gekürzt wurde. Deutlich sichtbar ist der Rumpfwulst. Foto: J. A. Casoly

Ranger (CV-4)

Ranger war der erste amerikanische Flugzeugträger, der als solcher geplant war. Von der Konzeption her war die Konstruktion dieses Schiffes richtungweisend für die meisten bis zum Ende des II. Weltkriegs entworfenen Trägerklassen. Im Bestreben, die nach der Indienststellung von *Lexington* und *Saratoga* noch verbliebene Tonnage auf möglichst viele Plattformen zu verteilen, aber auch wegen der damals herrschenden Etatbeschränkungen, wählte man hier eine Wasserverdrängung von nur 14 500 ts Standard. Auf Kosten einer stärkeren Panzerung und Bewaffnung und unter Verzicht auf eine höhere Geschwindigkeit wurde ein Typ geschaffen, bei dem man vor allem auf die Möglichkeit der Mitnahme von möglichst vielen Flugzeugen Wert legte. Die niedrigere Geschwindigkeit wurde bewußt in Kauf genommen, da *Ranger* ursprünglich zusammen mit der Flotte der Schlachtschiffe operieren und dafür die Aufklärungsflugzeuge mitführen sollte. Die Geschwindigkeit der damaligen Schlachtschiffe war nicht höher als 21,5 kn. Der Schlankheitsgrad des *Ranger*-Rumpfes betrug in der Wasserlinie 9:1. Die Flugzeugkapazität war fast so groß, wie bei den mehr als doppelt so schweren Vorgängern. Im Gegensatz zu diesen wurde hier erstmalig die heute noch praktizierte Konstruktion der Amerikaner sichtbar, wonach Hangar samt Flugzeugdeck nicht Bestandteil des Schiffsrumpfes sind, sondern als Aufbau auf diesen aufgesetzt. Weitgehend unverkleidete Hangar-Seitenflächen wurden zur besseren Lüftung mit Rücksicht auf die sich im Hangar beim Vorwärmen der Flugzeugmotoren bildenden Bezingase vorgesehen. Der Kesselraum befand sich achtern vom Turbinenraum, so daß die Schornsteine – je drei beidseitig im achteren Schiffsdrittel – an den Aufbauten „aufgehängt" wurden, um während des Flugbetriebs seitlich waagerecht abgeklappt zu werden, was sich in der Praxis als nicht günstig erwiesen hat. Die Insel der *Ranger* war kleiner als auf den Nachfolge-Schiffen. Ursprünglich gab es kein Flugzeugkatapult, 1944 wurde ein H-IV-Katapult mit einer Schubwirkung von 3,1 t installiert, die für eine Beschleunigung auf 112 km/h ausreichte. Die Bremsanlage umfaßte sechs quer zur Schiffsachse gespannte Drahtseile. Zwei nahe beieinander liegende Innenaufzüge verbanden das Flugzeugdeck mit dem Hangar. Mit einer Panzerung von durchweg 51 mm war das Schiff recht schwach geschützt. Das Flugzeugdeck war durchgehend schwach gepanzert. Während des Krieges kam man zu der Erkenntnis, daß *Ranger* nicht allen Aufgaben gewachsen war. Unter anderem lag das Schiff bei hohem Seegang nicht sehr ruhig im Wasser und war somit keine sehr stabile Start-und Landeplattform für die Flugzeuge. So übernahm *Ranger* zunehmend Transportaufgaben im atlantischen Raum, bis sie 1944 Trainingsschiff für Marine-Piloten wurde. Trotzdem wurde hier während des Krieges die 12,7-cm-Artillerie – die übrigens 1944 unter Hinterlassung der leeren Wannen ganz entfernt wurde – durch zahlreiche 40-mm-und 20-mm-Maschinenflak ergänzt. Im Laufe des Krieges kam noch ein zweites, radargesteuertes FLG hinzu. Typisch für dieses Schiff waren die drei beidseitig aufgestellten Kräne. Das holzbeplankte Flugzeugdeck maß nach der Verlängerung im Jahre 1943 228,6×24,4 m, der Hangar 152×21×5,5 m.

Es ist nicht uninteressant, daß sich die Navy ursprünglich mit dem Gedanken beschäftigte, die nach Abzug von *Lexington* und *Saratoga* verbliebene Tonnage (bis zu insgesamt 135 000 ts) mit fünf Trägern des Typs *Ranger* auszufüllen, womit sicherlich eine maximale Flugzeuganzahl auf möglichst viele Schiffen hätte verteilt werden können. Erfahrungen führten jedoch zu zusammenfassenden Feststellungen, die ihren Niederschlag in einer Studie fanden. Hiernach sollte die unterste Grenze der Wasserverdrängung für Flugzeugträger um die 20 000 ts betragen, dies unter Berücksichtigung aller Anforderungen, die bezüglich Seefähigkeit, Geschwindigkeit, Flugzeugkapazität, Mannschafts-Unterbringung, Munitions- und Treibstoffvorrat, Panzerschutz, Bewaffnung usw. optimal erfüllt werden mußten.

Bekanntgewordene Zahlen für den Panzerschutz der *Ranger:*
Wasserlinie und Hauptschotten 51 mm
Decks 25 mm

CV-4 Ranger

Kurzlebenslauf

ab 1934	Atlantische Flotte.
12/1941	Patrouillenfahrt Süd-Atlantik.
3/1942	Werft; Flugzeugtransporte nach Nord-Afrika; Sicherungseinsatz bei Landung in Franz.-Marocco; Rückkehr zur Ostküste, Werft.
1943	Werft; Flugzeugtransporte nach Nord-Afrika, Trainingsfahrten, mit der britischen Home Fleet Sicherungseinsätze brit. Inseln, norwegische Küste.
1944	Rückkehr zur Ostküste, Trainings-Träger; Flugzeugtransporte nach Nord-Afrika; Werft. Verstärkung Flugzeugdeck, neues Katapult.
7/1944	Pazifik via Panama-Kanal, Transport von Truppen und Flugzeugen nach Pearl Harbor; Trainingseinsätze an der Westküste für den Rest der Kriegszeit.
9/1945	via Panama-Kanal zur Ostküste;
10/1946	Außerdienststellung.

Schiffselektronik

Radar:

4/1942	CXAM-1
6/1944	SK, SC-2
1945	SK, SC-2

Feuerleitung:

1942	2 FLG Mk 33 mit Mk 4 FL-Radar
ca. 1944	6 Mk 51

Tarnschemata

4/1942	Schema 12 mit Farbklecksen
1/1943	Schema 22
6/1944	Schema 33/1A, einziges Muster mit 4 Tönungen

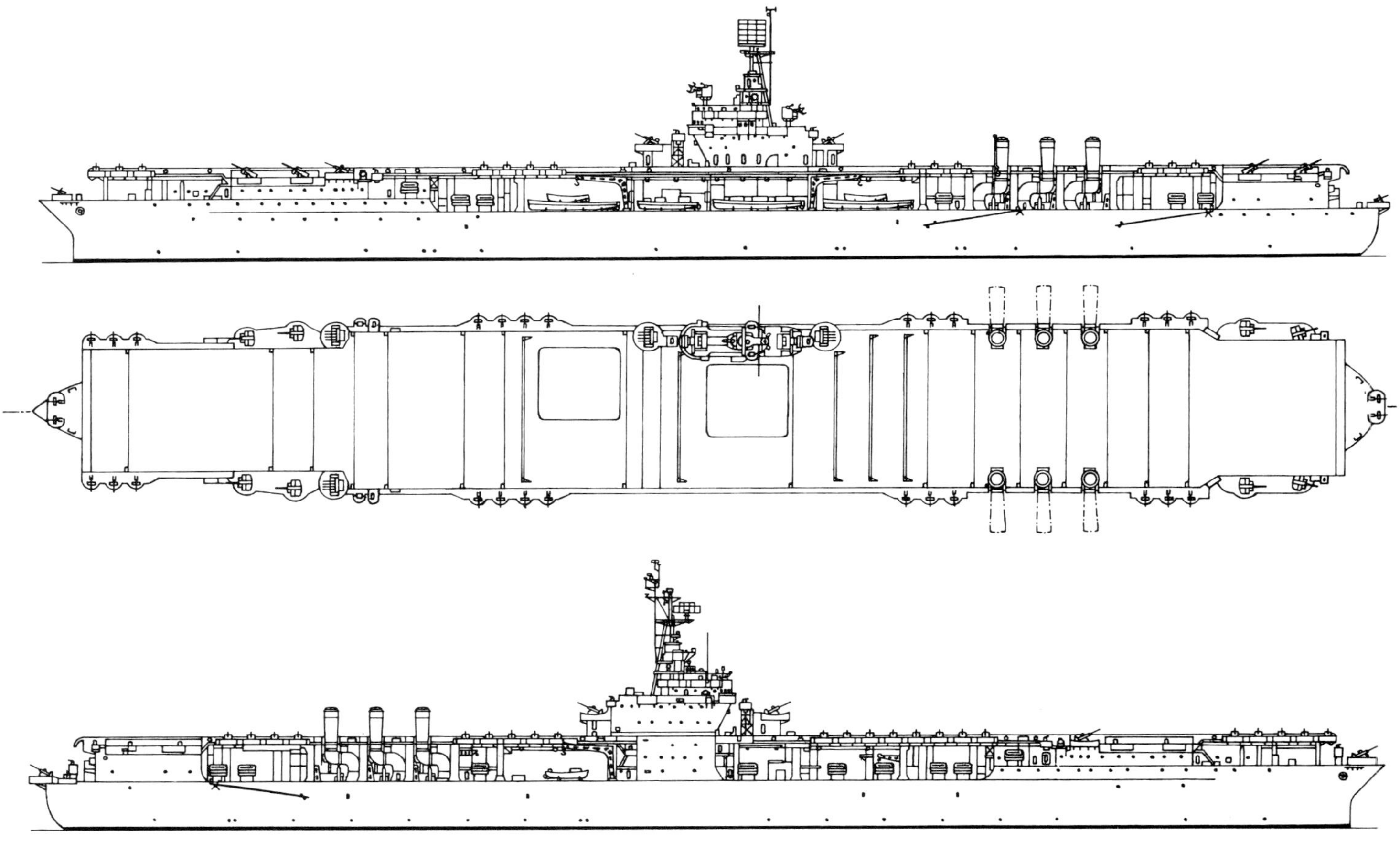

CV-4 *Ranger;* Backbordseite und Decksplan zeigen das Aussehen des Schiffes im Frühjahr 1942. 16–12,7-cm-L/25-Geschütze und vier Vierlingsflak 28 mm. Radarantenne CXAM-1 befindet sich auf der Spitze des Dreibeinmastes. Mk 33 FLG mit FL-Radar Mk 4. Die Steuerbordseite zeigt *Ranger* im Sommer 1944 nach Entfernung der 12,7-cm-Geschütze, der FLG Mk 33 und nach Installation von 40-mm-Flak und SC-2-Radar.

CV-4 *Ranger,* Breitseitaufnahme aus dem Jahre 1934, auf der die schräge Vorderkante der Insel gut zu erkennen ist. Auf der Insel erkennt man noch kein FLG. Foto: USN

Eine weitere instruktive Ansicht von *Ranger* aus den 30er Jahren veranschaulicht die Anlage der sechs Schornsteine und der beiden nahe beieinander liegenden Flugzeugaufzüge, die seitlich aus der Decksachse verschoben sind, sowie der zahlreichen Schiffsboote. Immer noch kein FLG auf der Insel. Anfangs befanden sich nur vier 12,7-cm-Geschütze in den seitlich des Flugzeugdecks angebrachten Ständen. Zwei Geschütze waren auf der Back aufgestellt, eine Anordnung, die sich bei hohem Seegang als ungünstig erwiesen hat. Foto: USN (Sammlung BfZ)

Ranger im April 1942 in der Marinewerft Norfolk nach Anbringung der ersten kriegsbedingten Veränderungen. Tarnanstrich nach Schema 12, Umkleidung und Neuaufstellung der Flakstände, kleine Kenn-Nummer am Bug. Die 12,7-cm-Flageschütze wurden umgruppiert, einige 20-mm-Maschinenflak können ausgemacht werden. Foto: USN

Diese am 11. April 1942 in der Marinewerft Norfolk gemachte Aufnahme verdeutlicht Einzelheiten der Inselpartie: die beiden noch vor dem Kriege aufgestellten FLG Mk 33 erhielten FL-Radar Mk 4, auf der Mastspitze befindet sich die Radarantenne CXAM-1, am Dreibeinmast sieht man Scheinwerfer zur Ausleuchtung des Landedecks, dessen Holzauflage hier noch gerade wahrgenommen werden kann. Vor und hinter der Insel kamen Stände für die 28-mm-Flak und deren FLG hinzu. Foto: USN

Ranger, aufgenommen im Januar 1944, getarnt mit dem Zweifarbenanstrich des Schemas 22. Die 12,7-cm-Geschütze befinden sich noch an Bord. Die 28-mm-Flak wurde erst etwas später entfernt und durch acht 40-mm-Vierlinge ersetzt. Foto: USN

Ab Juni 1944 fuhr *Ranger* getarnt nach Schema 32/1A. Das Muster 1A war das einzige Muster, das vier Farbtönungen enthielt; es wurde speziell für dieses Schiff entwickelt. Die Veränderungen, die nach der vorangegangenen Werftzeit wirksam geworden sind, sind auf diesem im Juli 1944 aufgenommenen Breitseitsfoto sichtbar: die 12,7-cm-Geschütze wurden entfernt, an Stelle der 28-mm- nunmehr 40-mm-Flak – auch in den Bug- und Heckständen. SC-2-Radar.

Foto: USN (Sammlung A. D. Baker)

Dieses ebenfalls 1942 aufgenommene Foto der *Ranger* veranschaulicht, wie schmal Träger-Inseln sind. Im Vordergrund der erhöhte 28-mm-Flakstand, raumsparend nach Steuerbord ausgerichtet. Darüber überhöht das abgedeckte Leitgerät. Auch bei *Ranger* gab es um diese Zeit bereits zwei Brücken-Niveaus. Über dem oberen findet man FL-Radar Mk 4, das vor das ältere FLG Mk 33 gesetzt wurde. Sehr deutlich sieht man hier die Maserung von CXAM-1 Radar. Foto: USN

Yorktown-Klasse (CV-5)

Nach den Bestimmungen der Washingtoner Flottenverträge durften die Amerikaner Flugzeugträger mit einer Gesamttonnage von 135 000 ts Standard unterhalten. Nach der *Lexington*-Klasse mit zweimal 36 000 ts und der *Ranger* mit 14 500 ts waren zunächst zwei weitere Einheiten vorgesehen, die je 19 000 ts verdrängen sollten und mit denen die 120 000 ts-Marke erreicht werden würde. Der Rest wurde dann mit *Wasp* (CV-7) verbaut. Das dritte Schwesterschiff von *Yorktown* und *Enterprise*, die leicht verbesserte *Hornet*, lief erst vier Jahre nach *Yorktown* und *Enterprise* vom Stapel, als die erwähnten Beschränkungen nicht mehr bestanden. Diese drei Schiffe basierten auf dem Entwurf *Ranger*, wiesen jedoch generell bessere Eigenschaften auf. Die Kesselräume befanden sich hier vor den Turbinenräumen, so daß die Rauchgase durch einen breiten, hinter der Brücke befindlichen Schornstein abgeführt wurden. Es gab auf *Yorktown* und *Enterprise* drei Flugzeugaufzüge und zwei H-I-Katapulte, die mit 2,5 t Schub die Flugzeuge auf 74 km/h beschleunigten. Sie waren (nur bis 1939) im Hangardeck, diagonal zur Schiffsachse aufgestellt, und von hier aus konnten die Flugzeuge in beide Richtungen katapultiert werden. Die Überlegungen gingen dahin, daß bei entstehender Notwendigkeit möglichst viele Flugzeuge zugleich und schnell gestartet werden sollten. Hierbei blieb das Hauptdeck den mit eigener Kraft startenden Maschinen vorbehalten. Dieses Flugzeugdeck war 238 m lang und 24,4 m breit. Erst 1941 erhielten *Yorktown* und *Enterprise* je zwei Flugdeck-Katapulte H-II. Im allgemeinen waren Schiffe dieser Klasse etwas stärker gepanzert. Für die 12,7-cm-Flak gab es zwei Leitgeräte. Insbesondere die *Enterprise* erhielt im Laufe des Krieges zusätzlich zahlreiche Maschinenflak. Die Maschinenanlage war mehr als doppelt so stark wie die auf *Ranger*. Dies resultierte in einem Geschwindigkeitszuwachs von ca. 4 Knoten. Die später fertiggestellte *Hornet* erhielt etwas mehr Flugzeugdeck-Fläche.

Zusammen mit *Lexington*, *Saratoga* und *Wasp* hatten Schiffe dieser Klasse die ganze Last der ersten Kriegsmonate zu spüren bekommen, was sich in den bekannten Totalverlusten niederschlug. Gegenüber *Ranger* waren lebenswichtige Anlageteile durch Panzerung besser geschützt. Es wurde eine bessere Unterteilung der unter Wasser befindlichen Räume vorgesehen, damit die Wirkung von Torpedotreffern vermindert werden konnte. Der Hangar erstreckte sich über die volle Schiffslänge und war seitlich mit jeweils mehreren verschließbaren Öffnungen versehen, die der schnelleren Beladung, der besseren Lüftung und Beleuchtung dienten. Die größten Öffnungen standen vor allem in Verbindung mit den im Hangardeck quer aufgestellten Katapulten. Das Flugzeugdeck bestand auch bei dieser Klasse noch aus Hartholzplanken. Erstmalig sollte bei diesen Schiffen den heimkehrenden Flugzeugen Gelegenheit gegeben werden, sowohl über Heck als auch über Bug landen zu können. Daher gab es sowohl vorne als auch achtern eine Bremsseilanlage mit je 4 bzw. 9 Stahlseilen. Zusätzlich gab es zwei bis vier „crash barriers“ zum Schutz der auf dem Vorderdeck abgestellten Maschinen gegen von achtern landende Flugzeuge. Konstruktiv lag *Yorktown* auf halbem Wege zwischen *Ranger* und *Essex*. Diese Klasse war zwar zur Aufnahme von 90 Flugzeugen entworfen, in der Praxis konnten jedoch kaum mehr als 80 Maschinen mitgeführt werden, sollte es zu keiner gegenseitigen Behinderung kommen. Der Panzerschutz setzte sich wie folgt zusammen:

Wasserlinie i. H. der Antriebsanlage 64–102 mm
Hauptschotten 102 mm
Hangardeck 76 mm

CV-5 Yorktown

Kurzlebenslauf

9/1937	Kurze Zeit im Pazifik.
Mitte 1941	Zurück in den Atlantik.
12/1941	Erneut Wechsel in den Pazifik; Pearl Harbor.
1/1942	Mit *Enterprise* Gilberts- und Marshall-Inseln.
4/1942	Mit *Lexington* (TF 11) Korallensee, leicht beschädigt, Werft.
6/1942	Midway, Totalverlust.

Schiffselektronik

Radar:
1941 CXAM
Feuerleitung:
1942 2 Mk 33

Tarnschemata

6/1942 Schema 12

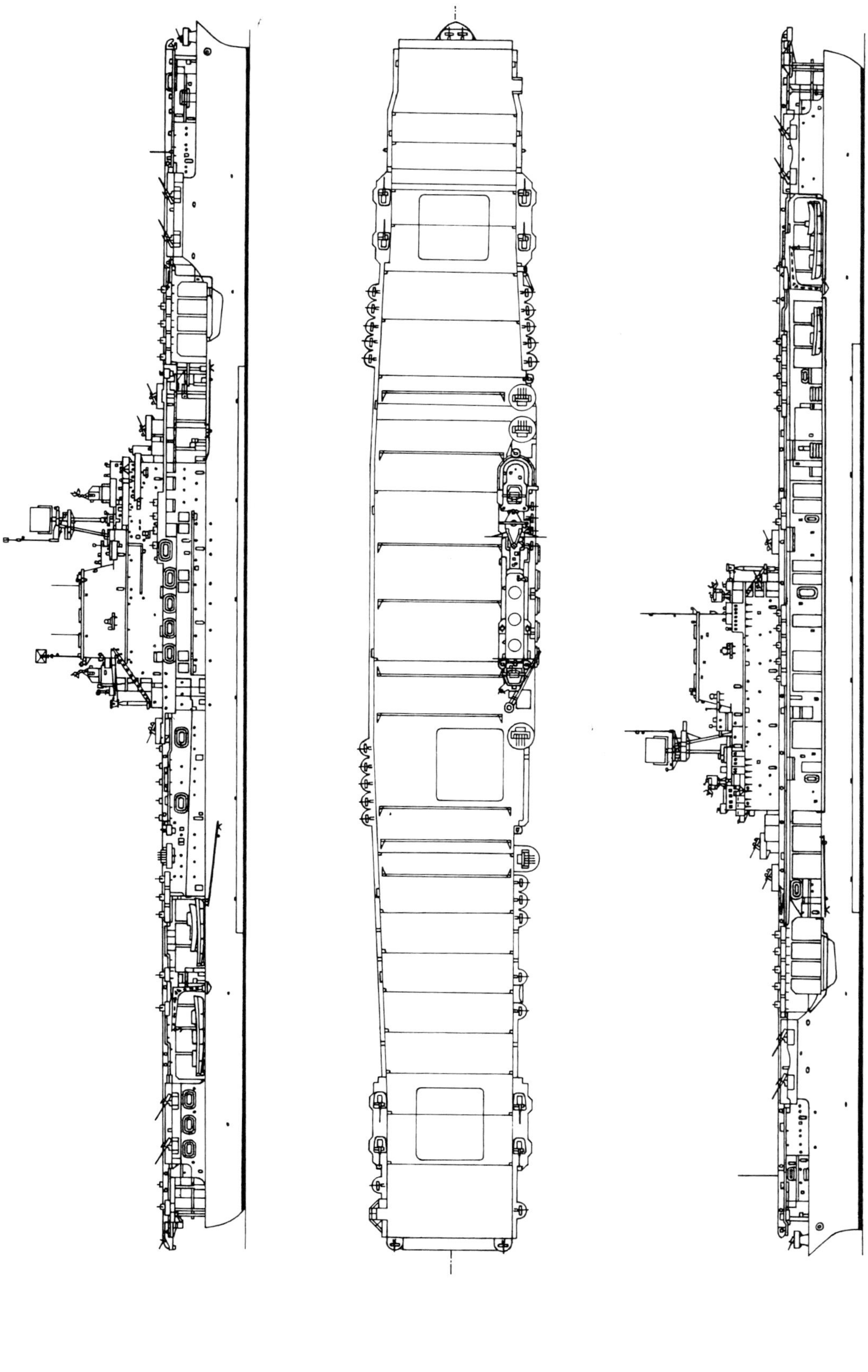

Die Backbordzeichnung zeigt das Aussehen von CV-5 *Yorktown* im Frühjahr 1942. 28-mm- und 20-mm-Flak sind zu beobachten, wie auch CXAM-Radar auf der Mastplattform. Die Zeichnungen der Steuerbordseite und der Decksansicht entsprechen dem Aussehen von CV-8 *Hornet*, kurz vor dem Untergang des Schiffes im Oktober 1942. Im Gegensatz zu *Yorktown* findet man hier 2 FLG Mk 37. Beachtenswert sind die auch über das vordere Flugzeugdeck gespannten Bremsseile. Weder *Yorktown* noch *Hornet* hatten jemals 40-mm-Flak an Bord.

CV-5 *Yorktown* am 12. Juli 1937, kurz vor der Indienststellung. Foto: USN

Achterliche Ansicht der *Yorktown*, auf der die geschwungene Linienführung der Vorschiffspartie beobachtet werden kann, wie auch die damals noch üblichen Bullaugen. Foto: USN (Sammlung BfZ)

Luftaufnahme der *Yorktown* vom Mai 1940, auf dem Flugzeugdeck eine volle Zuladung von ca. 90 der damals geführten Flugzeuge. Zur Unterscheidung zu *Enterprise* führte das Schiff zeitweise ein schwarz angemaltes Y an der Schornsteinflanke. Foto: USN

Yorktown im Trockendock, aufgenommen im Mai 1942, kurz vor der überstürzten Abkommandierung in Richtung Midway. Beachtenswert ist der erhöhte 20-mm-Flakstand unter der Vorderkante des Flugzeugdecks. CXAM-Radarantenne steht in Querab-Position und ist daher hier nicht sichtbar. Foto: USN

CV-6 Enterprise

Kurzlebenslauf

1939	Pazifik.
1941	Pearl Harbor.
1942	Samoa-Geleite, Marshall-Inseln, Wake, Marcus, Midway (TF 16), Süd-Pazifik (TF 61), Salomonen, Guadalcanal, Santa Cruz, Noumea (Reparaturen).
1943	Noumea (Reparaturen), Salomonen, Westküste Werft, Makin, TG 50.2, Kwajalein.
1944	Marshall-Inseln (TF 58), Truk, Emirau (TG 36.1), Yap, Ulithi, Woleai, Palaus, Hollandia, Truk, Saipan, Rota, Guam, Philippinen, Vulkan- und Bonin-Inseln (TF 38), Yap Ulithi, Palaus, Okinawa, Formosa, Philippinen, Leyte, Yap, Westküste.
1945	Luzon, Chinesische See (TG 38.5) mit japanische Inseln (TG 58.5), Iwo Jima, Honshu, Kyushu.
7/1945	Westküste, Transportfahrt nach Pearl Harbor.
10/1945	Ostküste; mehrere Magic Carpet-Fahrten nach Europa.
2/1947	Außer Dienst, Reserveflotte.

Schiffselektronik

Radar:

vor 3/1942 CXAM
5/1942 CXAM-1
10/1942 CXAM-1, SG
10/1943 SK, SC-2, SP, SG

Feuerleitung:

1938	2 Mk 33
1941	2 Mk 33 ohne FL-Radar
9/1942	2 Mk 33 mit FL-Radar Mk 4
10/1942	1 Mk 37, 1 Mk 33, beide mit FL-Radar Mk 4
10/1943	2 Mk 37 mit FL-Radar Mk 4, 16 Mk 51 (sollte 4 Mk 57 erhalten)
9/1945	2 Mk 37 mit FL-Radar Mk 12/22

Tarnschemata

12/1943	Schema 21
8/1944	Schema 33/4Ab bis 1/1945
9/1945	Schema 21

Im Mai 1942 wurde dieses Foto der Insel von CV-6 *Enterprise* aufgenommen, auf dem an der Mastspitze die Radarantenne CXAM-1 festgestellt werden kann. Im Vordergrund die beiden Stände mit der 28-mm-Vierlingsflak. Foto: USN

Diese Steuerbordaufnahme von *Enterprise* wurde im November 1942 gemacht. Foto: USN

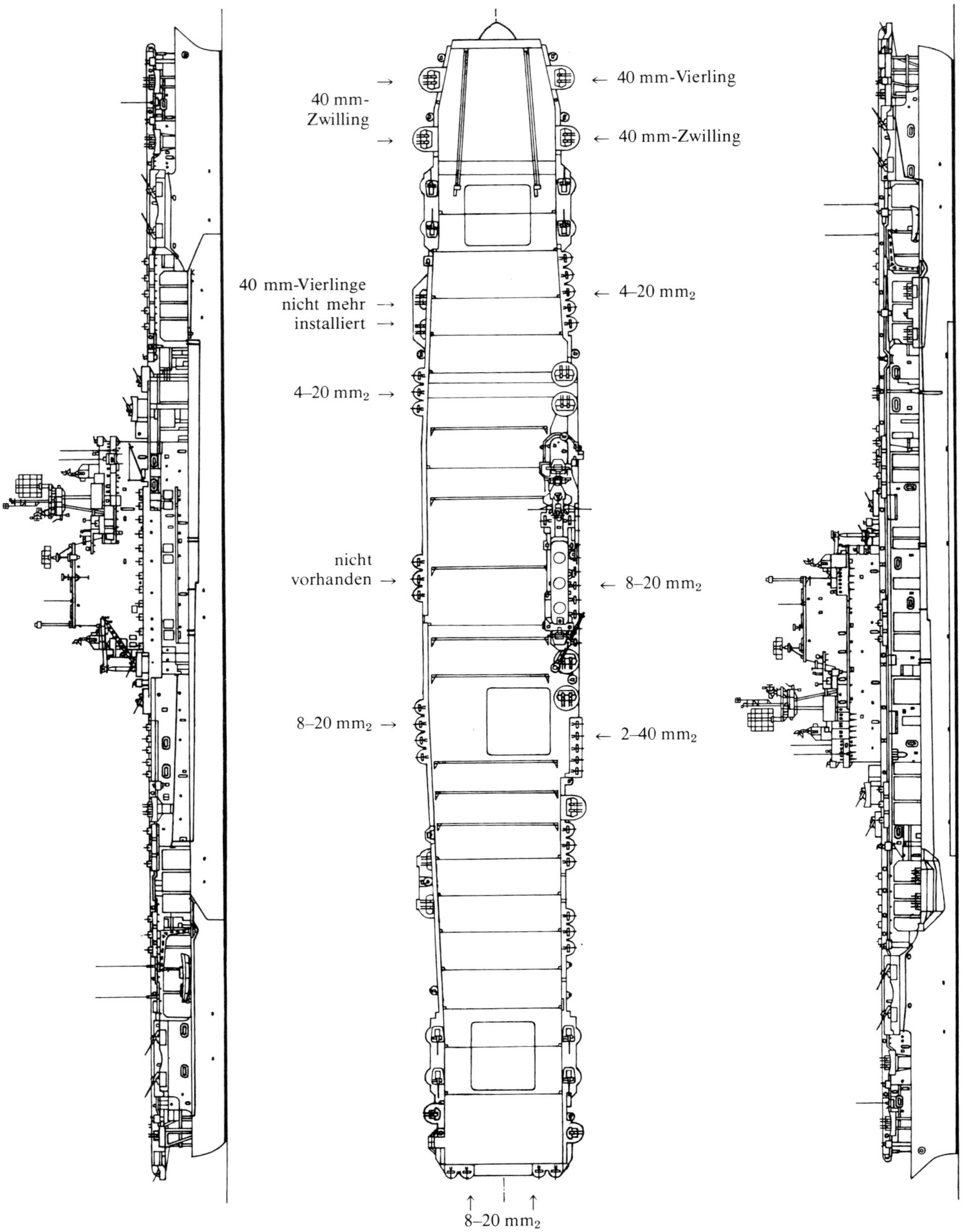

Alle drei Ansichten zeigen generell das Aussehen der *Enterprise* nach Kriegsende, im September 1945, jedoch weisen die Zeichnungen eine unterschiedliche Dotierung der Maschinen-Flak aus. Der wirkliche Bestand wird durch Pfeile gekennzeichnet. Zur Endausrüstung gehören die Radarantennen SK und SP (auf der Mastplattform) und SC-2 (auf dem Schornstein).

Ein Jahr später: Im Dezember 1943 hat *Enterprise* Tarnanstrich nach Schema 14. Zahlreiche 20-mm- und 40-mm-Flak wurden aufgestellt, die FLG Mk 37 haben nunmehr FL-Radar Mk 4. Foto: USN

Im März 1944 bei schneller Fahrt aufgenommen, präsentiert sich *Enterprise* mit nur wenigen Flugzeugen auf dem Deck. Die Radarausrüstung wurde erweitert und besteht nun aus den Geräten SK, SC-2 und SP. Tarnanstrich immer noch nach Schema 21. Foto: USN

Dieses Foto wurde am 2. August 1944 aufgenommen und zeigt das Backbord-Mittschiffsdetail der *Enterprise* mit Tarnanstrich nach Schema 33/4Ab. Im Vordergrund passiert der U-Boot-Jäger PC-1251, angestrichen vermutlich nach Schema 1. Foto: USN

Kurz nach dem Kriegsende: *Enterprise* fährt am 13. September 1945 mit 20 kn in Höhe der Marinewerft am Puget Sound. An der Stelle, wo vormals die Ausleger für die Hangarkatapulte vorhanden waren, wurden je zwei Stände für 40-mm-Vierlinge angebracht, die beiden vorderen Vierlinge wurden jedoch nicht mehr aufgestellt. Dies war das letzte Aussehen des Schiffes, das hier nach Schema 21 angestrichen ist.
Foto: USN (Sammlung A. D. Baker)

CV-8 Hornet

Kurzlebenslauf

1942	Westküste.
4/1942	Einsatz von Armee-Bombern des Typs B-25 auf Tokio; Midway, Guadalcanal, Santa Cruz, dort
10/1942	Totalverlust.

Schiffselektronik

Radar:

2-7/1942	SC
ab 7/1942	CXAM

Feuerleitung:

1941	2 Mk 37 ohne FL-Radar
2/1942	2 Mk 37 mit FL-Radar Mk 4

Tarnschemata

1941	Fertiggestellt mit Anstrich nach Schema 12, später wurden zusätzlich noch Farbkleckse aufgetragen

CV-8 *Hornet*, gesehen im Oktober 1941, unmittelbar nach der Indienststellung, noch ohne Bewaffnung, jedoch mit Tarnanstrich nach Schema 12. Zum Unterschied von den beiden älteren Schwesterschiffen findet man hier bereits zwei FLG Mk 37 auf der Insel.
Foto: USN (Sammlung BfZ)

Auch dieses interessante Foto der *Hornet* stammt noch aus dem Jahr 1941, erkennbar daran, daß sich noch keine Bewaffnung an Bord befindet. Foto: USN

Hornet war bis zu ihrer Versenkung knapp ein Jahr im Dienst. Dieses Foto zeigt das Schiff im Mai 1942, getarnt nach Schema 12, jedoch mit Farbklecksen. Eine der wenigen Aufnahmen des Schiffes, auf der die SC-Antenne auf der Mastplattform beobachtet werden kann. Auf den Mk 37-Geräten ist inzwischen FL-Radar Mk 4 angebracht worden. Foto: USN

Wasp (CV-7)

Dieser Einzelgänger war der Lückenfüller unter den Trägern der U.S. Navy, der die zugestandene Gesamttonnage auf nahezu 135000 ts brachte. Dies geschah trotz der besseren Einsicht über die erforderliche Mindest-Wasserverdrängung von 20000 ts Standard. Oberstes Gebot auch bei diesem Schiff war die Forderung nach der Unterbringung möglichst vieler Flugzeuge. Die Anzahl entsprach denn auch der auf der *Yorktown*-Klasse. Dies aber konnte nur auf Kosten der Geschwindigkeit, der Reichweite und des Panzerschutzes erreicht werden. Der Schlankheitsgrad des Rumpfes betrug hier nur 8,5 : 1. Ansonsten entsprachen viele Eigenschaften denen der *Yorktown*-Klasse, so das vorn und achtern überhängende Flugzeugdeck, der hier etwas höhere Einzelschornstein, die beiden Feuerleitgeräte, die Bewaffnung, das Hangar-Katapult H-II, zu dem noch zwei Deckskatapulte hinzukamen. Einer der drei Flugzeugaufzüge war hier erstmalig ein Deckskantenaufzug. Während der Ausrüstungsphase seiner Flugzeuge ist der Träger am meisten gefährdet und auf den Schutz durch seine Begleitschiffe angewiesen. Aus diesem Grund sollten auch hier die heimkehrenden Flugzeuge über Bug landen können. Es gab achtern 8 und vorn 6 Bremsseile. Allein im Hangar konnten 70 Flugzeuge untergebracht werden. Der Hangar maß 152 × 23 m, das Flugzeugdeck 224 × 24,4 m. Unter Berücksichtigung seiner Zielsetzung war *Wasp* ein vollwertiger Flugzeugträger. *Wasp* blieb Einzelgänger, weil nach Wegfall der Tonnage-Beschränkungen mit der *Hornet* einer der größeren Träger der *Yorktown*-Klasse gebaut wurde, während schon die Entwürfe für die neue *Essex*-Klasse vorbereitet wurden. *Wasp* war wie folgt gepanzert:

Wasserlinie und Hauptschotten 102 mm
Decks 38 mm
Kommandoturm 19–38 mm

CV-7 Wasp

Kurzlebenslauf

12/1941	Atlantik.
3–5/1942	Bei der britischen Home Fleet, u. a. Transport britischer Jagdflugzeuge nach Malta – neben der eigenen Flugzeugladung; nach Verlust der *Yorktown* bei Midway Wechsel in den Pazifik; Guadalcanal.
8/1942	Ost-Salomonen.
9/1942	Transport von Jagdflugzeugen des Marine Corps nach Guadalcanal; Totalverlust südlich Guadalcanal.

Schiffselektronik

Radar:

1942	CXAM–1

Feuerleitung:

1942	2 Mk 33 mit FL-Radar Mk 4

Tarnschemata

1942	Schema 12 mit Farbklecksen

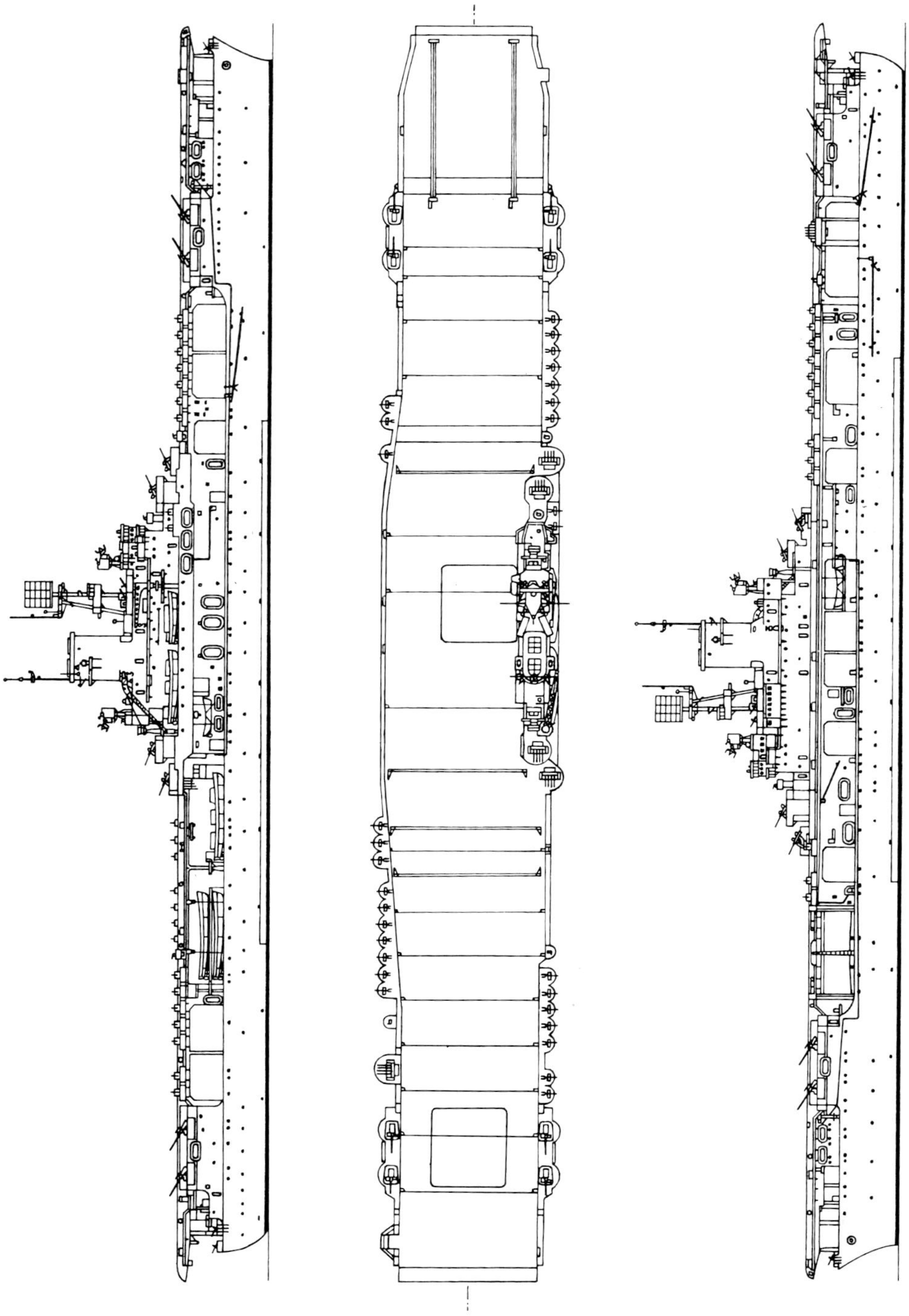

CV-7 *Wasp.* Alle drei Ansichten entsprechen dem Aussehen des Schiffes im Sommer 1942, kurz vor dem Untergang. Gegenüber der *Yorktown*-Klasse fällt hier der prominente, schlanke Schornstein auf. Die 20-mm-Flak kam 1942 an Bord. Die Radarantenne CXAM-1 befindet sich auf der Mastplattform.

Friedensaufnahme von *Wasp* (CV-7), etwa 1940 fotografiert. Im Gegensatz zu den späteren Entwürfen gibt es hier noch Bullaugen. Eine Treibstoffleitung verläuft entlang der Außenhaut. Mehrere Schiffsboote sind zu beobachten. Foto: USN

Wasp am 8. Januar 1942. Sichtbar ist hier an der vordersten Öffnung der hochgeklappte Ausleger des Hangarkatapultes. Gegenüber dem Friedensaussehen gibt es zahlreiche Veränderungen: Tarnanstrich nach verändertem Schema 12, zahlreiche 20-mm-Flakstände entlang der Flugzeugdeckskante, Splitterschutz für die 12,7-cm-Geschütze, FL-Radar auf den älteren Geräten, 28-mm-Flakstände vor und hinter der Insel, CXAM-1-Radar auf der Mastplattform.
Foto: USN (Sammlung A. D. Baker)

Zwei Monate später: *Wasp* im März 1942. Die zahlreichen Flakstände und die Radarantenne zeichnen sich infolge Sonneneinstrahlung deutlich ab. Foto: USN

Bei der selben Gelegenheit aufgenommen: Backbordseite der *Wasp*. Der Ausleger des Hangar-Katapults ist hier hinuntergeklappt. Foto: USN

Essex-Klasse*

Die bis zur Mitte der 30er Jahre konzipierten und dann realisierten Flugzeugträgerprojekte unterlagen allesamt gewissen Beschränkungen, die bedingt waren

- ☐ durch das Vorhandensein bereits vom Stapel gelaufener Schlachtkreuzer-Rümpfe,
- ☐ durch die Beschränkungen der Gesamt-Tonnage für Flugzeugträger.

Als letztere 1936 wegfielen, galt es für die U.S. Navy, die nächste Generation von Flugzeugträgern zu konzipieren. Man ging bereits damals davon aus, daß der bordgestützen Seeluftwaffe in künftigen Seekriegen eine entscheidende Rolle zufallen würde. Bei den Konzeptions-Überlegungen waren unter anderem folgende Forderungen zu berücksichtigen:

- ☐ Jeder Träger sollte imstande sein, 4 Staffeln zu je 18 Flugzeugen mitzuführen; es sollte noch Reserve für eine fünfte vorhanden sein.
- ☐ Diese Flugzeuge sollten in die Lage versetzt werden können, schnellstens zu starten, zu landen sowie gewartet und ausgerüstet zu werden.
- ☐ Sie sollten 25% Flugzeug-Ersatzteile mitführen; man ging davon aus, daß im Gegensatz zu den britischen Trägern die amerikanischen lange Zeit fern von Versorgungsstützpunkten operieren würden, so daß etwa ¼ der verlorengegangenen Flugzeuge aus dem Bord-Vorrat ersetzt werden müßte.
- ☐ Die Schiffe sollten widerstandsfähiger gegen Bomben- und Torpedotreffer werden.
- ☐ Sie sollten ausbaufähig sein, d. h. ihr Entwurf sollte der sich schon damals abzeichnenden Entwicklung der Flugzeugtechnologie Rechnung tragen.
- ☐ Die Lebensdauer sollte möglichst lang sein.

Sechs Entwurfsstudien wurden daraufhin zwischen Juli 1939 und Januar 1940 ausgewertet, von denen die letzte, CV–9F, realisiert wurde. Das Resultat war ein 27 500 ts verdrängender Typ, an dem jeder Kubikmeter, jede Tonne zweckgebunden geplant war. Er war schwerer als *Yorktown*, jedoch leichter als *Lexington*, wenn auch gleich lang. Dem – mit Ausnahme der *Lexington* – einmal eingeschlagenen Weg folgend, gehörten auch hier die über dem Hauptdeck angebrachten Aufbauten des Hangars nicht zu den tragenden Elementen der Konstruktion, und nur an der Steuerbordseite in Höhe der Insel verband die Außenhaut Rumpf und Insel mit den Aufbauten. Das Flugzeugdeck (264×27,4 m) war nach wie vor holzbeplankt und sehr leicht gepanzert, wie das Hauptdeck auch. Man wollte erreichen, daß im Interesse schnellerer Startoperationen die Propellermaschinen bereits im Hangar vorgewärmt werden konnten, wozu ausreichende Entlüftung der Hangars Voraussetzung war. Gegen Wettereinwirkung konnten die Hangaröffnungen an den Seiten durch Rolltore geschützt werden. Die Maße des Hangars betrugen 176,8×21,6×5,5 m. Das unter dem Flugzeugdeck befindliche, „aufgehängte" Galeriedeck beherbergte – dies jedoch nicht in voller Länge des Flugzeugdecks – Bereitschafts- und Wohnräume der Flugzeugbesatzungen, die so am schnellsten zu ihren Flugzeugen eilen konnten. Bei diesem Entwurf gab es zwei Mittelaufzüge und einen Deckskanten-Aufzug. Letzterer war bis zur Senkrechten abklappbar. Dies ermöglichte die Durchfahrt durch den Panama-Kanal. Der Seitenaufzug trat übrigens an die Stelle eines dritten Mittelaufzuges, der 1940 bei einem Vorentwurf noch vorgesehen war. Die Schächte der Mittelaufzüge reichten bis ein Deck unter dem Hangar- bzw. Hauptdeck und stellten damit ein echtes Problem für die Stabilität des Rumpfes dar. Die zunächst achtern auf dem Flugzeugdeck angebrachten 9 und 6 vorderen Bremsseile konnten Flugzeuge bis zu einem Landegewicht von 5,4 t abfangen. Später wurden die Bremsanlagen verstärkt.

Der verbesserte passive Schutz dokumentierte sich vor allem in der Einteilung des Rumpfes in weit mehr wasserdichte Abteilungen, als dies bei den älteren Trägern der Fall war. Wie gelungen dies war, kann daran gemessen werden, daß trotz zum Teil sehr schwerer Beschädigungen (auch mit Schlagseite), kein Träger der *Essex*-Klasse als Totalverlust abgebucht werden mußte.– Trotz der auf 12 Rohre verstärkten schweren Flak gab es hier nur zwei Feuerleitgeräte Mk 37, so daß nur jeweils ein Teil der Geschütze radargeleitet ge-

* Der Verfasser dieses Buches veröffentlichte in den Heften 10 und 11/1978 der „Marine-Rundschau" einen ausführlichen Beitrag über die Genealogie der *Essex*-Klasse, der als Ergänzung des nachfolgenden Abschnittes betrachtet werden kann.

richtet werden konnte. Wie auf allen Schiffen der U.S. Navy wurde auch hier im Laufe des Krieges eine stattliche Anzahl an 40-mm- und 20-mm-Flak installiert, jedoch variierte die Stückzahl von Schiff zu Schiff und von einer Werftzeit zur anderen.
Beginnend mit dem Haushaltsjahr 1940 wurden insgesamt 32 Schiffe dieser Klasse zum Bau freigegeben, von denen 24 fertiggestellt worden sind, 7 davon zu spät, um noch am II. Weltkrieg teilzunehmen. 2 Einheiten wurden aufgrund des nahenden Kriegsendes nicht mehr fertiggestellt, sondern abgebrochen, und weitere 6 Schiffe erst gar nicht begonnen. Der Bau der ebenfalls begonnenen *Oriskany* (CV–34) wurde nach dem Stapellauf zunächst eingestellt und das Schiff erst 1951 gemäß Umbauform SCB-27A fertiggestellt. Die rechtzeitig zur Flotte stoßenden Träger dieser Klasse waren es, die zusammen mit den beiden Veteranen *Enterprise* und *Saratoga*, den 9 leichten Trägern der *Independence*-Klasse sowie dem Gros der Geleitflugzeugträger – die zunächst vorhandene japanische Luftüberlegenheit zunichte machten. Der Bau dieser Träger erstreckte sich über gut 5 Jahre, und so ist es verständlich, daß es nicht zuletzt aufgrund von Kriegserfahrungen bereits während des Baues neuer Einheiten äußere und innere Veränderungen zu verzeichnen gab. Es gab geringfügige Unterschiede bei der Menge des mitgeführten Treibstoffs und des Flugzeugbenzins. Die markantere, äußerlich sichtbare Entwicklung war die Untergliederung der Klasse in 10 „short hull“- und 13 „long hull“-Schiffe. Während bei den erstgenannten 10 Schiffen die Vorderkante des Flugzeugdecks mit dem hier steileren Vordersteven abschnitt und die Bugpartie so schmal war, daß darüber nur ein 40-mm-Vierling Platz hatte, erhielten die anderen 13 Schiffe einen ausladenderen Vordersteven, was einmal zu einer größeren Gesamtlänge der Schiffe führte und andererseits die Aufstellung von zwei 40-mm-Vierlingen nebeneinander gestattete. Die neue Bugform wirkte sich allerdings nachteilig auf das Verhalten der Schiffe bei hohen Wellen und starker See aus; es kam hierbei zu harten Schlägen gegen das Vorschiff.
Eine weitere Variante betraf das unterschiedliche Aussehen der Steuerbordseite von nachweislich 12 Schiffen (es waren dies CV-10, 11, 12, 13, 14, 15, 16, 17, 18, 19, 31 und 37), an denen ab etwa 1944 an der Außenhaut unterhalb der Insel drei, weiter achtern zwei weitere zusätzliche 40-mm-Fla-Stände in Schwalbennestern angebracht wurden. Weiterhin gab es zeitlich begrenzte Unterschiede im Aussehen infolge unterschiedlicher Tarnanstriche und Bemalungen. Im einzelnen wird darauf bei den nachfolgenden Bildunterschriften eingegangen. Weitere Änderungen gab es in den 50er Jahren anläßlich der Modernisierungsprozesse; darüber wird später berichtet werden.
Im Gegensatz zu den modernen Trägern waren die der *Essex*-Klasse anfangs so eingerichtet, daß ihre Flugzeuge – genau wie bei der *Yorktown*-Klasse – auch über Bug landen konnten, während der Träger mit bis zu 20 kn rückwärts lief. Die Form des Achterschiffs und die Verstärkung des Ruders entsprachen dieser Forderung. Der Schlankheitsgrad des Rumpfes betrug bei dieser Klasse 8,8:1. Die Bremsseilanlage umfaßte zahlreiche dicke Stahl-Bremsseile, achtern zwischen 9 und 16. Die Methode der Landung über Bug hat sich aber nicht bewährt, so daß bereits während des Krieges diese Praxis ebenso aufgegeben wurde wie das Starten der Flugzeuge von quer zur Schiffsachse installierten Hangar-Katapulten. Die wenigen auf CV-10 bis CV-13 installierten Hangar-Katapulte des Modells H-IVA wurden zunächst zugunsten eines zweiten Flugzeugdeck-Katapultes des Modells H-IVC aufgegeben, dessen Länge 26,4 m betrug, und das ein Flugzeug von bis zu 7,3 t Gewicht auf eine Geschwindigkeit von 137 km/h beschleunigen konnte. Die später benutzten H-IVB-Katapulte beschleunigten mit einem Schub von 6,5 t auf eine Geschwindigkeit von 161 km/h. Leistungsmäßig waren sie zweieinhalbmal so stark wie die H-2-Katapulte auf *Yorktown* I.

Es ist kaum etwas über die Baukosten dieser Träger veröffentlicht worden. Inoffiziell jedoch ist bekanntgeworden, daß sich die Kosten zwischen 68 und 76 Mio $ bewegten. *Wasp* soll 58,2 Mio $ gekostet haben. Im Jahr 1943 wurden die *Essex*-Träger sehr dringend gebraucht. Ihr Bau wurde daher im Dreischichtenbetrieb durchgeführt, so daß außerordentlich kurze Bauzeiten zustande kamen. Während der ersten Kriegsjahre betrugen sie zwischen 13 und 20 Monate. Bereits kurz nach dem Ende des II. Weltkriegs wurden 19 Träger dieser Klasse außer Dienst gestellt, konserviert und zur Reserveflotte verlegt. Lediglich die vier neuesten, CV-21, 32, 45 und 47 blieben im aktiven Dienst und fochten ab 1950 mit ihren Flugzeugen die ersten Luftkämpfe über Korea aus, während die Masse ihrer Schwesterschiffe nacheinander reaktiviert und gründlich modernisiert wurde.

Es ist noch wissenswert, daß 120 Flugzeuge gestaut im Hangar untergebracht werden konnten, weitere 80 auf dem Flugzeugdeck. Das entsprach einer gesamten Transport-Kapazität von 200 Maschinen.

Über die Schiffspanzerung werden von verschiedenen Quellen folgende Werte genannt:
Wasserlinie 64–102 mm, später während der Modernisierung entfernt
Flugzeugdeck 38 mm
Hangardeck 76 mm (nach anderen Quellen nur 64 mm)
Hauptdeck 38 mm
12,7-cm-Türme und Barbetten 28 mm.

CV-9 Essex

Kurzlebenslauf

ab 5/1943	Pazifik; Marcus (TF 15), Wake (TF 14), Gilbert-Inseln (TG 50.3), Tarawa, Kwajalein.
1944	Marshall-Inseln (TG 58.2), Truk, Saipan, Tinian, Guam, Westküste, Werft, Marcus (TG 12.1), Wake, Marianen (TF 58), Palaus (TG38.3), Mindanao, Ryukyu (TF 38), Okinawa, Formosa, Leyte, Ulithi, Manila.
11/1944	Kamikaze-Treffer: 15 Tote, 44 Verwundete; Luzon (III. Flotte), Mindoro.
1945	TF 38.3, Lingayen, Formosa, Saki-Shima, Okinawa, Luzon, Formosa, Miyako Shima, Okinawa, TF 58, Tokyo-Umgebung, Iwo Jima, Okinawa, japanische Heimatinseln, Westküste.
1/1947	Außerdienststellung, Reserveflotte.

Schiffselektronik

Radar:

1943	SK, SC-2
5/1944	SK, SC-2 SP (SM?)
3/1945	SK-2, SC-2, SP

Feuerleitung:

1943	2 Mk 37 mit FL-Radar Mk 4, mehrere Mk 51
1945	2 Mk 37 mit FL-Radar Mk 4, 2 Mk 51 Mod. 2 (für 12,7 cm), 11 Mk 51 Mod. 2 (für 40 mm)

Tarnschemata

1943	Schema 21
ab 4/1944	Schema 32/6-10D (nur *Essex* führte dieses Muster)
11/1944	Schema 21

CV-9 *Essex* am Ankerplatz Hampton Road, genau vor dem Stützpunkt Norfolk, Va., aufgenommen am 3. Februar 1943, knapp einen Monat nach der Indienststellung. Der Backbordaufzug ist vertikal hochgeklappt, zahlreiche 20-mm-Rohre stehen senkrecht. Bemerkenswert ist die Plattform an der vorderen Hangaröffnung, die als Stütze für das hier nicht zum Einbau gekommene Hangar-Katapult dient. Treibstoffleitungen sind entlang der Außenhaut angeordnet. Im Inselbereich findet man hier vier 40-mm-Vierlinge.
Foto: USN (Sammlung A. D. Baker)

Dieses Mittschiffs-Detailfoto der *Essex* zeigt einen Teil des Steuerbord-Tarn-Musters 6/10D, aufgenommen im Juni 1944. Der vor der Insel befindliche 40-mm-Vierling wurde entfernt, die Admiralsbrücke erweitert.
Foto: USN

Am 14. Mai 1944 präsentiert sich *Essex* mit einer Decksladung von nahezu 100 Flugzeugen. Das Schiff fährt hier getarnt nach Schema 32/6-10D. Der über der Bugpartie befindliche 40-mm-Vierling ist aus der Luftperspektive kaum zu sehen.
Foto: USN (Sammlung BfZ)

CV-10 Yorktown

Kurzlebenslauf

7/1943	Via Panama-Kanal in den Pazifik; Flaggschiff TF 15; Marcus, Wake; TF 50, Gilberts, Wotje, Kwajalein.
1944	Flaggschiff TF 58 bzw. 38; Marshall-Inseln, Truk, Saipan, Tinian, Palaus, Neu-Guinea, Truk, Guam, Iwo Jima, Chichi Jima, Marianen, Westküste Werft, Ulithi, Flaggschiff TG 38.1, Philippinen.
1945	TF 38, Südchinesische See, Formosa, Süd-Japan, Iwo Jima, Tokio, Ulithi, japanische Inseln, Okinawa, Philippinen, Besetzung Japans, Westküste Werft, dabei Umbau des Hangars für Magic Carpet-Fahrten.
1/1947	Außer Dienst, Reserveflotte.

Schiffselektronik

Radar:

1944	SK, SC-2, SM
1945	SK, SC-2, SP
6/1945	SK-2, SC-2, SP

Feuerleitung:

1945	2 Mk 37 mit FL-Radar Mk 12/22, 2 Mk 51 Mod. 3 (für 12,7 cm), 9 Mk 57 Mod. 1 und 8 Mk 51 Mod. 2 (für 40 mm)

Tarnschemata

1943	Fertiggestellt mit Schema 21
ca. 4/1944	Schema 33/10A
2/1945	Schema 21

Sonstige Informationen

Flugzeugtreibstoff-Vorrat 1943: 877 t Benzin und 1957 t JP-5
Schiffstreibstoff-Vorrat 1943: 6937 t
Besatzungsstärke 1943: 246/2436 Mann
Geschwindigkeit 1943: 32,7 kn
Schiffslänge über alles 1943: 261,1 m

Diese sehr klare Aufnahme von CV-10 *Yorktown* zeigt das Schiff am 27. April 1943, Anstrich nach Schema 21. Das Foto wurde vor der Marinewerft Norfolk in Portsmouth, Va., nur wenige Tage nach der Indienststellung aufgenommen. Hier sieht man den hochgeklappten Hangarkatapult-Ausleger besonders deutlich. Fünf dünne Antennen-Gittermaste befinden sich am Steuerbordrand des Flugzeugdecks.
Foto: USN (Sammlung A. D. Baker)

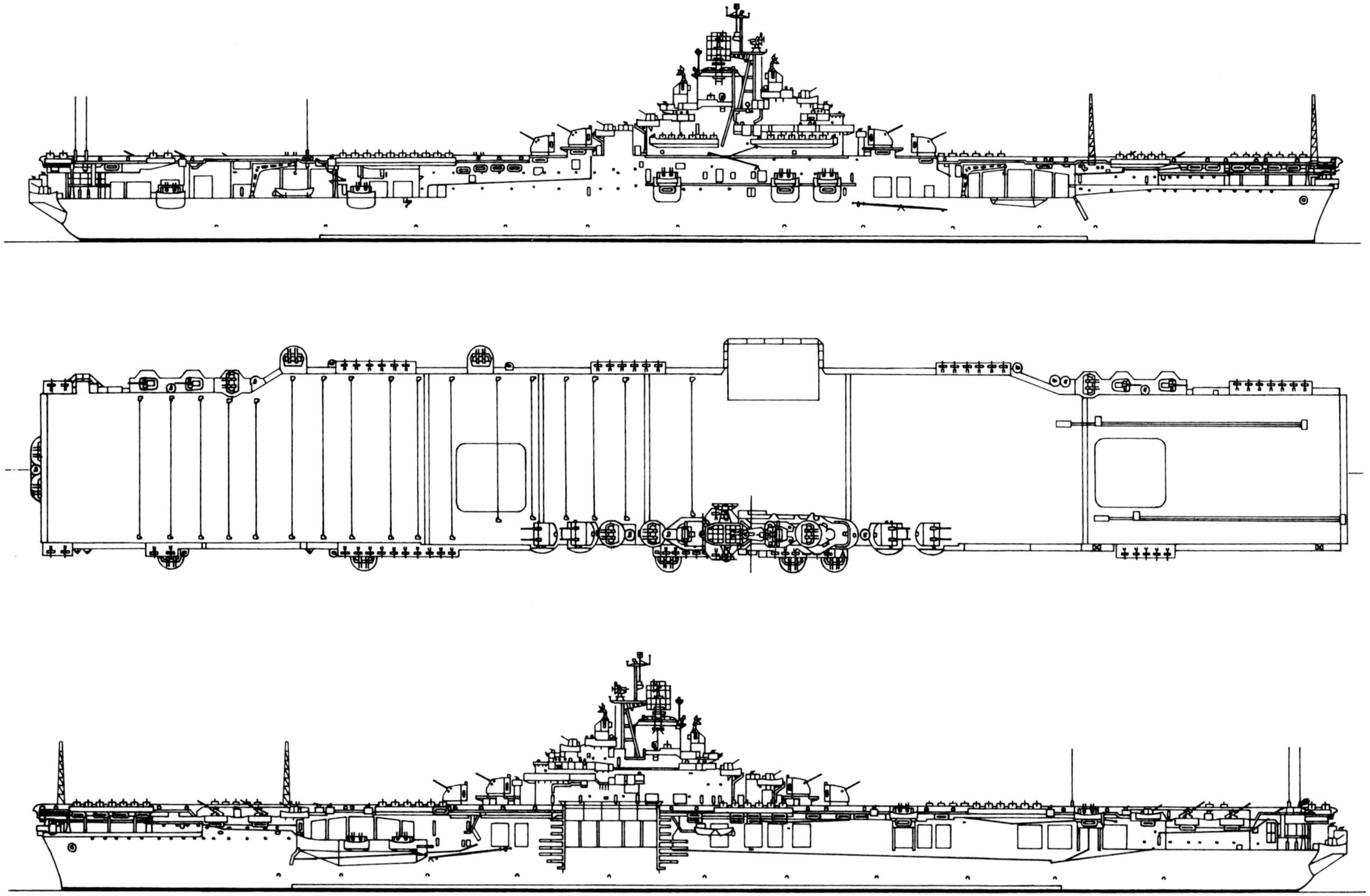

Aussehen der „short hull"-Gruppe der *Essex*-Klasse, hier vertreten durch CV-10 *Yorktown,* Aussehen im Oktober 1944. Die Anordnung der Radarantennen, die Anzahl der Katapulte, der Antennen-Gittermaste und der Bremsseile variierte auch zeitlich von Schiff zu Schiff und ist Gegenstand einer besonderen Vergleichstabelle in diesem Buch. *Yorktown* II hatte von Anbeginn neben dem Hangar-Katapult das Steuerbord-Katapult an Steuerbord; das Backbord-Katapult wurde 1944 installiert, als das Hangar-Katapult entfernt wurde. Beachtenswert sind hier weiterhin die im Herbst 1944 angebrachten 40-mm-Flastände an der Steuerbordseite.

Hier fährt *Yorktown* mit 20 kn rückwärts, um über Bug landende Flugzeuge aufzunehmen. Das Mittel- und Achterdeck ist voll von abgestellten Flugzeugen; die Funkantennen sind während des Flugbetriebes seitlich abgeklappt. Vier 40-mm-Vierlinge befinden sich im Inselbereich. Foto: USN (Sammlung BfZ)

Dieses Foto der *Yorktown* wurde im September 1944 aufgenommen und zeigt Einzelheiten des Flugzeugdecks und die zahlreichen Geschützstände am Rande desselben. Deutlich zu sehen ist der Abrieb der blauen Decksfarbe an der Stelle, an der die Fanghaken der Flugzeuge eines der Bremsseile zu fassen bekommen. Direkt hinter dem achteren Backbord-12,7-cm-Geschütz befindet sich der Stand des „landing signal officer", der die landenden Flugzeuge mittels zweier fluoreszierender Kellen einweist. Die drei achteren Antennen-Gittermaste wurden durch Peitschenantennen ersetzt. Der Tarnanstrich entspricht Schema 33/10A. Foto: USN (Sammlung BfZ)

CV-11 Intrepid

Kurzlebenslauf

1944	Pazifik; Marshall-Inseln, Kwajalein, Roi, Namur, Truk.
2/1944	Flugzeugtorpedo-Treffer, Reparatur in Pearl Harbor, Westküste Werft; Marshall-Inseln, Palaus, Mindanao, Philippinen, Okinawa, Formosa, Leyte, Luzon.
10/1944	Kamikaze-Treffer: 10 Tote, 6 Verwundete; Philippinen.
11/1944	Kamikaze-Treffer: 65 Tote; Westküste Werft.
1945	Ulithi, Kyushu, Okinawa, Ryukyu.
4/1945	Kamikaze-Treffer: 8 Tote, 21 Verwundete; Ulithi, Pearl Harbor, Westküste Werft; Wake, Eniwetok, Besetzung Japans, Westküste.
1946	Westküste.
3/1947	Außer Dienst, Reserveflotte.

Schiffselektronik

Radar:

1943	SK, SC-2, SM
1945	SK, SC-2, SM

Feuerleitung:

1943	2 Mk 37 mit FL-Radar Mk 4, mehrere Mk 51
1945	2 Mk 37 mit FL-Radar Mk 12/22 und 4 Mk 51 Mod. 3 mit FL-Radar Mk 32 (für 12,7 cm) sowie 4 Mk 63 mit FL-Radar Mk 28, 9 Mk 51 Mod. 2 und 4 Mk 51 Mod. 3 (für 40 mm)

Tarnschemata

1943	Fertiggestellt mit Schema 21
6/1944	Schema 32/3A
ab 12/1944	Schema 12

USS *Intrepid* (CV-11), fotografiert am 25. November 1943, 3½ Monate nach Indienststellung vor der Marinewerft Norfolk. Anstrich-Schema 21. Während der Werftzeit im April 1944 wurden zusätzlich drei 40-mm-Flakstände unter der Insel angebracht. Zwecks Erzielung eines größeren Bestreichungswinkels wurden bei dieser Gelegenheit die beiden achteren Flakstände an der Steuerbordseite vorgezogen. Das Schiff hatte bei Fertigstellung nur vier Antennen-Gittermaste. Während der nachfolgenden Werftzeit im Februar 1945 wurde auf dem Achterschiff ein zweiter 40-mm-Flakstand angebracht. Foto: USN (Sammlung A. D. Baker)

Dieses nach April 1944 aufgenommene Foto zeigt den Einsatz der 40-mm-Flak, die in den Steuerbord-Wannen unter der Insel von *Intrepid* untergebracht ist.
Foto: USN

Dieses am 23. November 1943 aufgenommene Foto zeigt Details der elektronischen Ausrüstung der *Intrepid*, die auf den engen Raum der Insel konzentriert ist. Links und rechts im Bild befinden sich die beiden FLG Mk 37. Auf deren Decke ist FL-Radar Mk 4. Die SK-Radarantenne befindet sich auf der am Schornstein angebrachten Konsole; gegenüber davon und erhöht befindet sich die Antenne SC-2. Beide führen an der Oberkante den IFF-Zusatz BT-5. Die runde Antenne auf dem Dreibeinmast ist SM, die den vorgehängten IFF-Zusatz BO führt. Foto: USN (Sammlung BfZ)

Intrepid im Oktober 1944, getarnt nach Schema 32/3A. Bemerkenswert ist die „raumsparende" Aufstellung eines Flugzeuges hinter dem zweiten abgeklappten Antennenmast. Bei der Decksmarkierung wurden die Aufzüge in der Regel durch ein X gekennzeichnet. Gelegentlich wurde diese Markierung auch mitten auf dem Flugzeugdeck angebracht, um so japanische Piloten über den wahren Ort der als Ziel so begehrten Aufzüge zu täuschen. Der über dem ersten 40-mm-Vierling sichtbare Ausschnitt war zur Erreichung eines besseren Bestreichungswinkels vorgesehen. Foto: USN

CV-12 Hornet

Kurzlebenslauf

1944	Pazifik; Majuro, Marianen, Tinian, Saipan, Guam, Rota, Iwo Jima, Chichi Jima, Saipan, Philippinen, Guam, Bonins, Palaus, Okinawa, Formosa, Leyte, Philippinen.
1945	Formosa, Indochina, Pescadores, Okinawa, Tokio, Iwo Jima, Okinawa, Westküste Werft, Magic Carpet-Fahrten.
1946	Magic Carpet-Fahrten.
1/1947	Außer Dienst, Reserveflotte.

Schiffselektronik

Radar:

1943	SK, SC-2 und als erstes Schiff SP
1945	SK-2, ansonsten wie vorstehend

Feuerleitung:

1943	2 Mk 37 mit FL-Radar Mk 4, mehrere Mk 51
1945	2 Mk 37 mit FL-Radar Mk 4 und 2 Mk 51 Mod. 2 (für 12,7 cm) sowie 10 Mk 51 Mod. 2 (für 40 mm)

Tarnschemata

1943	Fertiggestellt mit Schema 33/3A als erstes Schiff mit „dazzle pattern"
ab 7/1945	Schema 22

USS *Hornet* (CV-12) war der erste Flugzeugträger, der im November 1943 Mehrfarben-Tarnanstrich und SP-Radar erhielt. Das Foto zeigt *Hornet* im Februar 1944, getarnt nach Schema 33/3A. Hier befinden sich nur vier Antennen-Gittermaste an der Steuerbordseite des Flugzeugdecks. Der Ausleger des Hangarkatapultes ist hochgeklappt. An Stelle des nicht installierten dritten FLG Mk 37 wurde niveaugleich mit dem Flugzeugdeck ein 40-mm-Vierling angebracht. Foto: USN

Hornet, aufgenommen in der zweiten Hälfte des Jahres 1945, hier getarnt nach Schema 22. Deutlich wahrnehmbar sind die Schatten der fünf weit von der Bordwand abstehenden Steuerbord-Flakstände. Nur noch die beiden vorderen Antennenmaste sind vorhanden. *Hornet* war der einzige Träger, der noch bis zum Juni 1945 ein Hangar-Katapult und eine unveränderte Brücke hatte. Im Juni 1945 wurde infolge eines Taifuns das vorne überhängende Startdeck hochgebogen. Bis zur Abfahrt zur Reparatur startete *Hornet* seine Flugzeuge über Heck. Foto: USN

CV-13 Franklin

Kurzlebenslauf

1944	TG 58.2, Eniwetok, Bonins, Marianen, Iwo Jima, Chichi Jima, Hatta Jima, Guam, Rota; TF 58 Palaus, TG 58.1 Bonins, Chichi Jima, Eniwetok, Bonins, TG 38.4 Yap, Palaus, Luzon, Leyte.
10/1944	Flugzeugbomben-Treffer: 56 Tote, 60 Verwundete, Ulithi, Westküste Werft.
1945	TG 58.2 Okinawa, Kagoshima, Kyushu, Honshu, Kobe.
3/1945	Schwerste Beschädigungen durch Flugzeugbomben vor der japanischen Küste: 724 Tote, 265 Verletzte.
4/1945	Westküste Werft, Magic Carpet-Fahrten.
1946	Magic Carpet-Fahrten, kein Flugzeugeinsatz mehr.
2/1947	Außerdienststellung bis zur Streichung.

Schiffselektronik

Radar:

1944/45	SK, SC-2, SP

Feuerleitung:

1944	2 Mk 37 mit FL-Radar Mk 4, mehrere Mk 51
1945	2 Mk 37 mit FL-Radar Mk 12/22 und 3 Mk 51 Mod. 2 (für 12,7 cm) sowie 17 Mk 51 Mod. 2 (für 40 mm)

Tarnschemata

2/1944	Fertiggestellt mit Schema 32/6A
ab 5/1944	Backbordseite verändert nach Muster 3A (für die Zeit von 5/1944 bis 11/1944 Schema 32/6A-3A; einziger Träger, der zugleich nach zwei verschiedenen Mustern getarnt war)
ab 1/1945	Schema 21

USS *Franklin* (CV-13), hier am 21. Februar 1944, kurz nach Indienststellung, bei der das Schiff bereits nach Schema 32/6A getarnt war. Im vorderen Bereich der Insel befinden sich zwei 40-mm-Vierlinge. Das Schiff führt vorerst nur ein Deckskatapult, weil Hangar-Katapult (dessen Ausleger hochgeklappt ist) vorhanden ist. Vier Antennen-Gittermaste; drei Fangseile auch in Höhe der vorderen an Deck befindlichen 12,7-cm-Türme. Foto: USN (Sammlung A. D. Baker)

Franklin im September 1944 mit bereits verwittertem Tarnanstrich. Ein 40-mm-Vierling vor der Insel wurde bereits entfernt. Zu dieser Zeit war nur an Steuerbord das Tarnmuster 6A angebracht, während die Backbordseite nach Muster 3A getarnt war.
Foto: USN (Sammlung BfZ)

Bei der Werftzeit im Januar 1945, nach der dieses Foto aufgenommen wurde, erhielt *Franklin* sechs 40-mm-Vierlinge zusätzlich: zwei an Backbord auf dem Hauptdeck anstelle des Katapult-Auslegers, drei an Steuerbord unter der Insel und einen zweiten über dem Heck. Die beiden an der Steuerbordseite achtern befindlichen Wannen wurden nach außen vorgezogen, um einen besseren Bestreichungswinkel nach vorne zu erzielen. Nur noch zwei Antennen-Gittermaste. Die SK-Antenne wurde durch SK-2 ersetzt. Der Anstrich wechselte hier gemäß Schema 21. Foto: USN (Sammlung BfZ)

Dieses Luftfoto zeigt die katastrophalen Folgen der schweren Beschädigungen, die *Franklin* am 19. März 1945 durch zwei Fliegerbomben-Treffer erlitt, nach denen es zu Feuersbrünsten und Explosionen eigener Flugzeugbomben kam. Alle drei Aufzüge sind zerstört. Das Schiff war bereits im Begriff, zu sinken, wurde aber durch übermenschlichen Einsatz der überlebenden Besatzung schwimmfähig erhalten, so daß es später mit eigener Kraft in die Staaten zur Reparatur fahren konnte.
Foto: USN (Sammlung BfZ)

CV-14 Ticonderoga

Kurzlebenslauf

9/1944	Pazifik; Ulithi, TF 38, Philippinen, Leyte, Samar.
1945	Formosa, Lingayen, Südchinesische See.
1/1945	Schäden durch Kamikaze-Treffer, Westküste Werft.
5/1945	Ulithi, TG 38.4, Okinawa, Kyushu, Guam, japanische Inseln, Besetzung Japans.
10/1945	Westküste, Magic Carpet-Fahrten.
1/1947	Außerdienststellung, Reserveflotte.

Schiffselektronik

Radar:

4/1944	SK, SP
1945	SK-2, SP

Feuerleitung:

1944	2 Mk 37 mit FL-Radar Mk 4, mehrere Mk 51
1945	2 Mk 37 mit FL-Radar Mk 12/22 und 2 MK 51 Mod. 2 (für 12,7 cm) sowie 4 Mk 63 mit FL-Radar Mk 28, 2 Mk 57 mit FL-Radar Mk 29 und 12 Mk 51 Mod. 2 (für 40 mm)

Tarnschemata

2/1944	Fertiggestellt mit Schema 33/10A
ab 1945	Schema 21

Detailfoto der Insel von CV-14 *Ticonderoga*, aufgenommen am 22. April 1944, also noch vor der Indienststellung. Tarnanstrich nach Schema 33/10A ist bereits aufgetragen. Vorn befindet sich nur ein 40-mm-Vierling. FL-Radar Mk 4 auf den FLG Mk 37. SK-Radarantenne in Breitansicht, davor die SP-Antenne, nach vorn geneigt. Foto: USN

Luftansicht von *Ticonderoga* am 30. Mai 1944. Das Schiff wurde mit zwei Deckskatapulten, zwei Bug-Flakständen und vier Antennen-Gittermasten fertiggestellt. Der eckige Ausschnitt an der vorderen Backbordseite des Flugzeugdecks war zur Anbringung eines dritten Mk 37-Gerätes bestimmt. Von der Anbringung wurde jedoch Abstand genommen, weil das nach oben hinausragende Gerät den Flugbetrieb gestört hätte. Beachte den Steuerbordanstrich nach Tarnschema 33/10A. Um den zweiten Antennenmast herum sieht man vier verschiebbare Schienenausleger, mit deren Hilfe die Flugzeuge raumsparend, mit dem Achterteil außerhalb der Deckskante, abgestellt werden konnten. Der achtere Aufzug ist auf das Hangardeck abgesenkt.
Foto: USN (Sammlung A. D. Baker)

Achteransicht von *Ticonderoga,* ebenfalls am 30. Mai 1944. Das Schiff hatte bereits bei Fertigstellung zwei 40-mm-Heck-Vierlinge, jedoch an der Steuerbordseite achtern keine. Beachtenswert ist der mächtige Unterbau für die beiden Heckstände. Foto: USN

Während der Werftzeit im Januar 1945 erhielt *Ticonderoga* Anstrich nach Schema 21 sowie gleich sieben zusätzliche 40-mm-Vierlinge: fünf an Steuerbord, zwei an Backbord. Hierbei erfolgte auch die Umrüstung auf SK-2-Radar. Foto: USN

CV-15 Randolph

Kurzlebenslauf

1/1945	Pazifik; Ulithi, Tokio-Flugplätze, Chichi Jimia, Iwo Jima, Haha Jima, Ulithi.
3/1945	Kamikaze-Treffer, Reparatur in Ulithi, Okinawa, Kyushu, Flaggschiff TF 58, Philippinen, japanische Heimatinseln.
9/1945	Rückkehr Ostküste via Panama-Kanal, Vorbereitung und Einsatz bei der Operation Magic Carpet zwischen Mittelmeerraum und Ostküste.
1946	Trainingsfahrten für Reservisten und Seekadetten.
2/1948	Außerdienststellung, Reserveflotte.

Schiffselektronik

Radar:

1944	SK-2, SC-2, SP
1947	Unverändert wie vorstehend

Feuerleitung:

1944	2 Mk 37 mit FL-Radar Mk 12/22, mehrere Mk 51
1945	2 Mk 37 mit FL-Radar Mk 12/22 und 3 Mk 51 Mod. 3 (für 12,7 cm) sowie 18 Mk 51 Mod. 2 (für 40 mm)

Tarnschemata

10/1944	Fertiggestellt mit Schema 32/17A-1
ab 1/1945	Schema 21

Vier Wochen nach der Indienststellung: USS *Randolph* (CV-15) am 5. November 1944: frischer Tarnanstrich nach Schema 32/17A-1, dem einzigen sechsfarbigen Tarnmuster der Navy. Vier Antennen-Gittermaste, SK-2-Radar und hochgeklappter Backbordaufzug. Keinerlei 40-mm-Vierlinge an der Steuerbordseite, am Heck jedoch zwei Stände.
Foto: USN (Sammlung A. D. Baker)

Instruktive Luftansicht auf das Flugzeugdeck der *Randolph* aus einer Höhe von 500 m, aufgenommen am 5. November 1944. Foto: USN (Sammlung BfZ)

Am selben Tag aufgenommen: Die Bugansicht von *Randolph* veranschaulicht die gegenüber den „short hull“-Schiffen veränderte Bugpartie mit zwei 40-mm-Flakständen. Das Schiff erhielt von vornherein zwei Deckskatapulte. Foto: USN (Sammlung BfZ)

Randolph, aufgenommen im Juli 1947, offensichtlich bereits im Friedens-Dunstgrau des Schemas 13. Die Bug-40-mm-Vierlinge fehlen hier.
Foto: Wright & Logan

Bei der selben Gelegenheit aufgenommen: Die Detailaufnahme des Mittelschiffes zeigt die seit der Indienststellung unveränderte elektronische Ausrüstung.
Foto: Wright & Logan

CV-16 Lexington

Kurzlebenslauf

1943	Pazifik; Tarawa, Wake, Gilbert und Marshall-Inseln, Kwajalein.
12/1943	Flugzeugtorpedo-Treffer, Reparatur in Pearl Harbor, Westküste Werft.
1944	TF 58, Majuro, Mille, Hollandia, Truk, Saipan, Philippinen, Guam, Palaus, Bonins, Yap, Ulithi, Mindanao, Vizayas, Manila, Okinawa, Formosa, Leyte.
11/1944	Kamikaze-Treffer, Reparatur in Ulithi.
1945	TG 58.2, Luzon, Formosa, Saipan, Camranh-Bucht, Indochina, Hongkong, Pescadores, Formosa, Okinawa, Ulithi, Umgebung Tokios, Iwo Jima, Nansei Shoto, Westküste Werft; japanische Heimatinseln, Honshu, Hokkaido, Yokosuka, Kure, Besetzung Japans, Westküste.
1946	Westküste.
4/1947	Außerdienststellung, Reserveflotte.

Schiffselektronik

Radar:

3/1943	SK, SC-2
1945	SK-2, SM

Feuerleitung:

1945	2 Mk 37 mit FL-Radar Mk 12/22 und 2 Mk 51 Mod. 3 (für 12,7 cm) sowie 4 Mk 63 mit FL-Radar Mk 28, 2 Mk 57 mit FL-Radar Mk 29 und 11 Mk 51 Mod. 2 (für 40 mm)

Tarnschemata

1944	Schema 21
Frühjahr 1945	Schema 12 – das Schiff hatte als einziges der im Kriege fertiggestellten *Essex*-Träger niemals „dazzle pattern"-Tarnanstrich

Nur wenig mehr als drei Monate nach Indienststellung fährt *Lexington* hier bereits mit seinem Bordgeschwader CVG-16 in Richtung Westpazifik. Das Foto wurde am 11. Mai 1943 aufgenommen. Foto: USN

USS *Lexington* (CV-16), aufgenommen am 21. Mai 1945 vor der Marinewerft am Puget Sound. Der Anstrich entspricht Schema 12. *Lexington* war einer der ersten „short hull"-Vertreter, der bereits im Februar 1944 die zusätzlichen Flakstände an der Steuerbordseite erhielt. Zugleich war dies der einzige im Kriege fertiggestellte Träger der *Essex*-Klasse, der zu keiner Zeit eines der „dazzle"-Tarnmuster führte. Außer der 20-mm-Flak hatte *Lexington* noch eine Anzahl an 12,7-mm-Vierlings-Maschinengewehre des Heeres.
Foto: USN (Sammlung A. D. Baker)

CV-17 Bunker Hill

Kurzlebenslauf

1943	Pazifik; Rabaul, Gilbert Inseln, Tarawa, Kavieng.
1944	Marshall-Inseln, Truk, Marianen, Palau, Yap, Ulithi, Woleai, Truk, Satawan, Ponape, Hollandia, Marianen, Philippinen, West-Karolinen, Okinawa, Luzon, Formosa, Westküste Werft.
1945	Iwo Jima, V. Flotte, Honshu, Nansei Shoto, V. und III. Flotte vor Okinawa.
5/1945	Schwere Beschädigungen durch zwei Kamikaze: 346 Tote, 43 Vermißte, 264 Verwundete, Rückkehr zur Westküste.
9/1945	TG 16.12 im Rahmen der Aktion Magic Carpet.
1/1946	Keine Operationen mehr.
1/1947	Außerdienststellung bis zur Streichung 11/1966, jedoch noch bis Anfang der 70er Jahre schwimmendes Laboratorium für elektronische Versuche in San Diego.

Schiffselektronik

Radar:

1945	SK, SM
9/1945	SK-2, SM

Feuerleitung:

1945	2 Mk 37 mit FL-Radar Mk 12/22 und 2 Mk 51 Mod. 3 (für 12,7 cm) sowie 15 Mk 51 Mod. 2 (für 40 mm); sollte 1945 7 Mk 63 erhalten; 1945 befand sich außerdem mindestens an einem Vierling FL-Radar Mk 28

Tarnschemata

1/1944	Schema 32/6A
ab 1/1945	Schema 21

USS *Bunker Hill* (CV-17), aufgenommen im Mai 1944 vor Majuro. Besonders auffällig sind die skurrilen Tarnflächen des Musters 6A. Drei von fünf Antennen-Gittermasten sind aufgerichtet. Foto: USN

Vier Monate vor ihrer schweren Beschädigung präsentiert sich hier *Bunker Hill* am 19. Januar 1945 nach Beendigung der Werftzeit in der Marinewerft Puget Sound. Das Schiff erhielt dabei einen neuen Tarnanstrich nach Schema 21, zwei weitere 40-mm-Vierlinge an Backbord in Höhe des Flugzeugdecks sowie die üblichen drei an der Steuerbordseite unter der Insel. Die beiden achteren Wannen an der Steuerbordseite wurden nach außen vorgezogen, und ein weiterer Flakstand wurde ganz achtern angebracht. Einer der drei Antennen-Gittermaste wurde entfernt. Das Hangarkatapult wurde ausgebaut und dafür ein zweites Deckskatapult installiert. Foto: USN (Sammlung A. D. Baker)

Nach der schweren Beschädigung am 11. Mai 1945 durch Kamikaze wurde *Bunker Hill* in der Marinewerft am Puget Sound repariert. Dort wurde am 19. Juli 1945 diese Aufnahme gemacht, auf der deutlich Details der achteren Steuerbordseite zu sehen sind: die mächtige Unterkonstruktion der achteren Flakstände, die nach vorn gezogenen Flakstände um die Hangaröffnung herum und die Vielzahl an 20-mm-Oerlikons. Wenigstens ein 40-mm-Vierling wurde während dieser Werftzeit mit FL-Radar Mk 28 ausgestattet. Nach dieser Reparatur beteiligte sich *Bunker Hill* zwar bis zu ihrer Außerdienststellung noch an Magic Carpet-Transportfahrten, führte aber niemals mehr Flugzeuge.
Foto: USN (Sammlung A. D. Baker)

Obschon bereits am 1. November 1966 aus der Schiffsliste gestrichen (damals als AVT-9 klassifiziert), diente *Bunker Hill* noch mehrere Jahre als schwimmendes Laboratorium für Versuche mit elektronischen Geräten in San Diego. Hiervon zeugen mehrere Sonderantennen auf der Insel. Das Foto entstand am 25. Juni 1970. Der mittlere der drei Steuerbord-Vierlinge wurde entfernt, die übrigen konserviert. Foto: L. R. Cote

CV-18 Wasp

Kurzlebenslauf

5/1944	Pazifik; Marcus, Wake, Saipan, Tinian, Guam, Iwo Jima, Philippinen, Okinawa, Lingayen, Ulithi TG 38.1.
1945	Formosa, Bucht von Tokio mit TF 58, Westküste Werft.
7/1945	Wake, Eniwetok, TF 38, japanische Heimatgewässer.
10/1945	Atlantik; Werft, Vorbereitung für Magic Carpet-Fahrten.
1946	Magic Carpet-Fahrten.
2/1947	Außerdienststellung, Reserveflotte.

Schiffselektronik

Radar:

1945	SK, SP

Feuerleitung:

1945	2 Mk 37 mit FL-Radar Mk 12/22 und 2 Mk 51 Mod. 2 (für 12,7 cm) sowie 4 Mk 63 mit FL-Radar Mk 28, 2 Mk 57 mit FL-Radar Mk 29 und 12 Mk 51 (für 40 mm)

Tarnschemata

1944	Fertigstellung mit Schema 21
3/1944	Schema 33/10A
ab 6/1945	Schema 21

Nachdem bei Indienststellung im November 1943 CV-18 *Wasp* Tarnanstrich nach Schema 21 führte, erhielt das Schiff bereits im März 1944 den Anstrich nach Schema 32/10A. Im selben Monat wurde auch dieses Foto gemacht, auf dem beobachtet werden kann, daß *Wasp* zunächst auch einen 40-mm-Vierling vor der Insel hatte, sowie vier Antennen-Gittermaste. Foto: USN

Im Juni 1945 wurde *Wasp* erneut nach Schema 21 angestrichen. Festzustellen ist die damals übliche Umgruppierung der 40-mm-Flak: ein Vierling vor der Insel wurde entfernt, drei zusätzliche an Steuerbord angebracht, die weiter achtern befindlichen wurden vorgezogen. Nur noch zwei Antennen-Gittermaste.
Foto: USN

Wasp am 9. Juni 1945 vor dem Puget Sound. Bemerkenswert ist hier noch die Aufstellung der FLG Mk 51 an der Backbordseite des Bug-Vierlings, eine Anordnung, die der kontrollierten Feuerleitung nach Steuerbord hinderlich war. Beginnend mit *Wasp* findet man auf einigen Einheiten der *Essex*-Klasse die FLG Mk 51 nicht mehr auf einem separaten Leitstand zwischen der Insel und dem zweiten vorderen 12,7-cm-Turm, sondern auf der Insel selbst. Auf einigen Schiffen war die stets in dunklen Farben gehaltene vordere Decks-Kenn-Nummer so angebracht, daß sie von vorn gelesen werden konnte. Dies war eine Quelle von Mißverständnissen, insbesondere als später auch ein Geleitträger mit der hohen Nummer 81 bei der Flotte war. Später wurden die vorderen Decks-Nummern umgedreht.
Foto: USN (Sammlung A. D. Baker)

CV-19 Hancock

Kurzlebenslauf

7/1944	Pazifik; III. Flotte, Ulithi, TG 38.2, Ryukyu, Formosa, Philippinen, Okinawa, jluzon, Cebu, Panay, Negros, Masbate, Ulithi, Luzon, Salvador.
1945	Luzon, Indochina, Hainan, Formosa.
1/1945	Flugzeugexplosion: 50 Tote, 75 Verletzte; Okinawa, Ulithi, Umgebung von Tokio, Chichi Jima, Ha Ha Jima, Honshu, Nansei Shoto, Ulithi, Kyushu, Okinawa.
4/1945	Beschädigung durch Kamikaze: 62 Tote, 71 Verwundete; Werft Pearl Harbor, Umgebung von Tokio, Westküste, Magic Carpet-Fahrten.
1946	Magic Carpet-Fahrten im Pazifik.
5/1947	Außerdienststellung, Reserveflotte.

Schiffselektronik

Radar:

1944 SK (bis zur 1. Außerdienststellung), SC-2

Feuerleitung:

1945 2 Mk 37 mit FL-Radar Mk 12/22 und 2 Mk 51 Mod. 2 (für 12,7 cm) sowie 9 Mk 51 Mod. 2 und 9 Mk 51 Mod. 3 (für 40 mm)

Tarnschemata

4/1944 Schema 32/3A

ab 6/1945 Schema 12

USS *Hancock* (CV-19) am 15. April 1944, also am Tage der Indienststellung. Tarnanstrich nach Schema 32/3A; die kleine Bug-Kenn-Nummer befindet sich auf der schwarzen Tarnfläche. Das Schiff wurde mit zwei Deckskatapulten fertiggestellt, das Hangarkatapult fehlte hier. Über dem ausladenden Vorsteven hatte dieser „long hull"-Vertreter zwei 40-mm-Flakstände, ebensoviel auf dem Achterschiff, jedoch keine an Steuerbord achtern. Vier Antennen-Gittermaste.

Foto: USN (Sammlung A. D. Baker)

Während der Werftzeit, die im Juni 1945 endete, wurde *Hancock* nach Schema 12 umgestrichen. Das Foto zeigt das Schiff kurz nach dem Kriegsende mit einer mittelgroßen weißen Kenn-Nummer an den Aufbauten. Fünf Steuerbord-Flakstände kamen während dieser Werftzeit hinzu, außerdem noch zwei an Backbord auf dem Niveau des Hangardecks. *Hancock* behielt die Radarantenne SK bis zur ersten Außerdienststellung. Zwei Antennen-Gittermaste wurden entfernt. Foto: USN

CV-20 Bennington

Kurzlebenslauf

1945	Pazifik; Ulithi, japanische Inseln (mit TG 58.1), Vulkan-Inseln, Okinawa, Besetzung Japans.
1946	Rückkehr in den Atlantik.
11/1946	Außerdienststellung, Reserveflotte.

Schiffselektronik

Radar:

1944	SK-2, SC-2, SP

Feuerleitung:

1945	2 Mk 37 mit FL-Radar Mk 12/22 und 3 Mk 51 Mod. 2 (für 12,7 cm) sowie 10 Mk 51 Mod. 2 (für 40 mm)

Tarnschemata

8/1944	Fertigstellung mit Schema 32/17A-1
ab 12/1944	Schema 32/17A-2
ab 7/1945	Schema 21

USS *Bennington* (CV-20) am 13. Dezember 1944, vier Monate nach der Indienststellung. Vier Antennen-Gittermaste, kein 40-mm-Vierling vor der Insel. Das Schiff erhielt von Anbeginn die Radarantenne SK-2. Kein Hangar-Katapult. Beachtenswert bei dieser Klasse ist, daß die Innenaufzüge außerhalb der Decks-Mittelachse angebracht waren. Foto: USN (Sammlung BfZ)

Bennington, am selben Tag, unmittelbar nach der Werftzeit in der Marinewerft New York. Während dieser Werftzeit wurde das Schiff vom sechsfarbigen Tarnmuster 17A-1 auf das dreifarbige 17A-2 umgestrichen. Der Innenschacht des Flugzeugaufzuges ist in schwarz gehalten. Beachtenswert ist hier, daß die 12,7-cm-Einzelgeschütze und zum Teil auch die 40-mm-Vierlinge aus Gewichtsgründen zeitweise mit Reelings anstatt mit Splitterschutz-Verkleidungen umgeben sind; dies wurde später wieder geändert. *Bennington* gehörte zu den Schiffen, die keine zusätzlichen Flakstände an der Steuerbordseite erhalten haben.
Foto: USN (Sammlung BfZ)

CV-21 Boxer

Kurzlebenslauf

8/1945	Pazifik; zu spät fertiggestellt, um noch am Kriegsgeschehen teilzunehmen; TF 77 Westpazifik.
11/1946	Westküste.
1/1950	Westpazifik.

Schiffselektronik

Radar:

1945/50	SK-2, SC-2, SP

Feuerleitung:

1945	2 Mk 37 mit FL-Radar Mk 12/22 und 4 Mk 57 mit FL-Radar Mk 29 (für 12,7 cm) sowie 4 Mk 63 mit FL-Radar Mk 34 und 7 Mk 51 Mod. 3 (für 40 mm)

Tarnschemata

keine

USS *Boxer* (CV-21), aufgenommen am 24. Mai 1945, einen Monat nach Indienststellung, mit rund 80 Flugzeugen als Decksladung. Es ist nicht bekanntgeworden, nach welchem Schema das Schiff ursprünglich gestrichen war, wahrscheinlich handelt es sich um Schema 21. Das Schiff hat vier Antennen-Gittermaste.
Foto: USN (Sammlung A. D. Baker)

Boxer, aufgenommen am 28. Januar 1953, nach der Werftzeit in der Marinewerft San Franzisco – hier bereits als CVA klassifiziert. Friedensanstrich, große Kenn-Nummer an den Aufbauten. Die FLG Mk 37 haben bereits FL-Radar Mk 25; der 40-mm-Vierling auf der Brücke führt FL-Radar Mk 34, ein Beweis dafür, daß das Geschütz von einem FLG Mk 63 gesteuert wird. An Radarantennen sind von der obersten Mastplattform bis zum Schornstein sichtbar: SPS-4, SX und SC-2. Zu diesem Zeitpunkt befanden sich elf 40-mm-Vierlingslafetten an Bord.
Foto: USN (Sammlung A. D. Baker)

CV-31 Bon Homme Richard

Kurzlebenslauf

3/1945	Pazifik; Okinawa (TF 38), III. Flotte, Besetzung Japans.
10/1945	Magic Carpet-Transportfahrten.
1946	Magic Carpet-Transportfahrten.
1/1947	Außerdienststellung, Reserveflotte.

Schiffselektronik

Radar:

1945	SK-2, SC-2, SP

Feuerleitung:

1945	2 Mk 37 mit FL-Radar Mk 12/22 und 3 Mk 51 Mod. 3 (für 12,7 cm) sowie 5 Mk 63 mit FL-Radar Mk 28, 8 Mk 51 Mod. 2 und 4 Mk 51 Mod. 3 (für 40 mm)

Tarnschemata

11/1944	Fertigstellung mit Schema 32/17A-2
ab 3/1945	Schema 12

1½ Monate nach Indienststellung: USS *Bon Homme Richard* (CV-31), fotografiert am 9. Januar 1945 im Seegebiet vor New York beim Entladen von Flugzeugbomben. Im Anschluß daran begann in der Marinewerft New York ein Werftaufenthalt, bei dem der erst kurz zuvor angebrachte Tarnanstrich nach Schema 32/17A-2 durch den nach Schema 12 übermalt wurde. Vor der Insel befindet sich kein 40-mm-Vierling. Die FLG Mk 37 sind mit FL-Radar Mk 12/22 ausgerüstet. SK-2-Radarantenne sofort installiert, ebenso vier Antennen-Gittermaste. Zu diesem Zeitpunkt waren vier 40-mm-Vierlinge, unter anderen auch der auf der Brücke, mit FL-Radar Mk 28 ausgestattet, womit die dazugehörigen FLG Mk 51 vom Modell 2 zu Modell 3 modifiziert wurden. Foto: USN (Sammlung BfZ)

Bei der selben Gelegenheit aufgenommen: Bugansicht der *Bon Homme Richard.* Hier wird unter anderem deutlich, daß bei sämtlichen Einheiten der *Essex*-Klasse das Backbord-Katapult etwas mehr zurückliegt als das an Steuerbord. Beachte die Flugzeugdeck-Markierungen sowie die außerhalb der Decksachse angebrachten Innenaufzüge und die Vielzahl an 20-mm-Maschinenflak. Foto: USN (Sammlung A.D. Baker)

Die Achteransicht von *Bon Homme Richard* vermittelt Erkenntnisse über die Breitenvergleiche von Insel und Flugzeugdeck, weiterhin über die große Anzahl an Bremsseilen und über die zahlreiche Flak, die entlang der Kanten des Flugzeugdecks angebracht ist. Hinter den beiden FLG-Ständen am unteren Rand des Bildes erkennt man die Schiffsglocke.
Foto: USN (Sammlung A. D. Baker)

Während der Mitte März 1945 beendeten Werftzeit erhielt auch *Bon Homme Richard* die üblichen fünf Steuerbord-Flakstände sowie die beiden an Backbord. Sichtbar ist hier auch der letzte Tarnanstrich nach Schema 12. Foto: USN

CV-32 Leyte

Kurzlebenslauf

1946	Good-Will-Reise entlang der südamerikanischen Westküste; Rückkehr zur Ostküste.
1946/50	Trainingsfahrten für Reservisten, mehrere Mittelmeereinsätze.

Schiffselektronik

Radar:

1946	SK-2
1949	SK-2, SX

Feuerleitung:

1946	2 Mk 37 mit FL-Radar Mk 25 sowie mehrere Mk 63 mit FL-Radar Mk 34

USS *Leyte* (CV-32), am 11. April 1946 aufgenommen, also am Tage der Indienststellung. Abgeliefert nach Ende des II. Weltkrieges, ist *Leyte* hier offensichtlich nach Schema 14 angestrichen. Das Schiff erhielt weder Steuerbord-Flakstände noch eine der damals üblichen „high-finder"-Radarantennen (SM, SP, oder – später – SX). Nur zwei Antennen-Gittermaste. Die geringere Anzahl an Maschinenflak (nur elf 40-mm-Vierlinge und neunzehn 20 mm) wurde zum Teil dadurch ausgeglichen, daß mindestens fünf 40-mm-Vierlinge mit FL-Radar Mk 34 und somit mit den entsprechenden FLG Mk 63 ausgestattet wurden. Bemerkenswert ist, daß die 40-mm-Geschütze hier keine Schutzschilder haben. Foto: USN (Sammlung A. D. Baker)

Dieses Foto von *Leyte* wurde etwa im Sommer 1946 aufgenommen. Es fällt auf, daß keine Kenn-Nummer angebracht ist. Foto: USN

CV-33 Kearsarge

Kurzlebenslauf

1946 Atlantik; Wechsel zwischen Ostküste und Mittelmeer
5/1950 Außerdienststellung, Reserveflotte

Schiffselektronik

Radar:
1946 SK-2
1948 SK-2, SX

Feuerleitung:
1946 2 Mk 37 mit FL-Radar Mk 12/22, mehrere Mk 63 mit FL-Radar Mk 28
1948 2 Mk 37 mit FL-Radar Mk 25, mehrere Mk 63 mit FL-Radar Mk 28

Auch USS *Kearsarge* (CV-33) wurde nach Ende des II. Weltkrieges abgeliefert und gehört damit zu denjenigen Schiffen der *Essex*-Klasse, die kein Tarnmuster geführt haben. Auch hier fehlt noch SX-Radar. Die zusätzlichen Flakstände an der Steuerbordseite wurden auf diesem Schiff nicht angebracht.
Foto: USN (Sammlung A. D. Baker)

Dieses Foto der *Kearsarge* wurde vermutlich etwa 1948/49 aufgenommen, d. h. noch vor der ersten Außerdienststellung. Inzwischen wurde die SX-Antenne angebracht, ebenso die große Kenn-Nummer an der Außenhaut.
Foto: USN

CV-35 Reprisal

Kurzlebenslauf

12. 8. 1945	Bau bei Fertigstellungsstand von 52,3% eingestellt; Schiff lief ohne Zeremonie vom Stapel.
1946/48	Hulk dient als Testobjekt.
1949	Weiterbau wird erwogen, jedoch nicht realisiert; Verschrottung.

CV-36 Antietam

Kurzlebenslauf

1945	Kein Kriegseinsatz mehr.
1945/46	Unterstützung der Besetzungen Chinas und Koreas.
1947/48	Good-Will-Fahrten; Westküste.
6/1949	Außerdienststellung, Reserveflotte.

Schiffselektronik

Radar:

1945	SK-2, SP, evtl. SG-6 oder SPS-4, SC-2

Feuerleitung:

1945	2 Mk 37 mit FL-Radar Mk 12/22 und 3 Mk 51 Mod. 3 (für 12,7 cm) sowie 4 Mk 63 mit FL-Radar Mk 28, 7 Mk 51 Mod. 2 und 7 Mk 51 Mod. 3 (für 40 mm)

Tarnschemata

1945	Fertigstellung mit Schema 32/17A-2
ab 5/1945	Schema 21

USS *Antietam* (CV-36), aufgenommen am 2. März 1945 vor der Marinewerft Philadelphia. Das Schiff wurde mit Tarnschema 32/17A-2 in Dienst gestellt, jedoch bereits im Mai 1945 wieder umgemalt. Wie hier am hochgeklappten Backbord-Aufzug beobachtet werden kann, bestand lange Zeit hindurch beim Schiffsanstrich die Gewohnheit, die nach unten gekehrten Flächen von überhängenden Teilen weiß zu pönen, angeblich um dadurch die Schattenwirkung auf das Wasser zu vermindern. Mk 12/22-FL-Radar ist auf den FLG Mk 37 gut sichtbar. Foto: USN (Sammlung A. D. Baker)

Antietam am 28. April 1945, nur kurze Zeit vor Anbringung des grauen Anstrichs. Trotz geplanter Anbringung von achtzehn 40-mm-Vierlingen wurden hier die fünf Flakstände an der Steuerbordseite niemals installiert. Vier Antennen-Gittermaste. Bei dem auf dem Mast befindlichen Radargerät (über FLG Mk 37) könnte es sich um SPS-4 handeln. Foto: USN

CV-37 Princeton

Kurzlebenslauf

1945	Atlantik.
6/1946	Wechsel in den Pazifik; TF 77 bei der VII. Flotte.
1947	Wechsel zwischen Westpazifik und Westküste.
1948	Wechsel zwischen Westpazifik und Westküste.
6/1948	Außerdienststellung, Reserveflotte.

Schiffselektronik

Radar:

1946	SK-2, SC-2, SP

Feuerleitung:

1946	2 Mk 37 mit FL-Radar Mk 12/ 22 sowie eine nicht bekannte Anzahl der kleineren FLG

USS *Princeton* (CV-37), fotografiert am 17. März 1946. Zu diesem Zeitpunkt fehlten noch die Steuerbord-Flakstände unter der Insel, von denen im Gegensatz zu den anderen Schiffen später (möglicherweise erst bei der Reaktivierung für den Einsatz vor Korea) nur zwei installiert worden waren. Da auf *Princeton* auch die beiden achteren Steuerbordstände fehlen, gab es letztlich an der Steuerbordseite nur zwei 40-mm-Vierlinge. Zwei Antennen-Gittermaste; die achtern fehlenden wurden auf einigen Schiffen durch mehrere Peitschenantennen ersetzt. Foto: USN (Sammlung A. D. Baker)

Princeton am 30. April 1946, nachdem die Kenn-Nummer am Schornstein angebracht worden war. Das Flugzeugdeck scheint immer noch kriegsmäßig dunkelblau abgetönt zu sein; die Kenn-Nummer ist noch dunkler. Beachte die achtern an der Steuerbordseite seitlich abgeklappten Peitschen-Antennen. Foto: USN

CV-38 Shangri La

Kurzlebenslauf

1/1945	Pazifik; Flugzeugtransport nach Hawaii; Trainingsfahrten.
2/1945	Ulithi, TG 58.4, Okino Dairo Jima, Okinawa, Ulithi, Flaggschiff der 2nd Carrier Tasc Force, Flaggschiff TG 38, japanische Heimatinseln, Okinawa, Ruhezeit bei Leyte, Besetzung Japans.
10/1945	Rückkehr zur Westküste, Trainingsfahrten.
5/1946	Teilnahme an Atombomben-Tests bei Bikini; Westküste.
3/1947	Hawaii, Australien, Westküste.
11/1947	Außerdienststellung, Reserveflotte.

Schiffselektronik

Radar:

1944/47	SK-2, SC-2, SP

Feuerleitung:

1945	2 Mk 37 mit FL-Radar Mk 12/22 und 3 Mk 51 Mod. 3 (für 12,7 cm) sowie 11 Mk 51 Mod. 2 und 3 Mk 51 Mod. 3 (für 40 mm)

Tarnschemata

1944	Fertigstellung mit Schema 33/10A
1945	Schema 21 ab Frühjahr

USS *Shangri La* (CV-38) am 15. Dezember 1944 vor Trinidad. Die Positionen der Radarantennen SK-2 und SC-2 wurden auf diesem Schiff zunächst vertauscht; eine Anordnung, die nur bis Januar 1945 Gültigkeit hatte. Danach wurden die beiden Antennen wieder untereinander ausgetauscht.
Foto: USN (Sammlung A. D. Baker)

CV-39 Lake Champlain

Kurzlebenslauf

10/1945 Atlantik; Magic Carpet-Fahrten zwischen Ostküste und Europa; Geschwindigkeits-Rekord Kap Spartel/Afrika – Norfolk: 4 Tage, 8 Stunden, 51 Minuten; erst 1952 vom Passagierschiff *United States* eingestellt.

2/1947 Außerdienststellung, Reserveflotte.

Schiffselektronik

Radar:
SK-2, SC-2

Feuerleitung:
1945 2 Mk 37 mit FL-Radar Mk 12/22, 4 Mk 63 mit FL-Radar sowie einige Mk 51

Tarnschemata

1945/46 Schema 21

USS *Lake Champlain* (CV-39), aufgenommen etwa 1945/46. Anstrich nach Schema 21. Nur zwei Antennen-Gittermaste, sonst keine Besonderheiten.
Foto: USN

CV-40 Tarawa

Kurzlebenslauf

1946	Trainingsschiff im Atlantik und Pazifik.
10/1948	Fünfmonatige Umrundung des Erdballs.
6/1949	Außerdienststellung, Reserveflotte.

Schiffselektronik

Radar:

1946/49	SK-2, SX

Feuerleitung:

1946	2 Mk 37 mit FL-Radar Mk 12/22 sowie eine nicht bekannte Anzahl der kleineren FLG Mk 51 u. a.

Tarnschemata

1946	Schema 21

Tarawa (CV-40), vermutlich etwa 1948 aufgenommen; eines der ersten Schiffe mit der Radarantenne SX auf der Mastplattform. Beachtenswert sind die runden FL-Radarantennen an den Schutzschildern der 40-mm-Vierlinge. Foto: USN

CV-45 Valley Forge

Kurzlebenslauf

8/1947	Via Panama-Kanal in den Pazifik;
10/1947	Umrundung des Erdballs.
4/1948	Nach Rückkehr Verbleib im Atlantik.
1949	Übungsfahrten; Umstellung auf neue Flugzeugtypen.

Schiffselektronik

Radar:

12/1946	SK-2, SX

Feuerleitung:

1947	2 Mk 37 mit FL-Radar Mk 12/22 sowie eine nicht bekannte Anzahl von Mk 51 u. a. FLG

USS *Valley Forge* (CV-45), aufgenommen am 14. Juli 1947 vor der Marinewerft Philadelphia. Beachtenswert ist die bereits von vornherein vorhandene SX-Radarantenne und die große weiße Nummer am Schornstein.
Foto: USN (Sammlung BfZ)

Steuerbord-Mittschiffs-Detail der *Valley Forge*, aufgenommen im Mai 1948. Gut erkennbar sind die Radarantennen SK-2 und SX sowie die FL-Radarschirme an den beiden höher aufgestellten 40-mm-Lafetten.
Foto: Wright & Logan

CV-47 Philippine Sea

Kurzlebenslauf

1946	Atlantik.
1/1947	Teilnahme an Antarktis-Expedition.
1947/50	Ostküste im Wechsel mit Mittelmeer-Einsätzen.

Schiffselektronik

Radar:

1946	SK-2
4/1948	SK-2, SX

Feuerleitung:

1946	2 Mk 37 mit FL-Radar Mk 12/22 sowie eine nicht bekannte Anzahl kleinerer FLG

USS *Phillippine Sea* (CV-47), fotografiert am 14. Juni 1946, etwa einen Monat nach Indienststellung, mit je drei TBM- bzw. SB2C-Maschinen auf dem Deck. Wie einige andere nach dem Krieg fertiggestellte Flugzeugträger erhielt auch CV-47 erst später die Radarantenne SX. Beachtenswert sind: Anflugantenne YE an der Mastspitze, die beiden seitlich abgeklappten Antennen-Gittermaste und der Windbrecher auf dem vorderen Flugzeugdeck. Auch hier hängen die FLG-Leitstände der vordersten 40-mm-Geschütze an den Ecken des Flugzeugdecks. Foto: USN (Sammlung A. D. Baker)

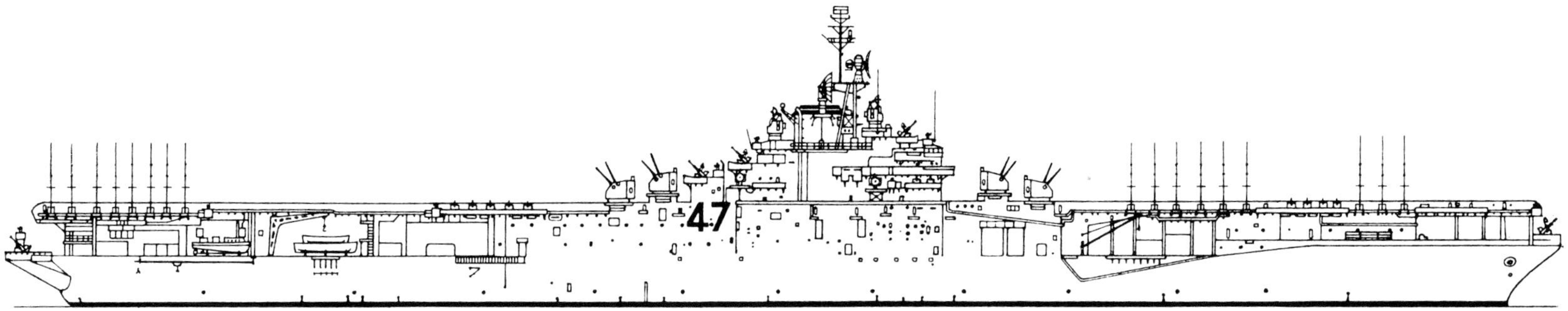

CV-47 *Philippine Sea* in den frühen 50er Jahren. Neben SK-2 Radar findet man die damals neu eingeführte Jäger-Leitantenne SX auf der Mastplattform. Beachtenswert sind die damals neu eingeführten dünnen Funkantennen an der Steuerbordkante des Flugzeugdecks, der für die „long hull"-Gruppe typische Vordersteven und die veränderte Anbringung der Kennung an der Steuerbordseite. Dieses Schiff hatte bei Fertigstellung bereits die neuere Form der Brücke. Die Mk-37-FLG sind bereits mit FL-Radar Mk 25 ausgerüstet. Daneben gibt es noch einige FLG Mk 56.

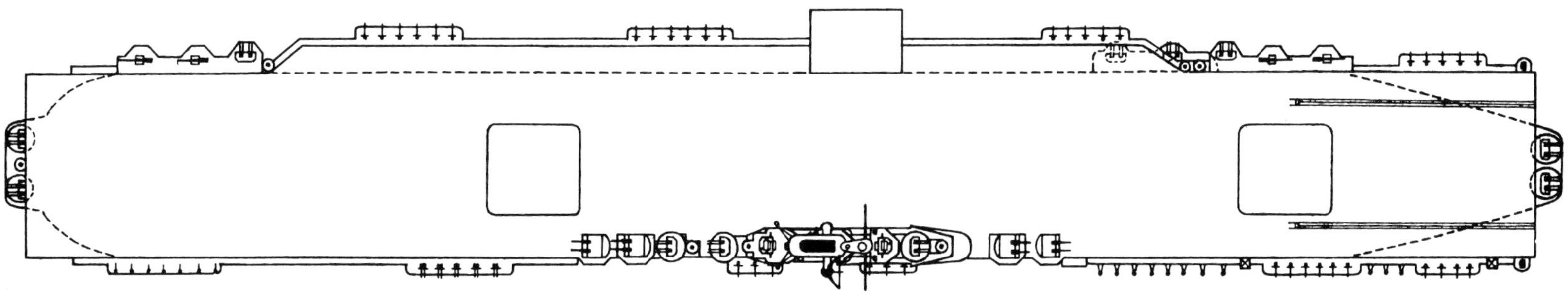

Diese Decksansicht entspricht in etwa CV-21 *Boxer* nach Fertigstellung des Schiffes. Beachtlich ist die Anzahl der an den Rändern des Flugzeugdecks angebrachten 20-mm-Flak. Gegenüber den „short hull"-Schiffen haben die beiden an Bug befindlichen 40-mm-Vierlinge ein weit besseres Schußfeld.

Philippine Sea, aufgenommen im April 1948 vor Toulon. Außer der großen weißen Kenn-Nummer, die nach damaligem Brauch an der Steuerbordseite unter dem FLG-Leitstand angebracht war, findet man noch die kleine Bugnummer. Foto: M. Bar (Sammlung BfZ)

Das Foto zeigt die am 9. Juni 1951 vom zweiten Korea-Einsatz zurückkehrende *Philippine Sea* in der Bucht von San Franzisco. Der Heimatwimpel ist rund 100 m lang und wird von kleinen Luftballons getragen. Zu Ehren des ebenfalls heimkehrenden Geschwaders CVG-2 formen Besatzungsmitglieder die entsprechenden Initialen. Bei dieser Rückfahrt stellte das Schiff einen neuen Überquerungs-Rekord über den Pazifik auf, der vorher von USS *Boxer* gehalten wurde. Für die Fahrt von Japan nach San Franzisco benötigte CV-47 7 Tage und 13 Stunden. Auf den FLG Mk 37 befindet sich bereits FL-Radar Mk 25, am Schornstein eine veränderte, später in dieser Form standardisierte Kenn-Nummer mit Schattenwirkung.
Foto: USN (Sammlung G. Albrecht)

Etwa ein Jahr später: *Philippine Sea* fährt 1952 erneut in den Westpazifik und nimmt dabei – wie die meisten Träger um diese Zeit – einige Landflugzeuge des „Military Air Transportation Service" sowie der Navy als Decksladung mit. Die eigenen Flugzeuge sind im Hangar verstaut. SPS-6-Radar befindet sich inzwischen an Stelle von SK-2 am Schornsteinausleger. Von fünf hier sichtbaren 40-mm-Vierlingen besitzen drei FL-Radarantennen. Foto: USN (Sammlung BfZ)

Independence-Klasse (CVL-22)

Während des kritischen Jahres 1942 verlor die U.S. Navy gleich vier Flugzeugträger und *Enterprise* (CV-6) war zeitweilig einziger Träger im gesamten pazifischen Raum. Da die ersten Einheiten der *Essex*-Klasse nicht vor dem Frühjahr 1943 zu erwarten waren, besann sich die Navy auf die Tatsache, daß sie mit dem Bau von 39 leichten Kreuzern der *Cleveland*-Klasse begonnen hatte, deren Rümpfe teilweise fertiggestellt waren. Neun dieser Rümpfe wurden im Rahmen eines Notprogramms nach schneller Umplanung als leichte Flugzeugträger fertiggebaut. Alle diese leichten Träger kamen noch 1943 zur Flotte, nur einer ging 1944 verloren. Auf die schlanken Kreuzerrümpfe wurden zum Teil offene, ungeschützte, 65,5 × 17,6 m messende Hangars gesetzt und diese durch holz-beplankte, leidlich geräumige, jedoch ungepanzerte Flugzeugdecks von 166 × 22,3 m abgedeckt. Seitenwulste wurden angebracht, um die entstandene Topplastigkeit auszugleichen. Dadurch verringerte sich der Schlankheitsgrad des Rumpfes auf 8,4:1. Die Schiffe hatten nur eine kleine Insel mit einem niedrigen Gittermast, und die Rauchgase wurden durch vier seitlich an der Steuerbordkante des Flugzeugdecks angehängte, kurze und gekrümmte Schornsteine abgeführt. Es waren zwei Innenaufzüge sowie ursprünglich ein, ab 1945 zwei Katapulte des Typs H-II vorhanden. Achtern waren 8 Bremsseile angebracht. Das Ganze widersprach allen früher gemachten Erfahrungen: der Hangar war zu klein, die Werkstätten unzureichend, die Unterbringung der Schiffs- und der Flugzeugbesatzungen kümmerlich. Was jedoch damals allein zählte, das waren die 45 Flugzeuge, die sie mitführen konnten, sowie die Fähigkeit, mit der starken Maschinenanlage hohe Fahrtstufen laufen zu können, um so mit den schnellen Kampfgruppen der Schlachtschiffe und Zerstörer Schritt halten zu können. Als Flugzeugtransporter konnten diese Schiffe gestaut sogar 100 Maschinen befördern. Als Ergebnis der Planung während der kriegsbedingten Notsituation befanden sich diese CVL in der Mitte zwischen den schnellen Flottenträgern, mit denen sie die gleiche Geschwindigkeit gemeinsam hatten, und den etwas kleineren Geleitträgern, deren Nachteile sie allesamt hatten.

Urspünglich bestand die Absicht, diese Schiffe mit vier 12,7-cm-L/38-Einzelgeschützen zu bestücken. Da sie aber vornehmlich im Rahmen von schnellen Kampfgruppen operierten, konnte die Flugzeugabwehr den Begleitschiffen anvertraut werden, während man sich bei den CVL auf die leichte Maschinenflak gegen Tiefflieger beschränkte. Die auf den ersten beiden Einheiten schon installierten beiden 12,7-cm-Geschütze wurden nach 1½ Monaten wieder entfernt.
Nach kurzer Reserve-Zugehörigkeit im Anschluß an den II. Weltkrieg wurden CVL-28 *Cabot* und 29 *Bataan* zu Beginn der 50er Jahre als „Hunter-Killer Carriers“ geringfügig umgebaut und auf die Verwendung bei der aktiven U-Jagd spezialisiert. Zur Aufnahme von 20 nunmehr schwereren Flugzeugen wurde sowohl das Hangar- wie auch das Flugzeugdeck verstärkt. Aus Gründen der Stabilität wurden zwei der vier Schornsteine ausgebaut und dazwischen ein leichter Elektronikmast angebracht. So fuhr *Cabot* noch 6 Jahre, während *Bataan* bereits nach etwas mehr als 3 Jahren wieder zur Reserveflotte verlegt wurde. 35 Jahre nach Fertigstellung befindet sich ex-*Cabot* immer noch im aktiven Dienst bei der spanischen Marine und ist dort unter dem Namen *Dédalo* als Hubschrauber- und VTOL-Träger eingesetzt.
Der Ordnung halber muß noch erwähnt werden, daß diese Träger mit der Klassifikation CV begonnen wurden. Erst während der Bauzeit erhielten sie die für sie eingeführte Kennung CVL. Für die Panzerung wurden folgende Stärken bekannt:
Wasserlinie 38–127 mm
Hauptschotten 127 mm
Hauptdeck 76 mm
untere Decks 54 mm

CVL-22 Independence

Kurzlebenslauf

1943	Pazifik; Marcus, Wake, Rabaul, Gilbert Inseln, Tarawa.
11/1943	Beschädigung durch Flugzeugtorpedotreffer.
1944	Westküste Werft; Palaus, TF 38, Philippinen, Luzon, Ulithi, Okinawa, Formosa, Leyte, Samar, Philippinen, Ulithi.

1945	Luzon, Formosa, Indochina, Chinesische Küste, Werft Pearl Harbor, Ulithi, Okinawa, japanische Heimatinseln, Westküste, Magic Carpet-Fahrten.
1946	Magic Carpet-Fahrten.
6/1946	Zielobjekt bei Atombombenversuchen bei Bikini, weitere Testreihen.
1/1951	Versenkt als Zielobjekt.

Schiffselektronik

Radar:

1943	SK, SC-2

Feuerleitung:

1945	12 Mk 51, Mod. 2

Tarnschemata

4/1943 Schema 14

ab Frühjahr 1944 Schema 3-/8A

Geschwader, Staffeln, Flugzeuge

Die leichten Flugzeugträger (CVL) operierten zumeist mit einem CVLG-Geschwader. Gelegentlich aber befand sich nur eine sog. „Composite Squadron" an Bord, d. h. eine große, gemischte Staffel mit bis zu 45 Flugzeugen verschiedener Art wie VF,VSB, VTB. Je nach Aufgabe wurden manchmal auch nur Jagdmaschinen mitgeführt, die die großen Flottenträger schützten, während deren eigene Flugzeuge gegen den Feind flogen.

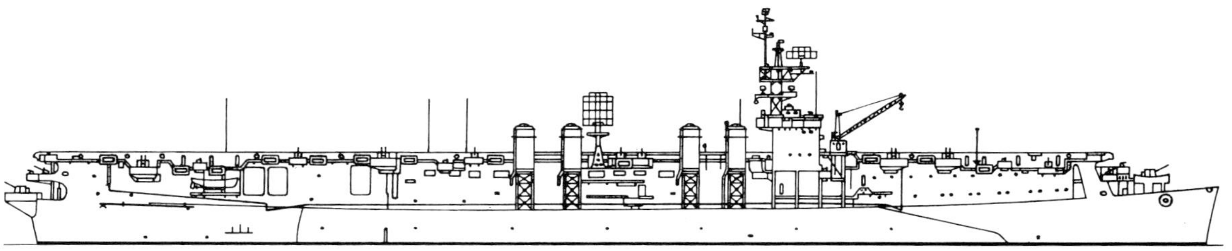

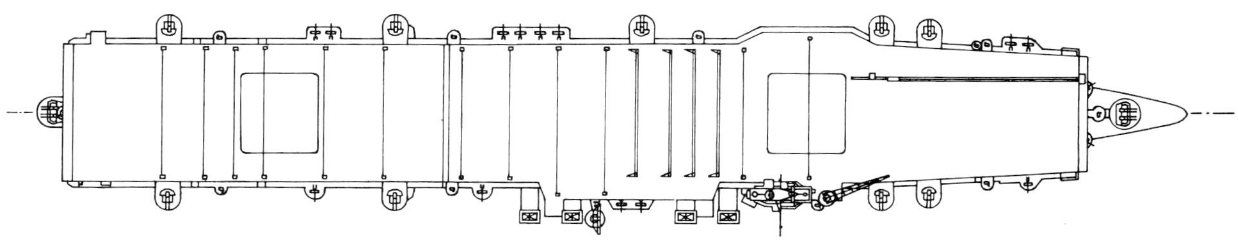

Vorstehende Zeichnung samt Decksplan stellt CVL-27 *Langley* im Frühjahr 1943 dar; die Zeichnungen gelten jedoch generell für das Aussehen aller Schiffe dieser Klasse im Jahre 1943, mit geringfügigen Abweichungen in der Aufstellung der Radarantennen. Das zweite Deckskatapult wurde auf den meisten Schiffen erst 1945 installiert.

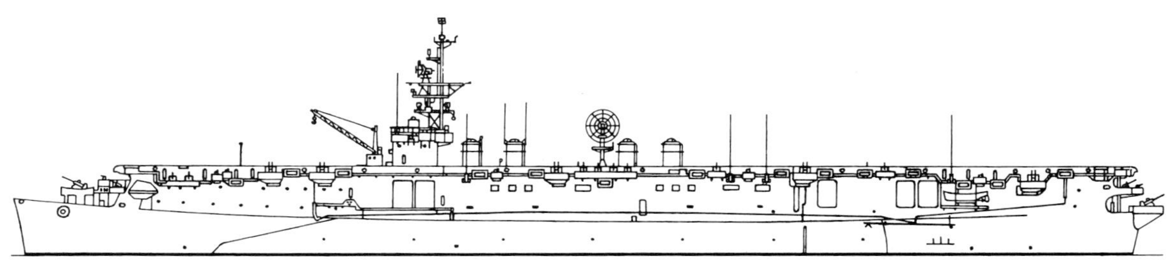

CVL-24 *Belleau Wood* 1947, etwa kurz vor der Außerdienststellung. Anstelle von SK nunmehr Radarantenne SK-2 zwischen den Schornsteinpaaren, SPS-4 auf der vorderen Mastplattform. In diesem Zustand wurde dann das Schiff 1953 als *Bois Belleau* von der französischen Marine übernommen.

Etwas über drei Monate nach Indienststellung: USS *Independence* (CVL-22) mit Anstrich nach Schema 14, mit einigen Flugzeugen der Typen SBD und TBM auf dem Vorschiff. Sichtbar ist die Ausbuchtung des Backbord-Rumpfwulstes. Nur wenige Wochen später wurden die ursprünglich aufgestellten Bug- und Heckkanonen des Kalibers 12,7 cm L/38 (eine davon ist hier sichtbar) durch je einen 40-mm-Vierling ausgetauscht. Zu beobachten sind die Radarantennen SK, SC-2 und SG. Foto: USN (Sammlung A. D. Baker)

Auch diese im Frühjahr 1943 gemachte Aufnahme der *Independence* zeigt die auf dem Vorschiff befindliche 12,7-cm-Kanone. Foto: USN

Vermutlich in der zweiten Hälfte des Jahres 1943 wurde diese Luftaufnahme der *Independence* angefertigt, auf der nun der Bug-40-mm-Vierling zu sehen ist. Beachtenswert sind: der vor der kleinen Insel sichtbare Kran, die vier gekrümmten Schornsteine, die deutlich sichtbare Kante des Backbord-Rumpfwulstes und die 40-mm-Zwillingsflak, die mit Ausnahme von CV-3 *Saratoga* nur auf Schiffen der *Independence*-Klasse zum Einsatz gekommen sind. Foto: USN

Aufgenommen etwa Mitte 1944: *Independence* mit Tarnanstrich nach Muster 8A, wobei hier eher die Farben nach Schema 32 aufgetragen worden sein dürften. Deutlich sichtbar ist hier die stützende Unterkonstruktion der vier Schornsteine. Foto: USN

CVL-23 Princeton

Kurzlebenslauf

1943 Pazifik; TG 11.2, Baker Insel, TF 15, Makin, Tarawa, Pearl Harbor, Espiritu Santo, Bougainville, Rabaul, TF 50, Nauru, Westküste.

1944 TF 58, Wotje, Tarawa, Majuro, Kwajalein, Eniwetok, Karolinen, Palaus, Woleai, Yap, Hollandia, Truk, Ponape, Pearl Harbor, Majuro, Saipan, Guam, Rota, Tinian, Pagan, Saipan, Philippinen, Pagan, Rota, Guam, Palaus, Mindanao, Visayas, Luzon, Nansei Shoto, Formosa, TG 38,3, Leyte.

10/1944 Treffer durch Bombe und Flugzeugabsturz, nach Explosionen und Beschuß durch eigene Torpedos gesunken.

Schiffselektronik

Radar:
1944 SK, SC-2

Feuerleitung:
1944 vermutlich 12 Mk 51 Mod. 2

Tarnschemata

ab Frühjahr 1944 Schema 33/7A

USS *Princeton* (CVL-23), mit dunklem Anstrich nach Schema 14 oder 21, aufgenommen am 31. Mai 1943, etwa drei Monate nach Indienststellung. Auch hier findet man Peitschen-Funkantennen an der Backbordkante des Flugzeugdecks. Foto: USN

Ohne Flugzeuge präsentiert sich *Princeton* am 3. Januar 1944 vor der Küste des Bundeslandes Washington. Deutlich sichtbar sind die Radarantennen SK und SC-2. Wenige Monate später erhielt das Schiff Tarnanstrich nach Schema 33/7A, mit dem es bis zur Versenkung fuhr. Schiffe dieser Klasse sollen angeblich bei der Fertigstellung nur ein Katapult gehabt haben. Erst um 1945 herum erhielten sie ein zweites.
Foto: USN (Sammlung A. D. Baker)

CVL-24 Belleau Wood

Kurzlebenslauf

7/1943	Pazifik; Baker-Insel, Tarawa, Wake, Gilbert-Inseln mit TF 58.
1944	Kwajalein, Majuro, Marshall-Inseln, Truk, Saipan, Tinian, Rota, Guam, Palau, Yap. Ulithi, Woleai, Hollandia, Truk, Satawan, Ponape, Philippinen, Bonin, Guam (TF 58), Palaus (TF 38), Philippinen, Morotai, Okinawa, Luzon, Formosa, Cap Engaño, Beschädigung durch Kamikaze-Treffer (92 Tote und Vermißte), Ulithi, Westküste Werft.
1945	TF 58, Honshu, Nansei Shoto, Iwo Jima, V. bzw. III. Flotte, japanische Heimatinseln, Leyte, Yap, japanische Heimatinseln, Besetzung Japans, Westküste; Magic Carpet-Fahrten.
1/1946	Vorbereitung zur Außerdienststellung.
1/1947	Außerdienststellung, Reserveflotte.

Schiffselektronik

Radar:

1943	SK, SC-2
1945	SK-2, SPS-4

Feuerleitung:

1945	12 Mk 51

Tarnschemata

3/1943	Fertigstellung mit Schema 13
ab 7/1944	Schema 33/3D
ab 1/1945	Schema 21

USS *Belleau Wood* (CVL-24) mit Anstrich nach Schema 13. Das Foto wurde am 18. April 1943 vor der Marinewerft Philadelphia aufgenommen, also nur wenige Tage nach der Indienststellung. Foto: USN

Belleau Wood im September 1943, 8 Monate vor Anbringung des Tarnanstrichs nach Schema 33/3D.
Foto: USN

Belleau Wood am 19. Januar 1945 vor Hunters Point, unmittelbar nach Anbringung des Anstrichs nach Schema 21, diesmal mit Flugzeugen an Bord. Hier sieht man die Radarantennne SP auf der vorderen Mastplattform. Während ihres ganzen Daseins waren Schiffe dieser Klasse trotz aller Maßnahmen so topplastig, daß man sich wie hier zusätzlich damit behalf, Reservetanks für Flugzeuge auf die oberen Flächen der Rumpfwulste zu legen. Bemerkenswert ist, daß die sicherlich viel Wasser übernehmende A-förmige Öffnung unter den vorderen Ecken des Flugzeugdecks hier verschlossen wurde. Foto: USN (Sammlung A. D. Baker)

CVL-25 Cowpens

Kurzlebenslauf

9/1943	Pazifik; Wake (TF 14), Mille, Makin, Kwajalein, Wotje.
1944	Eniwetok, Truk, Marianen, Majuro (TF 58), Palau, Yap, Ulithi, Woleai, Truk, Satawan, Ponape, Saipan, Iwo Jima, Rota, Guam, Philippinen, Palang, Morotai, Luzon, Formosa, Okinawa, Leyte, Ulithi.
1945	Lingayen, Hongkong, Kanton, Okinawa, Ulithi, Iwo Jima, Westküste Reparatur, Wake, japanische Inseln (TF 58), Besetzung Japans.
11/1945	Zwei Magic Carpet-Fahrten.
1/1946	Westküste, Vorbereitung zur Außerdienststellung.
1/1947	Außerdienststellung, Reserveflotte.

Schiffselektronik

Radar:

1943	SK, SC-2
5/1945	SK, SP

Feuerleitung:

1945	2 Mk 63 mit FL-Radar Mk 28 (für 40-mm-Vierlinge) sowie 2 Mk 57 mit FL-Radar Mk 29 und 7 Mk 51 Mod. 2

Tarnschemata

1943	Fertigstellung nach Schema 21
ab 8/1944	Schema 33/7A
ab 3/1945	Schema 12

USS *Cowpens* (CVL-25), zwei Monate nach der Indienststellung, am 17. Juli 1943. Auf dem Flugzeugdeck befinden sich Flugzeuge der Typen F6F, SBD und TBF. Bei Fertigstellung war das Schiff nach Schema 21 angestrichen. Deutlich zu sehen sind die vier abgeklappten Funkantennen und die Verbreiterung des Flugzeugdecks im Bereich des vorderen Aufzuges. Foto: USN (Sammlung A. D. Baker)

Nachdem *Cowpens* danach 8 Monate lang mit Tarnanstrich nach Schema 33/7A fuhr, präsentiert sie sich hier in der Zwei-Farben-Tarnung des Schemas 12, wobei zu beachten ist, daß sich der Verlauf der Trennlinie zwischen den beiden Tönungen von dem bei Schema 22 unterscheidet. An Stelle von SC-2 findet man hier SP-Radar auf der Mastplattform. Foto: USN

Ebenfalls im Mai 1945 wurde diese Aufnahme der *Cowpens* gemacht, auf der deutlich die vier Rohre des achteren 40-mm-Vierlings zu unterscheiden sind.
Foto: USN

CVL-26 Monterey

Kurzlebenslauf

1943	Pazifik; Gilbert-Inseln, Makin, Kawieng, Neu-Irland.
1944	TG 37.2, Kwajalein, Eniwetok, TF 58, Karolinen, Marianen, Nord-Neuguinea, Bonin-Inseln, Philippinen, Pearl Harbor Werft, Wake, TF 38, Südphilippinen, Ryukyu, Leyte, Mindoro.
12/1944	Beschädigung durch Taifun: Brände und Verlust mehrerer Flugzeuge;
1945	Westküste Werft, TF 58 Okinawa, Nansei Shoto, Kyushu, TF 38, Honshu, Hokkaido.
10/1945	Wechsel in den Atlantik; mehrere Magic Carpet-Fahrten zwischen Ostküste und Mittelmeer.
2/1947	Außerdienststellung, Reserveflotte.

Schiffselektronik

Radar:

1943	SK, SC-2
1946	SK, SPS-4

Feuerleitung:

1945	2 Mk 63 mit FL-Radar Mk 28 (für 40m-mm-Vierlinge) sowie 9 Mk 51 Mod. 2

Tarnschemata

6/1943	Fertigstellung mit Schema 22
ab 7/1977	Schema 33/3D
ab 1/1945	Schema 21

USS *Monterey* (CVL-26), fotografiert am 5. Juni 1943, nur wenige Tage vor der Indienststellung, hier bereits nach Schema 22 angestrichen, am Ausrüstungskai der Bauwerft in Camden, N. J. Die Radarausrüstung fehlt hier noch.
Foto: USN

Backbordansicht der *Monterey* am 17. Juli 1943, aufgenommen vor der Marinewerft in Philadelphia, Pa. An Radarantennen sind SK und SC-2 erkennbar. Bei den auf dem Flugzeugdeck befindlichen Flugzeugen handelt es sich um Schulmaschinen des Typs SNJ. Über der vorderen Kenn-Nummer sieht man die für diese Klasse charakteristische A-Öffnung, die später zum Teil ganz oder teilweise geschlossen wurde.
Foto: USN (Sammlung Baker)

Nachdem USS *Monterey* sieben Monate nach Schema 33/3D getarnt fuhr, präsentiert sie sich hier nach Kriegsende – etwa 1946 – mit Schema 21, mit groß angemaltem Schiffsnamen. Man konnte auf vielen amerikanischen Schiffen beobachten, daß ihre Nationalflaggen nach einem Sieg besonders groß waren. Hier befindet sich Flugzeugleitradar SP an Stelle von SC-2 auf dem Mastausleger. Foto: USN

CVL-27 Langley

Kurzlebenslauf

12/1943	Pazifik.
1944	TF 58, Marshall-Inseln, Wotje, Taora, Kwajalein, Eniwetok, Palau, Yap, Woleai, Karolinen, Hollandia, Truk, Marianen, Saipan, Tinian, TF 38, Philippinen, Palaus, Formosa, Pescadores, Leyte, Philippinen.
1945	südchinesische See, Lingayen, Formosa, Indochina, chinesische Küste, Tokio, Nansei Shoto, Iwo Jima, japanische Heimatinseln, Okinawa, Kyushu, Westküste Werft, Hawaii, zwei Magic Carpet-Fahrten im Pazifik.
1946	Zwei Magic Carpet-Fahrten zwischen Ostküste und Europa.
2/1947	Außerdienststellung, Reserveflotte.

Schiffselektronik

Radar:

1943	SK, SC-2

Feuerleitung:

1945	2 Mk 63 mit FL-Radar Mk 28 (für 40-mm-Vierlinge) sowie 2 Mk 57 mit FL-Radar Mk 29 und 7 Mk 51

Tarnschemata

1943	nicht bekannt; hatte kein „dazzle pattern“-Muster

USS *Langley* (CVL-27) im Februar 1944. Dies ist einer von drei während des Krieges fertiggestellten Flugzeugträgern, die niemals einen „dazzle pattern“-Tarnanstrich geführt haben. Bei der Indienststellung hatte *Langley* vermutlich Anstrich nach Schema 14.
Foto: USN

CVL-28 Cabot

Kurzlebenslauf

11/1943	Pazifik.
1944	Majuro (TF 58), Roi, Namur, Truk, Palaus, Yap, Ulithi, Woleai, Hollandia, Truk, Satawan, Ponape, Marianen, Iwo Jima, Pagan, Rota, Yap, Ulithi, Mindanao, Visayas, Luzon, Okinawa, Leyte.
11/1944	Beschädigung durch Kamikaze-Treffer: 62 Tote; Reparatur in Ulithi.
12/1944	wieder im Einsatz; Luzon, Formosa, Indochina, Nansei Shoto, Hongkong
1945	japanische Inseln, Bonins, Kyushu, Okinawa, Westküste Werft, Wake, TG 38.3.
11/1945	Rückkehr Westküste; Wechsel in den Atlantik.
2/1947	Außerdienststellung, Reserveflotte.

Schiffselektronik

Radar:

10/1943	SK, SC-2
1945	SK-2, SP

Feuerleitung:

1945	2 Mk 63 mit FL-Radar Mk 28 (für 40-mm-Vierlinge), 2 Mk 57 mit FL-Radar Mk 29, 7 Mk 51

Tarnschemata

1943	unbekannt; hatte niemals „dazzle pattern"-Muster

USS *Cabot* (CVL-28) am 29. Oktober 1943 vor der Marinewerft in Philadelphia mit der üblichen Radarausrüstung, jedoch mit noch unvollendeter Decks-Kennnummer. Auch *Cabot* hatte offensichtlich bei der Übernahme einen Anstrich nach Schema 14 und erhielt wie auch *Langley* und *Lexington* (CV-16) nie die mehrflächigen Tarnmuster.
Foto: USN (Sammlung A. D. Baker)

Gerade noch schwach erkennt man, daß *Cabot* hier am 26. Juli 1945 bereits SK-2 (zwischen den Schornsteinpaaren) und SP-Radar erhalten hat. Über SP „leuchtet" die kleine Navigationsantenne SG. Foto: USN

CVL-29 Bataan

Kurzlebenslauf

1944	Pazifik; Hollandia, Truk, Satawan, Ponape, Saipan, Marianen, Bonin, Philippinen, Westküste Werft.
1945	Okinawa (TF 58), III. Flotte, japanische Heimatinseln.
10/1945	Wechsel in den Atlantik; Magic Carpet-Fahrten.
2/1947	Außerdienststellung, Reserveflotte.

Schiffselektronik

Radar:

1944 SK, SC-2

Feuerleitung:

1945 3 Mk 51 Mod. 2, 9 Mk 51 Mod. 1

Tarnschemata

11/1943 Fertigstellung, Schema unbekannt
ab Herbst 1944 Schema 3-/8A

USS *Bataan* (CVL-29), aufgenommen am 2. März 1944 vor der Marinewerft in Philadelphia. Deutlich erkennbar sind die farblichen Abstufungen des Musters 8A von Schema 32. Wie bekanntgeworden ist, verlaufen bei Schiffen dieser Klasse die Innendecks nicht parallel zum Deckssprung, sondern parallel zur Wasserlinie. Der dazwischenliegende, sich verjüngende Raum beinhaltet Leer-Räume, Aufzugsschächte und Lagerräume. Beachtenswert ist, daß auch hier die nach unten gekehrten Flächen der überhängenden Teile größtenteils weiß angestrichen sind. Foto: USN (Sammlung A. D. Baker)

Etwa zwei Monate nach der Reaktivierung: *Bataan* am 28. Juli 1950. Die Veränderungen tangieren vor allem die Radarausrüstung. An Stelle der SK-Antenne befindet sich zwischen den Schornsteinpaaren ein kurzer Mast. Auf dem Hauptmast befindet sich SPS-6-Radar, auf der Brücke SP. Die große weiße Kenn-Nummer füllt die ganze Inselflanke aus. Ganz achtern steht eine Jagdmaschine des Typs FJ-1. Foto: USN

CVL-30 San Jacinto

Kurzlebenslauf

1944	Pazifik; Einsätze im Rahmen der TF 58 bzw. TF 38, Majuro, Marianen, Saipan, Rota, Guam, Eniwetok, Chi Chi Jima, Ha Ha Jima, Iwo Jima, Okinawa, Formosa, Philippinen, Leyte, südchinesische See, Ryukyu.
1945	Mit TF 58 japanische Heimatinseln, Iwo Jima, Okinawa, Ulithi, Hokkaido, Honshu, Besetzung Japans.
9/1945	Rückkehr zur Westküste.
3/1947	Außerdienststellung, Reserveflotte.

Schiffselektronik

Radar:

1944	SK, SC-2

Feuerleitung:

1945	9 Mk 51 Mod. 2

Tarnschemata

11/1943	Fertigstellung mit Schema 33/7A

USS *San Jacinto* (CVL-30) am 17. Januar 1944 vor Philadelphia. Das Tarnmuster 7A, hier gepaart mit den Farben des Schemas 33, kann in seiner Backbord-Version gut unterschieden werden. Die achtern angesetzte Flak-Wanne bewirkt, daß die „Länge über alles" um 3,80 m größer ist, als bei den Rümpfen der leichten Kreuzer der *Cleveland*-Klasse. Im Bereich der Schiffsmitte kann die obere Kante des Rumpf-Wulstes klar identifiziert werden. Das Aussehen aller Schiffe dieser Klasse hat sich im Verlaufe des Krieges bemerkenswert wenig verändert. Foto: USN (Sammlung A. D. Baker)

Saipan-Klasse (CVL-48)

Im Gegensatz zu den leichten Trägern der *Independence*-Klasse, denen sie sehr ähnelten, waren die beiden Schiffe dieser Klasse keine Umbauten; sie basierten jedoch eindeutig auf den Rümpfen von schweren Kreuzern der *Baltimore*-Klasse, die parallel zu den leichten Kreuzern der *Cleveland*-Klasse gebaut wurden. Die etwas veränderte Gestaltung der Bugpartie gestattete die Parallel-Installation von jeweils zwei 40-mm-Bofors-Vierlingen auf dem Vorschiff. Die Wasserverdrängung entsprach der von *Ranger*, obwohl weit weniger Flugzeuge mitgeführt wurden, nämlich nur 50. Während der Rumpf rund 1,80 m breiter war als bei den Kreuzern der *Baltimore*-Klasse (auf die Wasserlinien-Panzerung wurde verzichtet), entsprach die Antriebsanlage derjenigen der Kreuzer, so daß die beiden Träger noch um einen Knoten schneller waren als die *Independence*-Klasse. Beide Einheiten wurden erst nach Kriegsende abgeliefert. Obwohl etwas größer als die ersten CVL, unterlagen sie generell den gleichen räumlichen Beschränkungen. Auch äußerlich ähnelten sich die beiden Klassen sehr.

Als relativ unverbrauchte, vom Kriege verschonte Einheiten boten sich diese Schiffe für Umbauten an, die zu Beginn der 60er Jahre geplant und durchgeführt wurden. Eines der Schiffe fungierte bis 1957 als Schulschiff für Marine-Piloten. Nach vorübergehender Einstufung als Flugzeugtransporter (AVT) wurden beide Schiffe umgebaut, *Wright* 1963 als Führungs- und Hauptquartierschiff mit der Kennung CC-2 (was nichts mit der früheren Kennung für Schlachtkreuzer zu tun hatte), und *Saipan* 1965 – unter Umbenennung in *Arlington* – als Nachrichtenverbindungs- und Relaisschiff (AGMR-2). Panzerung:

Hauptdeck 76 mm

untere Decks 54 mm

CVL-48 Saipan

Kurzlebenslauf

1946	Pilotenschulung in Pensacola.
4/1947	Aktiver Dienst im Atlantik.
12/1947	Beim Erprobungs-Verband „Operational Development Force“.
5/1948	Erste Piloten-Qualifikationen für Strahlflugzeuge; Probeeinsätze neuer Hubschrauber.
1949	Ostküste; zwei Reservisten-Trainingsfahrten nach Kanada, wo auch kanadische Piloten Träger-Qualifikation absolvierten.
3/1951	Wechsel zwischen II. Flotte und VI. Flotte, dabei auch zwei Ausbildungsfahrten für Kadetten.

Schiffselektronik

Radar:

5/1948	SPS-6, SP
1951	SPS-6, SP

Feuerleitung:

1946	geplant: 9 Mk 57 mit FL-Radar Mk 29 Mod. 2 sowie 6 Mk 51 Mod. 3; unbekannt, ob in dieser Weise durchgeführt

Tarnschemata

7/1946	Schema 21

Inselaufbau, Bordkran und vorderes Schornstein-Paar von USS *Saipan* (CVL-48), aufgenommen am 2. Juli 1946 in der Bauwerft in Camden, N. J. Foto: USN

USS *Saipan* (CVL-48), aufgenommen am 6. Mai 1948. Bemerkenswert ist die Ähnlichkeit mit den Schiffen der *Independence*-Klasse. Deutliches Unterscheidungsmerkmal: zwei 40-mm-Flak-Wannen auf dem Vorschiff, nebeneinander aufgestellt, kein Rumpfwulst. Zu dieser Zeit wurde aus Gründen der Stabilität bereits ein Schornstein entfernt.
Foto: USN (Sammlung G. Albrecht)

CVL-49 Wright

Kurzlebenslauf

1947/1948 Ostküste; Piloten-Trainingsfahrten und Reservisten-Schulung.

Schiffselektronik

Radar:
3/1947 SR-4, SP

Feuerleitung:
1947 geplant wie auf *Saipan;* unbekannt, inwieweit so durchgeführt

Einen Monat nach der Indienststellung: USS *Wright* (CVL-49) am 15. 3. 1947 vor Philadelphia. Auf dem achteren Mastausleger sieht man deutlich eine selten geführte Antenne der SR-Reihe, die auf Trägern in wenigen Exemplaren kurz nach dem II. Weltkrieg kurze Zeit lang geführt wurde. Foto: USN

Midway-Klasse (CVB-41)

Der Ursprung der *Midway*-Klasse datiert in das Jahr 1941, als nach der schweren Beschädigung des britischen Flugzeugträgers *Illustrious* deutlich wurde, daß es dieses Schiff nur seiner Flugzeugdeck-Panzerung in Stärke von 76 mm zu verdanken hatte, daß es nach einem Angriff deutscher Stukas Ju 87 nicht gesunken war. Bei der Inspektion des später auf einer amerikanischen Marinewerft instandgesetzten britischen Trägers erkannte man, daß kein amerikanischer Träger – einschließlich der *Essex*-Klasse – solchen Bombentreffern standgehalten haben würde. Auch die Trägerschlachten im Korallenmeer und bei Midway bestätigten die Berechtigung der Forderung nach weit besser gepanzerten Flugzeugträgern, die nicht nur möglich viele Flugzeuge mitführen, sondern auch jeder Art von feindlicher Waffeneinwirkung standhalten sollten. Das Ergebnis solcher Forderungen war der gegenüber der *Essex*-Klasse extrem vergrößerte Typ *Midway*, dessen Planung schnellstens durchgeführt wurde. Bereits im August 1942 folgte der Bauauftrag für das Typschiff. Fast zur gleichen Zeit erfolgte die Suspendierung des Bauprogramms für die fünf Super-Schlachtschiffe der *Montana*-Klasse. Diese Suspendierung folgte der Erkenntnis, daß künftig Flugzeugträger für den Erfolg im Seekrieg entscheidend sein würden und nicht die Schlachtschiffe allein. Angesichts der hierdurch nicht in Anpsruch genommenen Baukapazität beschloß man, gleich sechs große Träger der *Midway*-Klasse zu bauen. Indessen gab es Probleme beim Bau derart langer Schiffe, die aus Sicherheitsgründen nicht auf Stapel gelegt werden konnten, und daher in großen Trockendocks gebaut werden mußten. Diese aber waren damals Mangelware, brauchte man sie doch vor allem für Reparaturzwecke. Die Anzahl der Werften, die so große Schiffe bauen konnten, war begrenzt. Als man dann noch erkannte, wie lang die Bauzeit eines jeden dieser Schiffe sein würde, verzichtete man Ende 1943 auf den Bau von CVB-44 und suspendierte angesichts des nahenden Kriegsendes im März 1945 auch die Konstruktion von CVB-56 und 57, so daß die Klasse auf CVB-41 bis 43 beschränkt blieb. Die beiden ersten Schiffe wurden denn auch innerhalb von 23 Monaten erbaut, während *Coral Sea* infolge der Zurückstufung auf Friedensbetrieb erst nach 39 Monaten Bauzeit übergeben wurde. Die Kombination zwischen der Übergröße, der geforderten Panzerung und einer nicht geringeren Geschwindigkeit als bei den früheren Klassen, machte die Wahl einer wesentlich stärkeren Antriebsanlage notwendig. Mit 212 000 PS erreichte man dann auch 33 kn. Dies war nicht zuletzt der besonders günstigen Unterwasserform des Rumpfes zu verdanken, die der der Schlachtschiffe der *Iowa*-Klasse entsprach. Bis heute gibt es keine amtlich bestätigten Zahlen über die Panzerung des Flugzeugdecks und des Wasserliniengürtels, jedoch wird die Angabe über die Panzerung in der Wasserlinie mit 20,3 cm als korrekt angesehen, während mit einer Flugzeugdeck-Panzerung von mindestens 76 mm gerechnet wird; sie dürfte jedoch eher noch stärker sein.

Infolge des Vorhandenseins der Seitenpanzerung und der Anbringung zusätzlicher Schutzeinrichtungen gegen Torpedotreffer wurden die Rümpfe so breit, daß sie nicht mehr in die Schleusen des Panama-Kanals hineinpaßten. Gegenüber der *Essex*-Klasse gab es weitere deutliche Verbesserungen in der Qualität und in der Anordnung der 12,7-cm-Türme, deren L/54-Rohre weiter schossen als die L/38. Trotz der Erhöhung auf 18 Geschütze – gegenüber 12 bei der *Essex*-Klasse – störte keines der Geschütze mehr den Betrieb auf dem Flugzeugdeck. Mit Ausnahme von drei 40-mm-Nestern und einiger knapp unter dem Niveau des Flugzeugdecks untergebrachter 20-mm-Maschinenflak gab es keine weiteren Geschützstände oberhalb des Deck-Niveaus.

Die lichte Höhe des Hangars beträgt hier 5,3 m. Die eigenwillige Form der unterhalb des Flugzeugdecks entlanglaufenden Galerie, die der Unterbringung der schweren und der leichten Flak sowie der üblichen Geräte diente, erwies sich in den 50er Jahren als sehr günstig, da hierauf die schweren Überhänge des Schräglandedecks abgestützt werden konnten.

Das gepanzerte Flugzeugdeck soll angeblich auf allen drei Schiffen 1947/48 nochmals verstärkt worden sein. Von den drei Aufzügen waren zwei Innenaufzüge. Der dritte war an der Backbordseite angebracht. Die beiden H-IV-Katapulte befanden sich auf dem vorderen Teil des Flugzeugdecks, deren Spur war jedoch damals noch so

schmal, daß sie auf Fotos dieser Schiffe kaum ausgemacht werden konnte.
Bereits zu Beginn ihrer Dienstzeit hatten die drei Schiffe unterschiedliche Bewaffnung aufzuweisen, die sich z. T. aus den Folgen des Kriegsschlusses ergab. Nur *Midway* und *F.D. Roosevelt* wurden mit je 18 12,7-cm-L/54 Kanonen Mk 39 fertiggestellt, während *Coral Sea* nur 14 hatte. Gründe der Gewichts- und Personaleinsparung mögen es gewesen sein, da4 auf *Coral Sea* niemals 40-mm-Vierlinge installiert worden waren und auch nur wenige 20-mm-Maschinenflak. Die beiden ersten Schiffe hatten dagegen 84 40-mm-Flak, d. h. 21 Vierlinge. Von den 82 vorgesehenen 20-mm-Flak waren nur 28 an Bord. Zu den 12,7-cm-Geschützen gehörten zunächst vier FLG Mk 37, so daß nicht alle Geschütze auf einmal elektronisch gesteuert werden konnten. Zur Zeit der Fertigestellung dieser Schiffe gab es noch keine allgemeine Klimatisierung; nach Erinnerung eines früheren Besatzungsmitglieds war nur die Operationszentrale voll klimatisiert. Der Offizier, der hierüber berichtete, sagte auch, daß bei Inanspruchnahme der Hälfte der Kessel das Schiff immerhin 27 kn laufen konnte, wovon sich der Verfasser 25 Jahre später während eines 4tägigen Besuchs auf der *F. D. Roosevelt* erneut überzeugen konnte.
Die Baukosten je Schiff betrugen angeblich zwischen 90 und 100 Mio $. Der passive Schutz und die Lecksicherungskontrolle entsprachen denen auf Schlachtschiffen gleicher Größe. Über die Panzerung gibt es nur inoffizielle Verlautbarungen der gängigen Flottenhandbücher:
Wasserlinie und Hauptschotten 203 mm
Flugzeugdeck und Hauptdeck ?
Geschütztürme und Barbetten bis zu 38 mm

CVB-41 Midway

Kurzlebenslauf

1946	Atlantik; Operationen an der Ostküste.
1947	Erster Abschuß einer deutschen V-2-Waffe von einem Schiff aus.
1947/52	Mehrfacher Wechsel zwischen Ostküste und Mittelmeer.

Schiffselektronik

Radar:

9/1945	SK-2, SX, SR-4
5/1947/50	SX, SR-2

Feuerleitung:

1945	4 Mk 37 mit FL-Radar Mk 12/22 und 6 Mk 57 mit FL-Radar Mk 29 (für 12,7 cm) sowie 8 Mk 57 mit FL-Radar Mk 29 und 12 Mk 63 mit FL-Radar Mk 34 Mod. 2 (für 40 mm)

Tarnschemata

1945	Schema 21

Noch sehr hoch im Wasser liegt hier am 10. September 1945, am Tage der Indienststellung, USS *Midway* (CVB-41) mit dunklem Anstrich nach Muster 21. Bemerkenswert die beiden Backbord-FLG Mk 37, von denen das eine achtern, das andere vor dem Außenaufzug angebracht wurde. Hinter dem mächtigen Schornstein sieht man die Radarantenne SR-4. Beachtenswert sind noch die vier Antennen-Gittermaste.
Foto: USN (Sammlung A. D. Baker)

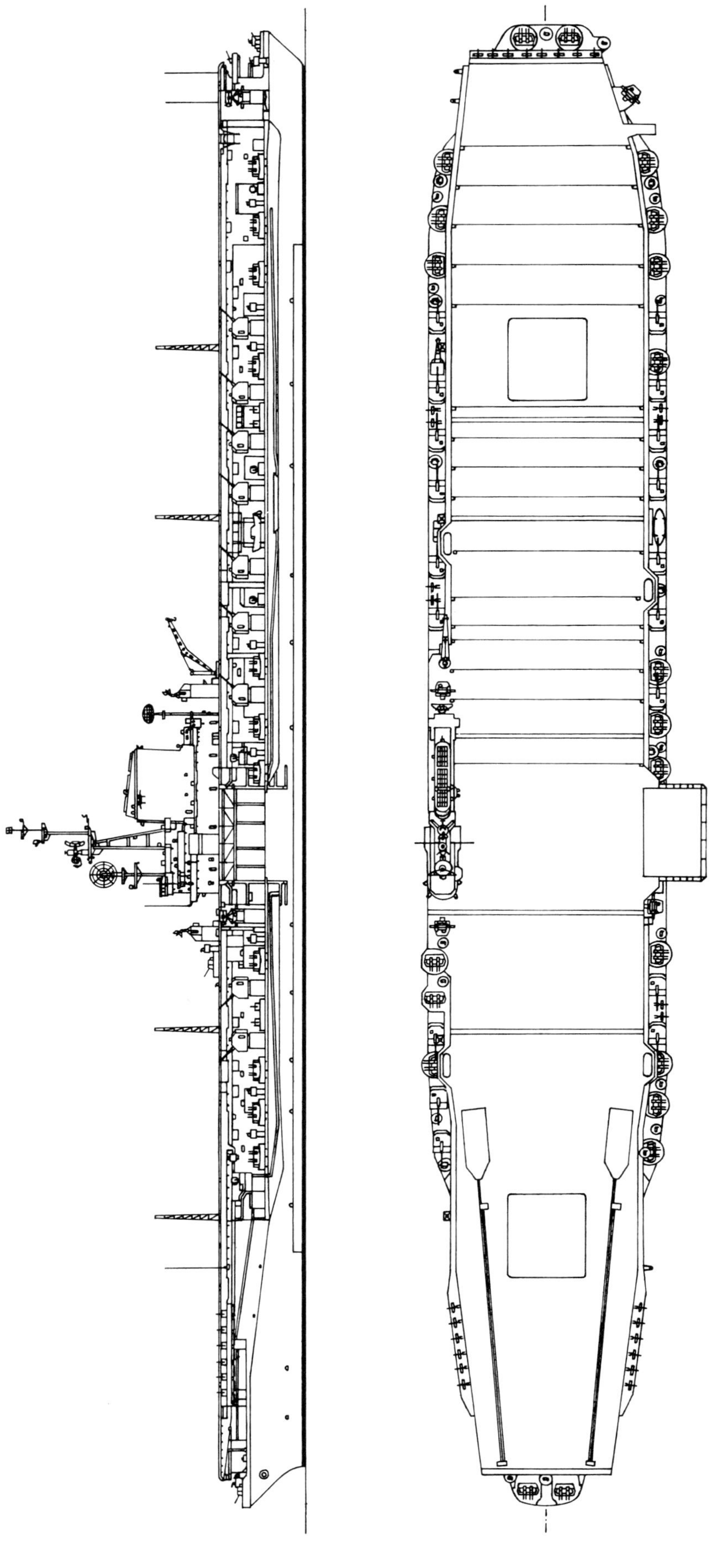

Erstes Aussehen von CVB-41 *Midway* und CVB-42 *F. D. Roosevelt* nach der Fertigstellung 1946. Typische Merkmale: volle Dotierung von 18 12,7-cm-L/54-Kanonen noch kleine Insel. Mk 37 vor und hinter der Insel auf dem Flugdeck, an der Backbordseite zwei weitere Mk-37-Geräte.

Nur 40 Tage später: *Midway* am 20. Oktober 1945 vor Hampton Roads, mit großem Namenszeichen an der Bordwand. Die Brücke ist noch relativ klein, das vordere Mk 37-Gerät befindet sich noch auf dem Flugzeugdeck. *Midway* ist eines der ersten Schiffe, das die Leitantenne für Jagdflugzeuge SX erhalten hat. Die SK-2-Radarantenne befindet sich auf einem gesonderten Mast auf der Insel.

Foto: USN (Sammlung A. D. Baker)

Midway am 12. Mai 1947. Die Brücke wurde zwischenzeitlich vergrößert, das FLG Mk 37 wurde auf die Insel umgesetzt. Große weiße Kenn-Nummer an der Schornstein-Flanke. Beachtenswert ist die imposante Anreihung von neun 12,7-cm-Geschützen des damals neuen Typs Mk 39, die sich beidseits auf dem Niveau des Hangardecks befinden und die recht hohe Barbetten haben. Am und hinter dem Schornstein hängen zahlreiche Rettungsflöße.

Foto: USN (Samlung G. Albrecht)

Am 14. Juli 1950 ist dieses Foto der *Midway* aufgenommen, auf dem einige Veränderungen festgestellt werden können: große Standard-Kenn-Nummer mit Schattenwirkung, nur noch sieben 12,7-cm-Geschütze, FL-Radar Mk 25 auf den FLG Mk 37, keine Bug-40-mm-Vierlinge mehr, SK-2-Radarantenne wurde durch eine andere ersetzt. Foto: USN (Sammlung S. Breyer)

Etwa 1952 wurde diese Aufnahme der *Midway* gemacht, auf der erstmalig 7,6-cm-L/50-Doppelflak an Stelle der 40-mm-Vierlinge festzustellen sind, einschließlich einiger FLG Mk 56. Beides wurde jedoch bereits etwa 2–3 Jahre vorher installiert. Der ursprüngliche Dreibeinmast wurde gegen einen Dreibein-Gittermast ausgetauscht, darauf befinden sich nun SPS-8A-Radar und (auf der Mastspitze) eine TACAN-Antenne. Auf dem Flugzeugdeck sind Strahljäger zu erkennen. Foto: USN (Sammlung G. Albrecht)

Diese am 3. November 1953 gemachte Aufnahme von *Midway* verdeutlicht den wasserabweisenden Abschluß der oberen Bugpartie, eine Art von Vorausmaßnahme, die später zur Einführung des sog. „hurricane bow", der völlig geschlossenen Bugpartie geführt hat. Die beiden vorderen 7,6-cm-Lafetten sind hier allerdings noch der vollen Wucht der schweren Brecher ausgesetzt. Auf dem Mastausleger unterhalb von SPS-8A sieht man die SPS-6-Antenne, vor der Admiralsbrücke ein FLG Mk 56. Foto: USN (Sammlung BfZ)

CVB-42 Franklin D. Roosevelt

Kurzlebenslauf

1946/54	Atlantik; mehrfacher Wechsel zwischen Ostküste und Mittelmeer.

Schiffselektronik

Radar:

1947	SK-2, SX, SR-4
1/1951	2 SPS-6, SX, möglicherweise auch SR-2
1952	2 SPS-6, SPS-8A

Feuerleitung:

1947	wie *Midway* 1945
1949	2 Mk 37 mit FL-Radar Mk 12/22, sonst wie *Midway* 1945
1951	2 Mk 37 mit FL-Radar Mk 25, mehrere Mk 56 sowie etliche kleinere FLG

Tarnschemata

1946	Schema 22 (oder 12 ?)

USS *Franklin D. Roosevelt* (CVB-42), aufgenommen in der Karibischen See im April 1946. Das Aussehen ist hier noch nahezu identisch mit *Midway:* kleinere Insel, noch keine Kenn-Nummer am Schornstein, vor dem abgesenkten Backbordaufzug eines der vier FLG Mk 37. Foto: USN (Sammlung BfZ)

Franklin D. Roosevelt, aufgenommen 1947 vor dem Hafen von Malta. Die Bewaffnung und die Ausrüstung entsprechen immer noch der von *Midway* zum gleichen Zeitpunkt. Bei den auf dem Deck aufgestellten Flugzeugen handelt es sich um F4U, SB2C und um einige TBM. Beachte die Konzentration an 40-mm-Vierlingen auf dem achteren Teil des Seitendecks.
Foto: USN (Sammlung A. D. Baker)

Nur zwei Jahre später, etwa 1949, präsentiert sich *FDR* (wie der Name des Schiffes oft abgekürzt wurde) mit zahlreichen Veränderungen. Jetzt sind nur noch je 7 Kanonen des Kalibers 12,7 cm auf jeder Seite zu finden. Die an der Backbordseite ursprünglich angebrachten FLG Mk 37 sind ausgebaut, ebenso die Antennen-Gittermaste. Die Anzahl der 20-mm-Flak ist reduziert worden, die 40-mm-Flak ist jedoch noch vorhanden. Die Brücke wurde – wie auf *Midway* auch – erweitert und darauf das vordere FLG Mk 37 umgesetzt. Auf dem Schornstein befindet sich die standardisierte Kenn-Nummer mit Schattenwirkung. Die Radarantenne SK-2 wurde ersetzt. Foto: USN (Sammlung BfZ)

◀ Mittschiffs-Details von *F. D. Roosevelt*, ebenfalls 1947 aufgenommen. Bemerkenswert sind hier: die zahlreichen 12,7-cm-Kanonen Mk 39, der breite, dünne Schornstein mit der noch nicht dem späteren Standard entsprechenden Kenn-Nummer, drei der vier Gittermaste und die Radarausrüstung. Zu erkennen sind: SK-2 auf dem Radarmast über der Brücke, SX auf dem Dreibeinmast, YE auf der Mastspitze, SR-4 hinter dem Schornstein sowie FL-Radar Mk 12/22 auf den beiden hier sichtbaren Mk 37-Geräten. Foto: Sammlung BfZ

FDR am 10. Januar 1951. SX-Radar ist noch vorhanden, die beiden anderen älteren Antennen wurden durch je eine des neuen Typs SPS-6 ersetzt. Auf den FLG Mk 37 findet man jetzt FL-Radar Mk 25 als Rundantenne. An Stelle eines jeden der 18 ausgebauten 40-mm-Vierlinge wurde eine 7,6-cm-L/50-Doppellafette aufgestellt. Nur noch zehn 20-mm-Flak sind vorhanden. Die provisorische Teilverkleidung der Bugpartie folgte erst 1954. Auf dem Flugzeugdeck befinden sich u. a. F9F-Jagdmaschinen, noch dem früheren Panther-Modell angehörend. Sie führen den damals unüblichen Zweifarbenanstrich. Foto: USN (Sammlung BfZ)

CVB-43 Coral Sea

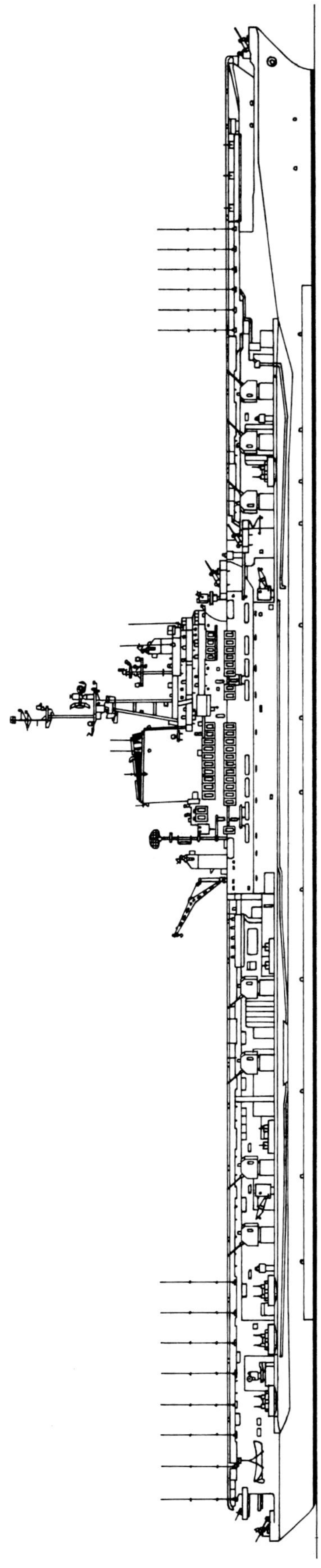

Kurzlebenslauf

1947	Atlantik
1948/56	Mehrfacher Wechsel zwischen Ostküste und Mittelmeer

Schiffselektronik

Radar:

12/1947	SX, SR-4
7/1953	SK-2, SPS-6, SX
1954	SK-2, SPS-6, SPS-8A
4/1957	SK-2, SPS-6, SPS-8A, SPS-4

Feuerleitung:

1947	2 Mk 37 mit FL-Radar Mk 12/22, ansonsten nicht bekannt
1949/57	2 Mk 37 mit FL-Radar Mk 25, mehrere Mk 56

Zur Zeit der Fertigstellung nach dem Ende des Zweiten Weltkrieges unterschied sich CVB-43 *Coral Sea* in manchen Dingen von den beiden Schwesterschiffen. Nur 14 Kanonen des Kalibers 12,7-cm-L/54, zunächst keine leichte Flak, die Radarantenne SK-2 fehlt und die Insel ist größer.

Breitseitansicht von CVB-43 *Coral Sea*, aufgenommen am 3. Dezember 1947. Angesichts des herannahenden Kriegsendes und der deswegen allmählich reduzierten Werftkapazitäten war letztlich die Bauzeit dieses Schiffes doch länger als die der beiden Schwesterschiffe. *Coral Sea* unterschied sich in mancher Hinsicht von CVB-41/42. Es waren von vornherein nur vierzehn 12,7-cm-Geschütze Mk 39 vorhanden und vierzehn 20-mm-Zwillingsflak. Das Schiff wurde sofort mit der vergrößerten Insel fertiggestellt. Erst im Mai 1949 kamen 7,6-cm-L/50-Doppelflak an Bord. Die Radarantenne SK-2 kann hier nicht festgestellt werden.
Foto: USN (Sammlung BfZ)

Auch diese am 25. Juli 1948 gemachte Aufnahme zeigt *Coral Sea* noch ohne SK-2-Radar. Die Bugpartie ist provisorisch gegen Wellen-Einwirkung verkleidet. Immer noch führt das Schiff die große weiße Kenn-Nummer am Schornstein.
Foto: USN (Sammlung A. D. Baker)

Coral Sea mit Flaggen-Gala im Jahre 1949. Deutlich sichtbar sind nun die vorderen 7,6-cm-Zwillinge und die provisorische Bug-Verkleidung. Standard-Kenn-Nummer befindet sich auf dem Schornstein. FL-Radar Mk 25 ersetzte inzwischen Mk 12/22 auf den Mk 37-Geräten. Nicht alle 7,6-cm-Flak scheinen radargesteuert zu sein.
Foto: USN

Diese schöne Breitseitaufnahme stammt aus dem Jahre 1954 und zeigt wieder diverse Veränderungen: endlich wurde SK-2 an den achteren Rand der Insel gesetzt. An Stelle von SX findet man jetzt SPS-8A und darunter SPS-6; auf der zweitobersten Mastplattform befindet sich SPS-4. Vor der Brücke ist ein FLG Mk 56 erkennbar. Foto: Real Photographs

Unmittelbar vor dem großen Umbau: *Coral Sea* als „Automobil-Träger" auf dem Wege zur Marinewerft Puget Sound, aufgenommen am 15. April 1957. Zu diesem Zeitpunkt hatte das Schiff sechzehn 7,6-cm-Zwillinge, davon zehn an der Backbordseite. Nunmehr findet man TACAN an der Mastspitze. Der Backbord-Aufzug ist in der unteren Position, das Rolltor des Hangars ist geschlossen. Beachtenswert ist der Abrieb des Flugzeugdeck-Anstrichs durch die Bremsseile und die Landehaken der Flugzeuge.
Foto: USN (Sammlung A. D. Baker)

Schulträger Wolverine (IX-64) und Sable (IX-81)

Nachdem das Flugzeug als eines der wichtigsten Kampfmittel des Seekrieges erkannt und eingeführt worden war, mußten ausreichende Vorkehrungen für eine solide, praxisnahe Schulung der Piloten und Beobachter getroffen werden. Der Zuwachs an neuen Flugzeugträgern ab 1943 signalisierte den erforderlichen Bedarf an Flugzeugbesatzungen. Daß die amerikanische Trägerwaffe während des II. Weltkrieges ihre bekannten Erfolge erzielen konnte, verdankt sie nicht allein der Qualität ihrer Schiffe und Flugzeuge, sondern in erster Linie der Tapferkeit und der soliden Ausbildung ihrer Flugzeugbesatzungen. Ein wichtiger und unumgänglicher Teil dieser Ausbildung waren die Starts und Landungen auf den relativ kurzen Träger-Plattformen. Damals wie heute gleichen Haken-Landungen mit einer relativ hohen Anfluggeschwindigkeit auf einer nur 60 bis 80 m langen Landebahn eher einem kontrollierten Absturz. Dies mußte für den Ernstfall ausgiebig geübt werden, wofür andererseits keine geeigneten Schiffe zur Verfügung standen. Alle alten und neuen Flugzeugträger wurden dringend für den Kampfeinsatz benötigt. Da die Werften mit Neubauaufträgen restlos eingedeckt waren, bestand keine Hoffnung, jemals zu einem neuen Schulträger zu kommen. Was blieb, war die Möglichkeit des Umbaus vorhandener, hierfür halbwegs geeigneter Schiffe. Die durch das Kriegsgeschehen gefährdeten Seegebiete an der Atlantik- und Pazifikküste eigneten sich außerdem kaum für eine ungehinderte Piloten-Bordausbildung. Dies waren die Gründe dafür, daß letztlich diese Ausbildung in das Gebiet der Großen Seen im Norden der Vereinigten Staaten verlegt wurde, und daß dort zwei recht betagte Ausflugsdampfer mit Seitenradantrieb zu Schul-Trägern umgebaut wurden. Es handelte sich dabei um

- *Seeandbee*, der 1912 bei Detroit Shipbuilding vom Stapel lief, in *Wolverine* umbenannt wurde und nach der Klassifizierung als IX-64 (sonst. Hilfsfahrzeuge) am 12. August 1942 in Dienst kam, sowie
- *Greater Buffalo*, der 1923 bei American Shipbuilding in Lorain, Ohio, vom Stapel lief, in *Sable* umbenannt wurde und als IX-81 am 8. März 1943 in Dienst kam.

Nach Entfernung der alten Aufbauten wurde über dem Rumpf ein 152,5 bzw. 163,2 m langes Flugzeugdeck errichtet, auf dem sich an der Steuerbordseite eine kleine Insel befand. Die Rauchgase wurden durch hinter der Insel befindliche zwei bzw. vier Schornsteine geleitet. Es gab weder einen Hangar noch Aufzüge oder Katapulte, lediglich eine Bremsseilanlage für die Landungen. Allerdings war auf *Sable* das Flugzeugdeck aus Stahl; übrigens das erste amerikanische stählerne Landedeck. Das Flugzeugdeck befand sich bei diesen Schiffen recht niedrig über dem Wasser, so daß die Piloten beim Start äußerste Sorgfalt anwenden mußten, um nicht zu tief durchzusacken und „kalte Füße" zu kriegen oder gar „unterzutauchen". Die beiden Schiffe stellten reine Übungs-Plattformen dar und es bestand keine Möglichkeit, die gelandeten Flugzeuge an Deck abzustellen. Die Schulflugzeuge waren stets an Land stationiert. Sie starteten dort, landeten auf dem Schulträger, verweilten dort nur kurz, starteten wieder mit eigener Kraft, d. h. ohne Katapulthilfe, und verbrachten die Nacht auf dem Landstützpunkt. Das beständige Üben unter so primitiven Verhältnissen zeitigte gute Resultate und zahlte sich beim späteren Einsatz auf den großen Trägern aus.

Auf den beiden Schiffen wurde zusätzlich auch das Deckspersonal geschult, bevor es unter weit schwereren Bedingungen auf den aktiven Trägern ihren außerordentlich schweren Dienst antrat.

Technische Angaben

	IX-64 Wolverine	IX-81 Sable
Wasserverdrängung (Standard)	7200 ts	8000 ts
Abmessungen Flugdeck	152,4 × 17,8 m	163,2 × 17,7 m
Breite über den Radkästen	30,0 m	28,1 m
Tiefgang	4,7 m	4,7 m
Antriebsanlage	4 Kessel für Kohlenfeuerung Schaufelräder 8000 PS	dito 10 500 PS
Geschwindigkeit	16 kn	18 kn
Besatzung		300

Unikum bei der Pilotenausbildung war neben seinem nicht ganz gleich aussehenden Schwesterschiff der Schulträger *Wolverine* (IX-64), der als Hilfsschiff geführt wurde. Beeindruckend ist die Qualmentwicklung des alten Raddampfers. Lande- und Startfläche nach vorn und achtern verlängert.
Foto: Buffalo Police Dept. (Sammlung BfZ)

Diese Nahaufnahme verdeutlicht die Größenverhältnisse auf der *Wolverine*, deren einzige Aufgabe darin bestand, als Lande- und Startplattform für auf dem Festland stationierte Schulmaschinen zu dienen. Beachtenswert ist die Verbreiterung der oberen Rumpfpartie zum Radkasten hin sowie die primitive Anlage zur Ausleuchtung des Flugzeugdecks.
Foto: Buffalo Police Dept. (Sammlung BfZ)

Sable (IX-81), deren Rauchabzüge zu zwei Schornsteinmänteln zusammengefaßt waren, war beim Umbau durch die Navy bereits 18 Jahre alt. Ganz rechts im Bild sieht man gerade noch den etwas wettergeschützten Stand des Landesignaloffiziers. Die beiden vor der kleinen Insel befindlichen Ausleger dienten der raumsparenden Aufstellung von bereits gelandeten Flugzeugen. Das Schiff hatte Bremsseile. Foto: USN

Flugzeugträger ab 1950

Der Anfang des Jahres 1950 kann für die U.S.-Seeluftwaffe als eine Wendemarke angesehen werden. Diese im II. Weltkrieg so mächtig gewordene Waffe wurde zum größten Teil auf das damals als notwendig erachtete Mindestmaß reduziert. Die meisten Träger des *Essex-* und der *Independence*-Klasse wurden zur Reserveflotte verlegt und konserviert. Der nominelle Gesamtbestand an aktiven Trägern belief sich am 1. Juli 1950 auf 14, jedoch war die Sortierung recht bunt:
3 CVB der *Midway*-Klasse (CVB-41, 42 und 43)
4 CV der *Essex*-Klasse (CV-21, 32, 45 und 47)
3 CVL (28, 48 und 49)
4 CVE (Geleitflugzeugträger)
Im Atlantik befanden sich die drei CVB und CV-32 *Leyte;* sie alle operierten zeitweilig auch im Mittelmeerraum. CVL *Cabot* war als Schulträger eingesetzt und *Bataan* wurde gerade für die Spezialaufgaben der U-Jagd modifiziert. *Saipan* hatte nur U-Jagdstaffeln an Bord und *Wright* betätigte sich als Versuchsträger. Hinzu kamen noch CVE-120 *Mindoro* und CVE-122 *Palau,* wobei *Mindoro* zeitweilig nebenbei als Tender für „Blimps"-Flugschiffe fungierte.
Im Pazifik befanden sich die neueren CV *Boxer, Valley Forge* und *Philippine Sea,* sowie die beiden Geleitträger CVE-116 *Badoeng Strait* und CVE-118 *Sicily.*
Das war die Situation vor Ausbruch des Korea-Krieges. Aus der Retrospektive erscheint das Jahr 1950 wie ein Jahr des tiefen Luftholens. Der Tiefstand in der Stärke der Seeluftwaffe darf nicht darüber hinwegtäuschen, daß an ihrer künftigen Gestalt hart gearbeitet wurde. Der Beginn des Korea-Krieges im Jahre 1950 war nur der Beginn des Aufschwungs der Seeluftwaffe in den danach folgenden 36 Jahren. Die von den U.S.-Flugzeugträgern gestarteten Flugzeuge und Hubschrauber waren die ersten im Korea-Einsatz; insgesamt kommen mehr als 30% aller Flugeinsätze auf ihr Konto. In Korea wurde erstmals klar, daß die Vereinigten Staaten nach dem II. Weltkrieg die Rolle des Welt-Polizisten übernehmen wollten, wobei der Flotte und somit der Seeluftwaffe stets eine wichtige Rolle zugedacht war.
Die Entwicklung der bordgestützten Seeluftwaffe war nach dem II. Weltkrieg, insbesondere seit 1950, so stürmisch und vielseitig, daß sie hier nur stichpunktartig angedeutet werden kann.

- ☐ Die Modernisierung der älteren Träger der *Essex*-Klasse im Rahmen der Maßnahmen SCB-27A bzw. 27C und – später – durch SCB-125 wurde bereits Ende der 40er Jahre auf dem Reißbrett geplant. Die ersten Umbauten fallen genau so in das Jahr 1950, wie die Fertigstellung von CV-34 *Oriskany* gemäß SCB-27A.
- ☐ Der Bau des ersten Superträgers *United States* (CVA-58) wird zwar bereits im April 1949 aus finanziellen Gründen abgebrochen, aber die Geburtsstunde der Superträger, die bis zu 100 der neuen, viel schnelleren und schwereren Strahlflugzeuge aufnehmen sollten, hat geschlagen. *Forrestal* (CVB-59) war der Anfang; alle danach folgenden Träger waren jeweils noch schwerer.
- ☐ In der Zusammensetzung der Bordgeschwader werden einschneidende Veränderungen deutlich. Torpedoflugzeuge (VT) werden nicht mehr eingesetzt, die Abkürzung VT wird viel später den Schulstaffeln zugeordnet. Aus den VB-Staffeln werden Jagdbomberstaffeln (VA). Die Abkürzung VS verschwindet, um einige Jahre später als Bezeichnung für U-Jagd-Flugzeugstaffeln wieder aufzuerstehen.
- ☐ Die zunehmende Einführung von Strahlflugzeugen mit ihren größeren Start- und Landegeschwindigkeiten und weit größeren Gewichten stellen neue Anforderungen an Flugzeugdecks, Katapulte und Bremsseilvorrichtungen sowie Aufzüge. Mit der gleichzeitigen stufenweisen Verminderung der Propellermaschinen sinkt die Gefahr von Benzinbränden.
- ☐ Die Einführung des Schräglandedecks und des Landespiegels – beides britische Erfindungen – bringen neue Dimensionen für den Start- und Landebetrieb.
- ☐ Vor dem Aufbau der Flotte von strategischen Unterseeschiffen (SSBN), der 1958 allmählich zur Auswirkung kam, rangierte die nuklearstrategische Komponente der Trägerflugzeuge an erster Stelle. Zum Transport von Atombomben mußten schwere Bomber geschaffen werden, deren Abfluggewicht bereits bei ca. 24 t lag; es war damit viermal so hoch wie das Gewicht der im II. Weltkrieg eingesetzten Maschinen. Der neue Staffeltyp VAH entstand aus der Zusammenfassung dieser Bomber.
- ☐ Die fortgeschrittene U-Boot-Technologie (lan-

ge Tauchzeiten, hohe Unterwassergeschwindigkeiten, Lenkwaffen-Kapazität) sowie das bedrohliche Anwachsen der sowjetischen U-Boot-Flotte machen die Schaffung von speziell für die U-Jagd ausgerüsteten schnellen Trägerverbänden notwendig.
Es entstehen hierbei:
der U-Jagd-Flugzeugträger (CVS)
die U-Jagd-Flugzeuge (VS)
die U-Jagd-Hubschrauber (HS) und als Verband
die „ASW Group", anfangs noch als „Hunter-Killer Group" bezeichnet.

- ☐ Die Bordhubschrauber werden leistungsfähiger und gewinnen an Zahl und Einsatzmöglichkeiten. Neben U-Jagd- und Rettungsaufgaben sowie Versorgungs-Flügen übernehmen sie zunehmend Lufttransportaufgaben für das Marine Corps. Im Zusammenhang damit entstehen neue, ebenfalls trägerartige Schiffe, die Hubschrauberträger (LPH), die jedoch nicht mehr der Seeluftwaffe angehören, sondern den Amphibischen Streitkräften. In den ersten zehn Jahren helfen drei Träger des Typs *Essex* aus. Bereits in den ersten Nachkriegsjahren löst der Hubschrauber die Schwimmer-Aufklärungsflugzeuge auf den Schlachtschiffen und Kreuzern ab. Beginnend mit den 70er Jahren fungiert der Hubschrauber zunehmend auch als verlängerter Arm der Zerstörer und Fregatten und übernimmt weitere mannigfaltige Aufgaben (Lenkwaffen-Relaisstation, ECM-Aufgaben, Radarwarnung usw.)
- ☐ Die Radarortung nimmt noch mehr an Bedeutung zu. Schiffe, aber auch Flugzeuge erhalten immer bessere und weiter reichende Anlagen. Aus der Zusammenfassung der Radar-Frühwarnmaschinen entstehen VAW-Staffeln, die von nun an jeder Träger mitführt.
- ☐ Im Gegenzug muß die gegnerische Radarortung gestört und deren Störungsmaßnahmen neutralisiert werden. Dies führt zur Schaffung von ECM/ECCM-Flugzeugen (VAQ).
- ☐ Der visuellen Foto-Aufklärung kommt trotz Verwendung elektronischer Anlagen nach wie vor große Bedeutung zu. RA-5C Fernaufklärer übernehmen diese Aufgaben von den Superträgern aus, die kleineren RF-8A/G von kleineren Trägern aus.
- ☐ Unter der Berücksichtigung des Zugangs all der vorstehend aufgeführten Spezialmaschinen verändert sich die Zusammensetzung des Bordgeschwaders (seit 1963 als CVW abgekürzt) im Vergleich zur „Air Group" des II. Weltkrieges beträchtlich.
- ☐ Die Einführung von Schiff/Luft-Lenkwaffensystemen (SAM) bei der Flotte bewirkt eine Revolution bei der Bewaffnung allgemein und hat direkten Einfluß auf die Gliederung der „Carrier Task Forces", wie auch auf die künftige Bewaffnung der Flugzeugträger selbst.
- ☐ Kaum jemals vorher geahnte Einsatzmöglichkeiten ergeben sich ab 1961 mit der Einführung des Nuklearantriebs auf Flugzeugträgern und deren großen Begleitschiffen.

Bis zu Mitte der 60er Jahre erfährt die Seeluftwaffe einen enormen Auftrieb durch den Zugang neuer Superträger und zahlreicher neuer Flugzeugtypen. Dann aber wird sie erneut gezwungen, im Kriegseinsatz ihre Qualitäten unter Beweis zu stellen. Sie tut dies mit großem Erfolg, erleidet aber schmerzliche Verluste an Menschen und Maschinen. Auch im Einsatz vor der Vietnam-Küste stellt der Flugzeugträger seine Vielseitigkeit unter Beweis. Nach Jahren des zermürbenden Einsatzes in einem „schmutzigen" Krieg, der nicht gewonnen werden kann, weil der Einsatz der letzten (nuklearen) Mittel ausgeschlossen bleiben muß, ist auch für die U.S. Navy die Welt nunmehr anders geworden.

- ☐ Die im Kriege verlorengegangenen Maschinen müssen ersetzt werden.
- ☐ Die finanzielle Auszehrung der Vereinigten Staaten infolge der enormen für den Vietnamkrieg getätigten Ausgaben und der Inflation bewirkt, daß unter anderem ernsthaft an die Verkleinerung der Trägerflotte gedacht werden muß.
- ☐ Unter dem Vorwand einer ungenügenden Kostenwirksamkeit werden nacheinander bis 1974 die für die Weiten der Ozeane so dringend benötigten CVS-Träger abgeschafft.
- ☐ Ersatzweise dafür wird das sogenannte „CV-Konzept" eingeführt, eine Verlegenheitslösung, bei der Vorteile für einen bestimmten Trägerverband (gleichzeitige Präsenz von sowohl taktischen als auch von U-Jagd-Maschinen) durch die Nachteile des Fehlens von ausreichend Flugzeugträgern für beide Bereiche zunichte gemacht werden. Zum Vergleich: die U.S. Navy verfügt
  1965 über 15 CVA und 9 CVS = 24 Flugzeugträger
  1978 über 13 CV/CVN = 13 Flugzeugträger
  Die angestrebte Endzahl von nur 12 CV/CVN stellt das absolut notwendige Minimum in Friedenszeiten dar. Beim Vorhandensein von 24 Flugzeugträgern gab es 1962 keine Probleme, eine wirksame Blockade Kubas durchzuführen. Ab 1965 war die Zahl von 15 CVA zu gering, um den Bedürfnissen des Vietnamkrieges zu genügen. Zwei CVS mußten zeitweilig als „Aushilfs-CVA" abkommandiert werden. Über lange Zeit ging zusätzlich ein CVA von der Ostküste zur VII. Flotte in den Westpazifik.

- ☐ Unglücksfälle, wie die auf *Forrestal*, *Enterprise* und *Oriskany* mußten überbrückt werden. Mit 12 aktiven CV/CVN kann zusätzlichen Weltkrisen nicht entgegengetreten werden. Die Initiative von politisch-strategischen Handlungen des potentiellen Gegners wird durch den Mangel an ausreichend Flugzeugträgern begünstigt.
- ☐ Die absoluten Vorteile von nuklear angetriebenen Trägern sind offensichtlich, und der Navy gelingt es immer wieder, den Kongreß von der Notwendigkeit der Beschaffung von Trägern der *Nimitz*-Klasse zu überzeugen. Die Kosten für diese Beschaffung werden jedoch mit der Zeit so hoch, daß bis etwa 1988 für nur eine einzige Flugzeugplattform über 3 Milliarden $ auszugeben sind.
- ☐ Die Atombomben, die trotz des Vorhandenseins von strategischen U-Schiffen auf den Trägern immer noch mitgeführt werden, sind kleiner geworden. Sie können nun auch durch die A-6 oder A-7 transportiert und ins Ziel gebracht werden. Die schweren Bord-Bomber werden nicht mehr benötigt. Wegen Überalterung wurden die ersten RA-5C ab 1977 von den Superträgern abgezogen und in ausreichendem Maße durch die alte RF-8G ersetzt.

- ☐ Nach nur sehr mäßiger Bewährung des Senkrechtstarters AV-8A bei einigen Staffeln des Marine Corps betreibt die Navy die Entwicklung eigener Senkrechtstarter; diese Entwicklung wird aber noch recht lange dauern. Die AV-8B Harrier II erwies sich als wesentlich besser als die AV-8A.
- ☐ All dies resultiert im Wunsch und im Versuch, anstelle der teuren CVN nun etwas preiswertere, d. h. kleinere und weniger leistungsstarke CV zu bauen. Aber selbst diese würden angesichts der hohen Entwicklungskosten zu teuer sein.
- ☐ Ende 1977 bestand immer noch absolute Unsicherheit bezüglich der künftigen Flugzeugträger-Baupolitik. Es gab aber nach wie vor eine starke Anhängerschaft – sowohl im Kongreß als auch insbesondere bei der Navy – für den Bau von Atomträgern.
- ☐ Unabhängig davon versucht die Navy, die bei der U-Jagd fehlenden CVS wenigstens zum Teil zu ersetzen. Dies geschieht dadurch, daß die Reichweite der landgebundenen Fernaufklärer (P-3C Orion) nochmals vergrößert wurde, und die seit dem Ende des Vietnam-Krieges arbeitslos gewordenen B-52-Bomber des Strategischen Luftkommandos an der Seeüberwachung beteiligt werden.
- ☐ Sichtliche Vorteile sind nach der Einführung der F-14 und der F/A-18 zu verzeichnen.

Waffen

Erfahrungen aus dem Kriegseinsatz und die Fortschritte in der Waffen- und Flugzeugtechnologie wirkten sich in der Zeit nach dem II. Weltkrieg auf Art und Umfang der Bewaffnung von Flugzeugträgern aus. Ältere, im Kriege erprobte Rohrwaffen wurden gegen neuere ersetzt oder ersatzlos entfernt. Die Einführung von Schiff/Luft-Lenkwaffen brachte neue Dimensionen mit sich und beeinflußte ab Ende der 50er Jahre auch die Zusammensetzung der Trägergruppen, weil nun Lenkwaffenschiffe in größerer Anzahl zur Flotte kamen und die Hauptlast der Verteidigung von Flugzeugträgern gegen schnelle gegnerische Flugzeugverbände übernahmen. Die Euphorie, die noch bei der Einführung der – nota bene beträchtlich teureren – Lenkwaffenanlagen ausbrach, führte zu einer vorübergehenden, aber immerhin einige Jahre währenden Ächtung jeglicher Rohrwaffen. Das ging soweit, daß das damals größte Kriegsschiff der Welt, CVAN-65 *Enterprise* viele Jahre lang ohne jegliche Bewaffnung fuhr, wodurch es ihm unmöglich war, sich auch nur gegen Angriffe der kleinsten Schnellboote zu erwehren.

Das 12,7-cm-L/38-Geschütz blieb Bordwaffe der *Essex*-Klasse bis in die 70er Jahre, jedoch wurde nach den Modernisierungsmaßnahmen SCB-27A und 27C sowie im weiteren Verlauf der Jahre die Anzahl der Einzellafetten von 7 bis 8 auf nur 2 bis 4 reduziert. Die 12,7-cm-Doppeltürme verschwanden von den Trägern mit der Streichung der AVT und der drei LPH der *Boxer*-Klasse zu Beginn der 70er Jahre.

Auch die Anzahl der 12,7-cm-L/54-Geschütze Mk 39 auf der *Midway*-Klasse wurde während der langen Dienstjahre immer wieder reduziert. Von den ursprünglich insgesamt vorhandenen 50 Einzeltürmen sind 1978 noch 6 vorhanden. Ein Teil der entfernten Geschütze wurde an die „Maritime Self-Defense Force“, die neue japanische Marine abgegeben, die damit ihre ersten Nachkriegszerstörer ausrüstete.

Die 40-mm-Bofors-Vierlinge blieben – z. T. in der Anzahl reduziert – auf Trägern der *Midway*- und *Essex*-Klasse bis zum Ende der 40er Jahre; auf den wenigen CVL blieben diese, wie auch die 40-mm-Zwillinge, noch länger an Bord. Der spanische LPH *Dédalo (ex Cabot)* führt sie heute noch. Für die U.S. Navy brachte das Ende des II. Weltkrieges die Erkenntnis, daß auch das massierte Feuer der 40-mm- und 20-mm-Maschinenflak – bei aller Würdigung der einzelnen hohen Abschußzahlen – nich ausgereicht hat, um *alle* japanischen „Kamikaze“-Flugzeuge zum Absturz zu bringen, *bevor* sie sich auf die amerikanischen Schiffe stürzen konnten. Die Folge dieser Tatsache waren zahlreiche z.T. sehr schwere Beschädigun-

gen, vor allem unter den Flugzeugträgern. Die Konsequenz sah man in der Schaffung eines relativ schnell feuernden Geschützes vom Kaliber 7,6 cm, das Geschosse mit Annäherungszünder verfeuerte.
Die 20-mm-Oerlikon wurde zwar noch auf *Midway* und *Roosevelt* installiert, verschwand dann aber sehr bald von allen Trägern. Unbeschadet dessen hatte CV-34 *Oriskany* bei Fertigstellung 1950 immer noch 20-mm-Flak an Bord.
Bereits 1945 setzten die Entwicklungsarbeiten für das

Mehrzweckgeschütz 7,6 cm L/50
ein, dessen Schußweite bei 45° Rohrerhöhung 13,5 km betrug und die Schußhöhe bei 85° 10,6 km. Von diesem Geschütz sind mehrere Ausführungen frontreif geworden; auf Flugzeugträgern kamen jedoch nur die Doppellafetten Mk 22 zum Einsatz, wo sie ab etwa 1950 die 40-mm-Flak ersetzten. Zunächst ersetzte jeder 7,6-cm-Zwilling einen 40-mm-Vierling, und zwar auf den Trägern der *Midway*-Klasse und auf den modernisierten *Essex*-Trägern. Die nicht modernisierten Träger der *Essex*-Klasse, auch die späteren LPH also, erhielten keine 7,6-cm-Geschütze. Von den leichten Trägern erhielt nur *Saipan* vier Doppellafetten während seines Umbaus als Nachrichtenverbindungsschiff *Arlington.* Keiner der Superträger ab *Forrestal*-Klasse hatte jemals 7,6-cm-Geschütze an Bord. Aus Gewichtsgründen wurden nur wenige Jahre nach der Einführung die 7,6-cm-Geschütze zahlenmäßig stufenweise reduziert. Dies geschah zunächst vor allem während der SCB-125/125A-Umbaumaßnahme, bzw. während SCB-110/110A. Mit der Zunahme der Einführung von Lenkwaffen auf Begleitschiffen wurden die 7,6-cm-Geschütze letztlich ganz entfernt, die entsprechenden Geschützwannen ausgebaut. Außer der 7,6 cm L/50 wurde nach dem II. Weltkrieg nur noch ein neuer Geschütztyp auf Trägern der U.S. Navy eingeführt. Es war dies das

12,7-cm-L/54-Mk 42-Schnellfeuer-Mehrzweckgeschützt
und zwar als vollautomatischer Einzelturm. Das Geschütz hat eine Schußweite von 23,7 km bei 47° Rohrerhöhung und eine Schußhöhe von 14,8 km bei 85° Rohrerhöhung. Je acht dieser Geschütze wurden auf den vier Trägern der *Forrestal*-Klasse installiert, jedoch wurden bereits zu Beginn der 60er Jahre die vier jeweils vorderen Türme ausgebaut und die dazugehörigen schweren Plattformen (mit Ausnahme derer auf der *Ranger*) entfernt. Beginnend 1976 mit *Forrestal* wurden dann nacheinander auch die achteren Türme ausgebaut und durch einen bis drei BPDMS-Starter ersetzt. Bis zum Jahre 1978 hatte nur noch *Ranger* achtern zwei 12,7-cm-Türme.

Der Eintritt in das Zeitalter der Lenkwaffen verschonte auch die Flugzeugträger nicht. So waren etwa in der Mitte der 50er Jahre mehrere Kreuzer und Flugzeugträger zum Abschuß der Mittelstrecken-Rakete Regulus I eingerichtet, die jedoch nicht direkt als Abwehrwaffe gegen feindliche Schiffe oder Flugzeuge anzusehen war.
Dies dagegen war der Fall bei der Einplanung von je zwei Anlagen zum Starten von Terrier-Flugkörpern zur Eigenabwehr gegen Flugzeuge auf Entfernung bis etwa 20 Meilen. Ab *Kitty Hawk* (CVA-63) *sollten* alle nachfolgenden Träger mit Lenkwaffen ausgerüstet werden. Wirtschaftliche Überlegungen führten jedoch zur Konzeption, nach der die gesamte Flugzeugabwehr den Bordflugzeugen und den begleitenden Schiffen anvertraut wurde. So befanden sich Terrier-Starter Mk 10 nur auf CV-63, 64 und 66, während *Enterprise* – obwohl dafür vorgesehen – keine Lenkwaffenanlage erhielt, aus Gründen der Kostensenkung, wie es hieß. Für CVA-67 *John F. Kennedy* war dann die Installation von zwei Tartar-Lenkwaffenanlagen vorgesehen, aber auch dieser Einbau entfiel aus Kostengründen. Diejenigen Superträger, die keine Lenkwaffenanlage der vorgenannten beiden Systeme an Bord hatten, erhielt ab etwa 1968 zögernd einen bis drei

BPDMS-Nahabwehrbereichs-Starter Mk 25 und Mk 29 für Sea-Sparrow-Flugkörper
die aus den acht Zellen des kastenartigen Starters verschossen werden können. Eine unmittelbare vollautomatische Nachladung des Werfers ist hier nicht möglich. Mit dem Sea-Sparrow-Flugkörper sollen tieffliegende Luftziele, also Flugzeuge und auch gegnerische Flugkörper sowie angeblich auch Seeziele auf eine Entfernung von bis zu 12 Meilen wirksam bekämpft werden können. Ab 1977 wurden auf CV-63, 64 und 66 die beiden Terrier-Anlagen gegen IPDMS-Starter Mk 29 (NATO-Sea-Sparrow) ausgetauscht.
Damit erschöpft sich der Vorrat an Waffen, die auf Flugzeugträgern eingesetzt waren bzw. noch sind. Es ist z. Zt. nicht bekannt, daß neue Waffen für diese Schiffsgattung entwickelt werden. Die 20-mm-Schnellfeueranlage Phalanx, mit deren Auslieferung ab 1980 begonnen wurde und mit der ebenfalls gegnerische Flugkörper kurz vor der Erreichung des eigenen Schiffes noch zum Absturz gebracht werden sollen, wurde bis 1986 auf allen Flugzeugträgern installiert.

20-mm-Gatling-Anlage Phalanx Mk 15
Schnellfeuernde, 6-rohrige Geschützanlage zur Abwehr von ankommenden Flugkörpern und tief anfliegenden Flugzeugen sowie von Schnellbooten. Einführung auf Flugzeugträgern ab 1980. Die Geschützanlage verfügt über ein eigenes Such- und Feuerleitradar.

Schiffs-Elektronik

In der Zeit nach dem Ende des II. Weltkrieges gab es enorme Entwicklungen bei den Flugzeugen, den Waffen, der Elektronik und bei den Schiffsantrieben. In allen Bereichen galt es, die Bordelektronik der neuen Entwicklung anzupassen. Neben den bereits vorhandenen, in einem der ersten Abschnitte dieses Buches aufgezählten Gruppen von elektronischen Geräten, nämlich

- Geschütz-Feuerleitgeräte
- Radar-Ortungsgeräte
- IFF-Geräte
- Navigations- und Anflugantennen

kamen jetzt noch die Bereiche der

- Lenkwaffen-Feuerlenkung
- elektronischen Gegenmaßnahmen
- Unterwasserortung
- Navigation und Nachrichtenübermittlung über Satelliten

hinzu, ganz zu schweigen von der Entwicklung des ganzen Funkverbindungswesens, dessen Beschreibung nicht in den Rahmen dieses Buches fällt.

Geschütz-Feuerleitgeräte

Feuerleitgerät Mk 37 befindet sich auf keinem Träger mehr. Nach der Außerdienststellung der letzten Schiffe der *Essex*-Klasse waren die „zwei Midways" die einzigen, auf denen sich noch ein solches Gerät befand. FL-Radar Mk 12/22 wurde in den 50er Jahren durch Mk 25 ersetzt.

Die kleineren FLG Mk 51, Mk 57 und Mk 63 verschwanden zunehmend von den Trägern, vor allem mit der Entfernung der 40-mm-Flak, beginnend etwa mit dem Jahr 1949.
Das ab Beginn der 50er Jahre eingeführte FLG für die 7,6-cm-L/50-Zwillinge war

Feuerleitgerät Mk 56 mit später hinzugefügtem FL-Radar SPG-35. Mit 27,5 km Reichweite wurde dieses Gerät auch zur Feuerleitung von 12,7-cm-Geschützen herangezogen. Das ebenfalls zu Beginn der 50er Jahre auf anderen Schiffsgattungen eingeführte

Feuerleitgerät Mk 68 mit FL-Radar SPG-53A hatte maximal 110 km Reichweite und war ausschließlich zur Feuerleitung des damals neu eingeführten vollautomatischen Geschützes 12,7-cm-L/54-Mk 42 bestimmt, das ja auch auf den vier Schiffen der *Forrestal*-Klasse installiert war. Mit Ausnahme von *Independence* II wurde jedoch dieses Leitgerät *nicht* auf Trägern verwendet und die Mk 42 Kanone wurde mit dem leichteren FLG Mk 56 gekoppelt.

Radar-Ortungsgeräte erfuhren in den letzten 30 Jahren verständlicherweise die am weitesten gehende Entwicklung. Die ersten Radaranlagen mit knapp 100 Meilen Erfassungs-Reichweite wurden mit der zunehmenden Geschwindigkeit der Flugzeuge immer unzulänglicher. Bereits 1945 gingen die Forderungen der Navy dahin, Anlagen mit einer Reichweite von 500 Meilen zu entwickeln. Trotz allem Fortschritt konnte dieser Forderung so schnell nicht entsprochen werden. Die Folge war, daß man größere Ortungs-Reichweiten nur dadurch erreichte, daß um die Trägergruppen ein Ring von Radar-Frühwarn-Zerstörern fuhr, aber auch dadurch, daß Bordflugzeuge Radargeräte erhielten und damit zum verlängerten Ortungs-Arm der Träger wurden.
Nachdem auf Trägern die im II. Weltkriege eingeführten Luftraum-Überwachungsantennen SK-2 und SC-2 noch bis in die 50er Jahre beibehalten wurden, kamen zu Beginn dieses Jahrzehntes allmählich die neuen, zunächst kleineren Anlagen der AN/SPS-Standardserie zur Flotte; dies waren

SPS-6, deren Antenne – wie weiter vorne schon angedeutet – zunächst mit Anlagen der SR-Serie gekoppelt wurde. Die Antenne bestand aus einem gekrümmten, gemaserten Parabolabschnitt und ist auch gegenwärtig noch auf einigen amerikanischen und auch auf fremden Kriegsschiffen zu finden.

SPS-12 fand man gelegentlich parallel zu SPS-6, mit einer Antenne, die SPS-6 nicht unähnlich ist, so daß die Unterscheidung etwas schwer fällt.
Die im II. Weltkrieg begonnene Serie der „fighter control"-Anlagen umfaßte sog. „high-finder", von denen SM und SP bereits erwähnt worden sind. Ab etwa 1947 wurden diese jedoch von dem neueren Gerät

SX abgelöst, das stets an exponierter Stelle des Mastes geführt wurde und durch seine sehr unregelmäßige Form auffiel. Diese Antenne hatte etwas Ähnlichkeit mit

SPS-8A, einem Gerät, das ab Beginn der 50er Jahre eines der Haupt-Ortungsgeräte auf größeren Schiffen der U.S. Navy wurde und das CVS-9 *Essex* noch bis zur Außerdienststellung führte.

SPS-8B war eine Parallel-Version zu SPS-8A und wurde auf Trägern in nur wenigen Exemplaren eingesetzt, so auf *Independence* II und auf *Constellation.* Gegenwärtig befindet sich diese Antenne noch auf dem brasilianischen Flugzeugträger *Minas Gerais.* Letztes Glied der Familie der „high-finder" ist

SPS-30, ein Gerät, das ab etwa 1962 bis 1983 auf den meisten älteren und zahlreichen neueren Trägern installiert wurde. In der Serie der 2-D-Radaranlagen für die Luftraum-Überwachung löste ab etwa 1958

SPS-37 auf den Trägern SPS-6 und 12 ab. Nur *Essex* und *Intrepid* führten dieses Gerät bis zu ihrer Außerdienststellung, während anstelle von SPS-37 etwa ab 1960 bereits

SPS-43 tritt, mit 13 m die bis heute längste Bord-Radarantenne der U.S. Navy, die wegen ihres Gewichtes nur auf großen Schiffen installiert wird. Von den Trägern war *Dwight D. Eisenhower* das letzte Schiff, das diese Antenne erhielt und auch bis 1985 behielt. In etwa parallel zu SPS-43 kam auch die leichtere Anlage

SPS-40 zu Beginn der 60er Jahre zum Einbau, sie wurde jedoch auf keinem Träger installiert. Ein Exemplar davon findet man auf dem spanischen Hubschrauberträger *Dédalo* (ex *Cabot*) und auf dem brasilianischen Träger *Minas Gerais* (zusätzlich zu SPS-8B).

SPS-49 wurde ab ca. 1980 auf allen Trägern als Ersatz für SPS-43 eingeführt.

SPS-58 sowie das Nachfolgegerät

SPS-65 sind Kurzbereichanlagen, die zur Ortung schnell und tief fliegender Luftziele (Flugzeuge bzw. Flugkörper) entwickelt wurden. Sie wurden etwa ab Beginn bis zum Ende der 70er Jahre zusätzlich vor allem auf solchen Trägern benutzt, die mit BPDMS-Startern ausgerüstet sind.

Im Bereich der Navigations- und Überwasser-Ortungsantennen löste die zu Beginn der 50er Jahre eingeführte und für die Schiffserkennung nicht besonders belangreiche Radaranlage
SPS-10 die viel kleinere SG-Antenne ab. Sie blieb für ca. 30 Jahre die wichtigste Navigationsantenne auf amerikanischen Kriegsschiffen vieler Gattungen, um erst ab Mitte der 70er Jahre allmählich von

SPS-55 abgelöst zu werden, einer ebenfalls kleineren, rechteckigen, schmalen Antenne, die aber auf Trägern nicht zum Einsatz gekommen ist.

Mit dem Beginn der Verwendung von Lenkwaffen auf Flugzeugträgern (*Kitty Hawk/America*-Klasse) ist auch die Einführung der sogenannten 3-D-Radaranlagen verbunden. Dem ersten Modell
SPS-39 folgte nach einigen Jahren (etwa Mitte der 60er Jahre)

SPS-52, wobei diese Antenne mitunter mit den sonstigen Komponenten des SPS-39 Systems gepaart wurde. Auf allen Trägern kam letztlich

SPS-48 zum Einbau, die gegenwärtig noch am meisten vorgezogene 3-D-Antenne. Einmalig geblieben ist dagegen die Verwendung von vier Paar nicht rotierenden Flächenantennen der Anlage

SPS-32/33 an den Insel-Flanken von CVN-65 *Enterprise*, die 1980 entfernt wurde.

Lenkwaffen-Leitgeräte

gab es auf einigen Superträgern ab der *Forrestal*-Klasse. Von den komplexen Leitsystemen für Lenkwaffenanlagen, die aus verschiedenen Bausteinen bestehen, sind für die Schiffs-Identifikation nur die außen wahrnehmbaren Starter und die eigentlichen Radar-Beleuchter von Belang. Auf CV-63, 64 und 66 installierte man die für das Lenkwaffensystem Terrier benutzten Leitgeräte

SPG-55 in jeweils drei Exemplaren. Alle übrigen Träger, die zwischenzeitlich mit BPDMS-Startern ausgerüstet worden sind, führen einige

Mk 91-Feuerleitgeräte.
Auf dem Gebiete der

IFF-Antennen

gab es in den dreieinhalb Jahrzehnten seit der Einführung der ersten Freund/Feind-Identifikationshilfen viele Neuerungen. Es gibt zahlreiche, zumeist kleinere IFF-Antennen, die an den Mastauslegern aller möglichen Schiffe angebracht sind. Andererseits besitzen die gängigen modernen Radarantennen – von vornherein oder durch spätere Nachrüstung – einen IFF-Zusatz, der sich in Form eines waagerechten Balkens darstellt, der auf die eigentliche Antenne aufgesetzt wird. So wie dies früher auf den Antennen SK und SC-2 beobachtet werden konnte, so findet man heute IFF-Zusatzantennen u. a. auf SPS-37, 43, 52 und 48.

Anflug-Radarantennen (homing beacons)

Auch hier gab es seit Erscheinung der ersten „homing beacon"-Antenne YE im Jahre 1943, die bis in die 50er Jahre hinein benutzt wurde, mit einem knappen halben Dutzend Antennen-Neuerungen, von denen im Rahmen der AN/SPN-Serie die Geräte SPN-6, 10, 12, 35, 41, 42 und 43 bekanntgeworden sind. Da aber auch hier gelegentlich für eine bestimmte Anlage verschiedene Antennen benutzt wurden, so daß bezüglich der Verwendung beträchtliche Unsicherheit herrscht, wird in den nachfolgenden Bildunterschriften auf diese Antennen zumeist nicht hingewiesen, es sei denn, es beseht Nachweis für eine bestimmte Bezeichnung.

Antennen für elektronische Gegenmaßnahmen (ECM und ECCM)

Obschon gerade von den Flugzeugträgern aus die hochgezüchteten VAQ-Maschinen mit ihrer Fülle an Störungs- und Störungs-Abwehrsensoren eingesetzt werden, gibt es auch auf den Trägern selbst, wie auf allen Schiffen hinunter bis zu den Fregatten und Hilfsschiffen ECM- (zumeist kleine viereckige Antennen mit glockenartigen Abdekkungen) und ECCM-Antennen. Die letzteren bestehen zumeist aus über das Rumpfprofil hinausragenden Rahmen-Antennen. Besonders markant waren die sehr zahlreichen T-förmigen ECM-Antennen, die rund um die Kuppel über der Insel von CVN-65 *Enterprise* gespickt waren, bevor sie beim Umbau ab 1980 entfernt wurden.

Geräte für die Unterwasserortung (Sonar)

Als einzige auf Trägern installierte Sonaranlage ist **SQS-23** bekanntgeworden. Mit ca. 5 Meilen Ortungs-Reichweite befand sich diese Anlage – mit Bugsonardom – auf allen CVS, die SCB-27A durchlaufen haben, die jedoch später nach FRAM II modernisiert wurden, sowie auf CV-66, obwohl alle sie begleitenden Schiffe mit Sonargeräten ausgerüstet sind. Die weit auseinandergezogenen Formationen der Trägerverbände und die immer noch bei der U-Boot-Ortung bestehenden Unsicherheitsfaktoren scheinen es notwendig zu machen, die Flugzeugträger zum Eigenschutz mit Sonargeräten auszurüsten. *Bekämpfen* könnten sie ein auf so nahe Distanz entdecktes gegnerisches Unterseeschiff bestenfalls mit Zielsuchtorpedos Mk 46, die von Bord-Hubschraubern abgeworfen würden. Ab 1980 wurde die Sonaranlage auf CV-66 stillgelegt.

Antennen für die Flugzeug- und Hubschrauber-Navigation (TACAN)

Während die „homing beacon“-Antennen im Laufe ihrer Entwicklung so groß und leistungsstark wurden, daß sie auch etwas tiefer an den Mastplattformen, an den Achterkanten der Inseln oder gar oft – durch Plastik-Radome geschützt – an den Rändern der Flugzeugdecks angebracht werden konnten, „eroberten“ sich die TACAN-Antennen den höchsten Platz an der Mastspitze des jeweiligen Trägers, aber auch der begleitenden Schiffe. Bekanntgeworden sind bisher die Antennen SRN-3, URN-6, URN-20 und URN-25, die jedoch selbst kaum jemals sichtbar sind, sondern durch eine glockenartige Abdeckung geschützt werden. Die ältere Abdeckung von SRN-3, die etwa mit SCB-27A der *Essex*-Klasse aufkam, war etwas höher und nach oben konisch verbreitert, wogegen die neueren (für URN-6 und URN-20) niedriger und an der oberen Begrenzung abgerundet sind. Bis Mitte der 80er Jahre verfügten alle Träger über die Leichtgewicht-Flachantenne URN-25.

Antennen für die Navigation und Nachrichtenübermittlung über Satelliten

Die ersten bordgestützten Satelliten-Antennen stammen aus der Mitte der 60er Jahre, als u. a. *F.D. Roosevelt* eine solche hatte. Inzwischen gibt es einige weitere Modelle an Rund- und Viereck-Antennen. Von den letzteren ist **OE-82** bekanntgeworden, eine kleinere, viereckige sowie eine runde, trommelartige Antenne, die man zumeist an Ecken von Inseln oder Aufbauten findet, oder auf Mastplattformen. Aus Platzgründen können innerhalb dieses Abschnittes leider keine Einzelfotos aller vorstehend aufgeführten elektronischen Geräte gezeigt werden. In den Bildunterschriften der Schiffsfotos wird jedoch, soweit möglich, auf die mit Sicherheit identifizierten Geräte hingewiesen.

Passiver Schutz

Verständlicherweise unterliegen alle mit dem passiven Schutz moderner Flugzeugträger in Verbindung stehenden Vorkehrungen der Geheimhaltung. Eine Panzerung im Sinne der im II. Weltkrieg noch benutzten Panzerplatten soll es nicht mehr geben, jedoch können die heutzutage ohnedies weit verbesserten Schiffsbaustähle auch in beliebiger Festigkeit hergestellt werden, so daß auf diese Weise partiell von einer leichten Panzerung gesprochen werden kann. Beginnend mit den 80er Jahren werden auf den meisten Kampfschiff-Klassen, so auch auf Trägern, Kevlar-Kunststoff-Panzerplatten zum Schutz lebenswichtiger Anlagenteile eingesetzt. Hierdurch haben moderne Träger bei

Treffern aller Art gegenüber ihren Vorgängern aus dem II. Weltkrieg eine um das mehrfache gesteigerte Überlebens-Chance, sofern es sich nicht um Volltreffer durch Atomsprengköpfe handelt.
Noch weiter verfeinert und vervollständigt wurde die Anlage der wasserdichten Abteilungen. Das geht so weit, daß z. B. bei parallel zueinander liegenden und spiegelbildlich gleichen Antriebsanlagen der Zugang von einer zur anderen erst nach Überwindung von mehreren Decks möglich ist. Bereits der Rumpf der 1945 fertiggestellten *Midway* bestand angeblich aus 1750 wasserdichten Abteilungen.
Einer der größten Gefahren für Flugzeugträger ist auch in Friedenszeiten eine Feuersbrunst, die durch leicht entzündbaren Flugzeugtreibstoff entstehen kann, oder gar nach Initialzündung von Leuchtraketen oder sonstigen Geschossen. Es gab im Laufe der letzten drei Jahrzehnte mehrere schwere Brände (u.a. auf *Enterprise II, Oriskany, Forrestal),* aus denen Lehren für die Anordnung von feuerfesten Abteilungen gezogen wurden. Jeder Träger-Hangar kann heutzutage durch schwere feuerhemmende Rolltore in drei feuergeschützte Abteilungen unterteilt werden. Zuzüglich werden auch bei der Wahl von Einrichtungsgegenständen feuerhemmende, feuerabweisende oder feuerbeständige Materialien verwendet.

Farbanstriche und Tarnungen

In Ergänzung des zu diesem Thema bereits in anderen Büchern dieser Serie ausgeführten kann festgestellt werden, daß es nach dem II. Weltkrieg bei Flugzeugträgern keine Tarnanstriche mehr gegeben hat. Die älteren Schiffe behielten z.T. ihre Ein- bzw. Mehrfarbenanstriche bis spätestens 1947. Auch die noch bis Ende des II. Weltkrieges nach Schema 14 bzw. 21 dunkelgrau bzw. marineblau gespritzten Schiffe erhielten sehr bald den dunstgrauen Anstrich nach Schema 13, der noch bis in die Gegenwart verwendet wird und jetzt eine andere Bezeichnung führt. Wer gelegentlich amerikanische Kriegsschiffe in natura zu sehen bekommt, weiß, daß der Anstrich eine ganz leichte Grün-Komponente enthält. Die weiten Flächen der Flugdecks werden gegenwärtig in Anthrazit-Schwarz ausgeführt, die Decksmarkierungen in Weiß und Orange. Solange der Anstrich noch neu ist, ergibt dies den Eindruck des schwarz-weißen Kontrastes. Bedingt durch den sehr starken Abrieb infolge durchgeführter Flugoperationen tendieren aber alle drei Farben sehr schnell dazu, schmutzig-grau zu wirken, so daß gelegentlich die bis in die Katapultbahnen reichenden großen Kenn-Nummern nicht einwandfrei zu identifizieren sind. Gewisse unterschiedliche Auffassungen gab es zeitweilig bei den Decksmarkierungen sowohl der Flugzeugträger als auch der Hubschrauberträger, was in einer Fülle verschiedener Muster resultierte.
Mit Ausnahme der beiden Umbauten *Wright* (CC-2) und *Arlington* (AGMR-2) führten ab etwa 1960 Flugzeugträger an Bug und Heck keine kleinen Kenn-Nummern mehr, sondern nur große weiße Nummern an den beiden Flanken der Inseln, teilweise mit Schattenwirkung.

Kriegsteilnahme, Beschädigungen

Zahlreiche politische und militärische Krisen sind seit dem II. Weltkrieg bis in die Gegenwart zu verzeichnen. Bei jeder dieser Krisen wurde auch die U.S. Navy in den Zustand der erhöhten Alarmbereitschaft versetzt. Der Ordnung halber muß jedoch ausdrücklich festgehalten werden, daß sich gerade auf Flugzeugträgern der Friedensdienst nicht allzusehr vom Kriegsdienst unterscheidet. Es waren hauptsächlich drei tiefgreifende und geschichtlich entscheidende Anlässe, bei denen Flugzeugträger eingesetzt worden sind:
- ☐ der Korea-Krieg 1950–1953
- ☐ die Kuba-Krise 1962
- ☐ der Vietnam-Krieg 1964–1973

Der Korea-Krieg begann, als die U.S.A. im pazifischen Raum nur vier der vollwertigen Flugzeugträger des Typs *Essex* besaßen, wogegen die drei schweren des Typs *Midway* dringend im atlantischen Bereich benötigt wurden. Erst nach und nach wurden dann den nach SCB-27A bzw. 27C modernisierten Trägern ihre Operationsbefehle im Westpazifik zugeteilt. Außerdem war der Korea-Krieg auch eine Angelegenheit der Allierten, so daß deren Flugzeugträger zeitweilig eingesetzt waren. Außer den Verlusten an Maschinen und deren Besatzungen ist nicht bekanntgeworden, daß eingesetzte U.S.-Flugzeugträger nennenswerte Kampfbeschädigungen davongetragen haben.
11 Flugzeugträger der *Essex*-Klasse nahmen nacheinander im Rahmen der allierten Streitkräfte am Korea-Krieg teil, der genau zu einem Zeitpunkt begonnen hatte, als die Vereinigten Staaten am wenigsten aktive Flugzeugträger hatten. Nachfolgende Übersicht nennt die Namen der Träger in der Reihenfolge ihres ersten Einsatzes vor der Korea-Küste.

CV	Name	Kondition am 26. Juni 1950	Erster Einsatz bei der VII.Fl.
45	*Valley Forge*	aktiv – in See im Rahmen der VII. Fl.	
47	*Philippine Sea*	aktiv – in See an der amerik. Westküste	8. 50
21	*Boxer*	aktiv – in San Diego, war für Werftzeit vom 30. 8. bis 31. 12. 50 vorgesehen; Werftzeit wurde abgeblasen	9. 50
22	*Leyte*	aktiv – im Mittelmeer-Einsatz; Übergang zur Pazifischen Flotte	10. 50
37	*Princeton*	in Reserve – reaktiviert; Wiederindienststellung am 28. 8. 50	12. 50
31	*Bon Homme Richard*	in Reserve – reaktiviert; Wiederindienststellung am 15. 1. 51	3. 51
9	*Essex*	beim SCB-27A-Umbau bis 2. 1. 51	8. 51
36	*Antietam*	in Reserve – reaktiviert; Wiederindienststellung am 17. 1. 51	10. 51
33	*Kearsarge*	beim SCB-27A-Umbau bis 3. 1. 52	9. 52
34	*Oriskany*	Fertigstellung bis 14. 10. 50	10. 52
39	*Lake Champlain*	in Reserve – SCB-27A-Umbau bis 19. 9. 52	6. 53

Während der Kuba-Krise war es für die U.S. Navy möglich, die damals noch in großer Anzahl vorhandenen Flugzeugträger einzusetzen: 15 CVA und 9 CVS standen 1962 zur Verfügung, und zahlreiche Träger der Atlantischen Flotte beteiligten sich an der Blockade Kubas.

Am Vietnam-Krieg war die bordgestützte Seeluftwaffe sehr stark beteiligt, und es gab dabei Verluste an Flugzeugen, Hubschraubern und deren Besatzungen. Nicht bekantgeworden ist jedoch, daß infolge feindlicher Einwirkung Beschädigungen an den Trägern selbst vorgekommen sind. Es gab allerdings mindestens drei schwere Unfälle infolge Explosionen und anschließender Feuersbrunst, die zu einer Zurücknahme der betroffenen Schiffe führten. Betroffen waren hiervon *Enterprise II*, *Oriskany* und *Forrestal*. Hierbei wird deutlich, daß der intensive Einsatz von Flugzeugträgern vor Vietnam auch die Heranziehung von im Atlantik stationierten Schiffen notwendig machte, wodurch die dortigen Flotten offensichtlich geschwächt werden mußten. So gab es nur wenige Träger an der Ostküste, die nicht einen oder mehrere Kriegseinsätze vor Vietnam absolvierten. Hierbei wurde erstmalig aber auch zunehmend die ganze Problematik der aus Kosten- und Personalgründen durchgeführten Reduzierung der Trägerflotte deutlich. Selbst die Präsenz von 15 Trägern war für die gesteigerten Anforderungen des *Kriegs*einsatzes nicht ausreichend. Die für das Ende der 70er Jahre vorgesehene Soll-Zahl von nur 12 aktiven Trägern stellt daher das absolute Minimum in *Friedens*zeiten dar.

Gliederung der Flugzeugträger

Im II. Weltkrieg wurden die Träger in Träger-Divisionen („Carrier Divisions“, abgekürzt CARDIV) zusammengefaßt. Auch nach dem Kriege wurde zunächst diese Gliederung beibehalten. Zu verschiedenen Zeiten operierten im pazifischen Raum die CARDIV 1, 2, 3, 4, 5, 6, 7, 11, 12, 13 und 22 mit jeweils 3 bis 5 schweren und leichten Trägern. In den 50er Jahren erhielten die im Pazifik befindlichen Divisionen ungerade Zahlen, die im Atlantik befindlichen gerade. Dies hatte viele Jahre lang Gültigkeit, bis dann 1973 alle Trägerdivisionen (übrigens wie auch alle „Flottillen“ bei anderen Gattungen) in „Groups“ umbenannt und abgekürzt mit CARGRU bezeichnet wurden. Je ein oder zwei Träger gehörten einer Gruppe an. Im pazifischen Raum sind gegenwärtig vorhanden die CARGRU 1, 3, 5 und 7, und im atlantischen die CARGRU 2, 4, 6 und 8. Bis zu ihrer Aussonderung wurden die U-Jagd-Träger (CVS) ebenfalls in CARDIV zusammengefaßt, wobei im Pazifik CARDIV 13, 15 und 17 operierten und im Atlantik CARDIV 14, 16, 18 und 20. Noch lange vor 1973 jedoch führte jeder dieser Verbände noch die Nebenbezeichnung „ASW Group“. Eine ASW Group umfaßte jeweils einen CVS als Kernschiff sowie dazu alle begleitenden zerstörerartigen Schiffe und das dazugehörige Unterseeschiff. Die ASW Groups verschwanden mit der Außerdienststellung der letzten CVS *Intrepid* und *Ticonderoga*.

Unabhängig von ihrer Zugehörigkeit zu einer CARGRU fungierten zu allen Zeiten seit Beginn des II. Weltkrieges während ihres Einsatzes bei einer der numerierten Flotten („Fleets") die Träger zunächst als Flaggschiffe einer „Task Group", also eines Einsatzverbandes der Flotte, zu der auch noch alle Begleitschiffe gehörten.

Bordflugzeuge und Hubschrauber seit 1950

Die Neuordnung der Prioritäten bei den Aufgaben der bordgestützten Seeluftwaffe wirkte sich im wesentlichen zu Beginn der 50er Jahre aus. Mehrere Faktoren waren dabei zugleich oder hintereinander dafür maßgebend, daß sich die Zusammensetzung des auf dem Träger befindlichen Geschwaders beträchtlich geändert hat, wie im nächsten Abschnitt noch ausführlich erläutert wird. Zu diesen Faktoren gehören:

- □ Die Notwendigkeit, auch Atombomben über größere Entfernungen zu transportieren und ins Ziel zu bringen
- □ Die Notwendigkeit, die eigenen Kräfte durch Schaffung von Luftüberlegenheits-Jagdflugzeugen bestmöglich zu schützen, wozu sich durch die Einführung von Strahltriebwerken ungeahnte Perspektiven ergaben
- □ Die Notwendigkeit, weite Gebiete um die Trägergruppen herum durch weitreichende elektronische Aufklärung zu erfassen
- □ Die Notwendigkeit, eigene Flugoperationen mittels elektronischer Mittel aus der Luft leiten zu können
- □ Die Notwendigkeit, dabei die eigenen elektronischen Maßnahmen wirksam werden zu lassen, dieselben des Gegners jedoch nach Möglichkeit erfolgreich zu stören
- □ Die Notwendigkeit, die immer zahlreicher werdenden sowjetischen Unterseeschiffe auch aus der Luft zu lokalisieren und zu überwachen.

All diese Notwendigkeiten führten zur Entwicklung neuer, immer größer und schwerer werdenden Flugzeugtypen. In der Reihenfolge der vorstehend beschriebenen Notwendigkeiten waren dies:

- □ Schwere Angriffsflugzeuge und Allwetter-Bomber, VAH und VA (AW)
- □ Überschalljäger, VF
- □ Schwere und mittelschwere Fotoaufklärer, RVAH und VFP
- □ Radarfrühwarn-Flugzeuge, VAW
- □ ECM-Flugzeuge für elektronische Gegenmaßnahmen, VAQ
- □ U-Jagd-Maschinen, VS und HS

Ganz besonders seit dem Korea-Krieg erhielt der Hubschrauber in vielen Bereichen der Seeluftwaffe zunehmende Bedeutung. Er ist heute aus dem Inventar der Bordgeschwader nicht mehr wegzudenken.

Der Senkrechtstarter (VTOL) wurde soweit entwickelt, daß er im Rahmen der Luftwaffe des Marine Corps als Erdkampf-Unterstützungsflugzeug wertvolle Dienste zu leisten vermag, wobei der Einsatz von Flugzeug- und Hubschrauberträgern kaum mehr Probleme aufgibt. Immer drängender werdende Versuche jedoch, die Trägerwaffe künftig zunehmend auf senkrecht startende und landende Maschinen umzustellen, führten in den 70er Jahren zu kontroversen Auffassungen zwischen der Navy und den Parlamentariern der Vereinigten Staaten. Die Leistungen der VTOL-Maschinen, namentlich der älteren AV-8A Harrier, waren schwächer als die der derzeitig eingesetzten konventionell operierenden (CTOL) Flugzeuge. Es dürfte noch eine gewisse Zeit vergehen, ehe hier *entscheidende* Durchbrüche verzeichnet werden, und zwar nach Abschluß der Einführung der AV-8B Harrier II. Eine Übersicht über die seit etwa 1950 eingeführten Bordmaschinen befindet sich im Tabellenteil am Ende des Buches.

Gliederung der Träger-Flugzeuggeschwader*

Die Veränderungen, die bereits kurz nach dem II. Weltkrieg Gestalt annahmen und die im vorangegangenen Abschnitt angesprochen worden sind, wirkten sich auch auf die Zusammensetzung der Bordgeschwader aus. Während des Krieges gab es auf den Trägern außer den regulären Staffeln keine Spezialflugzeuge an Bord. Dies änderte sich jedoch schnell, wie an der Zusammensetzung des Geschwaders auf CV-45 *Valley Forge* abgelesen werden kann, einem der wenigen aktiven Träger der *Essex*-Klasse, die 1950 als erste im Einsatz vor Korea standen.

* Eine ausführlichere Studie des gleichen Verfassers über die Gliederung der U.S.-Seeluftwaffe findet man in seinem Buch „Die Luftwaffe der U.S. Navy und des Marine Corps", das 1974 beim J.F. Lehmanns Verlag in München erschienen ist, wie auch im Buch „Seemacht USA", das 1982 vom Verlag Bernard & Graefe herausgebracht wurde.

4 Staffeln mit	58 Jagdmaschinen	VF
	5 Nachtjagdmaschinen	VR (N)
1 Staffel mit	14 Jagdbombern	VA
1 Teilstaffel mit	2 Fotoaufklärern	VA (P)
1 Teilstaffel mit	3 Radarwarnflugzeugen	VA (W)
1 Teilstaffel mit	4 ECM-Flugzeugen	VA (Q)
insgesamt	86 Flugzeuge	

Neben den regulären Staffeln gab es hier also bereits Spezialmaschinen, die zumeist im Rahmen von Teilstaffeln („Detachments") dem Bordgeschwader zugeteilt waren. Zu diesem Zeitpunkt verzeichnete man auch den Zugang von Hubschraubern, die seitdem zum festen Inventar von Bordgeschwadern gehören und deren Zusammensetzung beeinflussen.

Die großen Modernisierungen der 50er Jahre und die Neuorientierung der bordgestützten Seeluftwaffe brachte weitere Veränderungen in der Zusammensetzung des Bordgeschwaders; letztere war zunehmend abhängig von der Vielfalt der eingesetzten regulären taktischen, aber auch von der der Spezialmaschinen. Die Trennung in CVA- und CVS-Träger brachte die Schaffung zweier neuer Typen von Bordgeschwadern mit sich. Die auf den CVS stationierten U-Jagdflugzeuge und -Hubschrauber wurden in „Anti-Submarine Carrier Groups" zusammengefaßt, die am 1. April 1960 die Abkürzung CVSG erhielten und diese bis zu ihrer endgültigen Abschaffung 1974 führten. Die seit 1948 so bezeichneten „Carrier Air Groups" (CAG) wurden am 20. Dezember 1963 in „Carrier Air Wings" (CVW) abgeändert und nur auf CVA-Trägern eingesetzt. Auch nach der endgültigen Umklassifizierung aller CVA/CVAN in CV/CVN, d. h. ab 1. Juli 1975, behielten die Geschwader dieselbe Abkürzung.

Die Zusammensetzung der CVSG blieb während der 14 Einsatzjahre nahezu konstant. Sie umfaßte:

2 VS-Staffeln mit	24 S-2 Maschinen
1 HS-Staffel mit	16 SH-34 bzw. SH-3-Hubschraubern
1 Teilstaffel VFP mit	3 RF-8 Fotoaufklärern
1 Teilstaffel VA mit	3 A-4 Maschinen zur Selbstverteidigung
1 Teilstaffel VAW mit	3 A-1 Maschinen zur Radarwarnung
insgesamt	49 Maschinen

Bei der Zusammensetzung des CVW gab es gegenüber den 40er und 50er Jahren infolge der fortgeschrittenen Flugzeug-Technologie später Veränderungen, die nicht zuletzt auch von der Größen- und Gewichtszunahme der neuen Strahlflugzeuge abhängig waren. Wegen der Größe der Flugzeuge konnten einfach nicht mehr so viele Maschinen an Bord genommen werden. Zwar ist auch heute noch bei den Superträgern ab *Forrestal*-Klasse stets etwas Raumreserve für einige zusätzliche Maschinen vorhanden, jedoch pendelte sich die Zahl der mitgeführten Maschinen sowohl bei den kleineren *Essex*-Trägern als auch bei den Superträgern bei etwa 79 bis 85 ein. Bis zur Einführung des sogenannten „CV-Konzeptes", d. h. der gleichzeitigen zusätzlichen Mitnahme auch von U-Jagdmaschinen an Bord *eines* Trägers setzt sich ein CVW wie folgt zusammen:

Anzahl der Staffeln u. Kürzung	Staffeltyp	ungefähre Anzahl und geflogene Typen		
		Typ *Essex*	Typ *Midway*	Typ *Forrestal* u. a.
2 VF	Jagdstaffel	24 F-8	24 F-4	24 F-4
2–3 VA	Jabo-Staffel	42 A-4	28 A-7	28 A-7
1 VA (AW)	Allwetterbomberstaffel	—	14 A-6	16 A-6/KA-6D
1 RVAH	Teilstaffel Bord-Fernaufklärer	3 KA-3	3 KA-3	6 RA-5
1 VFP	Teilstaffel Fotoaufklärer	2 RF-8	2 RF-8	—
1 VAW	Staffel bzw. Teilstaffel Radarwarnmaschinen	3 EA-1/E-1	3 E-1	6 E-2
1 VAQ	Staffel bzw. Teilstaffel ECM-Flugz.	3 EA-1/E-1	3 EA-6	6 EA-6
Bord-Kuriermaschine		1 C-1	1 C-1	1 C-1/C-2
Kurierhubschrauber		1 UH-2	2 UH-2	2UH-2
ungefähre Anzahl der eingesetzten Maschinen		80	80	89

Die beiden Hilfsdienst-, Kurier- und Rettungshubschrauber sowie das nicht auf *allen* Trägern vorhandene COD-(„Carrier-on-board-delivery") Kurierflugzeug gehören *nicht* zum jeweiligen CVW, sondern zum sog. „air department" des Schiffes selbst, wobei der Ordnung halber erwähnt werden muß, daß die Besatzungen eines Trägers und diejenigen des dazugehörigen Bordgeschwaders verwaltungsmäßig völlig getrennt behandelt werden. Auf den kleineren CVA des Typs *Essex* enthielten manchmal die taktischen Staffeln einige Flugzeuge weniger als üblich. Zu allen Zeiten jedoch gaben auch einzelne Jagdstaffeln des Marine Corps (VMF, später VMFA) Gastrollen auf Flugzeugträgern, wo sie entweder (auf kleineren Trägern) eine Navy-Staffel ersetzten, oder (auf größeren) zusätzlich an Bord genommen wurden. Dabei stieg dann die Zahl aller Flugzeuge auf zeitweilig über 100.

Alle in der vorstehenden Tabelle enthaltene Zahlen stellen ungefähre Werte dar, die gelegentlich unterschritten werden. Für die ab Mitte der 70er Jahre nach den Forderungen des CV-Konzeptes operierenden Träger mag die Soll-Zusammenstellung des Geschwaders auf CVN-68 *Nimitz* typisch sein. Zur Ergänzung muß an dieser Stelle erwähnt werden, daß die noch aktiven Träger der *Midway*-Klasse trotz ihrer Klassifikation CV *nicht* nach dem CV-Konzept eingesetzt werden, d. h. keine U-Jagdmaschinen an Bord haben. Die nachfolgend dargestellte CVW-Zusammensetzung der *Nimitz* entspricht den seit 1977 gültig gewordenen geringfügigen Veränderungen. Es sind hier zwei Modifikationen der „maßgeschneiderten" Zusammensetzung vorgesehen, eine für Aufgaben vorwiegend taktischen Charakters und die andere für den verstärkten U-Jagdeinsatz. Es erscheint im Kriegsfall allerdings sehr fraglich zu sein, in welchem Maße ein seit Wochen in See befindlicher, mitten im Ozean operierender Träger der sich schnell ändernden Situation gerecht werden kann, wenn sich plötzlich die Notwendigkeit des Einsatzes der gerade *nicht* an Bord befindlichen Konfiguration ergeben sollte.

Vorgesehen war jedenfalls, daß bei vorwiegend taktischen Aufgaben des CVW wie folgt gegliedert sein würde (ungefähre Stärke):

2 Jagdstaffeln	VF	24 F-14
3 Jagdbomberstaffeln	VA	42 A-7
1 Allwetterbomberstaffel	VA(AW)	12 A-6/KA-6D
1 ECM-Staffel	VAQ	6 EA-6
1 Radarwarnstaffel	VAW	6 E-2
1 Teilstaffel Fotoaufklärer	VFP	2 RF-8/RF-4
1 Teilstaffel U-Jagdhubschr.	HS	3 SH-3
1 Kurier/COD-Maschine	VRC	1 C-1/US-3
2 Bordhubschrauber	HC	2 UH-2/SH-3
insgesamt ca.		98

Bei verstärktem U-Jagdeinsatz sollte das Bordgeschwader wie folgt zusammengesetzt sein:

2 Jagdstaffeln	VF	24 F-14
1 Jagdbomberstaffel	VA	20 A-7
1 Allwetter-Bomberstaffel	VA(AW)	8 A-6 3 KA-6D
1 ECM-Staffel	VAQ	6 EA-6
1 Radarwarnstaffel	VAW	6 E-2
1 Teilstaffel Fotoaufklärer	VFP	2 RF-8/RF-4
2 U-Jagdstaffeln (Flugz.)	VS	20 S-3A
1 U-Jagdstaffel (Hubschr.)	HS	6 SH-3
1 Kurier/COD-Maschine	VRC	1 C-1/US-3
2 Bordhubschrauber	HC	2 UH-2/SH-3
ebenfalls insgesamt ca.		98 Maschinen.

Alle diese Zahlen stellen ein durchaus veränderliches Modell mit möglichen Zwischenbelegungen dar. Die wirklichen Belegungen der CVW auf den einzelnen Flugzeugträgern sind in der großen Übersicht am Ende dieses Bandes aufgelistet. Mitte der 80er Jahre wurden weitere mögliche Belegungsmodelle in Erwägung gezogen.

Flugzeugträger-Klassen der U.S. Navy (ab 1950)

Essex-Klasse / Ticonderoga-Klasse

Wie schon erwähnt wurde, kamen die meisten der bei Ende des II. Weltkrieges eingesetzten Träger zur Reserveflotte. Sie wurden zum Teil bei Beginn des Koreakrieges schnell wieder reaktiviert, aber nur wenige kamen direkt zum Einsatz. Die meisten von ihnen durchliefen zunächst die nachfolgend näher angesprochenen Modernisierungsprozesse nach SCB-27A bzw. 27C und später auch SCB-125 und 125A.

Die Trennung der damaligen aktiven Träger in solche, die nur mit taktischen Flugzeugen ausgestattet waren, und solche, die sich auf aktive U-Jagd spezialisiert haben, brachte 1952 zunächst auch die Trennung in zwei separate Klassen. Die neue *Essex*-Klasse umfaßte alle CVS, während die fünf SCB-27C/125 zunächst CVA blieben und nach dem Schiff mit der niedrigsten Kenn-Nummer zur *Ticonderoga*-Klasse wurden. Weitere drei Schiffe dieser Klasse, die nur geringfügig modifiziert waren, wurden von CVS in LPH umklassifiziert und der Amphibischen Flotte als Hubschrauberträger zugeteilt, wo sie von nun an als *Boxer*-Klasse die Praxis des „vertical assault" unterstützten. Dies geschah Ende der 50er Jahre.

Nachfolgendes Schema verdeutlicht die weitgeästelte Verzweigung der ursprünglichen *Essex*-Klasse von Anbeginn des Bestehens bis zum letzten gegenwärtig noch schwimmenden Schulschiff *Lexington* (AVT-16).

Verzweigungsschema der Essex-Klasse

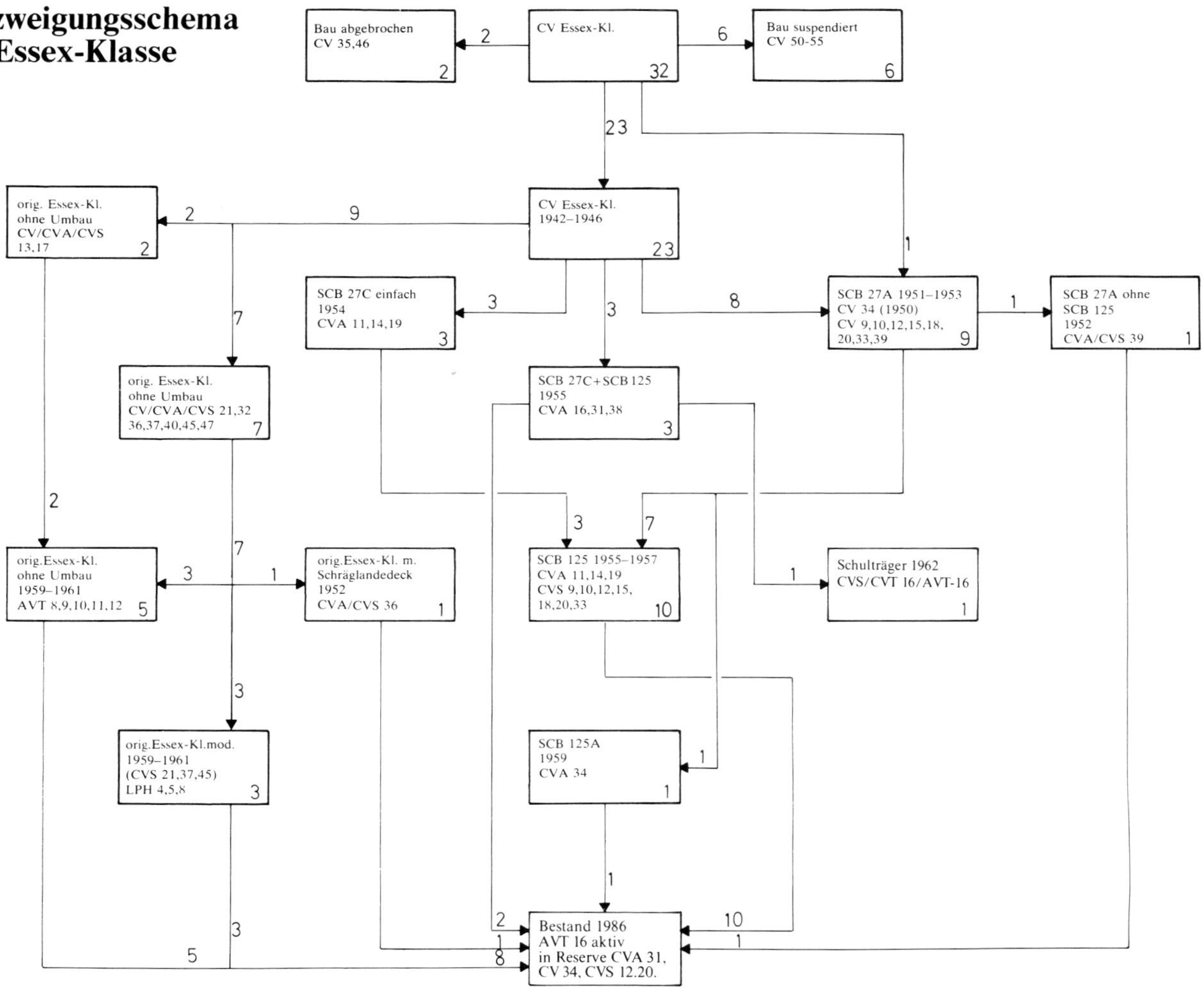

Der Trend zur Reduzierung der Rohrwaffen ist auch bei dieser Klasse deutlich zu verfolgen. Nach Wegfall der vier auf dem Deck aufgestellten 12,7-cm-Doppeltürme auf den SCB-27A und 27C-Schiffen wurden auch auf den Steuerbord-„catwalks" 12,7-cm-Einzellafetten angebracht, so daß in der Regel je zwei an jeder Ecke des Flugzeugdecks vorhanden waren. In den letzten 15 Jahren wurde dann die Anzahl dieser 12,7-cm-Geschütze nach und nach reduziert, zunächst von 8 z. T. auf 7 bzw. auf 4, später z. T. auf 3, was aber von Schiff zu Schiff verschieden war. *Oriskany* fuhr vor der Außerdienststellung 1976 mit nur zwei 12,7-Kanonen, während der Schulträger *Lexington* seit mehreren Jahren ohne jegliche Bewaffnung fährt. Die beiden Feuerleitgeräte Mk 37 verblieben auch nach der Modernisierung an Bord, sie wurden aber durch etliche Mk-56-Geräte ergänzt, die sowohl mit Mk 37 gekoppelt als auch allein für die 7,6-cm-Flak wirksam werden konnten. Das an der achteren Inselplattform angebrachte FLG Mk 37 verschwand bei den meisten Schiffen infolge der Verringerung der Anzahl der Geschütze. Über die Ursachen der Entwicklung und Einführung von 7,6-cm-Flaggeschützen wurde bereits berichtet. Zunächst waren je Schiff 14 Doppellafetten vorhanden, aber sehr bald nach SCB-27A/C wurden die Buggeschütze entfernt, weil sie bei schwerem Seegang Beschädigungen ausgesetzt waren. Im Laufe der 60er Jahre wurden dann ebenfalls nacheinander sämtliche 7,6-cm-Geschütze entfernt. Auf den nicht modernisierten Trägern dieser Klasse gab es keine 7,6-cm-Flak; deren 40-mm-Bofors-Vierlinge wurden nach dem Ende des Koreakrieges im Laufe von mehreren Jahren entweder entfernt, oder aber mit dem Schiff konserviert.
Die Bereits erwähnte Mittelstrecken-Rakete des Typs Regulus I wurde ab Dezember 1952 eingeführt. Von der *Essex*-Klasse wurden zu verschiedenen Zeitpunkten damit ausgerüstet: CVA 15, 16, 19, 20, 31 und die CVS-37 und 39.
Die Einführung der Lenkwaffen brachte auch die Schaffung von speziellen Lenkwaffenschiffen mit sich, die fortan den Schutz der Flugzeugträger übernahmen. Dies war u. a. der Grund dafür, daß Schiffe dieser Klasse nicht mehr weiter mit Lenkwaffen ausgerüstet wurden.

Modernisierungsprozesse der Essex-Klasse

Die Erfahrungen im II. Weltkrieg sowie die bevorstehende Einführung von Strahlflugzeugen brachten es mit sich, daß bereits unmittelbar nach dem Kriege die ersten Überlegungen angestellt wurden, die dann zunächst zur Umbauform SCB-27A führten. SCB ist die Kürzung von „Ship Characteristic Board", und die laufende Nummer dahinter entspricht derjenigen, die für dieses Programm vorgesehen war, und die dem Verzeichnis sämtlicher zu einem gewissen Zeitpunkt laufenden Bau- oder Umbauprogramme entnommen ist. Eines der gesteckten Ziele der ersten Umbauform war die Aufnahme von Flugzeugen mit ca. 20 t Gewicht. Da jedoch die Gewichte nun immer schneller zunahmen, waren auch die Anforderungen zunehmend größer, so daß – verbunden auch mit der damals fälligen Einführung von Schräglandedeck, Dampfkatapult und Landespiegel – sich die einzelnen Modernisierungsprogramme zeitlich überlappten. Neben anderen Programmen, die z. B. für die schweren Flugzeugträger der *Midway*-Klasse Gültigkeit hatten, gab es für die *Essex*-Klasse fünf Umbau- bzw. Modernisierungsformen:
SCB-27A – zwischen 1948 und 1953
SCB-27C – zwischen 1951 und 1956
SCB-125 – zwischen 1954 und 1957
SCB-125A – zwischen 1957 und 1959
SCB-144 = FRAM II-Modernisierung von 27A CVS in den 60er Jahren
Die von diesen Prozessen nicht erfaßten Flugzeugträger der *Essex*-Klasse wurden zum Teil nur geringfügig modifiziert, was hauptsächlich durch die Hinzufügung einer Admiralsbrücke, durch Aufsetzen von zwei schrägen Schornsteinkappen und durch den Ersatz des Mastes geschah.
Genauere Daten bezüglich des Beginns und des Endes der Modernisierungen der einzelnen Träger sind den entsprechenden Übersichten zu entnehmen, wobei berücksichtigt werden muß, daß nicht alle Informationsquellen in dieser Hinsicht genau übereinstimmen.

SCB-27A – Dies war die erste Modernisierungsmaßnahme, von der zwischen 1948 und 1953 acht Schiffe, nämlich CV 9, 10, 12, 15, 18, 20, 33 und 39 betroffen waren. Nach SCB-27A *fertiggestellt* wurde CV 34 *Oriskany*, deren Bau 1945 zunächst abgebrochen wurde. Die wesentlichsten Merkmale dieser Modernisierung waren:
- ☐ Ersatz der hydraulischen Katapulte des Typs H-4-1 gegen solche des Typs H-8, um Starts von Flugzeugen mit einem Gewicht von 20 t zu ermöglichen.
- ☐ Verstärkung des Flugzeugdecks im Landebereich.
- ☐ Entfernung aller 12,7-cm-Doppeltürme vom Flugzeugdeck; Neudisposition der hinzugekommenen offenen 12,7-cm-Lafetten.
- ☐ Installation größerer und leistungsfähigerer Aufzüge.

- ☐ Installation von Einrichtungen für den Betrieb von Strahlflugzeugen.
- ☐ Verlegung dreier Bereitschaftsräume für fliegende Besatzungen unterhalb des Niveaus des Flugzeugdecks.
- ☐ Installation einer Rolltreppe zwischen den Bereitschaftsräumen und dem Flugzeugdeck.
- ☐ Installation einer neuen, verkürzten Insel und Zusammenfassung von Brücke und Schornsteinmantel.
- ☐ Entfernung des Seitenpanzers in der Wasserlinie.
- ☐ Verbreiterung des Schiffsrumpfes in der Wasserlinie bis auf 30,8 m.
- ☐ Installation eines Landespiegels.
- ☐ Installation leistungsfähigerer Bomben- und Munitionsaufzüge.
- ☐ Erhöhung der Bunkerkapazität für Flugzeugtreibstoff.
- ☐ Installation von Strahlabweisern hinter den Katapulten.
- ☐ Unterteilung des Hangarraumes durch zwei feuerfeste Stahltüren.
- ☐ Installation von Flugzeugkränen mit größerer Kapazität.

Von diesem Prozeß wurden nur neun Schiffe betroffen, weil neue Erkenntnisse zur Schaffung der SCB-27C-Form führten, so daß auf weitere SCB-27A verzichtet wurde.

SCB-27C – Hier muß man – wenn es auch die Sache kompliziert – zwischen zwei Untergruppen unterscheiden. Die erste Untergruppe, bestehend aus CV 11, 14 und 19, unterzog sich erst einmal zwischen 1951 und 1954 einer „primitiveren" 27C-Modernisierung, die neben den Maßnahmen, die z. T. auf den 27A-Schiffen durchgeführt wurden, folgendes beinhaltete:

- ☐ Erweiterung der Rumpfbreite bis auf 31,4 m in der Wasserlinie.
- ☐ Installation von 2 Dampfkatapulten des Typs C-11.
- ☐ Verstärkung des Flugzeugdecks.
- ☐ Ersatz des Aufzuges Nr. 3 durch einen größeren Seitenaufzug (klappbar) an Steuerbord.
- ☐ Hinzufügung von Rumpfwulsten.
- ☐ Installation einer stärkeren Bremsseilvorrichtung.

Die zweite Untergruppe, bestehend aus CV 16, 31 und 38 erhielt eine „advanced SCB-27C", d. h. eine weit fortschrittlichere Modernisierung, in der praktisch bereits SCB-125 mit enthalten war. All dies geschah während *einer* Werftzeit, zwischen 1951 und 1955.

SCB-125 – Hiervon waren drei Schiffsgruppen betroffen, einmal CV 16, 31 und 38, bei denen SCB-125 zugleich mit SCB-27C während *einer* Werftzeit vollzogen wurde; die zweite Gruppe waren die 27C-Schiffe CV 11, 14 und 19, die nun SCB-125 während einer *zusätzlichen* Werftzeit erhielten (zwischen 1955 und 1957). Letztlich gehörten zur dritten Gruppe die ersten 8 nach SCB-27A modernisierten Schiffe, die sich diesem Prozeß zwischen 1954 und 1957 unterziehen mußten. Folgende Maßnahmen waren mit SCB-125 verbunden:

- ☐ Installation eines Schräglandedecks.
- ☐ Installation eines Atlantik-Bugs („hurricane bow") aufgrund der schlechten Erfahrungen, die man bei den Beschädigungen des überhängenden vorderen Flugzeugdecks von *Hornet* und *Bennington* in Taifunen gemacht hatte.
- ☐ Installation einer verbesserten Doppel-Bremsseilanlage Mk 7.
- ☐ Halbierung der Anzahl von Bremsseilen.
- ☐ Vergrößerung des vorderen Mittschiffs-Aufzuges auf 21,4 m (bei 27C-Schiffen).
- ☐ Einführung von Klimaanlagen für bestimmte Räume.
- ☐ Verstärkung der „crash"-Barrieren (Auffangnetze für landende Flugzeuge, die trotz des Schräglandedecks für Notfälle beibehalten worden sind).
- ☐ Der Flugzeugleitstand („primary flight control") wurde verbessert und an der Achterkante der Insel zwei Deck hoch angebracht.
- ☐ Die Inselräume erhielten bessere Schallschutz-Isolierung gegenüber dem Flugzeugdeck.
- ☐ Die Flugzeugdeck-Beleuchtung wurde verbessert.
- ☐ Einbau eines dritten, klappbaren Flugzeugaufzuges an Steuerbord.

Der Ordnung halber muß noch erwähnt werden, daß die 27A-Schiffe, die nach SCB-125 umgebaut wurden, nicht zwangsläufig auch alle 27C-Eigenschaften mitbekamen. Dies dagegen war der Fall bei

SCB-125A – einer Maßnahme, nach der nur CV-34 *Oriskany* umgebaut wurde, und bei der folgendes geschah:

- ☐ Neubelag des Flugzeugdecks mit Leichtmetall.
- ☐ Installation von C-11 Dampfkatapulten.
- ☐ Installation des geschlossenen Atlantik-Bugs.
- ☐ Installation des Schräglandedecks.
- ☐ Installation einer Bremsseilanlage, die stärker war als auf den übrigen 27C-Einheiten.
- ☐ Alle anderen mit SCB-125 in Zusammenhang stehenden Verbesserungen.

Somit war *Oriskany* das letzte Schiff, das Mitte 1959 sämtliche 27C-Eigenschaften besaß, von denen einige in verbesserter Form vorhanden waren.

Lediglich zur Ergänzung sei hier noch angefügt, daß es für die großen Träger der *Midway*-Klasse ebenfalls ähnliche Umbaumaßnahmen gab, die die Bezeichnung SCB-110 (für *Midway* und *F. D. Roosevelt*) bzw. SCB-110A (für *Coral Sea*) führten. Weiterhin muß erwähnt werden, daß der 1952 durchgeführte Schräglandedeck-Umbau von CV-36 *Antietam* nicht zu SCB-125 gehörte, sondern nur als Test-Maßnahme angesehen wurde.

SCB-144 – war eine Maßnahme, die im Rahmen des damals so genannten umfangreichen Modernisierungsprogramms FRAM II den zu dieser Zeit als CVS klassifizierten 27A-Trägern zusätzliche Ausrüstung bescheren sollte, damit sie ihrer Aufgabe als U-Jagdträger besser nachkommen konnten. Die hiermit verbundenen Maßnahmen bestanden hauptsächlich aus:

- □ Der Installation eines Bugsonardomes für SQS-23 Sonar.
- □ Der Installation einer Stevenklüse und der Einführung eines Bugankers.
- □ Der Einrichtung einer modifizierten Operationszentrale.

Bis 1965 waren die FRAM-Umbauten wieder in Dienst. Im Zusammenhang mit dem Gesamtkomplex der Modernisierungen sei hier noch auf einige „firsts" hingewiesen. So war

- □ *Antietam* der erste U.S.-Träger mit einem Schräglandedeck.
- □ *Oriskany* der erste nach SCB-27A fertiggestellte Träger.
- □ *Hancock* der erste fertiggestellte 27C-Träger, allerdings noch ohne Schräglandedeck.
- □ *Shangri La* der erste aktive Träger, der mit Schräglandedeck operierte.
- □ *Lake Champlain* der einzige 27A-Träger, der nicht durch SCB-125 ging.

Nach Beendigung der Modernisierungsprozesse hatten die zu jenem Zeitpunkt aktiven Träger der *Essex*-Typenfamilie, die sich in mehrere Klassen gliederten (CVS *Essex*-Kl., CVA *Ticonderoga*-Kl., LPH *Boxer*-Kl.), z. T. unterschiedliche Abmessungen, die zum Vergleich nachfolgend zusammengefaßt sind.

Kenn-Nummern	Länge m	Breite Fl-Deck, m	Breite WL, m	Tiefgang voll bel., m
CVA 14, 19, 31, 38	272,8	59,8	31,4	9,5
CVS 11, 16	272,8	58,6	31,4	9,5
CVA 34	271,4	59,5	32,5	9,5
CVS 9, 10, 12, 15, 18, 20, 33, 39	271,4	59,8	30,8	9,5
LPH 4, 5, 8	270,8	45,0	28,4	9,5

Modernisierte Einheiten der *Essex*-Klasse

Kenn-Nr.	Name	SCB-27A		SCB-27C		SCB-125		SCB-125A		FRAM II	ursprüngliche Bauzeit
		Beginn	Ende	Beginn	Ende	Beginn	Ende	Beginn	Ende	Etat	
9	*Essex*	1. 9.48	1. 2.51			1. 3.55	1. 3.56			1962	20 Monate
10	*Yorktown*	15. 2.51	2. 1.53			31. 7.54	15.10.55			1966	16 Monate
11	*Intrepid*			24. 9.51	18. 6.54	24. 1.56	2. 5.57			1965	20 Monate
12	*Hornet*	14. 6.51	1.10.53			24. 8.55	15. 8.56			1965	15 Monate
14	*Ticonderoga*			17. 7.51	1.10.54	7.11.55	1. 4.57				15 Monate
15	*Randolph*	22. 6.51	1. 7.53			1. 3.55	12. 2.56			1961	17 Monate
16	*Lexington*			21. 7.52	1. 9.55	21. 7.52	1. 9.55				19 Monate
18	*Wasp*	1. 9.48	28. 9.51			31. 7.54	1.12.55			1964	20 Monate
19	*Hancock*			17. 7.51	1. 3.54	24. 8.55	15.11.56				15 Monate
20	*Bennington*	26.10.50	30.11.52			31. 7.54	15. 4.55			1963	20 Monate
21	*Boxer* (als LPH-4)									1963	19 Monate
31	*Bon Homme Richard*			21. 7.52	1.11.55	21. 7.52	1.11.55				21 Monate
33	*Kearsarge*	27. 1.50	1. 3.52			27. 1.56	31. 1.57			1962	24 Monate
34	*Oriskany*	gem. 27A fertiggest.						8.9.57	29.5.59		m. Unterbrechung
36	*Antietam*			nur Schrägdeck:		8. 9.52	19.12.52				26 Monate
37	*Princeton* (als LPH-5)									1962	26 Monate
38	*Shangri La*			17. 7.51	1. 2.55	17. 7.51	1. 2.55				20 Monate

39	*Lake Champlain*	18. 8.50 19. 9.52				27 Monate
45	*Valley Forge* (als LPH-8)				1964	26 Monate

Anmerkung:
CV-13 und 17 (Bauzeiten 13 bzw. 20 Monate) wurden überhaupt nicht modernisiert
CV-32, 37, 40, 45 und 47 wurden nur geringfügig modernisiert

CV-9 Essex

Kurzlebenslauf

ab 1946	Umbau nach SCB-27A.
1/1951	Wieder in Dienst.
1951/53	Mehrere Einsätze vor Korea, TF 77.
7/1955	Umbau nach SCB-27C.
1956	Pazifik; Westküste und VII. Flotte im Westpazifik.
8/1957	Wechsel zur Atlantischen Flotte; Ostküste und Mittelmeer; eine Fahrt zur VII. Flotte (Taiwan), Rückkehr in den Atlantik.
1959/69	Mehrfacher Wechsel zwischen Ostküste und Mittelmeer.
6/1969	Außer Dienst, Reserveflotte bis zur Streichung 7/1973.

Schiffselektronik

Radar:

1951	2 SPS-6
1955	SPS-6, SC-2
7/1957	SC-2, SPS-8A, SPS-6
1959	SPS-6, SPS-37, SPS-8A
1969	unverändert wie vorstehend

Feuerleitung:

1951	2 Mk 37 mit FL-Radar Mk 25, mehrere Mk 56
1959	1 Mk 37 mit FL-Radar Mk 25, einige Mk 56
1969	unverändert wie vorstehend

Die *Essex*-Klasse präsentiert sich im „new-look“, der aus den Erfahrungen der Kriegsjahre resultierte. Hier sieht man *Essex* (noch als CV-9) im Jahre 1951 nach dem Umbau nach SCB-27A, mit noch offener Bugpartie, mit der neuen, etwas kleineren Insel, mit 7,6-cm-Doppelflak und mit zunächst zwei Radarantennen SPS-6. Nach dem Umbau gibt es nun auch an der Steuerbordseite des Rumpfes 12,7-cm-Einzelgeschütze des alten Modells L/38. Die seinerzeit bei Kriegsende hinzugekommenen Steuerbord-Flakwannen wurden für die 7,6-cm-Flak in die Umbaumaßnahmen einbezogen. An der Inselflanke befinden sich zwei 20-mm-Flak. Noch sieht man keine FLG Mk 56. Foto: USN

Diese sehr instruktive Aufnahme (von der automatischen Bugkamera eines F2H-2P Fotoaufklärers des Typs Banshee aufgenommen) zeigt den vom Signallandeoffizier eingewunkenen Landevorgang auf CV-9 *Essex*. Hier wird die ganze Problematik der Landung bei durch parkende Flugzeuge überfülltem Flugzeugdeck deutlich: 16 Bremsseile sollen jeglichen „Mißgriff" des Flugzeug-Landehakens verhindern; zusätzlich aber muß das Vorderdeck durch eine Nylon-Barriere abgesichert werden. Dieses Problem führte dann zur Entdeckung des Schräglandedecks durch die Briten und letztlich zur Umbau-Serie gemäß SCB-125 bzw. (für *Midway* und die Schwesterschiffe) SCB-110/ 110a. Foto: USN (Sammlung J. Kürsener)

Dieses Foto wurde im September 1957 aufgenommen, als CVA-9 *Essex* bereits SCB-125 durchlaufen hatte. Neben mehreren Hubschraubern befinden sich Kampfflugzeuge an Deck, darunter noch drei AJ-1 Savage-Bomber. Die Anzahl der 7,6-cm-Flak wurde reduziert, an der Schornsteinkante findet man immer noch die Radarantenne SC-2. Foto: Sammlung S. Breyer

Essex war als CVS oft gern gesehener Gast in Hamburg. Dieses Foto stammt aus dem Jahre 1968 und zeigt das Schiff so, wie es zuletzt ausgesehen hat. Der Steuerbord-Seitenaufzug ist hochgeklappt, um das Anlegemanöver nicht zu behindern. S-2- und SH-3-Maschinen befinden sich an Bord. Die 12,7-cm-Bewaffnung wurde reduziert. Foto: Verfasser

Charakteristisch für die SCB-27A/27C-Umbauten war u. a. die neue Insel, auf der hier – im Jahre 1968 – das achtere FLG Mk 37 mit FL-Radar Mk 25 bereits fehlt. Das Schiff fuhr bis zum Schluß mit der hier sichtbaren elektronischen Ausrüstung. Von der Mastspitze nach unten sind festzustellen: TACAN, SPS-10, SPS-6, SPS-37, SPS-8A. Die diagonale Konstruktion unterhalb des Niveaus des Flugzeugdecks beherbergt die Rolltreppe (Elektromotor als Antrieb ist zuoberst sichtbar), womit die Flugzeugbesatzungen in ihren Bordanzügen schnellstmöglich von den Bereitschaftsräumen der einzelnen Staffeln zu den wartenden Flugzeugen befördert wurden. Foto: Verfasser

CV-10 Yorktown

Kurzlebenslauf

2/51	Umbau nach SCB-27A.
1/1953	Wieder in Dienst.
9/1953	TV 77 Korea (kein Kriegseinsatz mehr).
1954	Mehrere Einsätze im Westpazifik.
7/1954	Umbau nach SCB-27C.
10/1955	Wieder bei der Flotte.
9/1957	Vorbereitung zur Verwendung als CVS, danach mehrere Wechsel zwischen Westküste und Westpazifik.
1970	Kurze Zeit bei der Atlantischen Flotte, bis zur Außerdienststellung

Schiffselektronik

Radar:

1953/58	SPS-6, SPS-8A, SC-2
1961	SPS-6, SPS-8A
1962	SPS-43, SPS-30
1970	unverändert wie vorstehend

Feuerleitung:

1953	2 Mk 37 mit FL-Radar Mk 25, mehrere Mk 56
1961	1 Mk 37 mit FL-Radar Mk 25

Sonstige Informationen

Flugzeugtreibstoff-Vorrat1953/68: 1135 t Benzin, 443 JP-5
Schiffstreibstoff-Vorrat 1953: 5235 ts; 1968: 6672 ts
Besatzungsstärke 1968: 371/2985
Geschwindigkeit 1968: 30,2 kn
Schiffslänge über alles 1953: 274,2 m; 1968: 271,5 m (Wegfall der achtern 40-mm-Flak-Wanne)
Yorktown sollte aus Etat 1966 gemäß FRAM II modernisiert werden. Dies ist möglicherweise wegen des fortgeschrittenen Vietnam-Krieges nicht realisiert worden.

Etwa 1953 oder 1954 wurde dieses Foto von CVA-10 *Yorktown* aufgenommen, also in der Zeit zwischen SCB-27A und SCB-125. Hier befinden sich noch alle 7,6-cm-Geschütze an Bord, ebenfalls die beiden FLG Mk 37 auf der Insel. Beachtenswert ist die Position des achteren 12,7-cm-Geschützpaares, das zum Unterschied von manchen Schwesterschiffen weiter vorne angebracht ist. Foto: Real Photographs

Drei Jahre nach SCB-125: CVS-10 *Yorktown* am 2. Februar 1958 vor der Marinewerft am Puget Sound. Entfernt wurden inzwischen sowohl alle 7,6-cm-Doppelflak wie auch ein FLG Mk 37.

Foto: USN (Sammlung BfZ)

In Paradeaufstellung präsentiert sich *Yorktown* hier am 19. September 1964. Vorn, über dem geschlossenen Bug ist der Zug des Marine Corps angetreten. Die übrige angetretene Besatzung formt den Verlauf der Außenkante des Flugzeugdecks nach. Neben nur wenigen Hubschraubern erkennt man die zur Selbstverteidigung mitgeführten A-4 Skyhawks und – weiter achtern – die beiden VS-Staffeln mit S-2 Trackers. Das geschwenkte FLG Mk 37 entspricht möglicherweise nicht den Vorschriften bei einer Parade. Das Radargerät SPS-30 ist voll von der Sonne angestrahlt. Beachtenswert ist weiterhin der Landespiegel, der weit über die Backbord-Deckskante des Schiffes hinausragt.

Foto: USN (Sammlung BfZ)

Kurz vor Außerdienststellung verlegte *Yorktown* nochmals in den Atlantik und besuchte dabei im November 1969 den Hafen von Kiel. Das Foto zeigt die vordere Inselpartie mit Admiralsbrücke (unten) und Kommandantenbrücke sowie die konzentrierte Elektronik.
Foto: Dr. W. Noecker (†)

CV-11 Intrepid

Kurzlebenslauf

2/1952	Reaktivierung, Umbau nach SCB-27C.
10/1954	In Dienst, Ostküste.
1955/56	Wechsel zwischen Ostküste und Mittelmeer.
9/1956	Umbau nach SCB-125.
1957/65	Mehrfacher Wechsel zwischen Ostküste und Mittelmeer.
4/1965	FRAM II-Modernisierung.
1966	Zeitweise bei der VII. Flotte vor Vietnam, dann Ostküste.
1967	Zweiter Vietnam-Einsatz (nach letzter Suezkanal-Fahrt vor dem Nahostkrieg).
1968/73	Mehrfacher Wechsel zwischen II. Flotte (Ostküste) und VI. Flotte (Mittelmeer) bis zur Außerdienststellung.

Schiffselektronik

Radar:

1954	SPS-12, SPS-8A, SC-2
1958	SPS 12, SPS-8A
1961	SPS-37, SPS-12, SPS-8A
1966	SPS-37, SPS-30
1973	unverändert wie vorstehend

Feuerleitung:

1954	2 Mk 37 mit FL-Radar Mk 25, mehrere Mk 56
1973	wie vorstehend, nur weniger Mk 56

CVA-11 *Intrepid* Mitte 1954, kurz nach Beendigung des Umbaus nach SCB-27C. Die Bugwannen der 7,6-cm-Flak sind leer, der Steuerbordaufzug ist hochgeklappt. Die TACAN-Navigationshilfe befindet sich auf der Mastspitze. Es sind hier noch keine Katapultausleger vorhanden. Foto: USN

Auch am 7. Februar 1955 fehlen die 7,6 cm-Flak in den Bugwannen von CVA-11. Die Katapultbahnen divergieren gegenüber der Decks-Achse. Die Backbord-Stände ragen weiter über die Deckskante hinaus. Foto: USN (Sammlung G. Albrecht)

Nach Beendigung der Gastrolle als temporärer CVA vor Vietnam übernahm *Intrepid* wieder seine Aufgaben als CVS im Atlantik. Diese Aufnahme wurde am 30. Oktober 1970 im Seegebiet vor Kuba gemacht und zeigt das Schiff in seinem Endzustand. Neuere TACAN-Antenne, ECCM-Antennen unter dem SPS-37-Radargerät und vor dem an Backbord befindlichen Landespiegel; eine Reihe von Illuminations-Scheinwerfern unterhalb des SPS-30-Gerätes. Foto: USN

Backbordansicht von *Intrepid* während des Salutschießens anläßlich eines Besuchs in Kiel im Jahre 1970. Obwohl die letzten 7,6-cm-Geschütze schon seit geraumer Zeit entfernt worden sind und obwohl sich nur noch vier 12,7-cm-Kanonen an Bord befinden, wurden die Heckwannen und das zweite FLG Mk 37 noch beibehalten. Foto: Verfasser

Bei einem späteren Besuch der *Intrepid* in Kiel im Jahre 1971 aufgenommen: die Insel mit den beiden FLG Mk 37 und dazugehörigem FL-Radar Mk 25. Neben *Essex* war *Intrepid* der einzige CVS, der bis zum Schluß SPS-37-Radar behielt, d. h. zu keinem Zeitpunkt mit SPS-43 ausgerüstet war. Die Anflugantenne wird durch ein Kunststoff-Radom vor den Witterungseinflüssen geschützt. Foto: Verfasser

Während eines der letzten Mittelmeer-Einsätze *Intrepid* am 7. Juli 1971: SH-3-Hubschrauber und S-2-Flugzeuge neben zwei A-4C und zwei E-1A. Beachtenswert sind die Katapult-Ausleger am Bug. Foto: USN (Sammlung BfZ)

CV-12 Hornet

Kurzlebenslauf

3/1951	Reaktiviert; Ostküste Werft, Umbau nach SCB-27A.
9/1953	Wieder im Dienst.
1954	Weltreise.
7/1954	Westpazifik, Westküste.
1955	Westpazifik.
12/1955	Westküste Werft, Umbau nach SCB-125.
1957/1970	zahlreiche Wechsel zwischen Westpazifik und Westküste; Vietnam-Einsätze.
6/1970	Außerdienststellung, Reserveflotte.

Schiffselektronik

Radar:

1955	SPS-6, SPS-8A, SC-2
1959	SPS-37, SPS-6, SPS-8A
1966	SPS-43, SPS-8A, SPS-6
1970	SPS-43, SPS-30

Feuerleitung:

1956	1 Mk 37 mit FL-Radar Mk 25, mehrere Mk 56
1959/70	wie vorstehend, nur weniger Mk 56

CVA-12 *Hornet,* hier Anfang 1955 in den Gewässern von Formosa, kurz vor Beginn des Umbaus nach SCB-125, mit Strahljägern und AD-Propellermaschinen an Bord. Der Öltanker *Passumpsic* (AO-107) beölt die *Hornet* und den damals noch als Radarwarn-Zerstörer operierenden DD-743 *Southerland.* Der Zerstörer führt neben SPS-4 (über dem achteren Schornstein) an der Maststenge den „homing beacon" des Typs YE, womit die Rolle dieses Zerstörers im Rahmen der Träger-Kampfgruppe hinlänglich umrissen ist.
Foto: USN (Sammlung S. Breyer)

Vor der Marinewerft Puget Sound, unmittelbar nach Beendigung des Umbaus nach SCB-125: *Hornet* am 24. August 1956. Nur noch acht 7,6-cm- und an Steuerbord achtern nur noch eine 12,7-cm-Kanone, hinter der ein FLG Mk 56 sichtbar ist. Das zweite FLG Mk 37 fehlt hier bereits. Foto: USN (Sammlung BfZ)

Auch noch 1957 führt *Hornet* die Radarantenne SC-2 an der Kante des Schornsteins. SCB-27A-Schiffe, die ja bis zum Schluß hydraulische Katapulte hatten, erhielten während des SCB-125-Umbaus keine Katapult-Ausleger. Beachtenswert ist an der Achterkante des Schornsteines die Kanzel der Flugverkehrskontrolle („primary flight control“). Foto: Real Photographs

Aufgenommen Ende der 60er Jahre aus fast gleicher Perspektive: CVS-12 *Hornet* im letzten Zustand mit verändertem Markierungs-Schema des Flugzeugdecks, mit reduzierter Bewaffnung sowie mit veränderter Radar- und TACAN-Ausrüstung. Foto: USN

CV-14 Ticonderoga

Kurzlebenslauf

1/1952	Beschränkte Indienststellung, Werft: Umbau nach SCB-27C.
4/1954	Wieder im Dienst.
1/1955	Wiederaufnahme der Flugoperationen.
11/1955	VI. Flotte im Mittelmeer.
8/1956	Werft: Umbau nach SCB-125.
4/1957	Westküste; mehrere Jahre Wechsel zwischen I. Flotte (Westküste) und VII. Flotte (Westpazifik).
8/1964	*Maddox*-Zwischenfall im Golf von Tonkin, erste Angriffe auf Inseln vor Vietnam; danach permanenter Wechsel zwischen Westküste und Westpazifik einschließlich Vietnam-Einsätze – auch noch nach Umklassifizierung als CVS.
9/1973	Außerdienststellung.

Schiffselektronik

Radar:

1955	SPS-12, SPS-8A, SC-2
1960	SPS-37, SPS-12, SPS-8A
1963	SPS-43, SPS-12, SPS-8A
1966	SPS-43, SPS-30
1973	unverändert wie vorstehend

Feuerleitung:

1955	2 Mk 37 mit FL-Radar Mk 25, mehrere Mk 56
1965	2 Mk 37 mit FL-Radar Mk 25, weniger Mk 56
1965	2 Mk 37 mit FL-Radar Mk 25, weniger Mk 56
1973	1 Mk 37 mit FL-Radar Mk 25

Etwa 1970 wurde dieses Foto von CVS-14 *Ticonderoga* aufgenommen. Beachte die Ausleger in Verlängerung der Dampfkatapulte, die einzeln stehende 12,7-cm-Kanone an Backbord vorn und die besondere Decks-Markierung. Die Form der achtern angebrachten Funkantenne ist für diesen Träger typisch. Die ECCM-Antenne steht weit von der Backbordkante des Flugzeugdecks ab. An der Innenseite der Insel befinden sich mehrere Traktoren-Jeeps sowie ein gelb angemalter mobiler Kran. Foto: USN (Sammlung BfZ)

Drei Jahre vor der letzten Außerdienststellung: CVS-14 *Ticonderoga* am 26. Juni 1970 im Hafen von San Diego, nach Abflug des Bordgeschwaders. Foto: L. R. Cote

CV-15 Randolph

Kurzlebenslauf

7/1953	Nach SCB-27A-Umbau Wechsel zwischen Ostküste und Mittelmeer.
6/1955	Werft: Umbau nach SCB-125.
1/1965	Einsatz Ostküste, erster Abschuß des Regulus I-Marsch-Flugkörpers im atlantischen Bereich, danach bis
3/1959	Wechsel zwischen II. und VI. Flotte, ebenso als CVS.
2/1969	Außerdienststellung.

Schiffselektronik

Radar:

1954	SPS-6, SPS-8A, SC-2
1957	wie vorstehend
1965	SPS-43, SPS-30
1969	unverändert wie vorstehend

Feuerleitung:

1954	2 Mk 37 mit FL-Radar Mk 25, mehrere Mk 56
1965	1 Mk 37 mit FL-Radar Mk 25, weniger Mk 56
1969	unverändert wie vorstehend

Verschieden angemalte Strahljäger befinden sich an Bord von CVA-15 *Randolph*, aufgenommen in der Zeit zwischen 1956 und 1959. Die Möglichkeiten der Voll-Stabilisierung werden an der SPN-Antenne und an SPS-8A demonstriert. Nur wenige 7,6-cm-Flak und nur ein FLG Mk 37. Auf dem Steuerbordaufzug befindet sich eine Kampfmaschine des Typs AD Skyraider. Die Peitschenantennen sind wegen des Flugbetriebes seitlich abgeklappt. Foto: Real Photographs

Im Mittelmeer aufgenommen wurde am 30. Juni 1965 CVS-15 *Randolph*, nunmehr mit SPS-43 und SPS-30 ausgerüstet. Foto: G. Gotuzzo

Bei der selben Gelegenheit aufgenommen: Achteransicht von *Randolph* mit Sicht auf den Flugzeugdeck-Überhang und die beiden nicht belegten Flak-Wannen, auf denen der Name des Schiffes angebracht ist. Hinter der 12,7-cm-Kanone befindet sich ein FLG Mk 56. Foto: G. Gotuzzo

CV-16 Lexington

Kurzlebenslauf

9/1953	Werft: Umbau nach SCB-27C und 125.
8/1955	Wieder im Dienst; Pazifik.
1956/62	Mehrfacher Wechsel zwischen Westküste und Westpazifik.
1/1962	Atlantik; Vorbereitung zum Einsatz als Schulträger an Stelle von *Antietam.*
1962	Wegen Kuba-Blockade Unterbrechung der Arbeiten.
12/1963	Schulträger in Pensacola.
1978–1986	Noch so im Dienst

Schiffselektronik

Radar:	
1960	SPS-12, SPS-8A, SC-2
1961	SPS-43, SPS-12, SPS-8A
1968	wie vorstehend
ab 1970	SPS-43, SPS-12
Feuerleitung:	
1960/68	2 Mk 37 mit FL-Radar Mk 25, einige Mk 56
ab 1970	keine FLG mehr

Etwa 1961 mag dieses Foto von CVA-16 *Lexington* aufgenommen worden sein, als sich bereits keine 7,6-cm-Flak mehr an Bord befunden hat. Die Radarausrüstung besteht aus SPS-43, SPS-12 und SPS-8A.
Foto: USN (Sammlung BfZ)

Bereits seit 5 Jahren in seiner Rolle als Schulträger, jedoch noch voll kampffähig, CVS-16 *Lexington*, aufgenommen am 22. März 1968 im Golf von Mexico. Drei Hubschrauber des Typs SH-34 sind zu erkennen. Landeanflug-Radar ist durch ein Radom geschützt. *Lexington* hat zu keinem Zeitpunkt SPS-30-Radar geführt.
Foto: USN

AVT-16 *Lexington*, als Hilfsschiff eingestuft und bar aller Waffen. Nur noch SPS-43 und SPS-12-Radar sowie die Landeanflug-Radarantenne sind vorhanden. In diesem Zustand fährt *Lexington* noch heute.
Foto: USN (Sammlung BfZ)

CV-18 Wasp

Kurzlebenslauf

1948	Werft: Umbau nach SCB-27A.
10/1951	Nach Umbau wieder im Dienst; Atlantik.
1952	Mehrmaliger Wechsel zwischen Ostküste und Mittelmeer.
1953	7½ Monate Weltumrundung; Wechsel in den Pazifik.
10/1954	Westpazifik; Evakuierung von Tachen.
4/1955	Werft: Umbau nach SCB-125.
12/1955	Nach Umbau wieder im Dienst, dann Westpazifik.
1/1957	Wechsel zur Atlantischen Flotte als CVS, danach mehrmals Wechsel zwischen Ostküste und Mittelmeer.
1962	Blockade Kubas.
7/1970	Außerdienststellung und Streichung.

Schiffselektronik

Radar:

1952/54	SPS-6, SX, SC-2
1956	SPS-6, SPS-8A
1960	SPS-37, SPS-6
1961	SPS-37, SPS-6, SPS-8A
1962	SPS-43, SPS-6, SPS-8A
1964	SPS-43, SPS-8A
1967/70	SPS'43, SPS-30

Feuerleitung:

1952/54	2 Mk 37 mit FL-Radar Mk 25, mehrere Mk 56
1956/70	1 Mk 37 mit FL-Radar Mk 25, mehrere Mk 56

CVA-18 *Wasp* am 31. März 1954, der einzige Träger, der nach dem SCB-27A-Umbau noch die Radarantenne SX führte. Das auf dem Flugzeugdeck versammelte Geschwader setzt sich aus der zu jener Zeit üblichen Kombination von Strahljägern und Propeller-Kampfmaschinen zusammen. Die Steuerbord-Flak vom Kaliber 7,6 cm befinden sich dort, wo vor dem Umbau die Vierlinge standen. Foto: USN (Sammlung S. Breyer)

Am 15. April 1961 befindet sich *Wasp* im Atlantik, mit SH-34-Hubschrubern und S-2-U-Jagdflugzeugen an Bord. Die Radarausrüstung besteht aus SPS-37, SPS-6 und SPS-8A. Die 7,6-cm-Flak ist nicht mehr an Bord.
Foto: USN

Dieses Foto, das am 11. August 1962 aufgenommen wurde, zeigt die Anlage des Schräglandedecks. Das achtern auf der Insel befindliche FLG Mk 37 ist inzwischen entfernt worden, dafür findet man Mk 56 an der Deckskante. Die Heck-Wannen wurden ausgebaut.
Foto: USN (Sammlung BfZ)

Wasp weilte mehrmals auch in deutschen Häfen. Diese Aufnahme zeigt die elektronische Ausrüstung des Jahres 1962. Von oben nach unten: TACAN SRN-3, einige ECM-Antennen, Mitte links SPS-10, darunter SPS-6, rechts die Landeanflug-Radarantenne SPN-6, darunter SPS-43, links davon SPS-8A. Nach der Außerdienststellung Mitte 1970 wurde *Wasp* abgewrackt. Es ist interessant zu erfahren, daß der Verschrottungs-Erlös seinerzeit 500.250,– $ betragen hat. Foto: Verfasser

Bildtext ▽ folgende Seite oben.

Einziger Flugzeugträger bei der See-Parade von Portsmouth anläßlich des NATO-Jubiläums im Mai 1969 war USS *Wasp*, hier in voller Flaggen-Gala zu Ehren der britischen Königin. An Stelle von SPS-8A befindet sich nun SPS-30-Radar. Es sind nur noch vier 12,7-cm-Kanonen vorhanden. Fotos: Verfasser

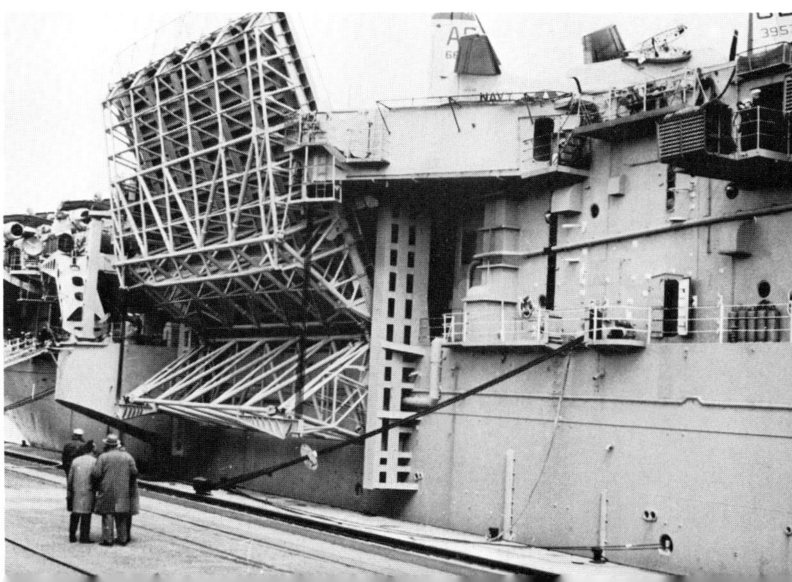

Drei Positionen des Steuerbord-Flugzeugaufzuges, der auch als Hebewerk für Anbordnahme von Nachschubgütern benutzt wurde: auf dem Niveau des Hangardecks, in Höhe des Flugzeugdecks und hochgeklappt. Hinter dem Aufzug befindet sich ein schwerer Schiffskran. Fotos: Verfasser

CV-19 Hancock

Kurzlebenslauf

12/1951	Werft: Umbau nach SCB-27C.
2/1954	Nach Umbau wieder im Dienst.
1955	Wechsel zwischen Westküste und Pazifik.
4/1954	Werft: Umbau nach SCB-125.
1956/75	Zahlreiche Wechsel zwischen der I. bzw. III. Flotte (Westküste) und VII. Flotte (Westpazifik), darunter auch zahlreiche Vietnam-Einsätze.
1/1976	Außerdienststellung und Streichung.

Schiffselektronik

Radar:

1954/57	SPS-12, SPS-8A
1959/61	SPS-37, SPS-12, SPS-8A
1962/65	SPS-43, SPS-12, SPS-8A
1966/71	SPS-43, SPS-30

Feuerleitung:

1954/71	2 Mk 37 mit FL-Radar Mk 25, mehrere Mk 56

CVA-19 *Hancock* nach einer Werftzeit in der Marinewerft San Francisco, aufgenommen etwa 1959, ca. drei Jahre nach dem SCB-125-Umbau. Keine 7,6-cm-Flak mehr an Bord, aber immer noch FLG Mk 56. Zwei 12,7-cm-Kanonen befinden sich weit achtern. Der Kran ist hier *vor* dem Klapp-Aufzug. Ein gedeckter Leichter (YFN) liegt unter dem Kran längsseits.
Foto: USN (Sammlung BfZ)

Von einem Katapultwagen wurde Mitte der 50er Jahre von der *Hancock* aus der Mittelstrecken-Flugkörper Regulus I gestartet. Foto: USN (Sammlung BfZ)

Im Anschluß an eine Einsatzfahrt in den Westpazifik verlegt CVA-19 *Hancock* in Richtung Träger-Stützpunkt Alameda bei San Francisco. Das Luftbild wurde am 3. März 1969 aufgenommen. Über dem Radom befindet sich eine Satelliten-Antenne. SPS-43 und SPS-30-Radar gehören nun zum Inventar an Sensoren.
Foto: USN (Sammlung BfZ)

E-1-, A-4- und F-8-Maschinen befinden sich an Deck der *Hancock* am 28. Oktober 1970. Zusatztanks sind auf einer der Außenplattformen gelagert. An Backbord achtern ist noch ein FLG Mk 56 zu sehen.
Foto: USN (Sammlung BfZ)

CV-20 Bennington

Kurzlebenslauf

1950/52	Werft: Umbau nach SCB-27A.
1953/54	Ostküste.
5/1954	Katapult-Explosion: 103 Tote, 201 Verletzte.
1954/55	Werft: Umbau nach SCB-125.
9/1955	Pazifik; seitdem ständiger Wechsel zwischen Westküste und Westpazifik.
1/1970	Außerdienststellung, Reserveflotte.

Schiffselektronik

Radar:

1953/57	SPS-6, SPS-8A, SC-2
1963/70	SPS-43, SPS-30

Feuerleitung:

1953	2 Mk 37 mit FL-Radar Mk 25, mehrere Mk 56
1965	1 Mk 37 mit FL-Radar Mk 25, mehrere Mk 56

Ein Jahr nach dem SCB-27A-Umbau, am 21. November 1953, wurde CVA-20 *Bennington* im Mittelmeer vor Toulon aufgenommen. Die meisten der hell und dunkel angemalten Flugzeuge des Bordgeschwaders befinden sich auf dem Flugzeugdeck. Radarausrüstung: SPS-6, SPS-8A, SC-2. Foto: M. Bar

2 ½ Jahre nach SCB-125: *Bennington* am 15. Oktober 1957 vor der Marinewerft in San Francisco. Das Rechteck über dem Flugzeugdeck ist die Oberkante des hochgeklappten Steuerbord-Aufzuges. Foto: USN (Sammlung BfZ)

Buganansicht der *Bennington*, aufgenommen ebenfalls am 15. Oktober 1957. Foto: USN (Sammlung BfZ)

Das letzte Aussehen der *Bennington*, nunmehr als CVS, hier mit SPS-43 und SPS-30-Radar. Nach Durchführung der FRAM-Modernisierung findet man hier nunmehr einen Buganker, der im Zusammenhang mit der Anbringung des Bugsonardoms für SQS-23-Sonar steht. Foto: USN

CV-21 Boxer

Kurzlebenslauf

7/1950	Erste Einsätze vor Korea.
3/1951	Zweiter Korea-Einsatz.
2/1952	Dritter Korea-Einsatz.
4/1953	Vierter Korea-Einsatz, dazwischen immer wieder Fahrten zur Westküste, dabei Werftzeiten und Flugzeugtransport neben regulären Kampfaufgaben. Ab
1954	Wechsel zwischen der I. und VII. Flotte.
1/1959	Atlantik; Umrüstung als LPH-4; zu PHIBLANT.
12/1969	Außerdienststellung und Streichung.

Schiffselektronik

Radar:

1953	SK-2, SX, SPS-4
1957/59	SPS-6, SPS-8A, wieder SC-2, SPS-4
1968	SPS-6, SPS-8A

Feuerleitung:

1953	2 Mk 37 mit FL-Radar Mk 25, mehrere Mk 63 mit FL-Radar Mk 34

Geschwader, Staffeln, Flugzeuge

7/1950	Als Flugzeugtransporter: 145 P-51 und 6 L-5 der USAAF sowie 19 Navy-Flugzeuge, insgesamt 170 Maschinen.

Diese beiden Fotos von CVA-21 *Boxer* wurden zu verschiedenen Zeiten aufgenommen, etwa 1953 oder später. Neben der großen Kenn-Nummer an der Schiffsflanke findet man zu diesem späten Zeitpunkt noch eine kleine am Bug. Radarausrüstung: SPS-6, SPS-8A, SC-2. Die Bugflak 40 mm fehlt hier.

Foto: Real Photographs

Diese 1968 gemachte Aufnahme zeigt die rechteckige Form des Hubschrauberdecks von LPH-4 *Boxer*. Nur noch acht 12,7-cm-Geschütze in den vier Doppeltürmen an Deck. Foto: USN (Sammlung BfZ)

Zwei Wochen vor Erhalt der neuen LPH-Kenn-Nummer: CVS-21 *Boxer* am 15. Januar 1959, bereits mit neuer Decksmarkierung und mit Transport-Hubschraubern des Marine Corps an Bord. Es befinden sich keine 40-mm-Vierlinge mehr an Bord, jedoch noch zwölf 12,7-cm-Kanonen. Man erkennt einige Hubschrauber der Typen H-34 und H-37. Foto: USN (Sammlung BfZ)

CV-31 Bon Homme Richard

Kurzlebenslauf

1/1951	Reaktiviert für Einsatz vor Korea.
5/1951	TF 77 vor Korea; Westküste.
1952	TF 77 vor Korea.
7/1952	Werft: Umbau nach SCB-27C/125.
11/1955	Wieder im Dienst; ab
1956	Zahlreiche Wechsel zwischen Westküste und Westpazifik, darunter mehrere Vietnam-Einsätze.
7/1971	Außerdienststellung, Reserveflotte.

Schiffselektronik

Radar:

1951	SPS-6, SK-2, SP
1955	SPS-8A, SC-2, SPS-12
1962/71	SPS-43, SPS-12, SPS-30

Feuerleitung:

1951	vermutlich wie 1945: 2 Mk 37 mit FL-Radar Mk 12/22, 7 Mk 51 Mod. 3, 5 Mk 63 und 8 Mk 51 Mod. 2
1955	2 Mk 37 mit FL-Radar Mk 25, mehrere Mk 56
1965/70	1 Mk 37 mit FL-Radar Mk 25, einige Mk 56

Mit den Katapult-Auslegern aller SCB-27C/125-Träger präsentiert sich hier CVA-31 *Bon Homme Richard* am 2. November 1967 im Golf von Tonkin mit SPS-43- und SPS-30-Radar. Foto: USN (Sammlung BfZ)

Bon Homme Richard am 2. Februar 1970 vor San Diego. Foto: L. R. Cote

Diese Luftaufnahme der *Bon Homme Richard* entstand im Juli 1970 in der Südchinesischen See. Maschinen der Typen F-8, A-3, EA-1 und A-4 sind an Bord. Auch nach Reklassifizierung aller aktiven CVA und CV am 1. 7. 1975 blieb *BHR* CVA der Reserveflotte.
Foto: USN (Sammlung BfZ)

CV-32 Leyte

Kurzlebenslauf

9/1950	Wechsel in den Pazifik; TF 77 Korea.
1951/52	Rückkehr zur Ostküste, Werft; zwei Mittelmeer-Einsätze.
2/1953	Sollte außer Dienst gestellt werden, blieb aber im aktiven Dienst; dafür Modernisierung als CVS bis 1/1954.
1954/59	U-Jagdoperationen Ostküste.
5/1959	Außerdienststellung, Reserveflotte.

Schiffselektronik

Radar:

1955/58	SPS-6, SPS-8A

Feuerleitung:

1958	2 Mk 37 mit FL-Radar Mk 25 und wahrscheinlich auch einige Mk 56 und Mk 63

Drei Jahre nach der Indienststellung: CV-32 *Leyte* am 1. Oktober 1949 im Mittelmeer, mit SK-2- und SX-Radar. Die FLG Mk 37 sind bereits mit FL-Radar Mk 25 ausgerüstet und einige 40-mm-Vierlinge sind radargesteuert. An der Steuerbordseite des Rumpfes befinden sich keine 40-mm-Flak. Foto: M. Bar

Diese Luftaufnahme zeigt *Leyte* am 18. März 1952, immer noch nahezu unverändert. Obwohl kein Flugbetrieb stattfindet, sind die Funkantennen seitlich abgeklappt. Foto: USN

Leyte, Aussehen etwa 1955/57 als CVS. S2F- und HSS-Maschinen befinden sich an Deck. Bug-40-mm-Vierlinge fehlen. Ein Pfahlmast ersetzte den alten Dreibeinmast. SPS-6 und SPS-8A sind auf dieser nicht sehr scharfen Aufnahme festzustellen. Foto: USN

CV-33 Kearsarge

Kurzlebenslauf

1/1950	Westküste; Werft: Umbau nach SCB-27A.
1952	Pazifik; TF 77 vor Korea.
1953	Westküste, 2. Korea-Einsatz.
1954	Westküste, 3. Korea-Einsatz.
1/1956	Werft: Umbau nach SCB-125.
1955/61	Mehrfacher Wechsel zwischen der I. und VII. Flotte.
11/1961	FRAM II-Modernisierung.
1962/69	Mehrfacher Wechsel zwischen der I. und VII. Flotte, darunter auch Vietnam-Einsätze.
2/1970	Außerdienststellung, Reserveflotte.

Schiffselektronik

Radar:

1952	SPS-4, SPS-6, SX
1954	SPS-6, SPS-8A, SC-2
1961	SPS-37, SPS-6, SPS-8A
1962	SPS-43, SPS-12, SPS-8A
1966/70	SPS-43, SPS-30

Feuerleitung:

1950	2 Mk 37 mit FL-Radar Mk 25, 4 Mk 56 und einige Mk 63 mit FL-Radar Mk 28
1952	2 Mk 37 mit FL-Radar Mk 25, mehrere Mk 56
1961	1 Mk 37 mit FL-Radar Mk 25, einige Mk 56

Unmittelbar nach dem SCB-27A-Umbau wurde hier CV-33 *Kearsarge* am 22. März 1952 vor der Marinewerft Puget Sound aufgenommen. Das lay-out der Steuerbord-12,7-cm- und 7,6-cm-Kanonen kann klar erkannt werden. Neben den beiden FLG Mk 37 sind auch vier Mk 56-Geräte vorhanden sowie für jeden 7,6-cm-Zwilling ein FLG Mk 63. Die Kenn-Nummer auf der Insel entspricht noch nicht dem Standard. Zu diesem Zeitpunkt sollen sich nur zwanzig 7,6-cm-Flak an Bord befunden haben. Neben den Radaranlagen SPS-6 und SX findet man auch SPS-4 auf dem nach achtern gerichteten Mastausleger.
Foto: USN (Sammlung A. D. Baker)

Mit einigen Skyraiders an Bord sieht man hier *Kearsarge* etwa 1954/55, noch vor SCB-125. Die Bug-7,6-cm-Flak wurden 1954 entfernt. Foto: Real Photographs

Dieses Foto zeigt das letzte Aussehen der *Kearsarge* als CVS und wurde nach 1962, d. h. nach der FRAM-II-Modernisierung, aufgenommen, wovon der Buganker zeugt. Die 12,7-cm-Batterie wurde bereits reduziert.
Foto: USN (Sammlung BfZ)

CV-34 Oriskany

Kurzlebenslauf

8/1947	Bau unterbrochen bis
6/1950	dann Fertigstellung nach SCB-27A.
1951	Mittelmeereinsatz, Ostküste.
11/1951	Werft: Verstärkung des Flugzeugdecks.
5/1952	Wechsel zur Westküste.
9/1952	Korea.
1953	Wechsel zwischen Westküste und Korea-Einsätzen.
1954	Westpazifik, Westküste Werft.
1955	Westküste, Westpazifik.
1956	Westküste, Westpazifik.
9/1957	Werft: Umbau nach SCB-125A.
5/1959	Wieder im Dienst; Westküste.
1960	Westpazifik, Westküste.
3/1961	Werft: Einbau von NTDS (erstmalig).
1962/66	Mehrfacher Wechsel zwischen I. und VII. Flotte, darunter Vietnam-Einsätze.
10/1966	Feuersbrunst: 44 Tote; Westküste Werft.
1967	Werft, Westpazifik, Vietnam.
1968	Westküste, Werft.
1969/75	Mehrfacher Wechsel zwischen III. und VII. Flotte.
4/1976	Außerdienststellung, Reserveflotte.

Schiffselektronik

Radar:

1950/53	SPS-6, SPS-8A, SC-2
1954	SPS-6, SPS-8A, SPS-4
1960	SPS-37, SPS-12, SPS-8A
1967/76	SPS-43/30

Feuerleitung:

1950/68	2 Mk 37 mit FL-Radar Mk 25, mehrere Mk 56
1974/76	1 Mk 37 mit FL-Radar Mk 25

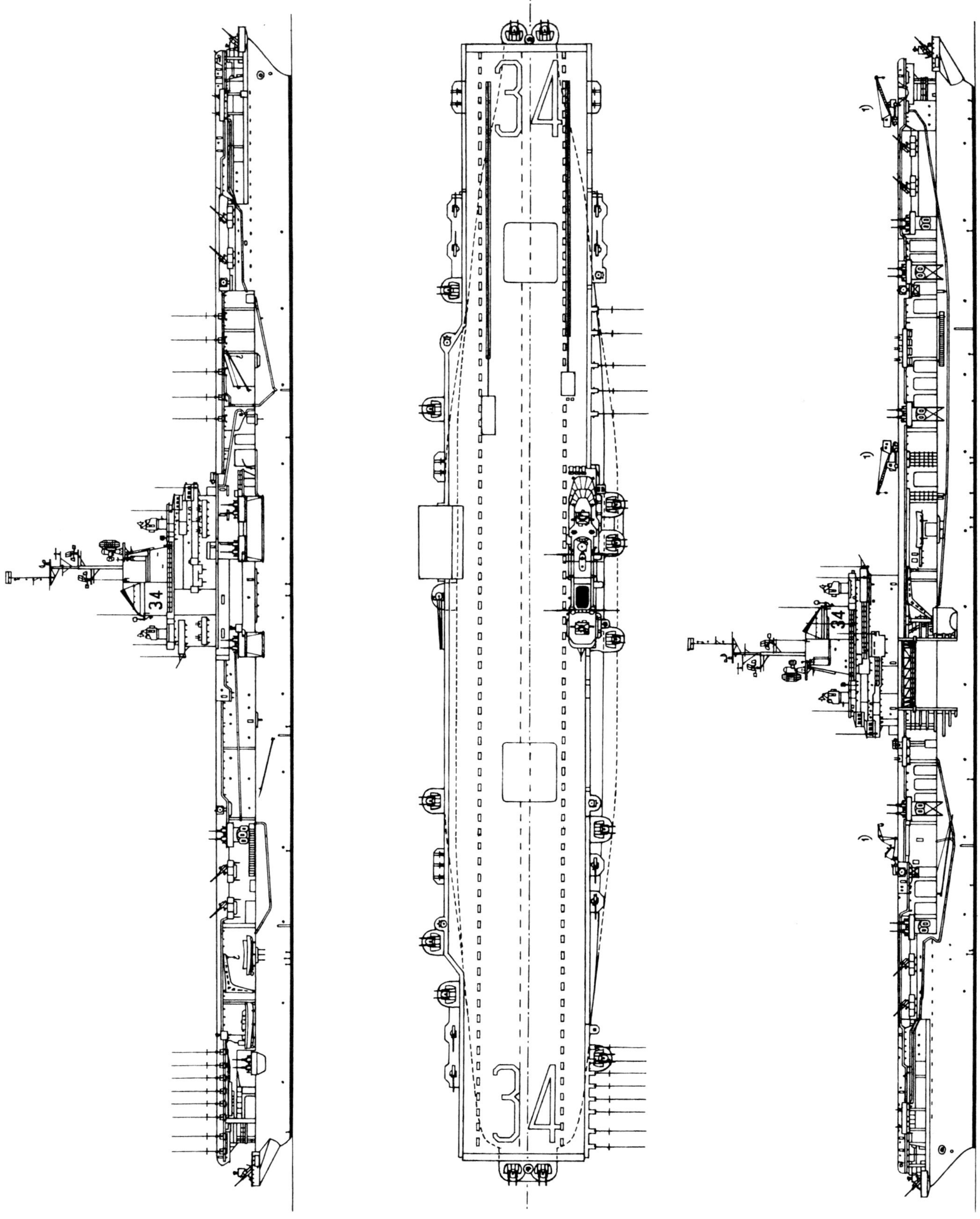

CV-34 *Oriskany* wurde gleich nach dem Umbau-Modell SCB-27A fertiggestellt. Hierbei behielt der Rumpf in fast allen Teilen die Charakteristik der Ur-Klasse, wovon unter anderem auch die Postierung etlicher Steuerbord-Flak-Nester zeugt. CV-34 war möglicherweise das einzige SCB-27A-Schiff, das noch mit einigen 20-mm-Doppelflak bestückt war. Die damals noch geführte Radarantenne SC-2 ist hier nicht zu lokalisieren.

CV-34 *Oriskany*, das einzige Schiff der *Essex*-Klasse, das nach Unterbrechung der Bautätigkeit erst 1950 gleich nach SCB-27A fertiggestellt wurde. Dieses Foto entstand am 6. Dezember 1950 vor New York. SPS-6 und SX-Radar sowie YE „homing beacon" an der Mastspitze sind zu beobachten. An der Backbordseite vorne können einige 20-mm-Maschinenflak ausgemacht werden. Foto: USN (Sammlung G. Albrecht)

Ähnlich wie auf einem weiter vorn abgedruckten Foto der *Essex* wird auf diesem achterlichen Foto der *Oriskany* die Problematik der Landung von Strahlflugzeugen auf Trägern ohne Schräglandedeck deutlich: große Anzahl an Fangseilen, Auffang-Barriere aus Nylon, kein ausreichender Abstellraum; gelandete Flugzeuge müssen entweder gleich über den Mittelaufzug in den Hangar, oder die Barriere muß vor jedem gelandeten Flugzeug auf das Deck geklappt werden. Wegen der hohen Landegeschwindigkeit der Strahlflugzeuge läuft das Schiff mit hoher Fahrt gegen den Wind, wobei Rauchgase aus dem Schornstein die Sicht des landenden Piloten stören. Foto: USN (Sammlung S. Breyer)

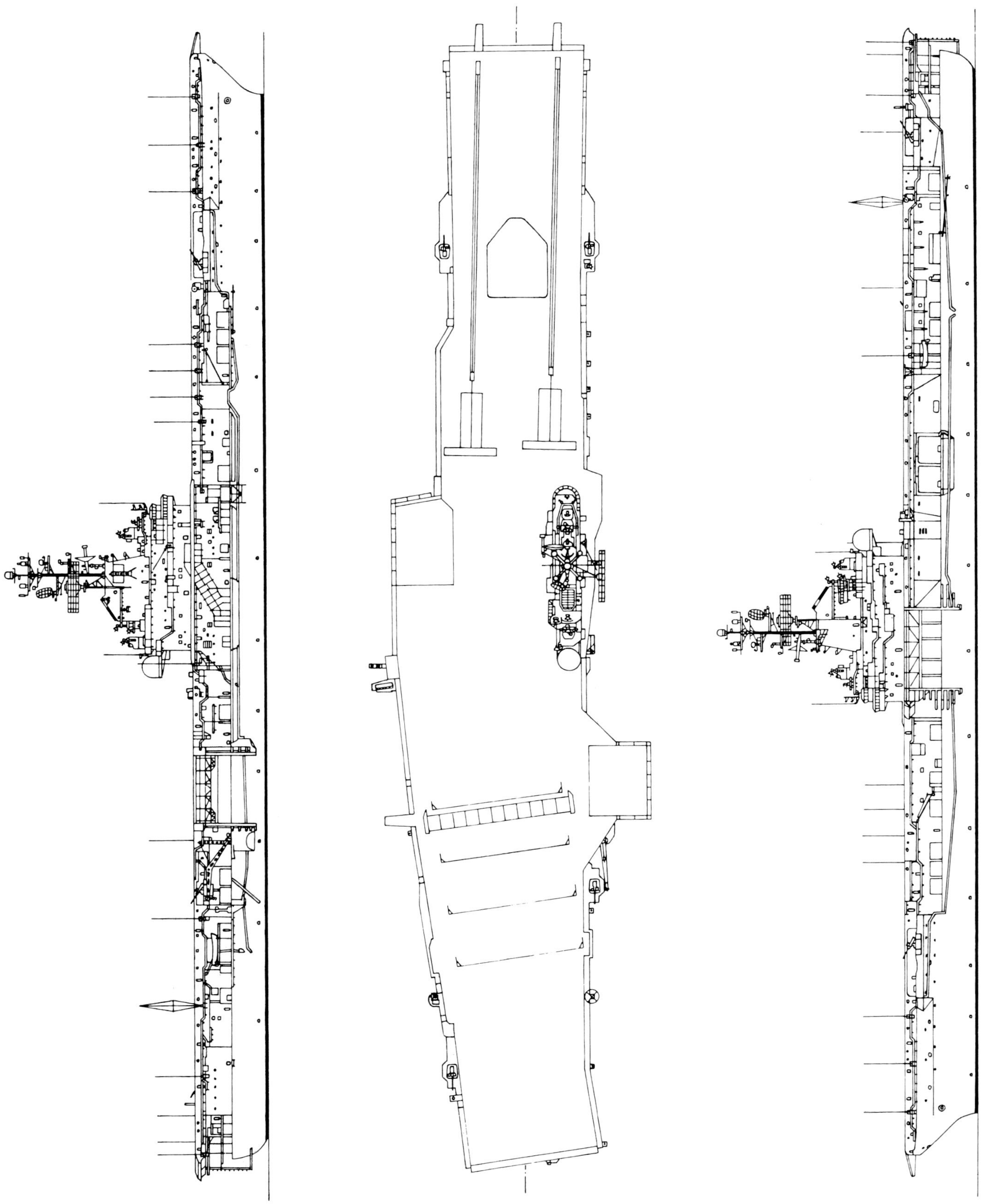

CV-34, Aussehen 1974.

Die Silhouette des SCB-27A-Schiffes wird auf diesem Foto der *Oriskany* vom 15. Oktober 1954 deutlich, das vor der Marinewerft San Franzisco aufgenommen wurde. SX-Radar wurde inzwischen gegen SPS-8A ausgetauscht. Die Bug-7,6-cm-Geschütze fehlen hier schon.
Foto: USN (Sammlung A. D. Baker)

Als letzter aller modernisierten Träger des Typs *Essex* erhielt *Oriskany* zwischen 1957 und 1958 im Rahmen des Umbaus nach SCB-125A u. a. auch das Schräglandedeck und den geschlossenen Bug. Dieses Foto wurde am 8. Juli 1960 aufgenommen und zeigt die Veränderungen nach diesem Umbau: Katapultausleger, SPS-37 und SPS-12-Radarantennen, TACAN, Wegfall der 7,6-cm-Flak, Landespiegel. Einige F3H Demon-Jäger sind zum Start angetreten.
Foto: USN (Sammlung G. Albrecht)

Während des Einsatzes vor Vietnam: *Oriskany* am 18. September 1967 im Golf von Tonkin, begleitet von den Zerstörern *George K. Mackenzie* (DD-836) und *Eaton* (DD-510). Nur noch vier 12,7-cm-Kanonen, jedoch dafür zwei FLG Mk 37 und außerdem noch mindestens zwei FLG Mk 56. Inzwischen erhielt das Schiff die Radarantennen SPS-43 und SPS-30. Auf dem Flugzeugdeck erkennbar sind Maschinen der Typen A-1, A-3, A-4, und F-8. Foto: USN (Sammlung BfZ)

Im Jahre 1974 entstand diese Luftaufnahme der *Oriskany*. Gegenüber dem Aussehen von 1967 gibt es kaum nennenswerte Veränderungen. *Oriskany* ist der einzige bisher eingemottete Träger, der die Kürzung CV führt; alle anderen vor dem 1. 7. 1975 in die Reserveflotte überführten Träger behielten die Bezeichnung als CVA bzw. CVS. Foto: USN (Sammlung J. Kürsener)

CV-36 Antietam

Kurzlebenslauf

6/1951	Reaktiviert für Korea-Einsatz.
1951/52	TF 77 vor Korea.
5/1952	Werft: Umbau als Testschiff mit Schräglandedeck.
10/1953	Atlantik.
1954/56	U-Jagdaufgaben (CARDIV 14 und 18).
1956	Europa-Besuche; Suez-Krise im Mittelmeer.
1957	Schulträger in Pensacola an Stelle von CVL-48 *Saipan.*
5/1963	Außerdienststellung, Reserveflotte.

Schiffselektronik

Radar:

1950/52	SPS-6, SK-2, SX, evtl. SG-6 bzw. SPS-4
1953	wie vorstehend, aber auch SC-2
1956	SPS-6, SPS-8A, SC-2
1961/63	SPS-6, SPS-8A

Feuerleitung:

1951	2 Mk 37 mit FL-Radar Mk 25, ansonsten vermutlich wie 1945: 10 Mk 51 Mod. 3, 7 Mk 51 Mod. 2, 4 Mk 63
1956	2 Mk 37 mit FL-Radar Mk 25 sowie einige Mk 56

CV-36 *Antietam,* vermutlich 1951 fotografiert. Keinerlei 40-mm-Flak an der Steuerbordseite des Rumpfes. SPS-6, SK-2 und SX-Radarantennen. Immer noch zahlreiche 20-mm-Flak entlang des Flugzeugdecks.
Foto: Real Photographs

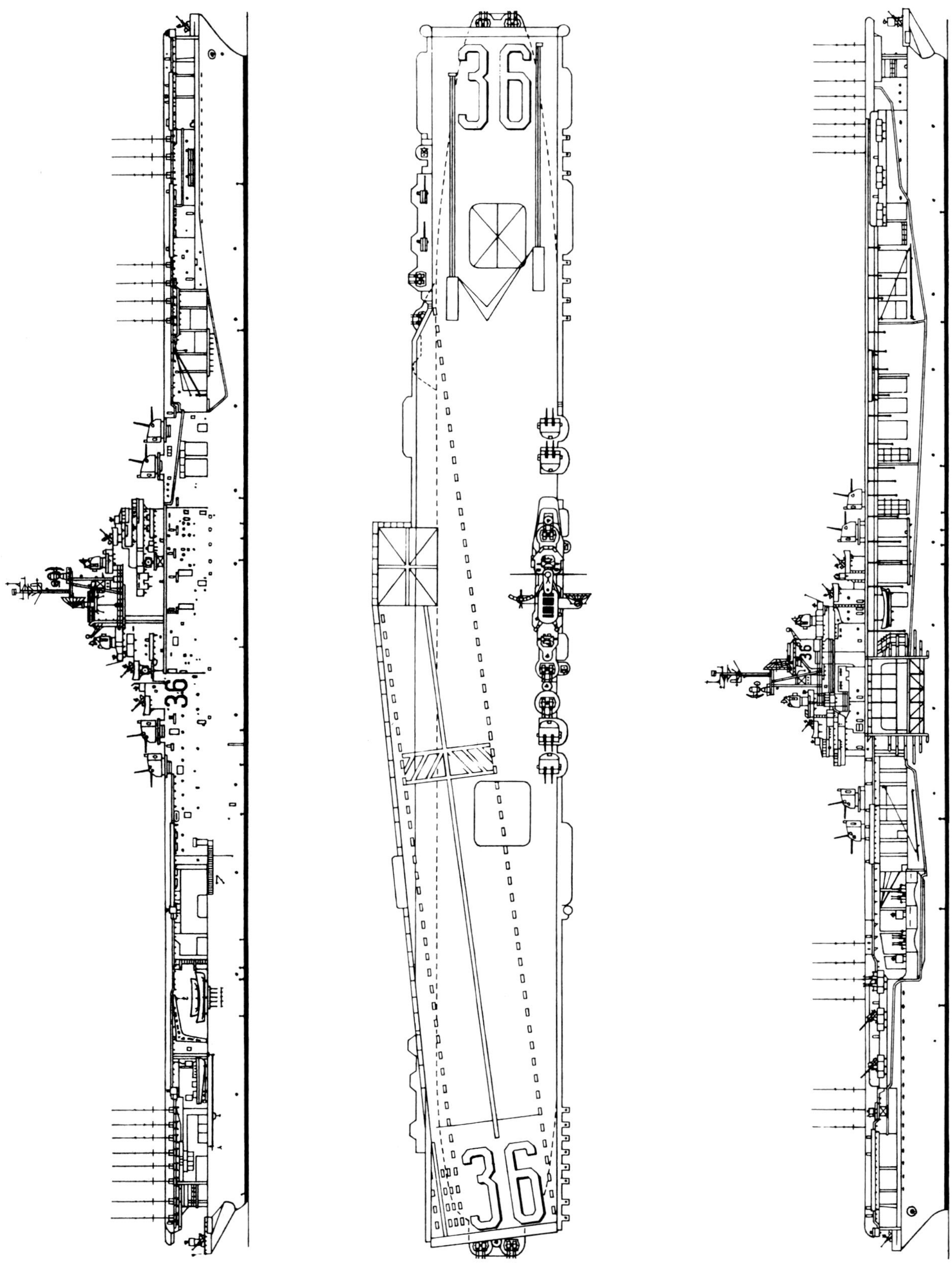

Die *Antietam* (CV-36) nahm zu Beginn der 50er Jahre eine Sonderstellung ein. Die Seitenansichten zeigen weitgehende Ähnlichkeit mit *Philippine Sea*, mit Ausnahme der hier fehlenden 40-mm-Flak. Der Decksplan zeigt den Umfang des Umbaus zum Schrägdeck, womit *Antietam* zum ersten US-Träger mit Schräglandedeck wurde. Hier ist sichtbar, daß das Schiff sowohl SK-2 als auch SPS-6 Radar führte, wobei SPS-6 nur die Antenne zum verbliebenen ehemaligen SC-2-System geliefert hat.

Frisch nach dem Umbau, bei dem das erste Schräglandedeck der U.S. Navy installiert worden war, präsentiert sich *Antietam* nunmehr als CVA am 5. Januar 1953. Beachte verschiedenartige Ausführungen der Decks-Kenn-Nummer. Der vormalige Verlauf des Flugzeugdecks kann hinter dem Backbord-Aufzug noch verfolgt werden. Zu diesem Zeitpunkt befanden sich noch zehn 12,7-cm- und zweiunddreißig 40-mm-Geschütze an Bord.

Foto: USN (Sammlung A. D. Baker)

Im Juli 1953 hatte *Antietam* immer noch dieselben Radarantennen und die 40-mm-Vierlinge an Bord. Kleine Kenn-Nummer am Bug. Die FLG für die vorderen 40-mm-Vierlinge befinden sich an den Ecken des Flugzeugdecks. Zwei F3D stehen vor den Katapulten.

Foto: Wright & Logan

Diese Aufnahme zeigt Mittelschiffs-Details der *Antietam*, ebenfalls im Juli 1953. Immer noch der alte Dreibeinmast und Schornstein, jedoch an der Flanke der Insel ein FLG Mk 56. Die hier sichtbaren 40-mm-Geschütze sind radargesteuert. Die beiden FLG Mk 37 sind mit FL-Radar Mk 25 ausgestattet.
Foto: Wright & Logan

Dieses stark vorliche Foto des CVS *Antietam* muß nach 1953 aufgenommen worden sein. Man stellt einige zwischenzeitlich vorgenommene Veränderungen fest: die Bug-40-mm-Flak wurden entfernt, der alte Dreibeinmast wurde gegen einen neuen Pfahlmast ausgetauscht, darauf befindet sich zuoberst TACAN, darunter die Radarantennen SPS-6, SPS-8A und SC-2; auch an der Backbordseite ist ein FLG Mk 56 zu erkennen.
Foto: USN (Sammlung S. Breyer)

Im November 1956 wurde im französischen Hafen Brest diese Detailaufnahme der *Antietam* gemacht, auf der die Vereinigung der Mast-Basis mit dem Schornstein und die leicht schrägen Schornsteinkappen zu sehen sind. F9F-Jagdflugzeuge sind auf dem Flugzeugdeck zu erkennen. Foto: Archiv des Verfassers

CV-37 Princeton

Kurzlebenslauf

8/1950	Reaktivierung; TF 77 vor Korea.
1951/53	Mehrfacher Wechsel zwischen Korea und Westküste.
1/1954	Modifizierung als CVS.
1954/58	Mehrfacher Wechsel zwischen Westküste und Westpazifik.
3/1959	Modifizierung als LPH.
1959/64	Im Rahmen von PHIBPAC mehrfacher Wechsel zwischen Westküste und Westpazifik.
10/1964	Vietnam-Einsatz.
1965/69	Mehrfacher Wechsel zwischen Westküste und Vietnam.
1/1970	Außerdienststellung und Streichung.

Schiffselektronik

Radar

1951	SPS-6, SK-2, SPS-8A
1959	SPS-6, SPS-8A
1966/70	SPS-30, SPS-12

Feuerleitung:

1951/70	2 Mk 37 mit FL-Radar Mk 25, einige Mk 56 und möglicherweise bis ca. 1959 auch einige der kleineren FLG.

Im Zeitraum zwischen dem August 1950 und Januar 1954 wurden diese beiden Fotos von CV bzw. CVA-37 *Princeton* aufgenommen. *Princeton* war der einzige nach Kriegsende fertiggestellte Träger des Typs *Essex*, der nachträglich an Steuerbord mit 40-mm-Flakständen versehen worden war. Allerdings gab es unter der Insel nur zwei solche Stände und weiter hinten, in Höhe des Hangardecks gar keine. Auf einem der Fotos wechselt *Princeton* gerade den Heimathafen oder verlegt für längere Zeit in die Werft, was sich darin auswirkt, daß das Schiff gerade als „Automobilträger" fungiert. Etwa sechsundfünfzig 40-mm-Rohre befinden sich zu diesem Zeitpunkt noch an Bord, was sicherlich mit den Erfordernissen des Korea-Krieges in Verbindung steht. Zu den FLG für die 12,7-cm-Geschütze gehören auch noch einige Mk 56-Geräte. Die Steuerbord-Kenn-Nummer befindet sich nicht an gleicher Stelle wie bei manchen Schwesterschiffen. Auf einem der Fotos ist eine Hangaröffnung durch Rolltore verschlossen.
Fotos: Real Photographs

Dieses Foto von *Princeton* – nunmehr als LPH-5 – wurde nach 1962 aufgenommen, als die gesamte Rohrbewaffnung nur noch aus sechs 12,7cm-Geschützen bestand, zu denen auch die FLG Mk 56 gehörten. Wie auch auf den Flugzeugträgern, so wurden die Deckmarkierungen auf den Hubschrauberträgern im Laufe der Jahre mehrmals geändert. Aufgewertet wurde die elektronische Ausrüstung durch Installation der Radaranlagen SPS-12 und SPS-30. Wegen ihrer Größe konnten die LPH dieser Klasse eine beachtliche Anzahl an Hubschraubern mitführen, eine Kapazität, die jedoch bei Normaleinsätzen im Frieden nicht immer voll genutzt wurde. Foto: USN (Sammlung BfZ)

CV-38 Shangri La

Kurzlebenslauf

5/1951	Reaktivierung; Trainingsaufgaben Ostküste.
7/1951	Werft: Umbau nach SCB-27C/125.
1/1955	Wieder im Dienst; Trainingsaufgaben Westküste.
1/1956/60	Wechsel zwischen Westküste und Westpazifik.
3/1960	Atlantik; bis
1970	mehrfache Wechsel zwischen Ostküste und Mittelmeer.
6/1969	CVS, jedoch als solcher nie gefahren.
3/1970	Westpazifik-Einsatz als temporärer „light attack carrier" vor Vietnam.
12/1970	Rückkehr zur Ostküste.
7/1971	Außerdienststellung, Reserveflotte.

Schiffselektronik

Radar:

1955	SPS-12, SPS-8A
1958	SPS-37, SPS-12, SPS-8A
1961/64	SPS-43, SPS-12, SPS-8A
1965/71	SPS-43, SPS-30

Feuerleitung:

1955/71	2 Mk 37 mit FL-Radar Mk 25 sowie mehrere Mk 56

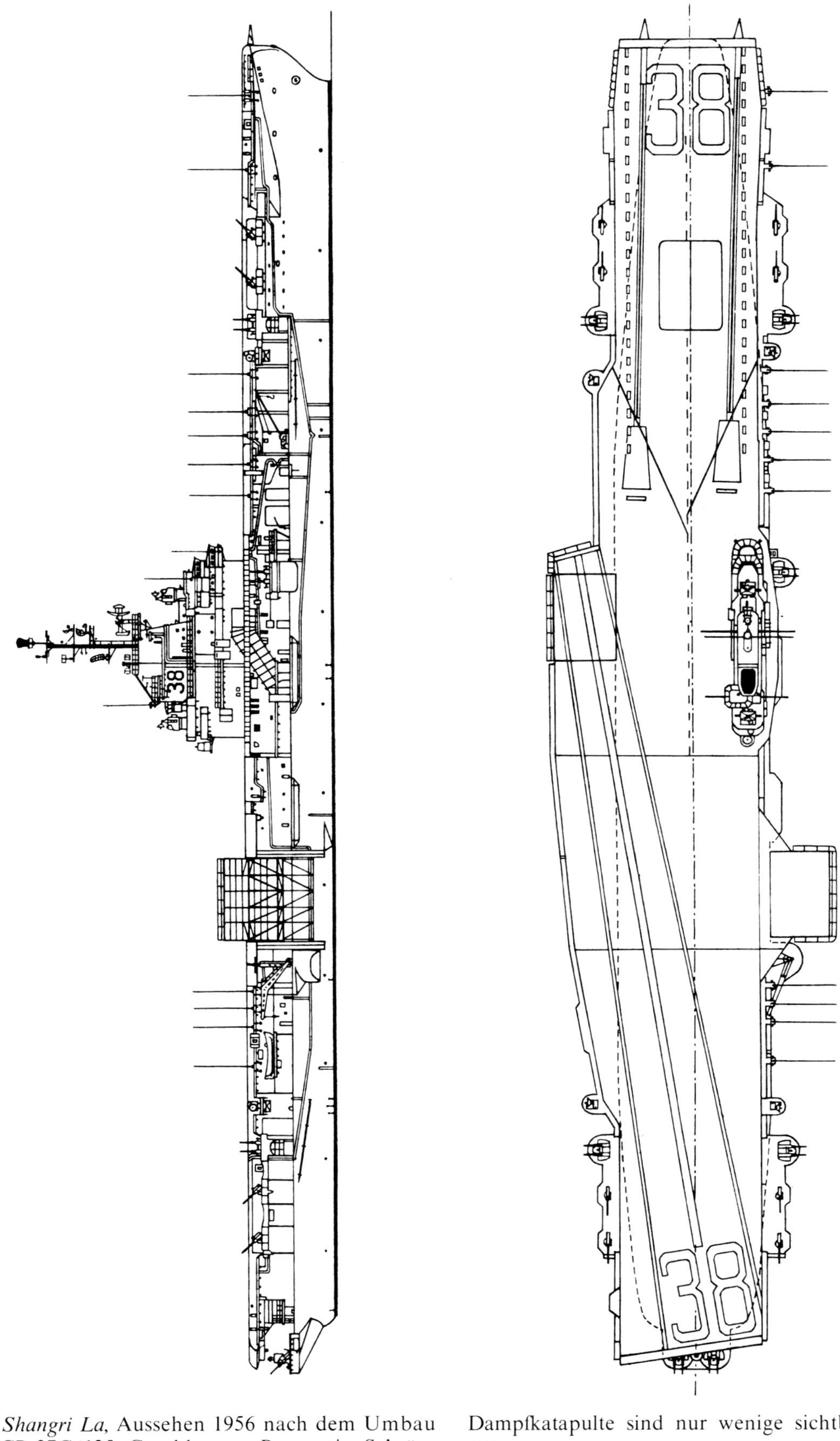

CVA-38 *Shangri La*, Aussehen 1956 nach dem Umbau gemäß SCB-27C/125. Geschlossene Bugpartie, Schräglandedeck, der hochgeklappte Steuerbord-Aufzug und Dampfkatapulte sind nur wenige sichtbare Neuerungen.

Am 14. November 1955, rund 9 Monate nach dem SCB-27C/125 Umbau, präsentiert sich CVA-38 *Shangri La* mit zwei eher kümmerlichen Katapultauslegern. Zur Artillerie gehören auch noch 7,6-cm-Zwillingsflak, zur elektronischen Ausrüstung TACAN sowie die Radaranlagen SPS-12 und SPS-8A. Beachtenswert sind die entlang der Außenhaut verlegten Benzin-Leitungen und die herabhängenden Beölungsschläuche.
Foto: USN (Sammlung G. Albrecht)

Die Breitseitaufnahme von *Shangri La* wurde am 7. April 1957 vor Toulon gemacht. Beachtenswert sind die ausladenden 7,6-cm-Flakstände über dem Achtersteven. Unter den auf dem Flugzeugdeck erkennbaren Flugzeugen befinden sich zwei zur Mitnahme von Atombomben konzipierte AJ-1 Savage und einige Kampfmaschinen des Typs AD Skyraider.
Foto: M. Bar

F3H, A4D, F9F-8P und AD-Maschinen sind unter den wenigen Flugzeugen von *Shangri La* am 30. Januar 1958, als dieses Foto aufgenommen wurde. Radarausrüstung zu jener Zeit: SPS-37, SPS-12, SPS-8A. Keine 7,6-cm-Doppelflak mehr, jedoch gehört zu jedem Paar der 12,7-cm-Geschütze auch ein FLG Mk 56, dazu insgesamt noch die beiden Mk 37-Geräte.
Foto: USN (Sammlung BfZ)

2½ Jahre vor der Außerdienststellung: *Shangri La* am 25. Februar 1969 vor Cannes. Vier Monate später erfolgte die nominelle Reklassifizierung als CVS-38. Ein FLG Mk 37 wurde entfernt, die 12,7-cm-Artillerie reduziert, der Heckstand entfernt. Radaranlagen nunmehr SPS-43, SPS-30, Anflugradar unter dem Radom hinter der Insel. Foto: Pradignac & Leo

CV-39 Lake Champlain

Kurzlebenslauf

8/1950	Werft: Umbau nach SCB-27A.
9/1952	Nach Umbau wieder im Dienst.
1953	Pazifik; TF 77 vor Korea, Rückkehr zur Ostküste via Suez-Kanal.
1954/66	Atlantik; mehrfacher Wechsel zwischen Ostküste und Mittelmeer, dabei
1962	Kuba-Blockade.
1/1966	Außerdienststellung, Reserveflotte.

Schiffselektronik

Radar:

1952	SPS-6, SPS-8A, SPS-4
1955	SPS-6, SPS-8A, SC-2
1960/66	SPS-37, SPS-6, SPS-8A

Feuerleitung:

1952/66	2 Mk 37 mit FL-Radar Mk 25, mehrere Mk 56

Lake Champlain, hier am 1. November 1952, zwei Monate nach der Reklassifizierung als CVA. Vier der vormaligen 40-mm-Flakstände führen jetzt 7,6-cm-Doppelflak. Die relativ selten geführte Radarantenne SPS-4 befindet sich auf dem nach achtern gerichteten Mastausleger, SPS-6 darüber, SPS-8A darunter. An Stelle von TACAN immer noch die alte Landeanflug-Radarantenne YE an der Mastspitze. Markant ist die Konstruktion der unter der Insel vom Hangardeck zum Flugzeugdeck führenden schrägen Rolltreppe. Kleine Kenn-Nummer auch am Bug, große weiße am Schornstein. Je ein Flugzeug der Typen F2H, F4U und F6F befindet sich auf dem Flugzeugdeck.
Foto: USN (Sammlung A. D. Baker)

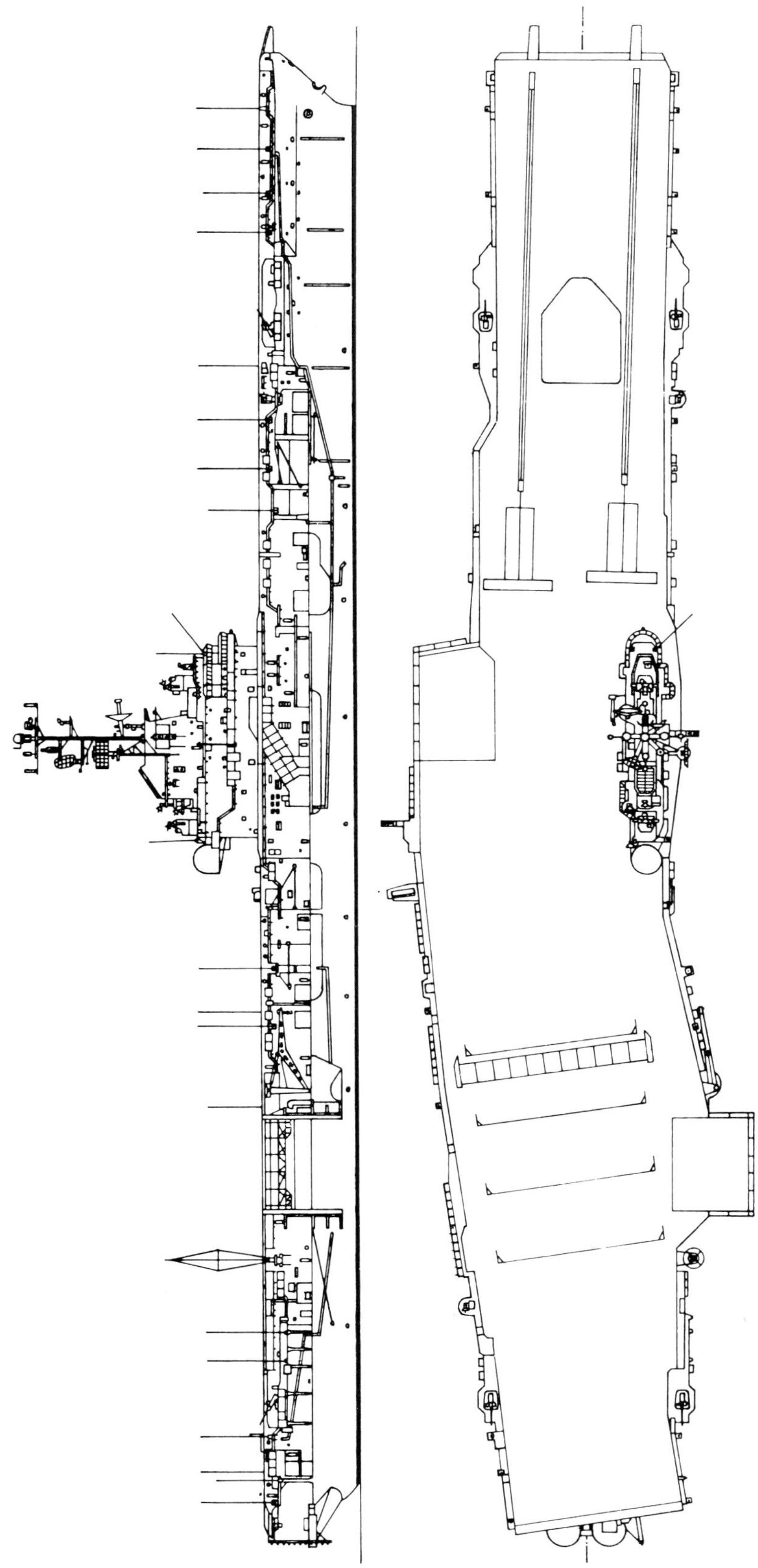

CVS-11, letztes Aussehen vor Außerdienststellung

Zwei Besonderheiten unterschieden *Lake Champlain* (hier im Februar 1965 als CVS) von den übrigen SCB-27A-Umbauten: sie behielt bis zum Ende ihrer Laufbahn den unverkleideten Bug, und sie war der letzte Träger mit geradem Flugzeugdeck. SPS-37-Radar wurde bis zum Schluß beibehalten. Beachtenswert ist, daß die sonst dem Schräglandedeck vorbehaltene Markierung des Flugzeugdecks hier parallel zur Schiffsachse angebracht ist. Die 7,6-cm-Flakwannen sind leer.
Foto: USN

CV-40 Tarawa

Kurzlebenslauf

2/1951	Reaktivierung, zunächst als Trainingsschiff im Atlantik.
12/1951	Mittelmeereinsatz.
6/1952	Werft.
1/1953	Mittelmeereinsatz.
8-10/1953	Trainingsschiff.
11/1953	Zweite Umrundung des Erdballs.
2/1954	Westpazifik, bei der VII. Flotte.
8/1954	Rückkehr zur Ostküste.
1/1955	Modifizierung als CVS.
6/1956	Aufnahme regelmäßiger U-Jagdoperationen.
11/1959	Letzter aktiver Einsatz.
5/1960	Außerdienststellung, Reserveflotte.

Schiffselektronik

Radar:

1952	SK-2, SX
1957	SPS-6, SPS-8A, SC-2

Tarawa (CV-40) war einer jener Träger der *Essex*-Klasse, die erst nach Kriegsende fertiggestellt wurden, aber dennoch bald danach „eingemottet" und in die Reserve überführt wurden. Während des Korea-Krieges reaktiviert, diente *Tarawa* dann noch 9 Jahre, ohne modernisiert zu werden, zuerst als CV/CVA, dann ab Anfang 1955 als CVS. Diese Teilansicht mag aus dem Jahre 1952 stammen: SK-2-, SX- und YE-Radarantennen, weiße Kenn-Nummer am Schornstein, radar-gesteuerte 40-mm-Flak, unter anderem Strahljäger auf dem Flugzeugdeck. Der Hangar ist durch Rolltore verschließbar.
Foto: M. Bar (Sammlung BfZ)

Trotz des Vorhandenseins zahlreicher Skyraider-Kampfmaschinen könnten die SH-34-Hubschrauber ein Indiz dafür sein, daß *Tarawa* hier bereits als CVS fährt. Demnach müßten die beiden Fotos etwa 1955 aufgenommen worden sein. Die Radarausrüstung ist schon etwas moderner: SPS-6, SPS-8A, SC-2 und TACAN. Merkwürdigerweise findet man trotz TACAN auch noch die „homing beacon"-Antenne YE, nunmehr aber auf einer Stütze an der Backbordseite der Insel. Die nunmehr standardisierte Nummer ist tiefer angebracht als drei Jahre zuvor. Fotos: Real Photographs ▶

CV-45 Valley Forge

Kurzlebenslauf

5/1950	Pazifik; Westpazifik.
7/1950	Erste Luftangriffe auf Ziele in Korea, dabei erstmalig Einsätze von Strahlflugzeugen.
12/1950	Westküste, dann schnelle Rückkehr nach Korea.
3/1951	Westküste, Werft.
12/1951	Dritter Korea-Einsatz.
7/1952	Werft.
1/1953	Werft, 4. Korea-Einsatz.
6/1953	Westküste.
8/1953	Wechsel zur Atlantischen Flotte; Modifizierung als CVS.
1/1954	Operativ als CVS im Atlantik, außerdem auch Reservisten-Trainingsfahrten, auch im Mittelmeer alternativ zur Ostküste.
3/1961	Werft: Modifizierung als LPH.
9/1961	PHIBLANT: Hubschrauber-Operationen Ostküste.
1/1962	PHIBAC: seitdem mehrfacher Wechsel zwischen Westküste und Westpazifik
7/1963	Werft: FRAM II-Modernisierung.
1/1964	Nach Werftzeit wieder im Dienst; mehrfacher Wechsel zwischen Westküste und Pazifik, darunter auch Vietnam-Einsätze.
1/1970	Außerdienststellung und Streichung.

Schiffselektronik

Radar:

1951	SK-2, SX
1954	SPS-6, SX
1956/70	SPS-6, SPS-8A

Feuerleitung:

1951	2 Mk 37 mit FL-Radar Mk 12/22, ansonsten nicht bekannt
1954	2 Mk 37 mit FL-Radar Mk 25, 4 Mk 56, ansonsten nicht bekannt
1958	2 Mk 37 mit FL-Radar Mk 25, 4 Mk 56
1961/70	2 Mk 37 mit FL-Radar Mk 25, 2 Mk 56

Valley Forge gehörte mit 24 Jahren aktiver Dienstzeit zu den am längsten dienenden, nicht modernisierten Trägern der *Essex*-Klasse; hiervon fallen allerdings die letzten 8 Jahre auf den Einsatz als Hubschrauberträger bei der Amphibischen Flotte. Dieses 1954 aufgenommene Foto zeigt *Valley Forge* noch vor der partiellen Modifizierung, möglicherweise gerade um die Zeit der Reklassifizierung als CVS (keine Flugzeuge an Bord).
Foto: Real Photographs

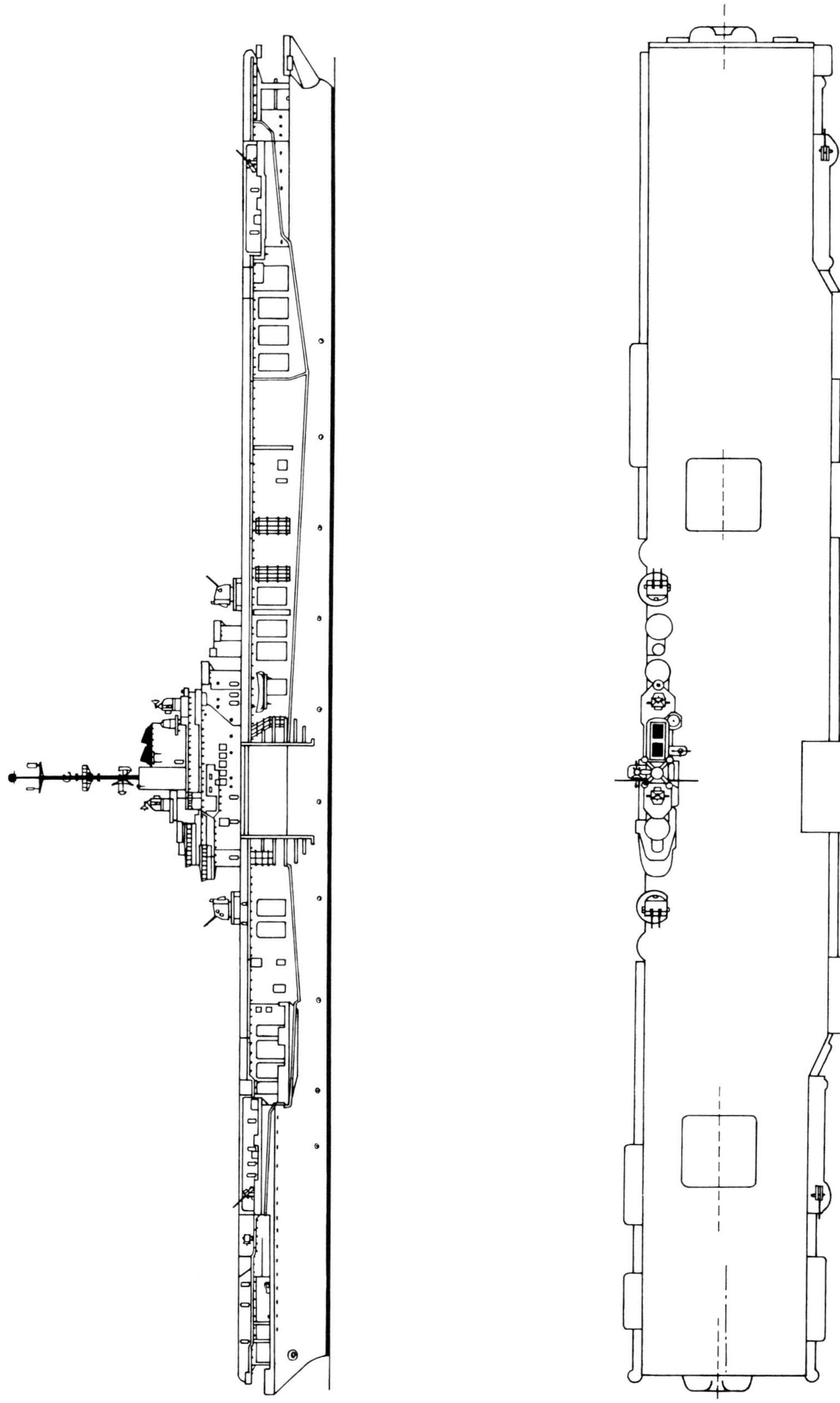

LPH-8 *Valley Forge* (ex CV-45), hier in seiner modifizierten Form als Hubschrauberträger, mit geteilten Schornsteinkappen, dem neuen Pfahlmast und der neueren TACAN-Antenne an der Mastspitze, ohne jegliche 40-mm-Flak und mit halbierter 12,7-cm-Artillerie. Auch LPH-5 *Princeton* (ex CV-37) führte zeitweilig nur zwei 12,7-cm-Türme auf dem Hubschrauberdeck. In ähnlicher Weise wurden auch CV-32 *Leyte*, CV-47 *Philippine Sea* und CV-36 *Antietam* modifiziert, sie behielten jedoch alle vier 12,7-cm-Türme auf dem Deck.

Dieses Foto zeigt CVS-45 bei Manövern Ende 1958 in Begleitung von sechs damals auf die U-Jagd eingerichteten Zerstörern, die hier vermutlich zum Zerstörer-Geschwader 26 gehörten. Auf *Valley Forge* wurde zwischenzeitlich die Modifizierung der Mast-Schornstein-Partie durchgeführt. Die 40-mm-Flak wurde entfernt, so daß die Bewaffnung nur aus zwölf 12,7-cm-Geschützen bestand. Foto: USN (Sammlung N. Polmar)

Im August 1960 hat *Valley Forge* noch etwa ein Jahr Dienstzeit als CVS vor sich. SH-34 und S-2 gehören nun zum Inventar. Die Modifizierung der Mast-Schornstein-Partie ist hier deutlich zu erkennen. Foto: A. Fraccaroli

Als LPH-8 sieht man hier *Valley Forge* am 3. April 1963. Auf jedem der 15 markierten Standplätze befindet sich ein Transport-Hubschrauber CH-34 des Marine Corps. Die Anzahl der 12,7-cm-Geschütze wurde um die Hälfte auf sechs reduziert.
Foto: USN (Sammlung G. Albrecht)

Zwei Jahre später: *Valley Forge* am 9. März während einer amphibischen Übung vor der Küste Kaliforniens. Jeder der beiden 12,7-cm-Türme ist mit einem FLG Mk 37 gekoppelt und zu jedem der beiden Einzelgeschütze gehört noch ein FLG Mk 56. Der ehemalige Heck-Flakstand wurde entfernt. Neben den Radarantennen SPS-6, SPS-10 und SPS-8A befindet sich die Landeanflug-Radarantenne SPN-36 auf dem nach achtern gerichteten Mastausleger. Von dieser Antenne kann in der Regel *nicht* auf die gesamte Bezeichnung der Anlage geschlossen werden, da sie mit mehreren verschieden bezeichneten Anlagen gepaart war. Bei der TACAN-Antenne handelt es sich hier um URN-22.
Foto: U.S. Marine Corps (Sammlung A. D. Baker)

CV-47 Philippine Sea

Kurzlebenslauf

5/1950	Pazifik; mit TF 77 vor Korea.
1951	Zeitweilig Flaggschiff der VII. Flotte, dann Westküste.
1952	Zweiter Korea-Einsatz.
1953	Westküste, Korea.
1954	Wechsel zwischen Westküste und Westpazifik (darunter auch Hainan-Zwischenfall)
1955/58	Mehrfacher Wechsel zwischen Westküste und Westpazifik.
1957	Erster operativer Einsatz von S2F-1 Tracker
12/1958	Außerdienststellung.

Schiffselektronik

Radar:

6/1951	SK-2, SX
1952	SPS-6, SK-2

Feuerleitung:

6/1951	2 Mk 37 mit FL-Radar Mk 25, mehrere Mk 56

Dieses Foto von CVA (oder CVS) 47 *Philippine Sea* mag in der zweiten Hälfte der 50er Jahre entstanden sein. Es zeigt die auch auf dem Schiff durchgeführte Modifizierung der Mast-Schornstein-Partie. Mit Ausnahme derjenigen über der Bugpartie befinden sich die 40-mm-Flak noch an Bord. Foto: Real Photographs

Independence-Klasse

CVL-24 Belleau Wood

Kurzlebenslauf

9/1953	An französische Marine ausgeliehen = *Bois Belleau.*
9/1960	Zurück in die Staaten.
10/1960	Aus der Schiffsliste gestrichen.

Schiffselektronik

Radar:

1954	SK-2, SPS-4
1955/57	SP sowie das französische Radargerät DRBV 22

Feuerleitung:

1953/60	vermutlich 12 Mk 51

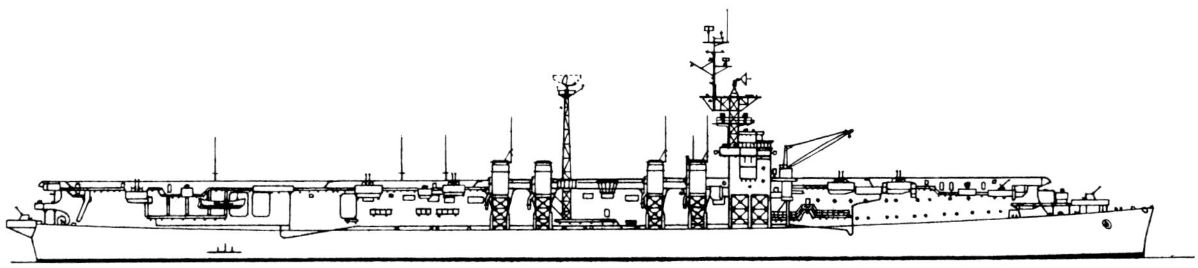

Bois Belleau (ex *Belleau Wood*), Aussehen 1958 nach Veränderung der Radar-Elektronik: DRBV 22 auf dem langen Radarmast, SP auf der Plattform.

Etwa 1954, also kurz nach der zeitmäßig begrenzten Abgabe an die französische Marine aufgenommen: CVL-24 *Belleau Wood*, nunmehr in *Bois Belleau* umbenannt. Französische Flagge, aber noch keine NATO-Bugnummer. SPS-4-Radar befindet sich an der Mastmitte, darüber an der Spitze YE; zwischen den Schornsteinpaaren SK-2. Neben zwei Vierlingen gehören 40-mm-Zwillingslafetten zum Merkmal dieser Klasse. Auf dem Achterdeck befinden sich F8F-Jagdflugzeuge.
Foto: M. Bar (Sammlung BfZ)

Drei Jahre später: *Bois Belleau* mit SP-Radar auf der Brücke und der französischen Radarantenne DRBV 22 auf dem Radarmast. NATO-Kenn-Nummer ist vorhanden. Nach der Rückkehr aus französischen Diensten wurde CVL-24 1960 gestrichen und danach verschrottet.
Foto: M. Bar

CVL-26 Monterey

Kurzlebenslauf

9/1950	Reaktivierung.
1/1951	Schulträger in Pensacola, bis 1954.
1/1956	Außerdienststellung, Reserveflotte.

Schiffselektronik

Radar:
nicht bekannt
Feuerleitung:
vermutlich wie 1945: 2 Mk 63 und 9 Mk 51, Mod. 2

CVL-27 Langley

Kurzlebenslauf

1/1951	An französische Marine ausgeliehen = *Lafayette.*
3/1963	Zurück in die Staaten.
1963	Aus der Schiffsliste gestrichen.

Schiffselektronik

Radar:

1954	SK-2, SP
ab 1956	SPS-6, SP

Feuerleitung:

1954	vermutlich wie 1945: 2 Mk 63, 2 Mk 57 und 7 Mk 51

In ähnlicher Weise wie bei *Bois Belleau* veränderte sich die Ausrüstung von CVL-27 *Langley*, die nach der leihweisen Übergabe an Frankreich in *Lafayette* umbenannt wurde: zunächst – etwa vor 1955 – noch keine NATO-Kennung, SK-2 und SP-Radarantennen, danach SPS-6. Fotos: M. Bar (Sammlung BfZ)

CVL-28 Cabot

Kurzlebenslauf

10/1948	Reaktivierung als U-Jagd- und Schulträger für Angehörige der „Naval Air Reserve" im atlantischen Bereich.
1/1955	Außerdienststellung.
8/1967	An spanische Marine ausgeliehen, dort Hubschrauberträger = *Dédalo.*
1978	Noch in Dienst, auch als VTOL-Träger.

Schiffselektronik

Radar:

1951/54	SPS-6, SP
1967	SPS-40, SPS-6, SPS-8A
1978	SPS-40, SPS-52, SPS-6

Feuerleitung:

1978	vermutlich wie 1945: 2 Mk 63, 2 Mk 57 mit FL-Radar Mk 29 und 7 Mk 57

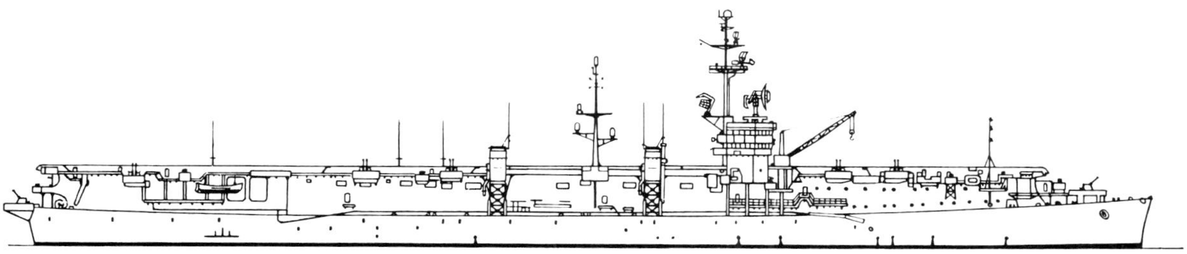

PA 01 *Dédalo (ex Cabot)*, Aussehen während der Dienstzeit bei der spanischen Marine als Hubschrauber- und VTOL-Träger zwischen 1968 und 1986. Die gesamte 40-mm-Flak wurde bei der Übernahme beibehalten. Die Modernisierungsmaßnahmen beschränkten sich auf die Ergänzung und Erneuerung der Radar-Elektronik durch die Installation von SPS-6, SPS-8A und SPS-40.

Etwa bei Halbzeit der zweiten aktiven Dienstperiode: CVL-28 *Cabot* am 23. August 1951 in seiner HUK- („Hunter/killer"-)Konfiguration mit verstärktem Flugzeugdeck, mit nur zwei Schornsteinen und mit einem kurzen Elektronikmast dazwischen. Beachtenswert die Radarortungsflugzeuge mit hellem Radarantennenwulst auf der Unterseite.
Foto: USN (Sammlung G. Albrecht)

Cabot am 6. März 1952 vor Toulon. SPS-6 und SP-Radarantennen; deutlich erkennbarer Rumpfwulst.
Foto: M. Bar

Sehr aktiv ist *Cabot* auch noch in der Gegenwart, 43 Jahre nach der Fertigstellung. 1967, vor der Abgabe an die spanische Marine, wo sie seitdem unter dem Namen *Dédalo* als Hubschrauberträger dient, wurde die elektronische Ausrüstung beträchtlich aufgewertet. Neben der bereits vorhandenen Antenne SPS-6 kamen noch SPS-10, SPS-8A und SPS-40 hinzu, wie auch TACAN und ECM-Mittel. Dieses Foto wurde etwa 1974 aufgenommen.
Foto: Ministerio de Marina, Madrid

CVL-29 Bataan

Kurzlebenslauf

5/1950	Reaktivierung; Pazifik; Transportfahrt für die U.S. Air Force.
1951	Korea, Westküste Werft.
1952	Korea, Westküste.
1953	Korea, Westküste, Westpazifik, Westküste.
8/1954	Außerdienststellung, Reserveflotte.

Schiffselektronik

Radar:

1950/52	SPS-6, SP

Feuerleitung:

1950/53	vermutlich wie 1945: 12 Mk 51 Mod. 1 und 2

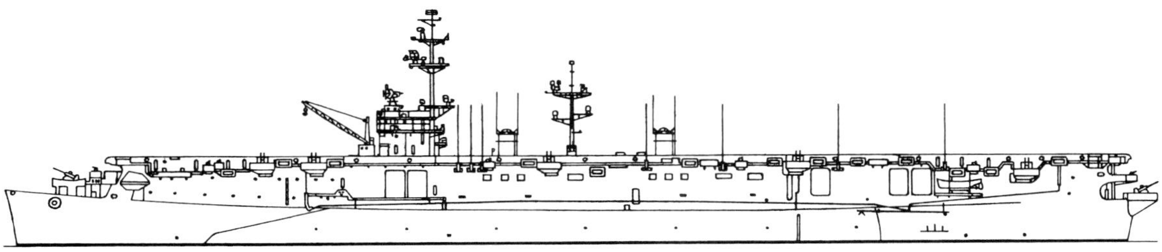

CVL-28 *Cabot* etwa 1953, nach abgeschlossener Modifizierung als U-Jagdträger. Zeitweilig führten *Cabot* und das in gleicher Weise modifizierte Schwesterschiff *Bataan* die niemals offiziell eingeführte Kennung CVL (K). Das „K" stand dabei für „Hunter-Killer". Nur noch zwei Schornsteine, Elektronikmast dazwischen. Radarantennen zu jener Zeit: SPS-6 und SP.

CVL-29 *Bataan* im Januar 1952 in seiner HUK-Rolle, nach Abschluß der Umbaumaßnahmen. Bremsseile reichen bis an die Mitte des Flugzeugdecks. Der Backbord-Rumpfwulst ist deutlich wahrnehmbar und dient als Seitendeck. An Radaranlagen sind SPS-6, SP und YE sichtbar. Es befinden sich Jagdflugzeuge des Marine Corps an Bord.

Foto: USN (Sammlung G. Albrecht)

Saipan-Klasse (CVL-48)

CVL-48 Saipan

Kurzlebenslauf

10/1953	Via Panama-Kanal in den Pazifik; Pearl Harbor, mit TF 95 vor Korea, Überwachungsaufgaben Westpazifik.
5/1954	Via Suez-Kanal zurück zur Ostküste.
11/1954	Werft.
6/1955	Piloten-Ausbildung in Pensacola bis 4/1957
10/1957	Außerdienststellung, Reserveflotte.
3/1963	Umbau als Kommandoschiff CC-3 vorgesehen, dann
9/1964	Umbau als AGMR-2 fortgesetzt.
4/1965	Umbenennung in *Arlington.*
8/1966	Nach Umbau wieder im Dienst; Ausbildungsfahrten, u. a. auch nach Bremerhaven.
7/1967	Wechsel in den Westpazifik, um vor Vietnam abwechselnd mit AGMR-1 *Annapolis* als Nachrichtenverbindungszentrum zu fungieren.
1/1970	Außendienststellung, Reserveflotte.

Schiffselektronik

Radar:

1966	SPS-6

Feuerleitung:

1966	nicht bekannt

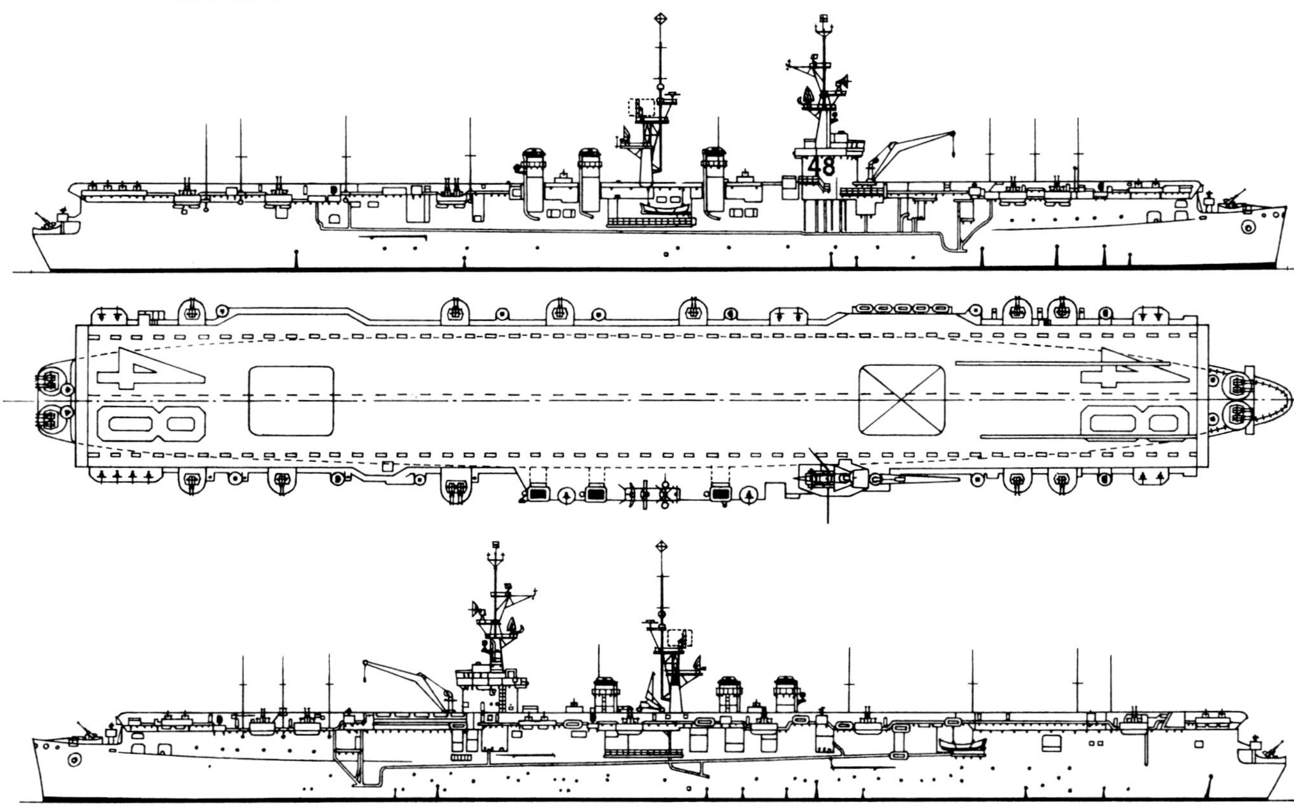

Nur kurze Zeit führten die beiden CVL der *Saipan*-Klasse alle vier Schornsteine. Die vorstehenden Zeichnungen zeigen das Aussehen der Schiffe von etwa 1952, nachdem der vorderste Schornstein bereits entfernt worden war. Ähnlich wie auf den „long-hull"-Schiffen der *Essex*-Klasse fanden auch hier auf dem Vordeck zwei 40-mm-Vierlinge nebeneinander Platz.

Ohne nach dem Kriege stillgelegt zu werden, diente CVL-48 *Saipan* ununterbrochen bis 1957. Dieses Foto wurde am 26. April 1951 im Mittelmeer aufgenommen. Neben SPS-6- und SP-Radar findet man auf dem Elektronikmast zwei weitere, bisher noch nicht identifizierte Antennen. Der vorn breitere Rumpf gestattete die Unterbringung von zwei 40-mm-Flakständen nebeneinander. Keine Kenn-Nummern an der Brücke.
Foto: M. Bar

Nach dem Umbau als Nachrichtenverbindungsschiff besuchte Ex-*Saipan* nunmehr als Hilfsschiff mit der Kennung AGMR-2 und nach Umbenennung in *Arlington* im Winter 1967 Bremerhaven, wobei in der Wesermündung diese Aufnahme entstand. Die vorderen vier 7,6-cm-Flak, die an Stelle der entfernten 40-mm-Vierlinge installiert wurden, befinden sich in neuen Wannen an den Ecken des Antennendecks. Die fünf hohen Antennenmaste sind aus Glasfaser-Kunststoff; sie sind so weit wie möglich voneinander entfernt aufgestellt, um eine Interferenz zu vermeiden. Bald hiernach verlegte *Arlington* in den Pazifik, um vor Vietnam eingesetzt zu werden.
Foto: Verfasser

Mittschiffs-Details der *Arlington:* kleine Insel, Breitansicht von Radar SPS-10 und SPS-6, zwei kleine Funkantennen und eine der fünf großen Antennenmaste.
Foto: Verfasser

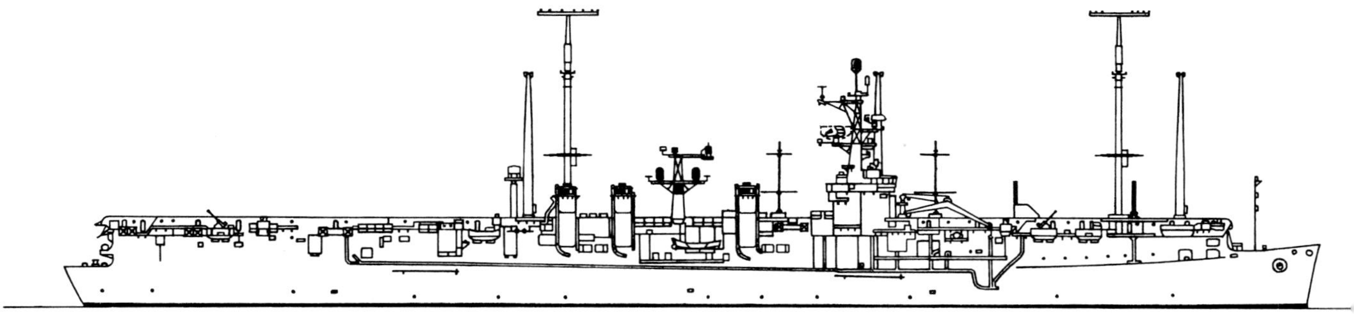

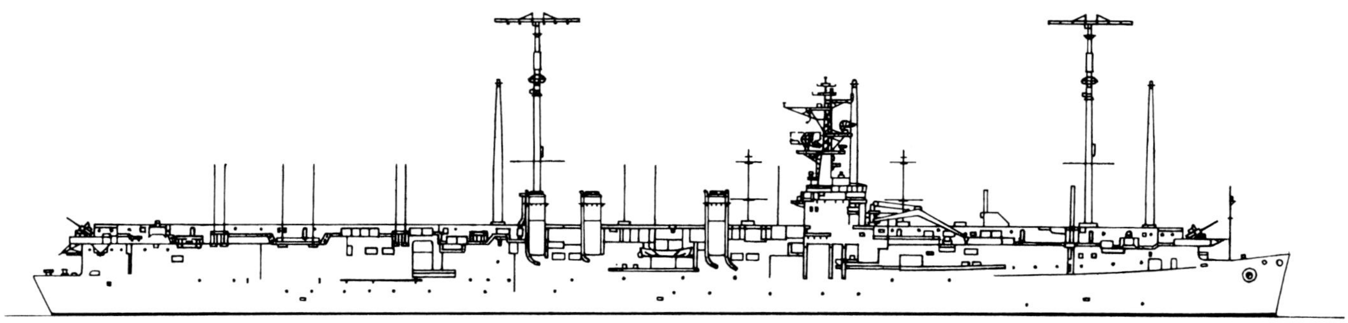

Große Ähnlichkeit hatten *Wright* und *Saipan* auch nach ihrem zeitlich mehrere Jahre auseinander liegenden Umbau als Führungs- bzw. Nachrichtenverbindungsschiff. Die gleiche Art und Anzahl der GFP-Funkantennen wurde auf das Antennendeck gesetzt. Während *Wright* (CC-2) den zwischen den Schornsteinen befindlichen Mast behielt, fehlt nun derselbe auf *Arlington* (ex *Saipan*). Dafür wurden hier an den Ecken unterhalb des Antennendecks vier 7,6-cm-Doppellafetten an Stelle der auf *Wright* noch befindlichen 40-mm-Doppellafetten installiert.

CVL-49 Wright

Kurzlebenslauf

1951	Mittelmeerfahrt.
1952	Beginn der U-Jagd-Operationen im Atlantik.
4/1954	Via Panama-Kanal in den Westpazifik.
1955	Westküste.
3/1956	Außerdienststellung, Reserveflotte.
3/1962	Werft: Umbau als Kommandoschiff CC-2.
5/1963	Nach Umbau wieder im Dienst; wechselnde Einsätze.
5/1970	Außerdienststellung, Reserveflotte.

Schiffselektronik

Radar:

1951	SPS-6, SC-2, SP
9/1963	SPS-6

Feuerleitung:

1963	unbekannt

Etwa um 1951 herum muß diese Aufnahme von CVL-49 *Wright* entstanden sein, auf der das Schiff bereits nur drei Schornsteine hat. Die Bug-40-mm-Flak fehlt hier. Foto: USN (Sammlung BfZ)

Nur von Kennern von AGMR-2 *Arlington* zu unterscheiden: CC-2 *Wright*, aufgenommen am 29. September 1963 nach dem Umbau als Hauptquartierschiff, ebenfalls mit mehreren Funkantennenmasten auf dem Deck. Wie auch auf *Arlington* konnten achtern Hubschrauber landen. Obwohl die elektronische Ausstattung von *Wright* im Laufe der siebenjährigen Dienstzeit als Stabsschiff mehrfach modifiziert wurde, gehören zu den unverkennbaren Unterscheidungsmerkmalen das Fehlen der erhöhten 7,6-cm-Flakstände. Die zufällig beiden Schiffen gemeinsame Bugnummer 2 erschwerte zwar die Identifizierung, doch stand dieselbe auf *Arlington* (wie bei vielen Hilfsschiffen) mit den Buchstaben GMR in Verbindung, während sie auf *Wright* ohne zusätzliche Buchstaben geführt wurde. Foto: USN (Sammlung BfZ)

Midway-Klasse (CVA-41)

Die drei *Midway's* gehörten zu den 15 Trägerplattformen, die sich am 1. Juli 1950, d. h. bei Ausbruch des Korea-Krieges, im aktiven Dienst befanden. Sie operierten allesamt im Atlantik und im Mittelmeer. Weil sie relativ neu und dazu sehr groß waren, eigneten sie sich besonders für Umbau bzw. Modernisierungs-Prozesse, die sie dazu befähigen sollten, mindestens bis zum Ende der 70er Jahre in Dienst zu bleiben. Nachdem 1949 die ersten Strahljäger zu den Jagdstaffeln kamen und zugleich auch die als Atombomber gedachten AJ-1 Savage ein Abfluggewicht von ca. 25 t erreichten, zeigten sich die Grenzen der Leistungsfähigkeit der H-IV-Katapulte und der Flugzeugaufzüge. Dies, aber auch noch andere Neuerungen und Erkenntnisse führten ebenso wie bei der *Essex*-Klasse dazu, daß im Rahmen von zeitlich versetzten Umbauperioden alle drei Schiffe der jeweils fortschreitenden Technologie angepaßt wurden. Schon vor 1947/48 sollen die Flugzeugdecks verstärkt worden sein.

Modernisierungsprozesse der Midway-Klasse

Bei dieser Klasse gab es in den 50er und 60er Jahren folgende „große Umbauten".

SCB-110 für *F. D. Roosevelt* vom 1. 5. 1954 bis zum 6. 4. 1956 (48 Mio $)
für *Midway* vom 1. 9. 1955 bis zum 30. 9. 1957 (65,5 Mio $)
Folgende Maßnahmen wurden hierbei durchgeführt. Entfernung der Wasserlinien-Panzergürtel (innerhalb eines Tages und ohne Zuhilfenahme eines Trockendocks). Das reduzierte Gewicht wurde durch die Installation eines 147 m langen Schräglandedecks kompensiert, das gegenüber der Schiffsachse um 8° versetzt war. Auch kam ein geschlossener Atlantikbug dazu („hurricane bow"). Die Insel wurde modernisiert. Es kamen zwei Dampfkatapulte des Typs C-11 an Bord, und die Schiffselektronik wurde erneuert. Auf *F.D. Roosevelt* wurde ein neuer, konischer Mast aufgesetzt. *Midway* behielt seinen Vierbein-Gittermast. Die Schiffe waren nach dem Umbau länger und breiter und – trotz des fehlenden Gürtelpanzers – schwerer. Die Anzahl der 12,7- und 7,6-cm-Geschütze wurde weiter reduziert. Zur Erleichterung der Flugzeug-Landung wurde ein (später ein weiterer) Fresnel-Landespiegel aufgestellt. Die Bremsseilanlage wurde verstärkt, die Anzahl der Bremsseile jedoch auf jeweils sechs reduziert. Der achtere Innenaufzug wurde durch einen Steuerbord-Außenaufzug ersetzt. In Verlängerung des Landedecks befand sich ein zweiter Außenaufzug, während der vordere (Innen-)Aufzug vergrößert wurde. Die Bunker-Kapazität für Flugbenzin wurde ebenfalls vergrößert.

SCB-110A für *Coral Sea* vom 16. 4. 1957 bis zum 25. 1. 1960.
Der Umfang der Umbaumaßnahmen entsprach generell dem von SCB-110, war aber dennoch weiterreichend, was sich darin auswirkte, daß sich nun das Schiff in wesentlichen Dingen von den beiden Schwesterschiffen unterschied. So wurde hier das Schräglandedeck länger und ein neuer Backbordaufzug weiter achtern angebracht. Der Innenaufzug wurde aufgegeben, ausgebaut und durch einen Außenaufzug an der Steuerbordseite vor der Insel ersetzt. Auf die Insel wurde ein konischer Mast aufgesetzt, der fortan die zunehmend größer werdenden elektronischen Geräte aufzunehmen hatte. Wesentlich für einen schnelleren Start der Flugzeuge war, daß außer den beiden vorne angebrachten noch ein weiteres C-11-Katapult entlang des Schräglandedecks installiert wurde. Weiterhin kam die Bremsseilanlage Mk 7 an Bord. Aus Stabilitätsgründen wurde der Rumpf durch Anbringung von Wulsten auf 36,9 m verbreitert. Dies sowie der etwas vergrößerte Tiefgang waren die Ursache für einen leichten Geschwindigkeitsrückgang. Die neuen, 53 ts schweren Aufzüge konnten fortan Flugzeuge bis zu einem Gewicht von 37 t zwischen dem Hangar und dem Flugzeugdeck bewegen. Die Fla-Bewaffnung wurde drastisch reduziert. Die 30 an Bord verteilten Klimaanlagen wogen zusammen 852 to.

SCB-101.66 für *Midway* vom 15.2.1966 bis zum 31.1.1970.
Zweck des Umbaus war, den Anschluß an den nach dem Kriege entwickelten Typ *Forrestal* zu kriegen. Hierbei ging es vor allem um die Erweite-

rung der Flugzeugdeckfläche um fast ein Drittel der bisherigen, um die Installation von zwei um 13 m längeren Katapulten (C-13 Mod. O) und um die Neuverteilung der (ebenfalls neuen) Aufzüge, die nunmehr eine Hebekapazität von 50 ts. hatten, und zwar nach dem Muster *Coral Sea.* Insgesamt wurde das Schiff länger und breiter, es erhielt NTDS, eine Trägheits-Navigationsanlage, verbesserte Klimatisierung und eine verstärkte Bremsseilanlage. So war *Midway* nun in der Lage, mit der Flugzeugtechnologie der frühen 70er Jahre Schritt zu halten und bis weit in die 90er Jahre im aktiven Dienst zu verbleiben – dann immerhin gute 48 Jahre alt. Die Kosten für diesen Umbau wurden mit 84,3 Mio $ veranschlagt. Wegen immerwährender Umplanungen, aber auch wegen angeblich mangelhaftem Management der Marinewerft in San Francisco dauerte der Umbau letztlich vier Jahre und verschlang an die 202 Mio $. Dies war der Grund dafür, daß *F.D. Roosevelt* nicht mehr – wie ursprünglich geplant – nach demselben Muster umgebaut wurde. Dafür unterzog sich die *Roosevelt* ab Juli 1968 einer mit 46 Mio $ weithin preiswerteren Modernisierung, deren wesentliches äußeres Merkmal darin bestand, daß der vordere Innenaufzug aufgegeben wurde (an dessen Stelle wurde auf halber Höhe zwischen Flugzeugdeck und Hangardeck eine Marketenderei eingerichtet). Statt dessen kam ein neuer, 38 ts schwerer Seitenaufzug an die Steuerbordkante des Decks vor die Insel, mit dem nun 35 ts Last gehoben werden konnten. Es wurden neue Werkstätten geschaffen und verbesserte Klima- und Wasseraufbereitungsanlagen installiert. Alle zwölf Dampfkessel wurden überholt.

Beginnend in den ersten Jahren nach der Fertigstellung wurde die Bewaffnung dieser drei Schiffe nach und nach reduziert. Nachdem *Coral Sea* überhaupt keine 40-mm-Vierlinge erhielt, wurden noch vor Beginn der 50er Jahre alle drei Schiffe mit 20 Doppellafetten des Geschützkalibers 7,6 cm L/50 ausgerüstet.

Diese Geschütze erhielten radargesteuerte Feuerleitung. Sie ersetzten auf CVB-41 und 42 die vormals dort untergebrachte 40-mm-Maschinenflak. Zugleich wurde die Anzahl der 12,7-cm-Geschütze auf *Midway* und *F.D.Roosevelt* von 18 auf 14 reduziert und damit der auf *Coral Sea* angepaßt, die mit 14 Türmen bereits in Dienst gestellt wurde. Nach SCB-110 präsentierte sich *Roosevelt* mit nur noch zehn 12,7-cm-Türmen und zweiundzwanzig 7,6-cm-Geschützrohren. Ab 1963 hatte das Schiff nur noch vier der antiquierten, halbautomatisch nachladbaren 12,7-cm-Geschütze an Bord, während inzwischen alle 7,6-cm-Flak aufgegeben wurde. Ganz ähnlich erging es *Midway*, die bereits 1961 nur zehn 12,7 cm hatte und keine 7,6 cm mehr. 1963 waren auf *Midway* vier 12,7 cm, 1970 nur noch drei. *Coral Sea* stellte sich 1960 nach SCB-110A mit sechs 12,7-cm-Geschützen vor und ohne 7,6-cm-Flak. Bereits 1962 wurden dann noch drei weitere 12,7-cm-Türme ausgebaut. Während der 50er Jahre waren alle drei Schiffe zum Start von Mittelstreckenraketen des Typs Regulus I eingerichtet. Neuere Waffen (mit Ausnahme der jeweils hinzukommenden modernen Flugzeuge) wurden hier nicht mehr installiert. *Midway* erhielt Ende der 70er Jahre zwei Nahbereichs-Lenkwaffenstarter Mk 25 für Sea Sparrow-Flugkörper.

CV-43 erhielt Anfang der 80er Jahre drei, CV-41 erst 1984 zunächst zwei Geschützanlagen CIWS Mk 15 Phalanx.

CVA-41 Midway

Kurzlebenslauf

12/1954	Weltreise, dabei auch zeitweilig bei der VII. Flotte im Westpazifik.
6/1955	Westküste Werft: Umbau nach SCB-110.
9/1957	Nach Umbau wieder im Dienst; Pazifik.
1958/65	Mehrfacher Wechsel zwischen Westküste und Westpazifik.
4/1965	Vietnam-Einsatz bis
11/1965	dann Westküste.
2/1966	Außerdienststellung; Werft: Umbau nach SCB-101.66.
1/1970	Seitdem Wechsel zwischen Westküste und Westpazifik; in den letzten Jahren in Yokosuka, Japan, beheimatet, so daß Fahrten zur Westküste wegfallen. Bis
1985	zahlreiche Einsätze im Westpazifik und im Indischen Ozean.

Schiffselektronik

Radar:

11/1953/57	SPS-6, SPS-8A
1961	SPS-43, SPS-12, SPS-8A
1963/77	SPS-43, SPS-30
1985	SPS-48, SPS-49

Feuerleitung:

1950	2 Mk 37 mit FL-Radar Mk 25, mehrere Mk 56 und auch kleinere FLG
1962	1 Mk 37 mit FL-Radar Mk 25, mehrere Mk 56
1977	1 Mk 37 mit FL-Radar Mk 25
1984	2 Mk 76

Midway, vier Jahre nach dem SCB-110-Umbau, bei dem u. a. auch zwei C-11-Dampfkatapulte installiert wurden, hinter denen man auf diesem 1961 aufgenommenen Foto die ungewöhnlich hohe Anzahl von neun A3D Skywarriors erkennen kann. Die 7,6-cm-Flak wurde entfernt, von den 12,7-cm-Kanonen befinden sich nur noch zehn an Bord, davon sechs an der Steuerbordseite. Die Radarausrüstung besteht aus den Geräten SPS-43, SPS-12, SPS-8A und SPS-10.
Foto: Real Photographs

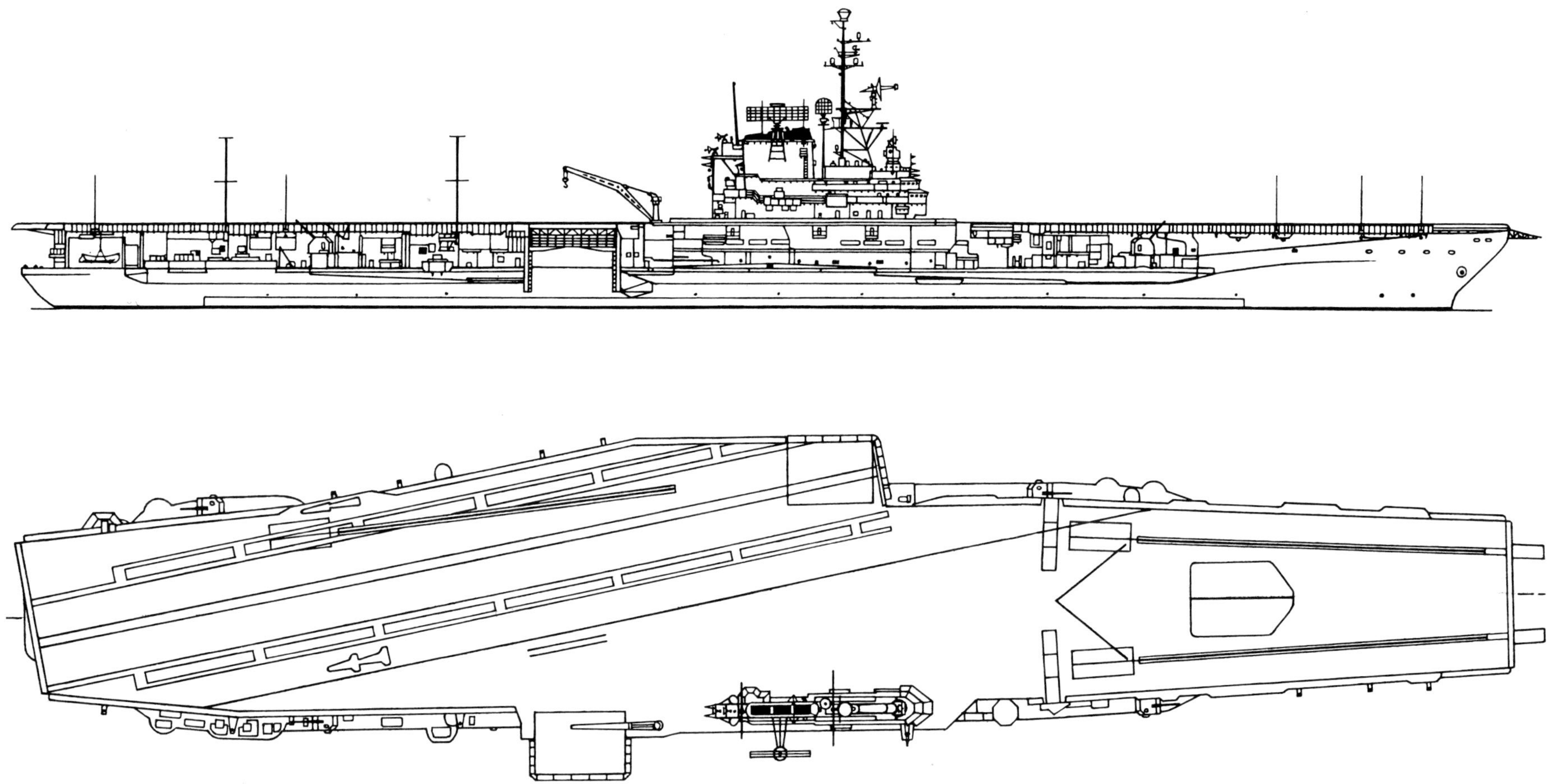

Midway, hier als CVA-41, Aussehen zwischen den beiden großen Umbauten, hier etwa um 1963 herum, mit SPS-43 und SPS-30. Von den ursprünglich vorhandenen 18 sind nur noch vier 12,7-cm-Geschütze verblieben. Der Dreibeinmast unterscheidet sich von den konischen Masten auf den beiden umgebauten Schwesterschiffen. Man beachte den verlängerten, nunmehr sechskantigen vorderen Flugzeugaufzug.

Vor der nordkalifornischen Küste wurde *Midway* im Juni 1963 aufgenommen, mit inzwischen auf nur vier Geschütze reduzierter 12,7-cm-Artillerie. Neben einer C-1-Kuriermaschine befinden sich auf dem Deck Jagdflugzeuge der Typen F-3, F-4 und F-8. Die Radarausrüstung besteht nunmehr nur aus SPS-43 und SPS-30. Entlang der Steuerbord-Deckskante zwei Funkantennen. Foto: USN (Sammlung BfZ)

Obere Zeichnung und Decksplan: *Midway*, Aussehen 1986 ▶

Untere Zeichnung: *Midway*, Aussehen 1970 ▶

Dieses unmittelbar nach Beendigung des SCB-101.66-Umbaus am 17. März 1970 aufgenommene Foto der *Midway* veranschaulicht deutlich die große Fläche des um ein Drittel erweiterten Flugzeugdecks und die Anlage der beiden längeren Katapulte des Typs C-13 Mod. 0, mit Hilfe derer auch die schwersten und modernsten Maschinen gestartet werden können. Nur noch drei Bremsseile befinden sich auf dem Landedeck und nur drei 12,7-cm-Kanonen an den Seitendecks. Außer den verbliebenen FLG Mk 37 findet man noch mindestens ein FLG Mk 56 an der Steuerbordseite. Die senkrecht vom achteren Rand herabhängende Latte soll den landenden Piloten beim Endanflug in Richtung der Achse des Schräglandedecks, die von der Schiffsachse beträchtlich abweicht, helfen. Foto: USN

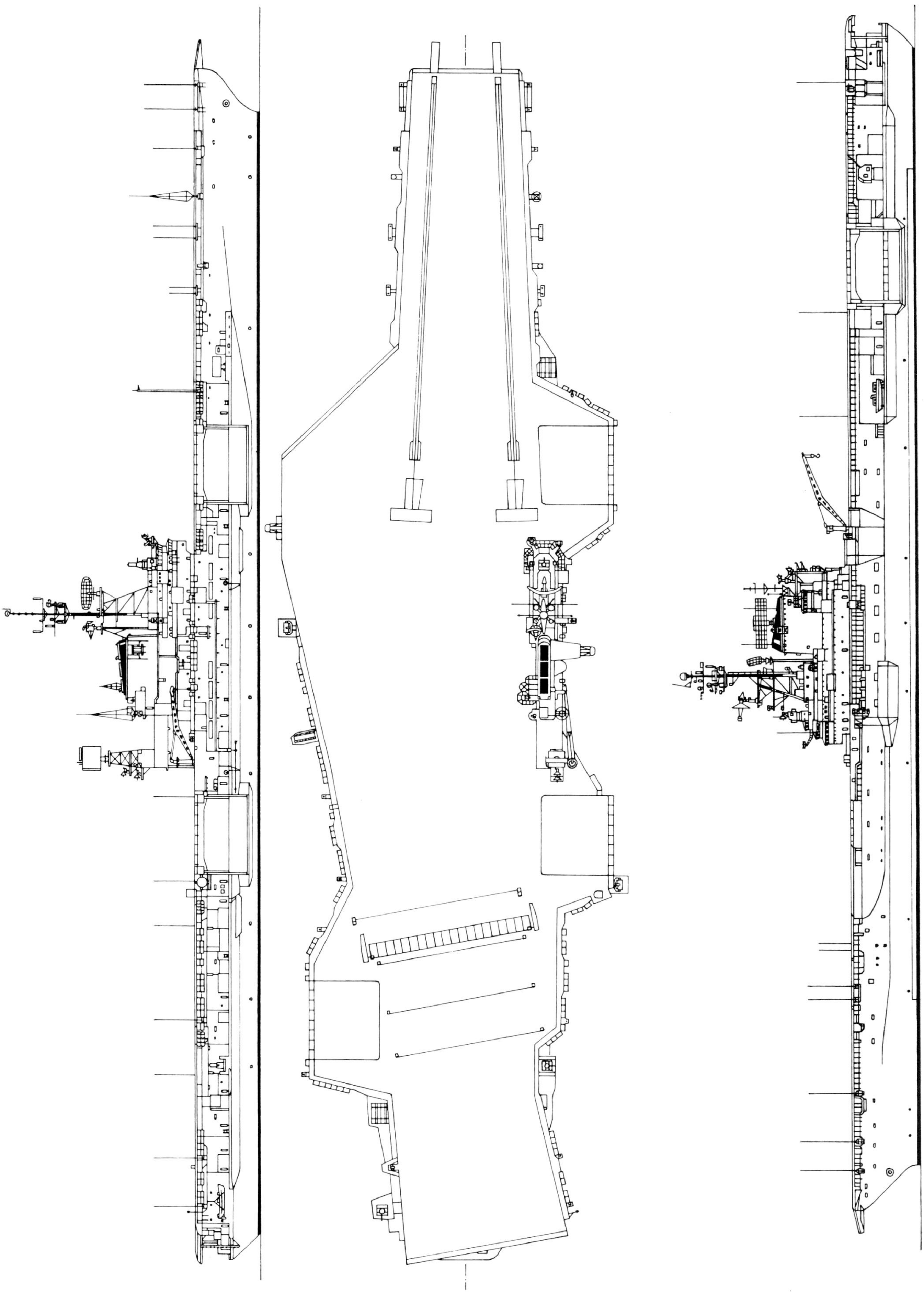

Ein beträchtlicher Teil der Maschinen von CVW-5 befindet sich auf dem Deck von CV-41 *Midway* auf diesem 1977 aufgenommenen Foto. Mit Ausnahme der F-14 können alle übrigen Flugzeugtypen von diesem Träger gestartet werden. *Midway* beteiligt sich zur Zeit nicht an dem CV-Konzept, d. h. trotz der Klassifizierung als CV erfüllt sie Aufgaben eines reinen Angriffs-Trägers. *Midway* ist der einzige amerikanische Träger, der nicht in einem amerikanischen Hafen beheimatet ist. Sein Heimathfen ist Yokosuka, Japan. Foto: USN

Backbordseite der *Midway*-Insel, aufgenommen am 14. Oktober 1984 in Yokosuka, Japan. Beachtenswert ist der dunkle Anstrich der unteren Inselpartie.
Foto: „Sea Power Magazine"

Midway, aufgenommen am 13. September 1984 vor Yokosuka, Japan. Zu beachten ist achtern die Phalanx-Anlage Mk 15. Foto: T. Horiuchi

Diese Luftaufnahme der *Midway* wurde ebenfalls im Herbst 1984 in japanischen Gewässern gemacht. Flugzeuge des Geschwaders CVW-5 befinden sich auf dem Flugdeck. Foto: „Sea Power Magazine“

CVA-42 Franklin D. Roosevelt

Kurzlebenslauf

4/1954	Werft: Umbau nach SCB-110.
ab 1956	Atlantik; einmalige Gastrolle vor Vietnam, sonst regelmäßiger Wechsel zwischen Ostküste und Mittelmeer; dabei 20 mehrmonatige Einsatzfahrten ins Mittelmeer.
10/1977	Außerdienststellung und Streichung.

Schiffselektronik

Radar:

1956	SPS-12, SPS-8A, SC-2
1965/77	SPS-43, SPS-30

Feuerleitung:

1965	2 Mk 37 mit FL-Radar Mk 25
1969/77	1 Mk 37 mit FL-Radar Mk 25

Dieses am 26. September 1956 aufgenommene Foto zeigt CVA-42 *Franklin D. Roosevelt* nach dem zweijährigen Umbau gemäß SCB-110, bei dem neben anderen Maßnahmen auch das Schräglandedeck installiert wurde, wie auch drei Dampfkatapulte des Typs C-11, von denen aber das auf dem Landedeck kurz danach entfernt worden ist. Die Reduzierung der 12,7-cm-Artillerie erfolgte angeblich bereits vor SCB-110. Es ist interessant festzustellen, daß im Jahre 1956 neben SPS-12 und SPS-8A auch noch die alte Antenne SC-2 (hinter dem Schornstein) geführt wird.

Foto: USN (Sammlung G. Albrecht)

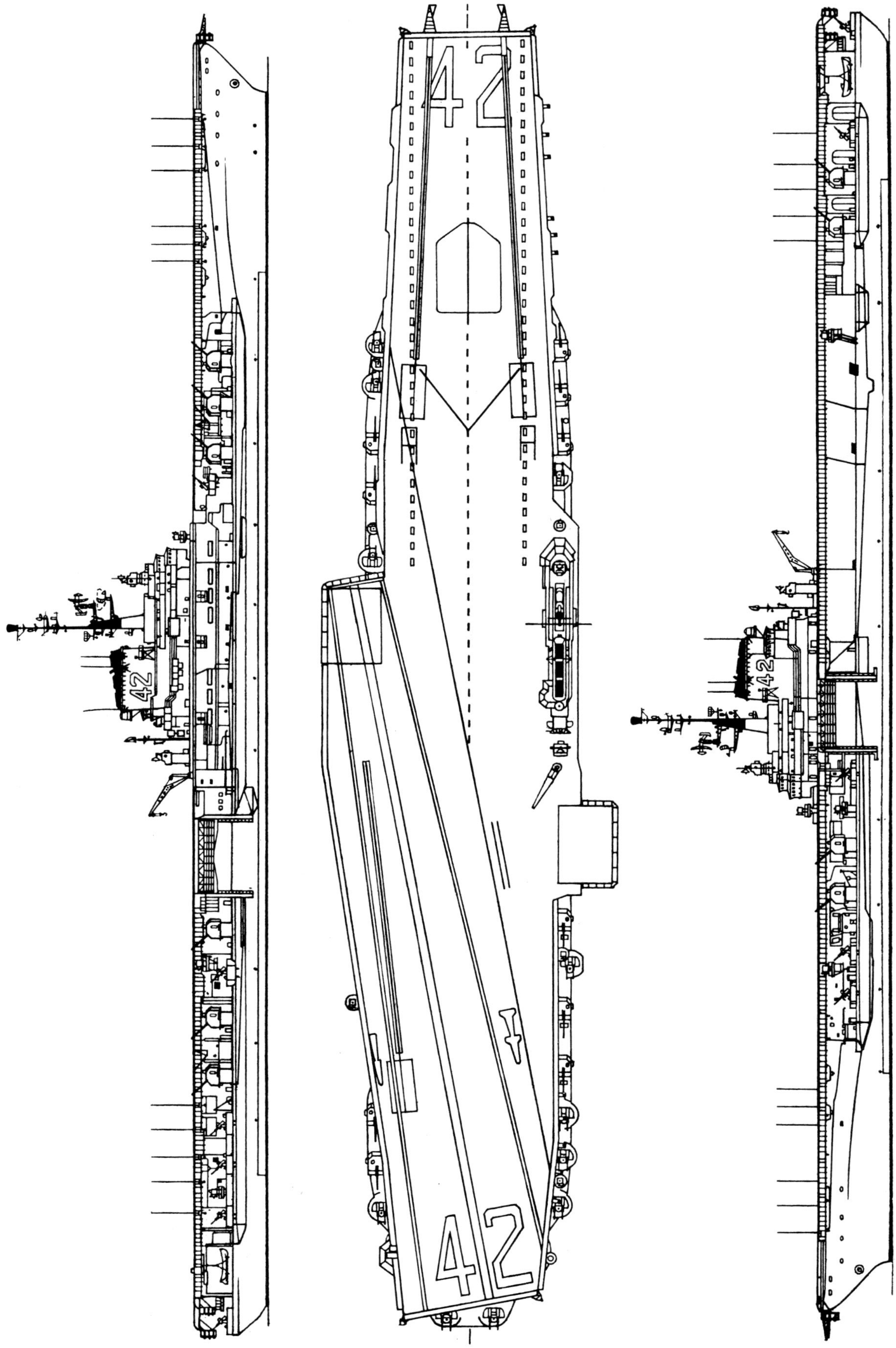

Aussehen von *F. D. Roosevelt* etwa 1956 nach dem SCB-110-Umbau, wobei noch, mit Ausnahme des Mastes, Ähnlichkeit mit *Midway* besteht. Die 12,7-cm-Artillerie ist auf nunmehr zehn Geschütze reduziert. Die Decksansicht zeigt die Verteilung der 22 Flak 7,6 cm L/50.

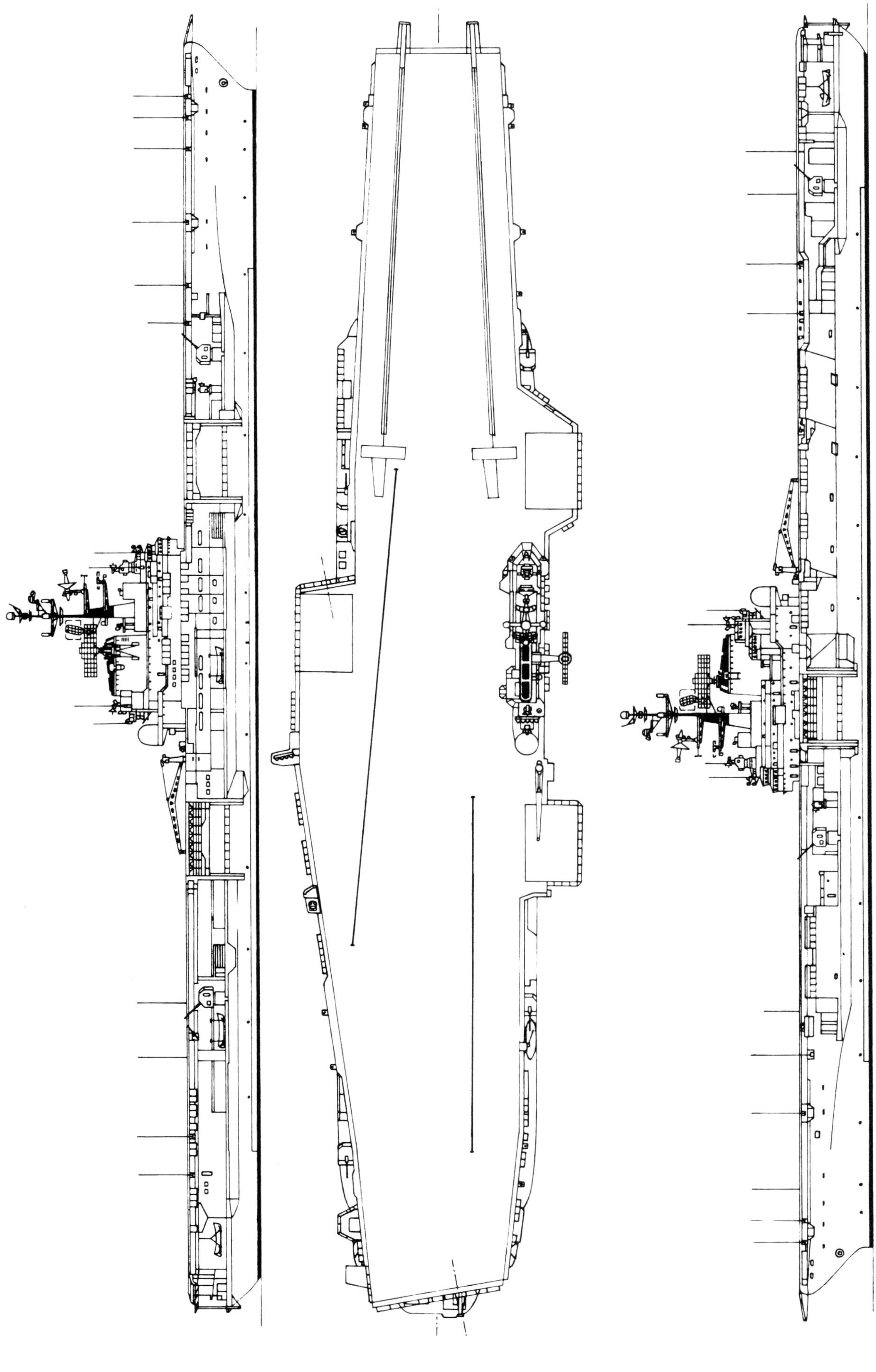

Aussehen von *F. D. Roosevelt* 1975, nunmehr nur noch mit vier 12,7-cm-Kanonen und mit nur einem FLG Mk 37, sowie mit SPS-43 und SPS-30-Radarantennen. Zwischen 1975 und 1977 wurden auch die beiden vorderen 12,7-cm-Geschütze entfernt.

Etwa während der ersten Mittelmeerfahrt nach SCB-110, d. h. 1957, wurde dieses Mittschiffs-Detail von *FDR* aufgenommen. Eines der typischen Bestandteile von SCB-110 war der Ersatz des Dreibeinmastes durch einen konischen Röhrenmast.
Foto: A. Nani (Sammlung BfZ)

Dieses Foto von *FDR* wurde am 20. Mai 1965 aufgenommen. Es zeigt den Ersatz von SPS-12 und SPS-8A-Radar durch SPS-30 und die weitere Verringerung auf nur vier 12,7-cm-Geschütze neben völligem Verzicht auf die 7,6-cm-Flak. Im Hintergrund sieht man einen begleitenden Zerstörer der *Forrest Sherman*-Klasse.
Foto: USN (Sammlung G. Albrecht)

Vier Jahre später: *FDR*, wie sie im Juli 1969 aussah: das vordere und achtere Seitendeck sind zum Teil verkleidet. Während eines „kleinen" Umbaus, der nur 84 Mio. $ kostete, wurde der Mittschiffsaufzug ausgebaut und vor der Insel ein Steuerbord-Deckkanten-Aufzug installiert. Nur noch ein FLG Mk 37.
Foto: USN

Im Sommer 1970 aus einer Kuriermaschine C-1A südlich von Sizilien aufgenommen: *F. D. Roosevelt* als Flaggschiff der Task Group 60.2 im Mittelmeer. Das Achterschiff ist zur gebremsten Landung der Kuriermaschine freigeräumt, während sich weiter vorn auf dem Deck zahlreiche Maschinen befinden. Foto: Verfasser.

Die beiden französischen Schiffsfotografen nahmen *FDR* am 6. März 1977 vor Cannes auf. Wie man sehen kann, fuhr das Schiff bei diesem allerletzten Mittelmeer-Einsatz mit nur noch zwei 12,7-cm-Kanonen. 1975 gab es noch vier davon. Sowohl an der Steuerbordseite der Insel, wie auch auf der Schanz findet man zweiröhrige Starter für Radartäuschraketen (CHAFROC). Bei dieser letzten Einsatzfahrt befand sich CVW-19 an Bord, ein zur Westküste gehörendes Geschwader, das vormals auf *Coral Sea* (CV-43) eingesetzt war. Über dem Backbord-Seitenaufzug sieht man einige AV-8A Harriers der Marine-Corps-Stafel VMA-231 mit Tarnanstrich. Dies war der erste *operative* Einsatz einer Harrier-Staffel von einem Flugzeugträger aus.
Fotos: Pradignac & Leo

Detailansicht der Insel von *Franklin D. Roosevelt;* letztes Aussehen am 6. März 1977 vor der Außerdienststellung im Oktober desselben Jahres.
Foto: Pradignac & Leo

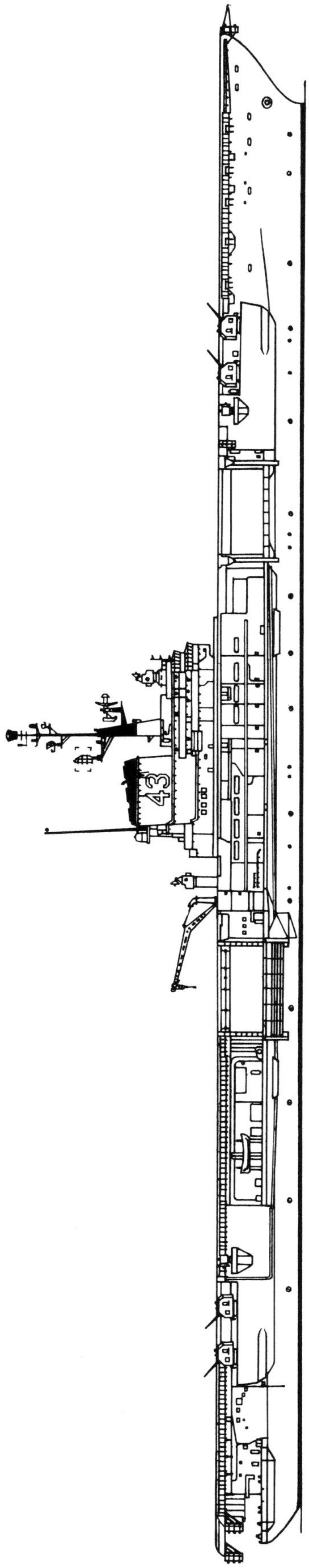

CVA-43 Coral Sea

Kurzlebenslauf

5/1957	Westküste; Werft: Umbau nach SCB-110.
1/1960	Nach Umbau wieder im Dienst; Verbleib an der Westküste.
1960/77	Mehrfacher Wechsel Westküste/Westpazifik, darunter auch Einsätze vor Vietnam.
1977	Trainings-Träger für die Reserve-Geschwader CVWR 20 und 30 im Pazifik; kein festes Flugzeuggeschwader an Bord.
1979/81	13. und 14. Einsatzfahrt im Westpazifik, dabei 1981 auch im Indischen Ozean
3/1983	Beginn der Weltumrundung
9/1983	Wechsel zur Atlantikflotte; Ende der Weltumrundung
10/1983 bis 2/1985	Werftliegezeit
1985	erster Atlantik-Träger mit F/A-18-Flugzeugen
9/1985	Erster Mittelmeereinsatz mit F/A-18

Schiffselektronik

Radar:

1960	SPS-37, SPS-12, SPS-8A
1963	SPS-43, SPS-12, SPS-30
1967/78	SPS-43, SPS-30
1985	SPS-48, SPS-49

Feuerleitung:

1960	2 Mk 37 mit FL-Radar Mk 25, einige Mk 56
1963	1 Mk 37 mit FL-Radar Mk 25, einige Mk 56
1967/78	1 Mk 37 mit FL-Radar Mk 25

◀ Die Anbringung des vorderen Steuerbord-Flugzeugaufzuges setzte voraus, daß beim SCB-110A-Umbau der *Coral Sea* das vormalige Seitendeck zum Teil verkleidet wird. Die nur für kurze Zeit verbliebenen sechs Kanonen des Kalibers 12,7-cm-L/54 wurden höher gesetzt, sicherlich unter anderem, um sie von hochschlagenden Wellen freizuhalten.

Coral Sea ab 1962: nur noch drei 12,7-cm-Geschütze und mit SPS-43 und SPS-30 modernisierte Radarausrüstung. Die Decksansicht zeigt die Anordnung der drei Deckskanten-Aufzüge und der drei Dampf-Katapulte des Typs C-11. Die Backbordzeichnung zeigt das Aussehen nach dem Werftaufenthalt 1984/85. ▶

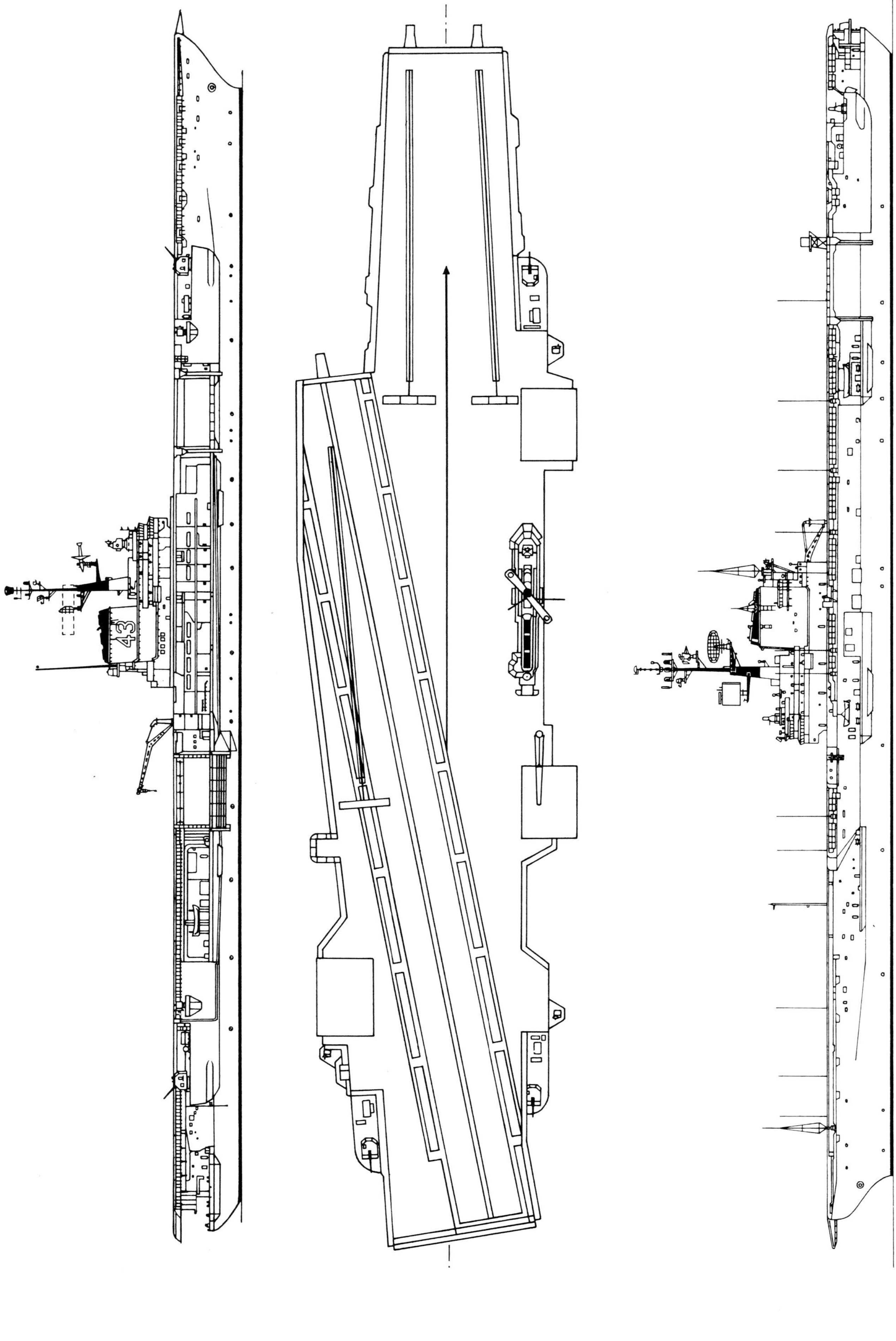
43

CVA-43 *Coral Sea*, aufgenommen am 5. Februar 1960, unmittelbar nach dem SCB-110A-Umbau. Die Anzahl der 12,7-cm-Kanonen wurde auf sechs reduziert, davon waren zwei an der Backbordseite. Außer den beiden FLG Mk 37 hat jedes Geschützpaar noch ein FLG Mk 56. Die modifizierte Brücke, der breite Schornstein und der neue konische Röhrenmast bilden eine harmonische Einheit. Unter dem TACAN erkennt man die Radarantennen SPS-12, SPS-37 und SPS-8A. Foto: USN

Auf diesem ebenfalls 1960 aufgenommenen Foto erkennt man das neue Layout des Schräglandedecks: nur noch Außenaufzüge, mehr Abstellfläche für Flugzeuge, Installation von drei C-11-Katapulten, somit Ausleger am Ende des Landedecks, eine Maßnahme, die weder bei *Franklin D. Roosevelt* noch bei *Midway* wiederholt wurde. Beachtenswert sind die verkleideten Seitendecks und die vier nunmehr etwas höher angebrachten 12,7-cm-Türme. Es befinden sich immer noch zwei FLG Mk 37 an Bord. Foto: OUR NAVY

Coral Sea verläßt am 16. Januar 1965 Pearl Harbor, um zur VII. Flotte im Westpazifik zu stoßen. SPS-43-Radarantenne befindet sich an der Außenseite des Schornsteins, SPS-30 an der Innenseite. Bereits 1962, nach nur zwei Jahren, wurde die Anzahl der 12,7-cm-Kanonen auf drei reduziert; die FLG Mk 56 wurden jedoch belassen. Auf dem Deck erkennt man Flugzeuge der Typen Skyhawk, Skyraider, Phantom, Skywarrior, Crusader und Tracer. Foto: USN (Sammlung BfZ)

2½ Jahre später: am 26. Juli 1967 verläßt *Coral Sea* die Bucht von San Franzisco, um erneut in Richtung Westpazifik zu fahren. Das achtere FLG Mk 37 fehlt jetzt, ebenso der Katapult-Ausleger vor dem Landedeck. An Stelle der E-1 Tracer befinden sich nunmehr vier E-2B Hawkeyes an Bord. Foto: 1977, USN (Sammlung BfZ)

Etwa Ende der 60er Jahre muß dieses Foto von *Coral Sea* aufgenommen worden sein, das während eines Versorgungsvorgangs entstanden ist, bei dem der Träger parallel mit USS *Camden* (AOE-2) fährt. Hinter dem mobilen Kran sind zwei EKA-3B der Staffel VAQ-130 zu sehen, die die Kennbuchstaben ihrer eigenen Staffel führen und nicht diejenigen des CVW.
Foto: USN (Sammlung BfZ)

Eines der letzten Fotos der *Coral Sea* vor der endgültigen Aufgabe von CVW-15, aufgenommen 1977. Eine F-4J wird gleich vom Landedeck-Katapult aus starten. Neue Landeanflugantenne auf dem achteren Mastausleger. Ab 1978 fungierte *Coral Sea* zeitweilig als dreizehnter, d.h. „überzähliger“ Träger. In den 80er Jahren erfolgte wieder voller Einsatz. Foto: USN

Diese beiden Luftaufnahmen zeigen *Coral Sea* im Juni 1983 vor Cannes (Frankreich) während des Mittelmeereinsatzes, nahezu bei Ende der Weltumrundung anläßlich des Wechsels von der Pazifischen zur Atlantischen Flotte. Auf der vorderen Plattform des Mastes findet man das letzte bei der Flotte im Einsatz befindliche Radargerät SPS-30. Auf dem Flugdeck befinden sich CVW-14-Maschinen. Fotos: Pradignac & Léo

Alle drei Fotos auf dieser Seite zeigen *Coral Sea* im Juli 1985 im Stützpunkt Norfolk, Va., nach der 1983/84 durchgeführten Werftliegezeit. Drei Phalanx-Anlagen befanden sich bereits davor an Bord, ebenso TACAN URN-25. Die überholte Ortungselektronik wurde gegen SPS-48 und -49 ausgetauscht, jedoch verblieben die älteren ECCM-Antennen der WLR/ULQ-Serie an Bord – wie hier an der Steuerbordseite der Insel zu beobachten ist. Die beiden SPN-42-Antennen befinden sich – parallel angeordnet – auf einem gesonderten Anbau hinter dem Schornstein. Fotos: J. Zeitlhofer

United States (CVB-58)

Im Juli 1948, d. h. im Rahmen des Etats 1949, wurde vom Präsidenten der U.S.A. der Bau des ersten Nachkriegs-Flugzeugträgers der U.S. Navy gebilligt, der zugleich der erste Superträger der Welt werden sollte, weit schwerer als *Midway*. Die Wasserverdrängung war mit 65 000 ts Standard bzw. 80 000 ts voll beladen geplant; die Schiffslänge sollte 332,5 m betragen. Die größte Breite des Schiffsrumpfes in der Wasserlinie war mit 39,7 m und die größte Weite des Flugzeugdecks mit 58 m vorgesehen. Die Maschinenanlage sollte eine Stärke von 280 000 PS haben und dem Schiff eine Geschwindigkeit von ca. 30 kn ermöglichen.
Interessant ist, daß dieses Schiff die damals noch neue Kennung CVA erhalten *sollte*, vier Jahre bevor diese amtlich für alle damaligen CV/CVB eingeführt wurde.
Kennzeichnend für den CVB-58-Entwurf war u. a. das vorn nicht ganz über den Bug reichende Flugzeugdeck, das durch fünf Deckskantenaufzüge mit dem Hangardeck verbunden werden sollte. Einer der Aufzüge sollte an der Achterkante des Flugzeugdecks angebracht werden. Die Bugpartie war hier noch nicht stromlinienförmig verkleidet, sondern offen. Die Einsicht, daß an der Deckskante aufgestellte Inseln und Schornsteine bei hoher Schiffsgeschwindigkeit Ursachen für Windstrom-Turbulenzen waren, die sich auf die über ⅔ der Deckslänge startenden Maschinen störend auswirken könnten, waren der Grund dafür, daß für CVB-58 keine feste Insel vorgesehen war, sondern nur eine teleskopartig einziehbare Brücke an der vorderen Steuerbord-Deckskante, eine Anordnung, die übrigens zunächst auch für die *Forrestal*-Klasse vorgesehen war.
Offensichtlich war CVB-58 vorwiegend für den Einsatz strategischer Flugzeuge geplant. Zum Flugzeuginventar sollten 54 Atombomber gehören; es ist unschwer zu erraten, daß es sich dabei um den Typ AJ-1 Savage gehandelt hat. Wäre CVB-58 fertiggestellt worden, so hätte man ihn später in *Forrestal* umbenannt. Wegen der finanziellen Anspannung der ersten Nachkriegsjahre wurde beschlossen, dieses Schiff nicht zu bauen. Auch grundsätzliche Überlegungen, ob Flugzeugträger – genau wie vor 10 Jahren die Schlachtschiffe – überhaupt noch als Hauptwaffe der Flotte einzustufen seien, spielten eine Rolle. Die Flotte umfaßte 1950 nicht mehr als sieben große CV/CVB.

Fünf Tage nach der Kiellegung wurde das verbaute Material abgebrochen. Die für CVB-58 bereitgestellten Mittel wurden für die Entwicklung des strategischen Bombers B-36 verwandt, für ein Projekt also, das dann nachfolgend auch nicht realisiert wurde. Der scheinbare Sieg der Luftwaffe über die Marine war nur kurz, denn bereits in wenigen Monaten rückten die Notwendigkeiten des Korea-Krieges die Prioritäten wieder zurecht; die Nützlichkeit der Flugzeugträger wurde ausreichend bewiesen. Dennoch dauerte es noch fast drei Jahre, ehe der Bau von *Forrestal* freigegeben wurde.

Vom Projekt CVB-58 *United States* gibt es nur sehr wenig Bild- und Informationsmaterial. Hier ist eine „artists impression", von der man annehmen kann, daß sie von der Navy angefertigt wurde. Zu erkennen sind das durchgehende Flugzeugdeck ohne Insel, vier Katapulte und vier Flugzeugaufzüge, davon einer ganz achtern. Die Bugpartie war offen und für die Aufnahme von Rohrwaffen bestimmt. Alle dargestellten Flugzeuge entsprechen dem Aussehen der F2H Banshee. Von den damals veranschlagten Baukosten in Höhe von 124 Mio $ können gegenwärtige Schiffsplaner der U.S. Navy nur noch träumen. Foto: USN (Sammlung S. Breyer)

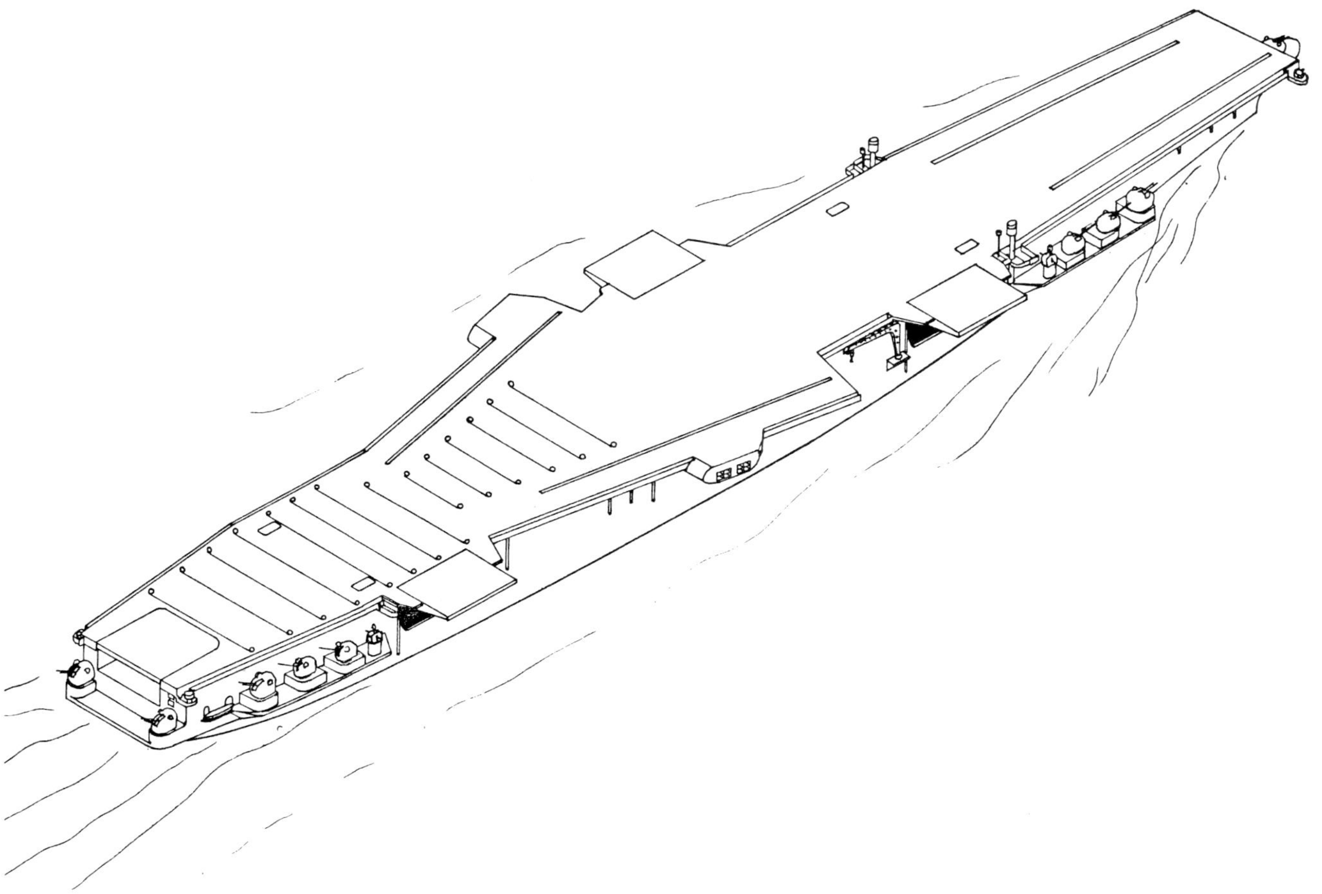

Diese isometrische Zeichnung wurde nach amtlichen Unterlagen angefertigt. Sie zeigt weitere Einzelheiten des 1949 vorhandenen Entwurfes für CVA-58 *United States,* so die teleskopartig ausziehbaren Teile der Brücke an Backbord und an Steuerbord, den seitlich an Steuerbord herausragenden Rauchgasabzug, die Anlage der vier Flugzeugaufzüge und vier weitere kleine Munitionsaufzüge an Deck. Die zahlreichen Fangseile waren zu jener Zeit noch üblich, sie dokumentieren außerdem das Bedürfnis nach größtmöglicher Sicherheit bei der Landung der auch mit Atombomben beladenen AJ-1-Maschinen. Neben einer Bewaffnung von offensichtlich acht 12,7 cm-L/54-Geschützen Mk 42 – die damals neu eingeführt wurden – findet man eine nicht genau spezifizierte Anzahl von Doppeltürmen mit Flak des Kalibers 7,6 cm-L/70, wie sie später auf DL-1 *Norfolk* und auf wenigen anderen Schiffen zum Einsatz gekommen sind. Zeichnung 1978: A. D. Baker, III

Forrestal-Klasse (CVA-59)

Die stürmische Entwicklung der amerikanischen Flugzeugträgerwaffe brachte es mit sich, daß jeder neue Entwurf deutlich schwerer war als der vorangegangene. Gegenüber dem Typ *Midway* war die aus dem Entwurf *United States* abgeleitete *Forrestal* um rund 15 000 ts Standard schwerer. Dies resultierte aus der Forderung, daß die Anzahl der inzwischen größer und schwerer gewordenen Flugzeuge nicht kleiner werden sollte. Auch forderten die zunehmend eingeführten Strahlflugzeuge längere Lande- und Startbahnen, schwerere Aufzüge, kraftvollere Katapulte. In vieler Hinsicht ist die *Forrestal*-Klasse noch heute richtungweisend für den Trägerbau in den Vereinigten Staaten. Zur Zeit des Baubeginns, also 1952, war jedoch *Forrestal* der erste der später so genannten „Super-Träger". Ein gepanzertes Flugzeugdeck, geschlossener Atlantik-Bug, sehr ausladender Unterbau für das Schräglandedeck, kompakte Insel mit rechteckigem Grundriß und integriertem Schornstein, schwerer Pfahlmast, der notfalls mit Bordmitteln abgeklappt werden konnte, all dies war damals neu und erstmalig. Die Antriebsanlage mußte ausreichende Reserven für Spitzenfahrt haben, so daß die Leistung zur Erreichung von 33 kn Geschwindigkeit auf 260 000 PS gesteigert werden mußte. Erstmalig wurde ganz auf Innenaufzüge verzichtet. Von den vier Außenaufzügen befand sich allerdings einer noch am Ende des Landedecks, was sich nicht als sehr praktisch erwiesen hat. Erstmalig war hier auch der Einbau von vier Katapulten des Typs C-7, von denen zwei entlang des Schräglandedecks angebracht wurden.

Die *Forrestal*-Klasse war zunächst mit sechs Einheiten geplant, doch gehörte dann das letzte Paar bereits einer neuen, verbesserten Klasse an. Aber auch unter den ersten vier Schiffen gab es Unterschiede im Aussehen, bei den Abmessungen, in der Zahl der Besatzungsmitglieder, in der Stärke der Antriebsanlage, bei der Ausrüstung und Bewaffnung, in der Gestaltung der Heckpartie und der Oberkante des Schornsteins.

Zu Beginn ihrer Dienstzeit hatten alle vier Schiffe je acht Schnellfeuergeschütze des Kalibers 12,7 cm L/54 Mk 42, die damals neu eingeführt wurden. Diese Geschütze waren paarweise auf vier seitlich vom Rumpf abstehend angebrachten schweren Plattformen installiert. Die vorderen Plattformen erwiesen sich bei hohem Seegang als sehr hinderlich, so daß zur Vermeidung von Seeschäden die Geschwindigkeit zeitweilig reduziert werden mußte. Dies war vor allem der Grund, daß ab etwa 1961 auf allen vier Schiffen die vorderen Geschütze entfernt wurden. Auch die dazugehörigen „Schwalbennester" wurden – mit Ausnahme derer auf *Ranger* – aufgegeben. Die zunehmende Übernahme der Flugzeugabwehr durch mit Lenkwaffen bestückte Begleitschiffe erlaubte eine weitere Verminderung der Artillerie. Die achteren vier Geschütze der *Forrestal* brannten 1967 bei einem Großbrand vor Vietnam aus und wurden danach nicht mehr ersetzt. Steuerbord vorn und Backbord achtern wurden bis 1972 je ein Nahbereichs-Lenkwaffenstarter für Sea Sparrow-Flugkörper installiert. Ebenfalls nach Entfernung der achteren vier Geschütze erhielten 1973/74 auch *Independence* und *Saratoga* je zwei solche Werfer. *Ranger* nahm – im Pazifik eingesetzt – stets eine Sonderstellung ein. Hier wurde die Zahl der achteren 12,7-cm-Geschütze stets zuletzt reduziert, so daß das Schiff noch bis 1977 mit zwei solchen Geschützen fuhr. Die Installation von Sea Sparrow ist jedoch auch hier zwischenzeitlich erfolgt.

Die amtlich bekanntgegebenen Baukosten betrugen für

Forrestal	188,9 Mio $
Ranger	173,3 Mio $
Saratoga	213,9 Mio $
Independence	225,3 Mio $

Nachdem *Forrestal* 1977 ein Dienstalter von 22 Jahren erreicht hat, plant die U.S. Navy – beginnend mit dem Haushaltsjahr 1980 – jeden der vier Träger dieser Klasse während einer zweijährigen Bauzeit so zu modernisieren, daß er rund 15 weitere Dienstjahre erreichen kann. Dieses auf viele Jahre verteilte Programm rangiert unter der Bezeichnung SLEP, was „Service Life Extension Program" bedeutet und in der Zielsetzung dem FRAM-Programm der 60er Jahre entspricht. *Saratoga* wird als erstes Schiff der Klasse SLEP durchlaufen; die Modernisierungs-Kosten sind mit zunächst über 460 Mio $ veranschlagt.

CVA-59 Forrestal

Kurzlebenslauf

ab 1956	Atlantik; steter Wechsel zwischen der II. und VI. Flotte.
11/1956	Einsatz bei der Suez-Krise.
7/1958	Einsatz bei der Libanon-Krise.
1965/66	9 Monate Werft: Installation von NTDS.
6/1967	Fahrt zur VII. Flotte, Einsatz vor Vietnam, dabei Großfeuer; 134 Tote, 64 Verwundete, Rückkehr nach Norfolk, Werft.
1968/83	Weiterhin permanenter Wechsel zwischen Ostküste und Mittelmeer.
7/1976	Gastschiff bei der Seeparade anläßlich des 200. Gründungs-Feiertages der U.S.A. vor New York.
1983/85	SLEP-Modernisierung

Schiffselektronik

Radar:

1955	SPS-12, SPS-8A, SP
1960	SPS-37, SPS-12, SPS-8A
1962/65	SPS-43, SPS-12, SPS-8A
1966	SPS-43, SPS-30
1974/78	SPS-43, SPS-30, SPS-58
1985	SPS-48, SPS-49

Feuerleitung:

1955/60	4 Mk 56
1960/67	2 Mk 56
1985	6 Mk 91

Von der *Midway* zur *Forrestal* (CVA-59) war doch ein gewaltiger Fortschritt zu verzeichnen. *Forrestal*, hier am 3. Januar 1956, drei Monate nach der Indienststellung. Die geschlossene Bugpartie gehört organisch zum Entwurf, die Rohrwaffen sind mit acht 12,7-cm-L/54 Mk 42 sehr gut vertreten. Die Gitter-Antennenmaste sind älteren Modells. Mit SPS-12 und SPS-8A entspricht die Radarausrüstung dem damaligen Standard, es ist aber auch noch eine der älteren SP-Antennen vorhanden. Foto: Newport News S. B.

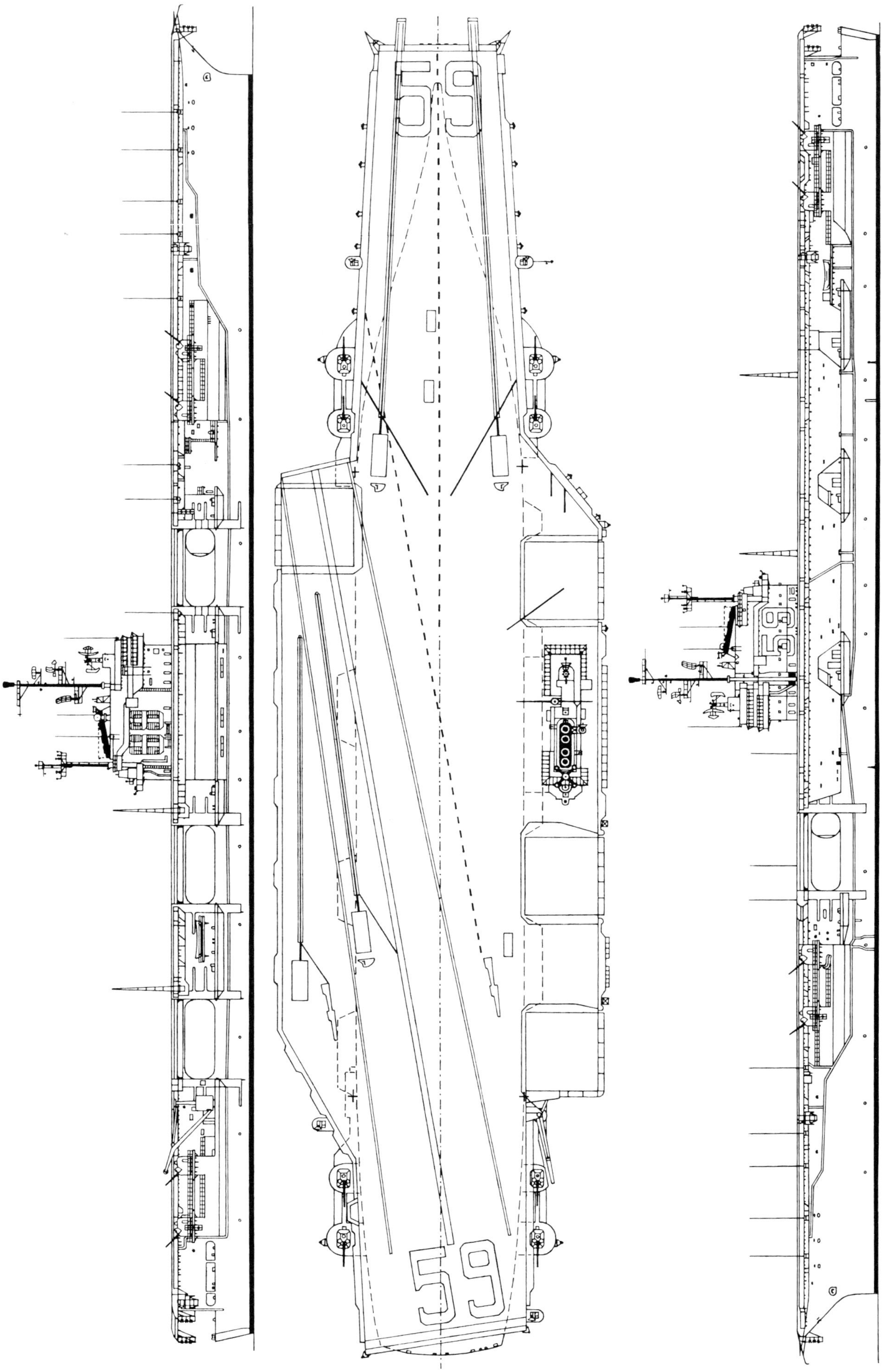

CVA-59 *Forrestal*, Aussehen 1955. Organisch einbezogenes Schräglandedeck, ungünstig placierter Backbord-Aufzug, gewaltiger Unterbau für die beiderseits vorne und achtern angebrachten, damals neuen 12,7-cm-L/54-Geschütze des Musters Mk 42. Das Schiff führte zunächst einen schrägen Schornsteinaufsatz, später zumeist einen waagerechten, wie *Saratoga* auch.

Dieses am 29. August 1955 während der Werftprobefahrten aufgenommene Foto der *Forrestal* zeigt das neue Flugzeugdeck-Layout dieser ersten Klasse von sogenannten Super-Trägern. Wenn auch keine Mittelaufzüge mehr vorhanden sind, so hat sich der in Verlängerung des Landedecks montierte Außenaufzug als nicht sehr zweckmäßig erwiesen. Noch nach der Ausdockung des Schiffes befand sich die Insel einige Meter weiter innenbords; sie wurde bald danach nach außen versetzt. Die Katapultausleger wurden später verstärkt. Die beiden vorderen Katapulte gehören dem Typ C-11 an, während die auf dem Landedeck zum Typ C-7 gehören. Die Decksmarkierung wechselte seitdem mehrmals. Der Schornsteinaufsatz ist hier noch abgeschrägt.
Foto: USN (Sammlung S. Breyer)

Dieses Foto der *Forrestal* wurde am 4. Juni 1960 im Mittelmeer aufgenommen. Die Oberkante des Schornsteins ist jetzt waagerecht. Die Identifikation der Kenn-Nummer auf der Insel wird durch die an selber Stelle angebrachten Kühlrippen stark beeinträchtigt. Dünner Antennenmast hinter dem Schornstein. Zu SPS-12 und SPS-8A ist nunmehr SPS-37 am Steuerbordausleger des Mastes dazugekommen. Skyraiders und Skywarriors befinden sich auf dem Deck
Foto: A. Nani (Sammlung BfZ)

Zum Unterschied von *Ranger* und *Independence* hängt bei *Forrestal* wie bei *Saratoga* das achtere Ende des Landedecks frei über der Schanz. Im Vordergrund erkennt man an Steuerbord ein FLG Mk 56. Die auf dem Landedeck angebrachte Kenn-Nummer wurde später entfernt. Im Vordergrund und hinter der Insel sind Maschinen der Typen A-1 und A-3 abgestellt.
Foto: USN (Sammlung S. Breyer)

Forrestal am 23. April 1965 vor der amerikanischen Ostküste. Die vorderen 12,7-cm-Geschütze wurden samt dem Unterbau entfernt, weil sie bei hohem Seegang Beschädigungen durch Brecher ausgesetzt waren. Der Antennenmast hinter dem Schornstein wurde erhöht. SPS-43-Radarantenne ruht auf einer an der Insel angebrachten Konsole. F-8-Jagdflugzeuge starten vorne, während einige A-3 hinter der Insel abgestellt sind. Beachte die achtern an Steuerbord abgeklappten Funkantennen. Foto: USN

Vor Vietnam verbrannten die achteren Geschütztürme und ein Teil des Achterschiffes. Die Geschütze wurden nicht mehr ersetzt. Dieses Foto wurde am 28. Dezember 1968 aufgenommen, als bereits der erste Mk 25-BPDMS-Starter für Sea-Sparrow-Flugkörper an der Steuerbordseite vorne auf ein neues „Schwalbennest" gesetzt wurde. SPS-8A-Radar wurde inzwischen durch SPS-30 ersetzt. Der Antennenmast hinter dem Schornstein ist entfernt worden. Foto: G. Ghiglione

Am 5. Juli 1976 war *Forrestal* Gastschiff bei der vor New York abgehaltenen Seeparade anläßlich der 200-Jahr-Feier der amerikanischen Staatsgründung.
Foto: Verfasser

Noch vor der SLEP-Überholung entstand dieses Detailfoto der Inselpartie von *Forrestal*, auf der besonders deutlich die Verlängerung des Schornsteines zu Tage tritt. Gegenüber 1976 findet man jetzt SPS-48-Radar an Stelle von SPS-30. Zwischen SPS-43A und SPS-10 sieht man die nur selten festzustellende Antenne SPS-58, die mit der an Bord befindlichen BPDMS-Anlage in Verbindung gestanden hat. Das Bild wurde am 22. März 1980 im Mittelmeer aufgenommen. Foto: L. Grazioli

Anfang 1985 aufgenommen: *Forrestal* verläßt nach abgeschlossener SLEP-Überholung die Marinewerft Philadelphia mit paradierender Besatzung. Während SLEP war das Schiff in Philadelphia beheimatet, wovon die zahlreichen Autos der Besatzungsmitglieder zeugen, die wieder nach Mayport verfrachtet werden. Das Schiff ist zur Aufnahme von Phalanx vorbereitet, die Geräte selbst befinden sich noch nicht an Bord.
Foto: „Ships of the World"

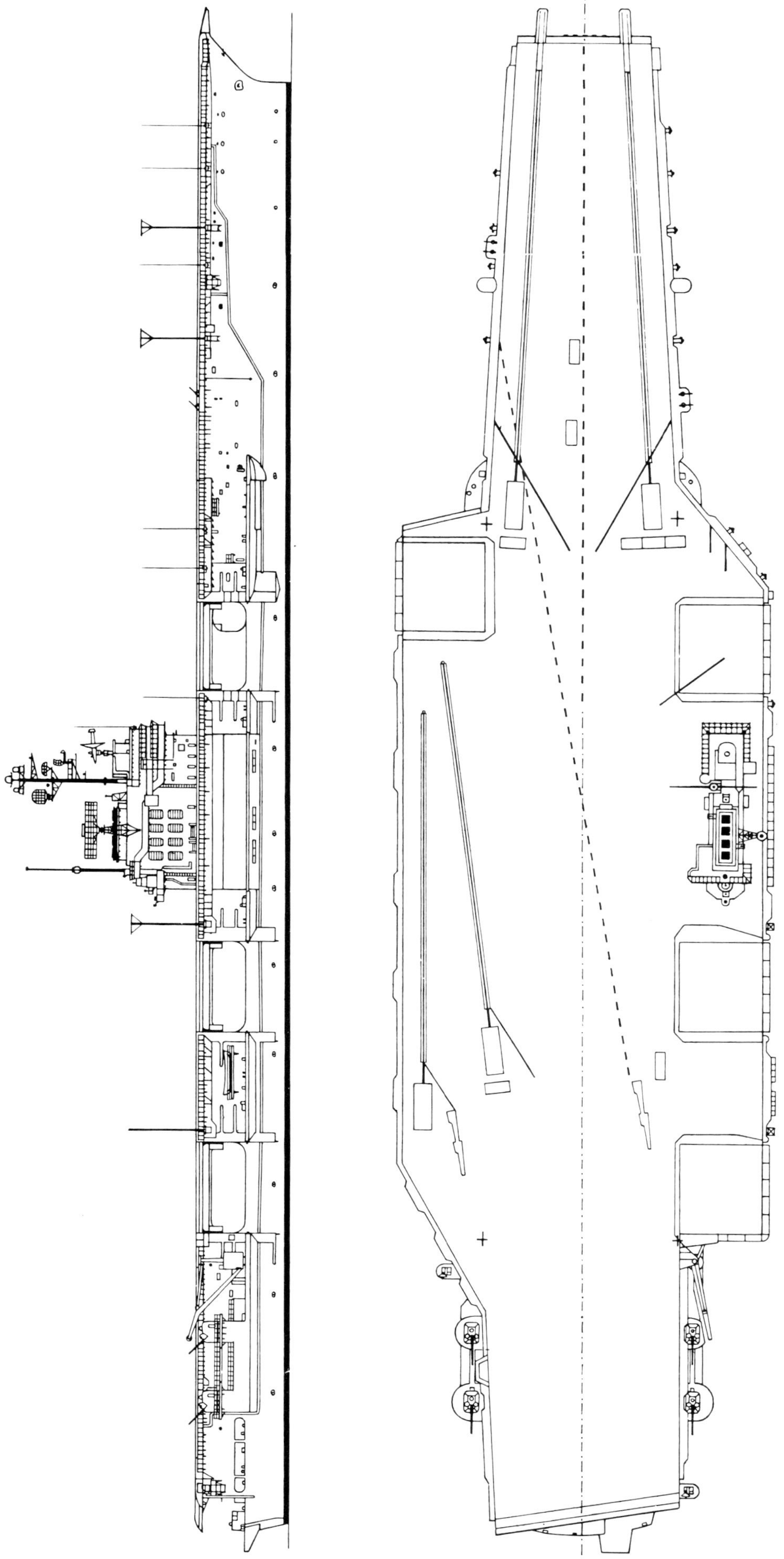

Forrestal und *Saratoga* 1965, mit waagerechtem Schornsteinaufsatz und nach Entfernung der vorderen Geschütztürme samt dem Unterbau. Die achtere Kante des Landedecks hängt frei über dem Achterdeck. Radarantennen SPS-43 und SPS-30.

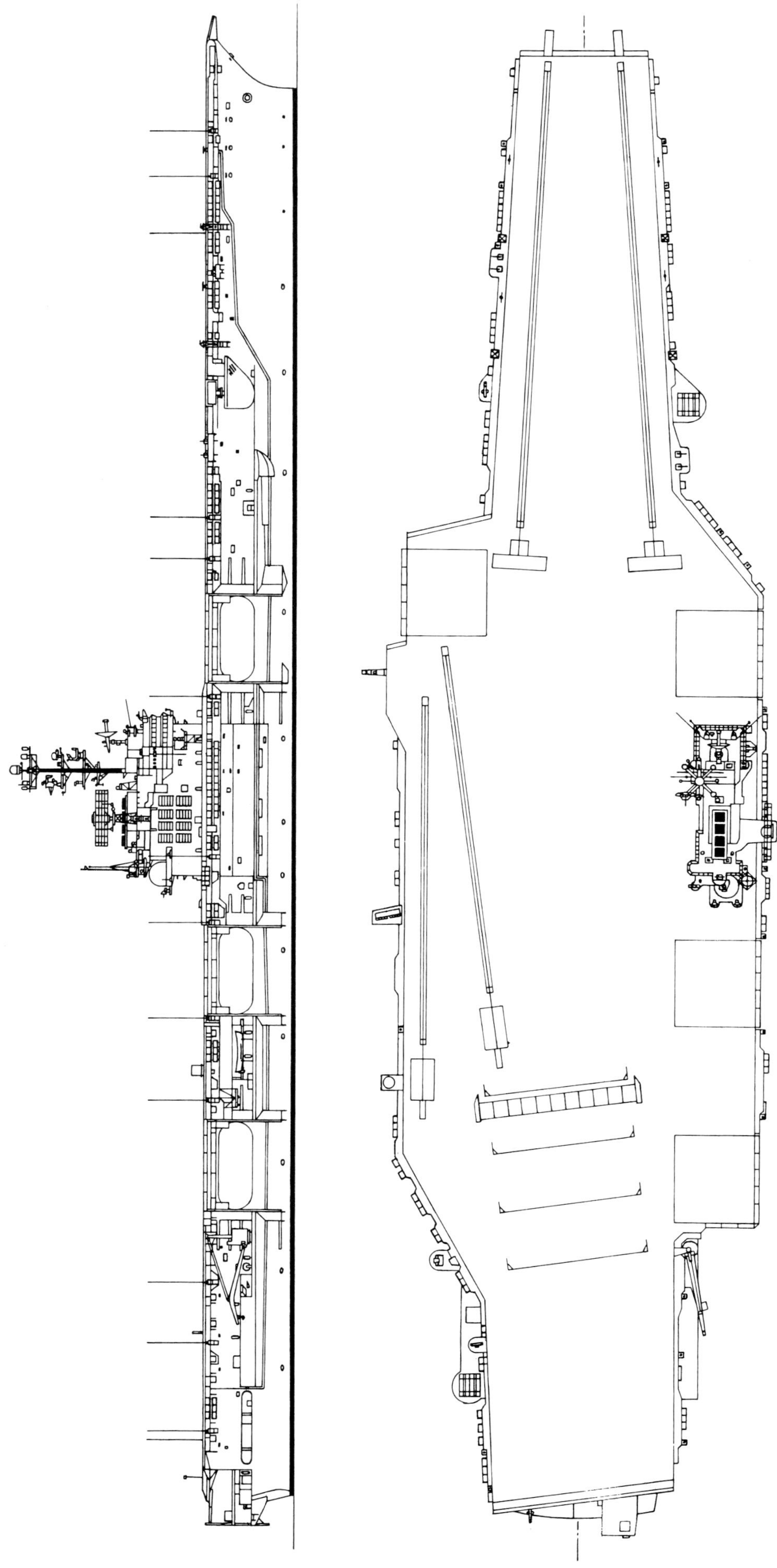

Forrestal und *Saratoga*, Aussehen 1976. Soweit bekannt, war *Forrestal* der erste Träger, der etwa zu diesem Zeitpunkt die endlich auch bei der U.S. Navy eingeführten aufblasbaren Rettungsinseln erhielt. Auf den vorderen „catwalks“ findet man an beiden Seiten je zwei Salutgeschütze. Unter dem Radom an der Achterkante der Insel befindet sich das Anflugradar SPN-35. Insgesamt drei Werfer für Radartäuschraketen.

CVA-60 Saratoga

Kurzlebenslauf

ab 1958	Atlantik; wechselnde Einsätze zwischen der II. und VI. Flotte.
1/1961	Brand im Maschinenraum: 7 Tote.
11/1962	Blockade Kubas
4-7/1972	Einsatz vor Vietnam
Ende 1970	Testschiff für das CV-Konzept.
2/1973-81	Wechselnde Einsätze zwischen Ostküste und Mittelmeer;
1981/83	SLEP-Modernisierung, ab
1984	erneut Wechsel zwischen II. und VI. Flotte

Schiffselektronik

Radar:

1956	SPS-12, SPS-8A
1963	SPS-43, SPS-30
10/1975	SPS-43, SPS-30, SPS-58
1978	wie vorstehend
1983	SPS-48, SPS-49

Feuerleitung:

1956	4 Mk 56
1963	2 Mk 56
1971	keine Mk 56 mehr
1983	6 Mk 91

CVA-60 *Saratoga*, aufgenommen am 25. September 1956. F9F-Jäger sind zu erkennen. Der zweite Mast ist stärker als auf *Forrestal.* Foto: USN (Sammlung BfZ)

Am selben Tage aufgenommen: *Saratogas* Backbordansicht. Die 12,7-cm-Geschützrohre sind ausgeschwenkt. Das vor dem achteren Geschütz sichtbare FLG hat allerdings keine große Ähnlichkeit mit Mk 56. Auch hier ist der Schornsteinaufsatz zunächst noch schräg. Vier Skyraiders und eine Banshee sind noch dunkel angestrichen. Foto: USN (Sammlung BfZ)

Im Zuge des allgemeinen Trends zur Aufgabe der Rohrwaffen gab auch *Saratoga* zunächst die vorderen vier, später auch die achteren 12,7-cm-Geschütze ab. Zum Unterschied von *Forrestal* blieb hier der achtere Unterbau erhalten. Dieses Foto sowie das obere Bild der folgenden Seite zeigt CVA-60 im Juli 1976 vor Cannes. Der Schornstein-Aufsatz ist nun waagerecht. Beachte die Veränderungen des Achterschiffes, den hinter der Insel angebrachten Radom und die schwere Konsole für SPS-43-Radar. *Saratoga* war der erste Träger, auf dem das sogenannte CV-Konzept getestet wurde. Auf dem Achterdeck sieht man eine U-Jagdmaschine des Typs S-3A Viking.

Foto: Pradignac & Leo

Saratoga 1977 in schneller Fahrt, bereit zur Einleitung von Startoperationen. Wie auch *Forrestal*, so erhielt *Saratoga* zwei Sea-Sparrow-Starter und das damit verbundene Radargerät SPS-58. Auf dem Deck befinden sich Flugzeuge der Typen F-4, A-6, A-7, RA-5C, A-3, S-3, C-1 und SH-3. Foto: USN

Nach Abschluß von SLEP: Details der Inselpartie von *Saratoga,* hier aufgenommen im Juli 1984 vor Toulon im Mittelmeer. An der Mastspitze findet man die leichtgewichtige TACAN-Antenne URN-25, darunter einige ECM-Antennen. SPS-48 löste schon vor SLEP SPS-30 ab; an Stelle von SPS-43A findet man jetzt auf der stabilen Konsole SPS-49, direkt darunter die älteren ECCM-Antennen der WLR/ULQ-Serie. Hinzugekommen sind Phalanx sowie die neben dem Mast sichtbaren FLG Mk 91, die zu den NATO-Sea Sparrow-Startern Mk 29 gehören. Selbstaufblasbare Rettungsinseln an der Flugdeckskante. Foto: Pradignac & Léo

Luftaufnahme von *Saratoga* aus dem Jahre 1983 nach Abschluß von SLEP. In allem drei Phalanx-Anlagen, jedoch noch keine F-14A-Jagdflugzeuge an Bord.
Foto: USN

Im Mittelmeer im April 1984 aufgenommen: *Saratogas* Heckpartie, die nach SLEP mehr geschlossenen Raum aufweist. Foto: Sammlung L & L van Ginderen

Im Juli 1984 entstand vor Toulon dieses Backbordfoto der *Saratoga*, auf dem zwei von drei Phalanx-Anlagen zu sehen sind. Inzwischen befinden sich auch Jagdflugzeuge des Typs F-14A an Bord. Foto: Pradignac & Léo

CVA-61 Ranger

Kurzlebenslauf

10/1957	Atlantik
8/1958-84	Pazifik; permanenter Wechsel zwischen Westküste und Westpazifik.
ab 10/1964	Mehrere Einsätze vor Vietnam.
9/1967	Erster Bordeinsatz der A-7 Corsair II.
1984/85	Werftzeit in Bremerton

Schiffselektronik

Radar:

1957	SPS-12, SPS-8A
1961	SPS-43, SPS-12, SPS-8A
1964/78	SPS-43, SPS-30
1984	SPS-43A, SPS-48
1985	SPS-49, SPS-48, IPD/TAS Mk 23

Feuerleitung:

1957	4 näher nicht definierbare Geräte, die Mk 56 ähneln
1985	6 Mk 91

CVA-61 *Ranger*, aufgenommen am 22. Juli 1957, wenige Wochen vor der Indienststellung. Die Form des vorderen Unterbaus für die Geschütztürme unterscheidet sich von der auf den ersten beiden Schiffen der Klasse, ebenso das Muster der anfangs angebrachten Decksmarkierung. Bei den auf dem Flugzeugdeck sichtbaren Punkten handelt es sich um eingelassene Ösen zum Festzurren von an Deck abgestellten Flugzeugen.

Foto: Newport News S. B. (Sammlung BfZ)

Am 9. Juli 1957 wurde die gerade fertiggestellte *Ranger* vor der Bauwerft fotografiert. Der Antennenmast auf der Insel fehlt hier, an Radarantennen sind SPS-12 und SPS-8A zu identifizieren. Zum Unterschied von *Forrestal* und *Saratoga* behielt dieses Schiff seinen schrägen Schornstein-Aufsatz.
Foto: Newport News S. B. (Sammlung BfZ)

Startbetrieb auf der *Ranger* im Jahre 1958. Die Rauchabgase stören bei Winden aus ungünstiger Richtung den Landebetrieb und verursachen außerdem Korrosionen an den außen abgestellten Flugzeugen. Das Abwaschen der Flugzeuge mit Seifenlauge gehört daher zur Routinearbeit des Wartungspersonals der jeweiligen Staffel. Alle vier Dampfkatapulte sind vom Typ C-7. Beim Startbetrieb entweicht sichtbar der Dampf aus den Katapult-Zylindern. Foto: Real Photographs

Eine Detailaufnahme der vorderen Backbordgeschütze mit FL-Radar auf *Ranger*, zu Beginn der 60er Jahre. Kampfmaschinen der VA-Staffeln 144 und 146 sind auf dem Startdeck abgestellt.
Foto: Sh. Fukui (Sammlung BfZ)

Anfang der 70er Jahre vor San Franzisco: *Ranger* mit SPS-43- und SPS-30-Radar sowie mit Radom für Anflugradar hinter der Insel. Die vorderen Geschütze sind ausgebaut, *Ranger* ist jedoch das einzige Schiff dieser Klasse, das die vorderen Unterkonstruktionen bis zur Gegenwart behalten hat. Beachtenswert ist die gegenüber *Forrestal/Saratoga* abweichende geschlossene Heckpartie sowie die an der Backbord-Deckskante angebrachte, weit abstehende ECCM-Antenne.
Foto: USN

Dieses Anfang 1977 aufgenommene Foto macht deutlich, daß *Ranger* der letzte Träger der *Forrestal*-Klasse war, der noch zwei 12,7-cm-Geschütze führte. Im Zuge der Werftliegezeit 1977/78 wurden die beiden 12,7-cm-Geschütze gegen drei BPDMS-Starter Mk 25 ausgetauscht. Damit hat kein Träger der *Forrestal*-Klasse mehr Rohrwaffen. Auch hier wurde die Zahl der Bremsseile auf vier verringert. Foto: USN

Wie sich die Bilder gleichen: Backbordansicht des Mittelschiffs von *Ranger,* aufgenommen vor North Island am 28. Oktober 1982...
Foto: F. Villi

... und im Juli 1985. Mit Ausnahme des Ersatzes von SPS-43A durch SPS-49 und von Mk 23 TAS keine nennenswerten Veränderungen in diesem Bereich.
Foto: W. Donko

Neu gestaltet wurde dagegen die Achterpartie der *Ranger.* Mehr geschlossener Raum vor der vormaligen 12,7-cm-Geschützplattform, NATO-Sea Sparrow-Starter Mk 29 mit zwei „zweiäugigen" FLG Mk 91, gewichtige Plattform für die hier noch verpackte Phalanx-Geschützanlage. Auch diese Aufnahme entstand im Juli 1985 vor North Island. Foto: W. Donko

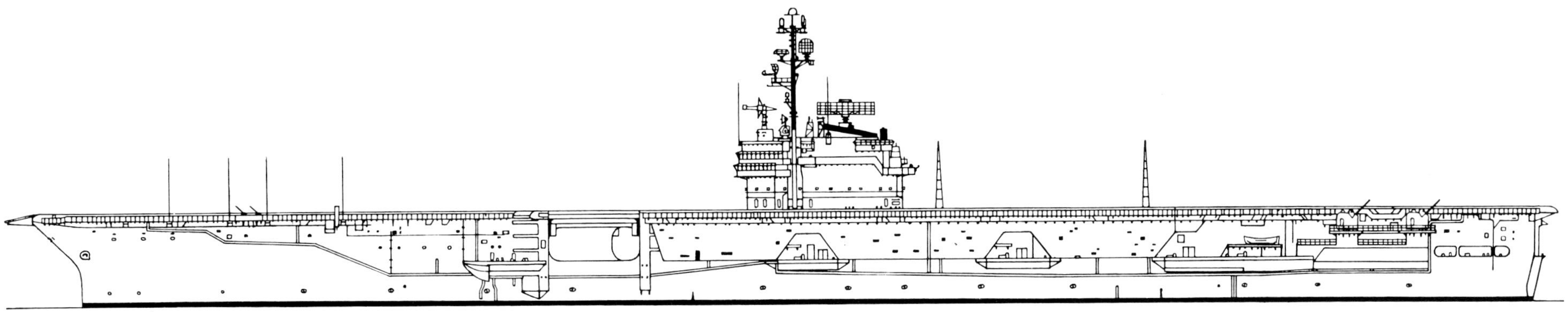

Aussehen von *Independence* (CVA-62) etwa 1965. Schräge Schornsteinkappe, geschlossene Heckpartie, dies gemeinsam mit *Ranger* (CVA-61). *Ranger* behielt allerdings auch nach erfolgtem Ausbau der vorderen Geschütztürme weiterhin die Unterbauten. Die beiden achteren Geschütztürme befanden sich auch noch bis 1977 auf dem Schiff. Die beiden Rohre zwischen den vorderen Funkantennen stellen Salutgeschütze dar.

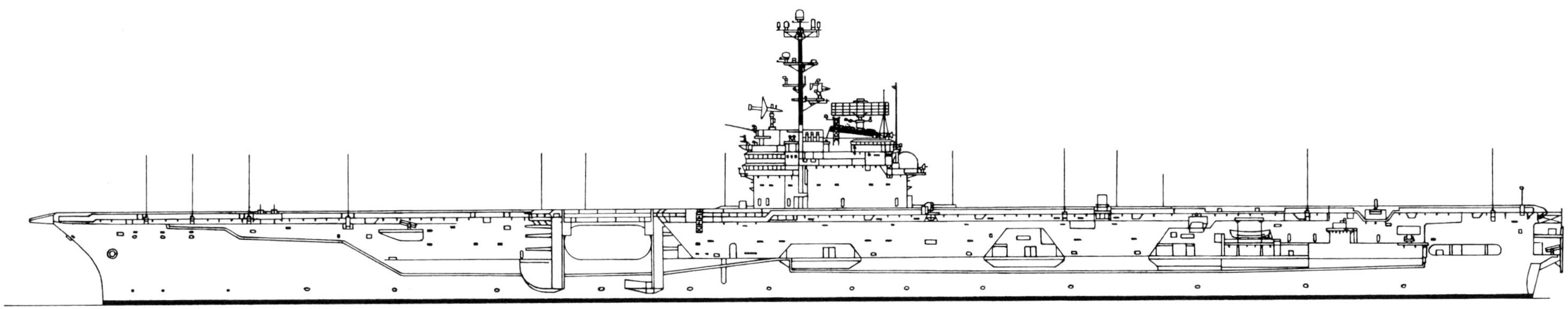

Nach wie vor unterscheidet sich *Independence* von den beiden Vorgängern *Forrestal* und *Saragota* durch die schräge Schornsteinkappe und die veränderte Heckpartie. Die Radaranlagen SPS-43 und SPS-30 gehören seit ca. 15 Jahren zur Standardausrüstung dieser Klasse, während SPS-58 erst seit der Aufstellung der Sea-Sparrow-Starter hinzukam.

CVA-62 Independence

Kurzlebenslauf

1959–1985	Atlantik; zahlreiche Wechsel zwischen der II. und VI. Flotte.
1962	Blockade Kubas.
1965	Als erster Atlantik-Träger Einsatz vor Vietnam.
1985/87	SLEP-Modernisierung

Schiffselektronik

Radar:

1959	SPS-37, SPS-12, SPS-8B
1961	SPS-43, SPS-12, SPS-8B
1963	SPS-43, SPS-30
173/78	SPS-43, SPS-30, SPS-58
1985	SPS-43A, SPS-48
1987	SPS-48, SPS-49

Feuerleitung:

1959	2 Mk 68
1985	4 Mk 91

Knapp zwei Monate nach der Indienststellung: CVA-62 *Independence*, aufgenommen am 2. März 1959 vor der Marinewerft New York in Brooklyn. Der vordere Geschütz-Unterbau ist gegenüber *Ranger* nochmals modifiziert. Die abgerundete Fläche soll den schweren Brechern weniger Widerstand entgegenbringen als die kantigen Flächen der Schwesterschiffe. *Independence* war der erste Superträger, der von vornherein SPS-37-Radar erhielt. Außer dem auf dem Mast befindlichen SPS-12-Radar findet man über den Brücken noch die relativ selten benutzte Antenne SPS-8B. Auch hier ist der Schornsteinaufsatz abgeschrägt.
Foto: USN (Sammlung BfZ)

Im November 1968 vor Genua aufgenommen: *Independence* ohne die Anfang der 60er Jahre entfernten vorderen Geschütze. Nun sind die Radaranlagen SPS-43 und SPS-30 installiert. Foto: G. Ghiglione

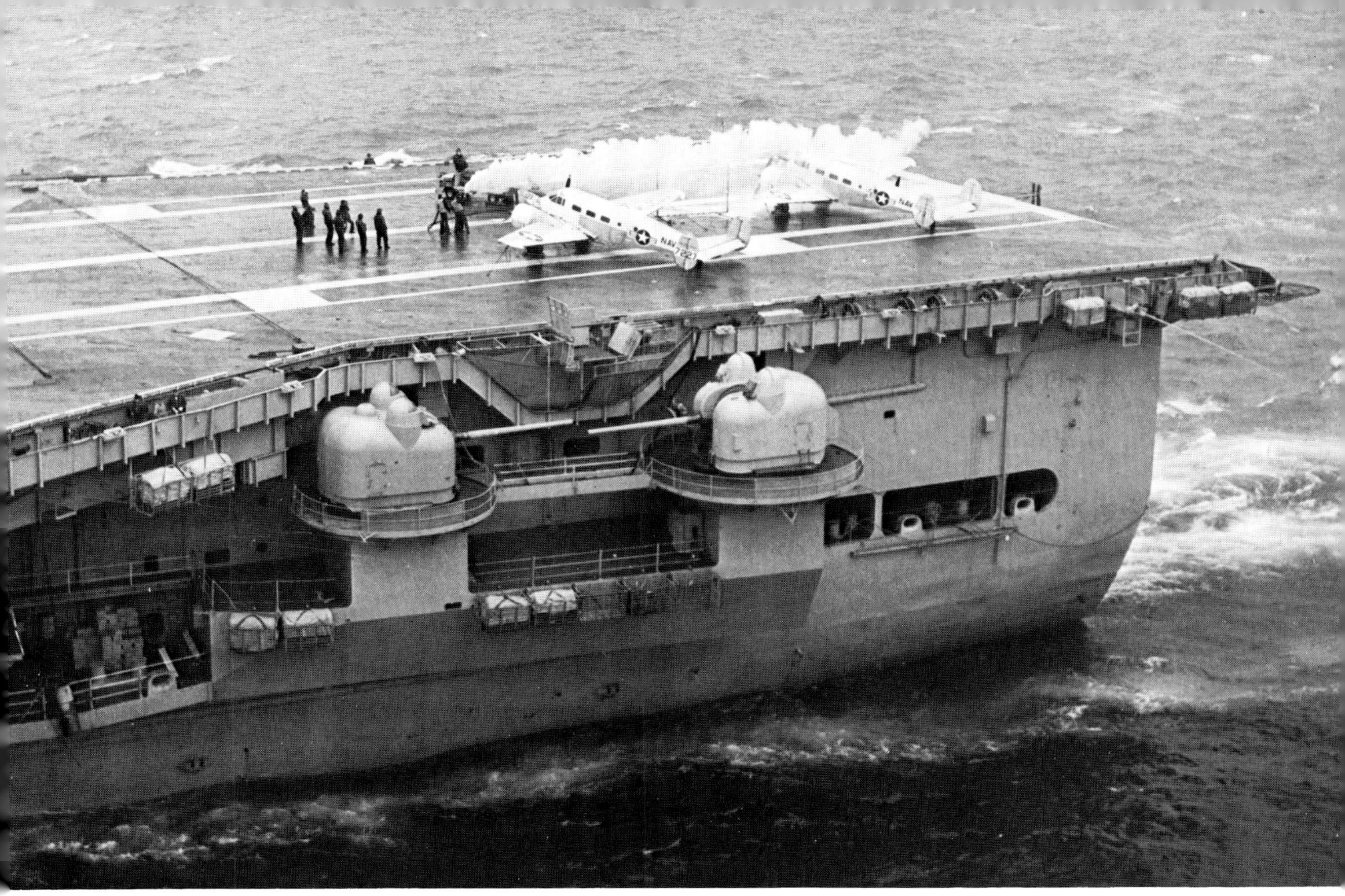

Diese Detailaufnahme des Achterdecks der *Independence* stammt vom 15. Februar 1968. Über den beiden 12,7-cm-Geschützrohren befindet sich der Stand des Landeoffiziers. Bei den beiden Kuriermaschinen vom Typ Beechcraft RC-45J handelt es sich um keine Bordflugzeuge. Sie sind entweder ohne Landehaken gelandet, oder aber im Hafen per Kran an Bord gehievt worden. Es kann aber mit Sicherheit angenommen werden, daß sie genau wie die C-IA Trader – ohne Hilfe des Katapultes – abheben können. Alle vier Katapulte des Schiffes gehören dem Typ C-7 an.

Foto: USN (Sammlung BfZ)

Dieses 1973 im östlichen Mittelmeer aufgenommene Foto verdeutlicht, daß sich die Radarantenne SPS-58 bereits in diesem Jahr an Bord befunden hat. Auch auf *Independence* befindet sich – wie bei den beiden ersten Schwesterschiffen – der zweite BPDMS-Starter an der Steuerbordseite achtern. Eine Phantom und eine Intruder starten gleichzeitig von zwei Katapulten aus. Die Luft vor dem Bug des Trägers flimmert infolge der von der Phantom eingeschalteten Nachbrenner.

Foto: USN (Sammlung J. Kürsener)

Independence, am 17. November 1974 vor Cannes. Aus dieser Perspektive kann das Schiff von *Forrestal* und *Saratoga* nur schwer unterschieden werden. Foto: Pradignac & Leo

Diese Detailaufnahme der Inselpartie von *Independence* wurde 1974 im Mittelmeer gemacht. Bemerkenswert sind hier die Radarantenne SPS-58 (gegenüber von SPS-10) und darunter eine neue Landeanflugantenne, weiterhin der Antennenmast hinter dem Schornstein und der Radom an der Achterkante der Insel. Die Kenn-Nummer ist wegen der Kühlrippen schlecht zu erkennen. Foto: Fr. Villi

Eine vorliche Aufnahme von *Independence* vor Las Palmas, Mallorca, entstanden am 29. Oktober 1984. Flugzeuge und Hubschrauber von CVW-6 befinden sich an Bord. Foto: Sammlung L & L van Ginderen

Neben *Dwight D. Eisenhower* (CVN-69) ist *Independence* der letzte aktive Flugzeugträger, der noch SPS-43A-Radar an Bord hatte, bevor es bei SLEP durch SPS-49 ersetzt wurde. Die Aufnahme entstand im August 1985 in Norfolk, Va. Gegenüber, auf der anderen Seite von Pier 12, sieht man *Nimitz* (CVN-68), hier bereits mit Phalanx. Foto: J. Zeitlhofer

Im Frühjahr 1985 begann *Independence* mit der SLEP-Überholung in Philadelphia. Davor, am 8. Dezember 1983, entstand dieses interessante Luftfoto der Backbordseite der Insel, auf dem u. a. wieder die immer öfter durchgeführte Dunkeltönung der unteren Inselpartie deutlich wird. Flugzeugleitradar SPN-35 befindet sich unter dem Radom an der Achterkante der Insel. Unterhalb von SPS-48 sieht man den später hinzugekommenen zwei Deck hohen Brückenaufbau. Foto: USN

Kitty Hawk/America-Klasse (CVA-63/66)

Diese Klasse weicht in mehreren, z. T. auch äußerlich wahrnehmbaren Punkten von der *Forrestal*-Klasse ab. Das Layout des Flugzeugdecks wurde so modifiziert, daß sich hier im Gegensatz zu *Forrestal* zwei Flugzeugaufzüge vor der Insel befinden und nur einer dahinter. Dies ist auch der Grund dafür, daß die etwas längere Insel weiter achtern steht als auf der *Forrestal*. Der vierte Aufzug auf der Backbordseite befindet sich weiter achtern und nicht in der Verlängerung der Landebahn. Insgesamt weist das Flugzeugdeck mehr Parkfläche zum Abstellen von Flugzeugen auf. Kennzeichnend für alle Träger ab CVA-63 (mit Ausnahme von *Enterprise* ist das Vorhandensein eines gesonderten, hinter der Insel aufgestellten Radarmastes. CVA-63 und 64 erhielten vier stärkere Katapulte des Typs C-13 Mod. O. *Kitty Hawk* war das erste große Schiff, auf dem 1961 die Radarantenne SPS-43 auf der Insel über der Brücke installiert wurde. *America* wurde vier Jahre später fertiggestellt als die beiden ersten Schiffe und wies dabei so viel Differenzen auf, daß man es für richtig hielt, der ganzen Klasse einen Doppelnamen zu geben. Typisch für *America* ist vor allem der schmalere Schornstein und das Vorhandensein einer Stevenklüse mit einem Buganker, eine Anordnung, die wegen des Bugsonardomes nötig ist, in dem SQS-23 Sonar untergebracht ist. Gemeinsam war bei allen drei Schiffen die Lenkwaffenausrüstung, bestehend aus zwei Terrier-Anlagen, die unter sich leicht abwichen. An Steuerbord achtern befand sich der Starter Mk 10 Mod. 3; an Backbord, ebenfalls achtern, Mk 10 Mod. 4. Mit dem ersten konnten Terrier-Flugkörper RIM-2F mit halbaktivem Suchkopf gestartet werden, während der andere Starter für den Abschuß der RIM-2D mit Leitstrahl vorgesehen war. Auf *America* sind beide Anlagen zur Verwendung von Standard-Flugkörpern modifiziert worden. Die Auswahl der Flugkörper erfolgt nach der erforderlichen Höhe, Reichweite und Geschwindigkeit der gegnerischen Luftziele. Trotz des Vorhandenseins der erstmalig auf Trägern installierten Lenkwaffenanlagen waren diese Schiffe zu keinem Zeitpunkt als Lenkwaffenschiffe mit dem Zusatzbuchstaben „G" (also CVAG) klassifiziert. Die Kapazität der Lenkwaffenmagazine ist mit 40 Flugkörpern je Starter relativ hoch. Ab 1977/78 erhielten *Kitty Hawk* und *Constellation* anstelle der entfernten Terrier-Anlagen je zwei NATO-Sea-Sparrow-Starter Mk 29. Die Aufstellung eines dritten Starters ist für später geplant.

Auf der *Kitty Hawk* gibt es auf dem Flugzeugdeck und im Hangar insgesamt 26 Betankungsstationen für Flugzeuge. Starke Pumpen sorgen dafür, daß jedes Flugzeug nach längstens sechs Minuten voll betankt ist. Die Baukosten betrugen: für *Kitty Hawk* 265,2 Mio $, für *Constellation* 264,5 und für *America* 248,8 Mio $. Dies ist eines der seltenen Beispiele, wo Folgeschiffe billiger waren, als das Typschiff. – Treibstoff-Kapazitäten: 5624 ts JP-5, 258 ts Flugbenzin, 7828 ts Schiffs-Treibstoff, 1310 ts Frischwasser, 594 ts Reserve-Speisewasser.

CVA-63 Kitty Hawk

Kurzlebenslauf

1961	Pazifik; erster mit Lenkwaffen ausgerüsteter Träger.
1962–1985	Ständiger Wechsel zwischen Westküste und Westpazifik; darunter mehrere Vietnam-Einsätze und Exkursionen in den Indischen Ozean und in den Golf von Oman.
etwa 1987	Verlegung zur Atlantikflotte und danach SLEP in Philadelphia.

Schiffselektronik

Radar:

1961	SPS-43 (als erstes Schiff), SPS-39, SPS-12, SPS-8B
6/1963	SPS-43, SPS-39 SPS-8B
1970/77	SPS-43, SPS-30, SPS-52
1978	SPS-43, SPS-48
1984	SPS-48, SPS-49

Feuerleitung:

1961/77	4 SPG-55
ab 1977	2, später 6 Mk 91 für IPDMS

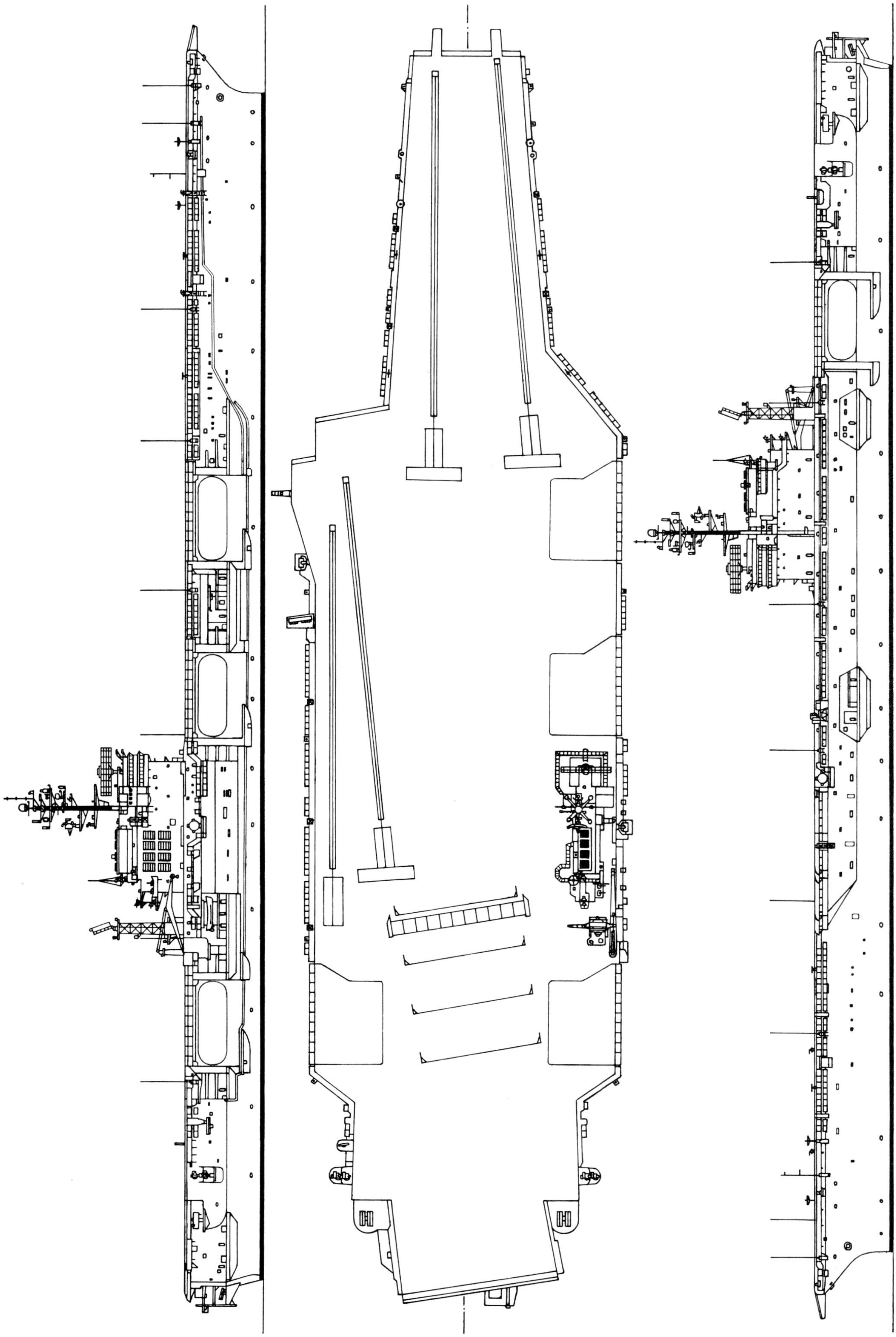

Alle drei Ansichten stellen CV-63 *Kitty Hawk* nach der letzten Umrüstung dar, nachdem die beiden Terrier-Lenkwaffenstarter Mk 10 durch zwei NATO-Sea-Sparrow-Starter Mk 29 ersetzt wurden. *Constellation* (CV-64) soll zwischenzeitlich in gleicher Weise umgerüstet worden sein. Demnächst sollen beide Schiffe noch einen dritten Starter Mk 29 erhalten. Anstelle der entfernten FLG SPG-55 findet man jetzt FLG Mk 91.

Die gerade fertiggestellte *Kitty Hawk* (CVA-63) verläßt am 29. April 1961 die Bauwerft in Camden, N. J., nur acht Tage nach der Indienststellung. Bemerkenswert ist das neue Layout des Flugzeugdecks, das nun mehr Abstellfläche bietet und bei dem auch während des Flugbetriebes sämtliche Aufzüge funktionsfähig bleiben. Soweit bekannt, ist CVA-63 das erste Schiff gewesen, das die damals neu eingeführte Radarantenne SPS-43 (hier über den Brücken aufgestellt) erhalten hat. Darüber befindet sich die 3-D-Radarantenne SPS-39 und auf dem gesonderten Radarmast SPS-8B. Alle vier Katapulte gehören dem Typ C-13 Mod. 0 an. Zum Unterschied von der Vorgängerklasse ist hier die vordere Rumpfpartie ganz glatt, um bei hohem Seegang den geringstmöglichen Widerstand zu bieten. Der Landespiegel steht hier noch unvorschriftsmäßig verkantet am Rande des Flugzeugdecks.
Foto: USN (Sammlung BfZ)

Aus dem Jahre 1963 stammt dieses Foto von *Kitty Hawk*, auf dem SPS-30 nunmehr an Stelle von SPS-8B auf den Radarmast gesetzt wurde. Der Lenkwaffenkreuzer *Columbus* (CG-12) ist im Hintergrund zu sehen. Beide Steuerbordaufzüge befinden sich auf dem Niveau des Hangars. Foto: Real Photographs

Kitty Hawk war der erste Träger der U.S. Navy, der im Zuge der Euphorie nach der Einführung von Lenkwaffen mit zwei Terrier-Startern ausgerüstet wurde. Auf dem vorliegenden Detailfoto sieht man den Steuerbordstarter und das dazugehörige FLG SPG-55. Das Nachlademagazin befindet sich hinter dem Starter. Jeder der beiden Nachlademagazine konnte 40 Terrier-Flugkörper aufnehmen.
Foto: Sh. Fukui (Sammlung BfZ)

Detailansicht des hinter der Insel aufgestellten Radarmastes der *Kitty Hawk*, aufgenommen in den ersten Jahren nach Fertigstellung des Schiffes. An der Spitze befindet sich die Radarantenne SPS-8B. Außer auf CVA-63 war diese Antenne nur noch auf CVA-62 und CVA-64 installiert worden. Später findet man hier SPS-30. Foto: Sh. Fukui (Sammlung BfZ)

Kitty Hawk am 10. Juli 1970 vor San Diego. Die in Verbindung mit den Lenkwaffenanlagen wirkende Radarantenne SPS-39 wurde durch SPS-52 ersetzt, wobei *möglicherweise* nur die Antenne selbst ausgetauscht wurde, während die übrigen Anlageteile weiterhin zu SPS-39 gehören. 1977 wurde SPS-30 durch SPS-48 ersetzt und SPS-52 ausgebaut. Foto: L. R. Cote

Kitty Hawk, aufgenommen im Oktober 1984 vor North Island. Das vordere Phalanx-Gerät ist sichtbar.
Foto: Sammlung L & L van Ginderen

Diese beiden Fotos entstanden im Juli 1985 ebenfalls vor North Island, gegenüber der Marinebasis San Diego. An Stelle des vormaligen Terrier-Starters Mk 10 findet man jetzt den IPDMS-Starter Mk 29. Eines der beiden zuständigen FLG Mk 91 ist noch verpackt.
Foto: W. Donko

Diese Steuerbordaufnahme der *Kitty Hawk* entstand Ende Juli 1985, als das Schiff zur letzten Westpazifik-Einsatzfahrt auslief, bevor es zur Ostküste verlegt wurde. Foto: J. Zeitlhofer

CVA-64 Constellation

Kurzlebenslauf

12/1960	Während der Ausrüstung in der Werft Großfeuer; dadurch Verzögerung der Indienststellung. 50 tote Zivilisten.
10/1961–1981	zahlreiche Wechsel zwischen der I. bzw. III. und VII. Flotte, darunter auch Vietnam-Einsätze.
1982/84	Werftaufenthalt in Bremerton

Schiffselektronik

Radar:

1961	SPS-43, SPS-39, SPS-8B
1970/77	SPS-43, SPS-30, SPS-52
10/1977	SPS-43, SPS-48
1984	SPS-48, SPS-49

Feuerleitung:

1961/77	4 SPG-55
ab 1978	2 Mk 91 für IPDMS
1984	6 Mk 91

Dieses Foto zeigt *Constellation* am 1. Juni 1970 auf dem Wege nach Bremerton, Wash., wo eine Werftliegezeit in der Marinewerft Puget Sound beginnen soll. Wie üblich werden bei solchen Gelegenheiten die Fahrzeuge derjenigen Besatzungsmitglieder vom Heimathafen zur Werft transportiert, die während der Überholung auf dem Schiff bleiben. Als einzige Maschine sieht man einen Hubschrauber des Typs UH-2 auf dem Landedeck. Jetzt befindet sich die SPS-52-Radarantenne über SPS-43; an Stelle von SPS-8B sieht man SPS-30 auf dem Radarmast hinter der Insel. Die Kenn-Nummer befindet sich hier nicht über den Kühlrippen, wie bei *Forrestal.* Foto: USN (Sammlung BfZ)

Zu Beginn der 70er Jahre aufgenommen: *Constellation* mit zahlreichen Flugzeugen an Deck. Erkennbar sind F-4, A-6, A-7, RA-5C, E-2, A-3. Das Schiff besitzt vier C-13 Mod. O-Katapulte.
Foto: USN (Sammlung J. Kürsener)

◀ USS *Constellation* (CVA-64) verläßt am 4. November 1961 zum erstenmal die Bauwerft in New York um mit den Werftprobefahrten zu beginnen. SPS-8B-Radar hier auf dem Radarmast, während sich SPS-43 auf der Insel befindet. Das Schräglandedeck ist genau markiert und daneben ist viel Platz für abzustellende Flugzeuge. Wegen eines Brandes während der letzten Phase der Werftausrüstung mußte die Indienststellung des Schiffes um mehrere Monate verschoben werden. Trotzdem betrug die Gesamt-Bauzeit nur knapp mehr als vier Jahre. Foto: USN (Sammlung BfZ)

Alle drei Fotos der *Constellation* wurden am 19. April 1984 vor North Island aufgenommen, einige Wochen bevor das Schiff die ersten beiden aktiven F/A-18-Staffeln aufgenommen hat. Auf diesen Fotos können alle drei Phalanx-Anlagen identifiziert werden. Auf dem Detailfoto der Insel sieht man unterhalb der Ziffer „4“ die meteorologische Satellitenantenne SMQ-10.
Fotos: Verfasser

CVA- 66 America

Kurzlebenslauf

1/1965	Atlantik; Wechsel zwischen Ostküste und Mittelmeer.
6/1968	Erster Vietnam-Einsatz mit CVW-6.
1970	Zweiter Vietnam-Einsatz mit CVW-9.
7/1971	Dritte Mittelmeerfahrt; Ostküste.
1972	Dritter Vietnam-Einsatz
1/1974	Vierte Mittelmeerfahrt; Ostküste
1975	Werft: Umrüstung auf F-14 und S-3A-Maschinen, seitdem
bis 1985	steter Wechsel zwischen II. und VI. Flotte.

Schiffselektronik

Radar:	
1964	SPS-43, SPS-30, SPS-39
1970	SPS-43, SPS-30, SPS-52
1977	SPS-43, SPS-48
1980	SPS-48, SPS-49
Feuerleitung:	
1964/78	3 SPG-55
1980	6 Mk 91
Sonar:	SQS-23 (ab1980 stillgelegt)

Obwohl zur selben Klasse zählend, unterscheidet sich USS *America* (hier noch als CVA-66) im Bereich der Insel deutlich von CVA-63/64. Hier befindet sich *America* „in Begleitung" des sowjetischen „intelligence"-Schiffes *Nahodka*. Die ursprünglich auch hier vorhanden gewesene Radarantenne SPS-39 ist bereits durch SPS-52 ersetzt worden, während sich SPS-30 bereits bei der Fertigstellung auf dem Radarmast befand.

Foto: USN

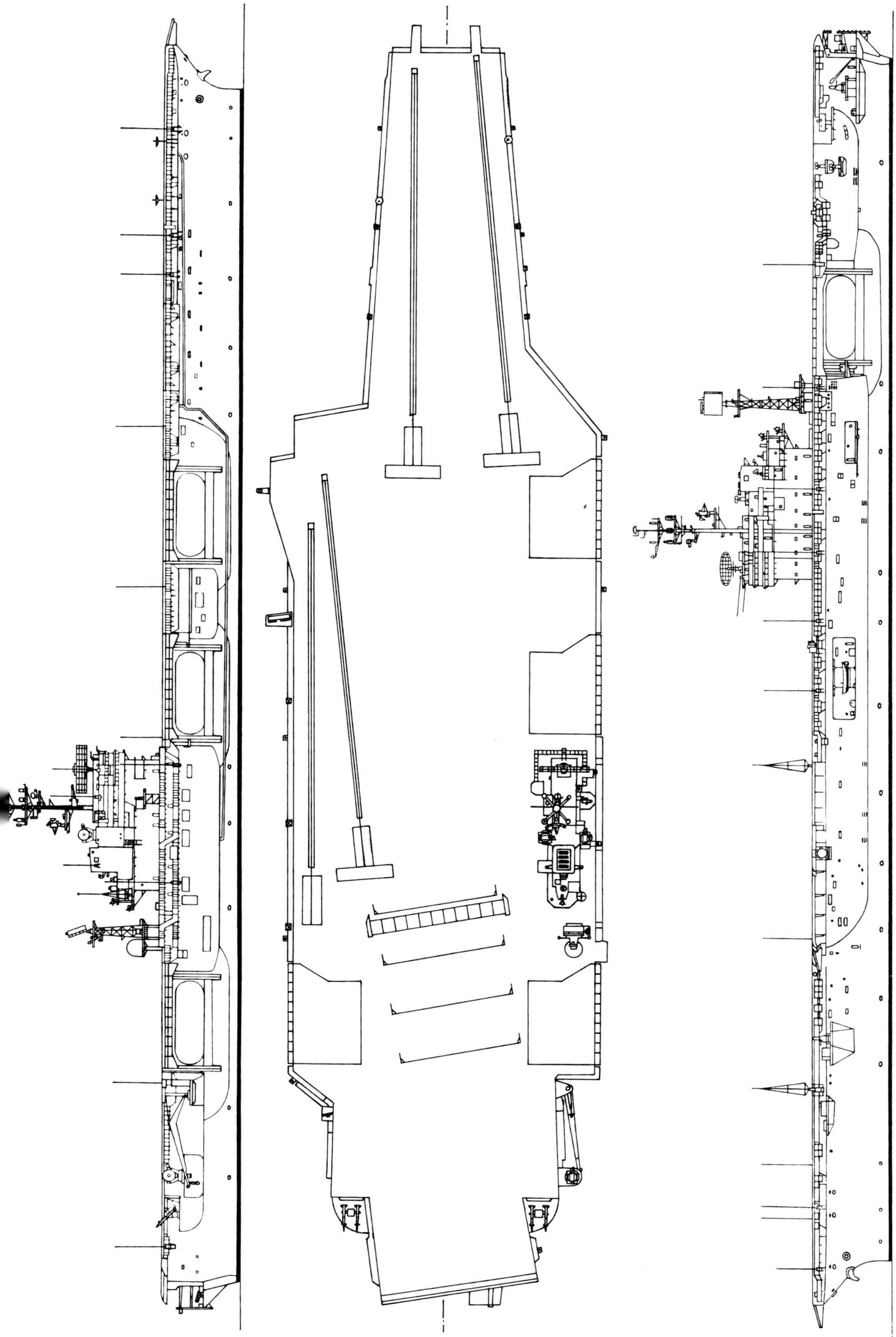

Etwa 1977 wurden die Radaranlagen SPS-30 und SPS-52 auf CV-66 *America* durch SPS-48 ersetzt. Beachtenswert ist hier die gegenüber *Kitty Hawk* veränderte Form des Schornsteins. Die untere Ansicht zeigt das Aussehen des Schiffes nach 1980.

Zwei Detailfotos der Inselpartie von *America*. Die Kenn-Nummer befindet sich am Schornstein, der hier etwas schmaler ist, als der auf den beiden Schwesterschiffen. Vorerst einmalig ist die Art der Anbringung des Namensschildes in großen Lettern. Die untere Fensterreihe gehört zur Admiralsbrücke, die mittlere zur Brücke für die Schiffsführung; auf der Steuerbordkanzel derselben ist die viereckige Satelliten-Verbindungsantenne SRN-9 angebracht. Ganz oben rechts ist die Station für die „primary flight control", von wo aus der Flugbetrieb im Bereich des Schiffes überwacht und geregelt wird. Darüber befinden sich Scheinwerfer zur Illuminierung des Flugzeugdecks. Noch 1970 mußten Trägerflugzeuge bei völlig abgedunkeltem Deck starten, während bei Landung das Landedeck angestrahlt wurde. Inzwischen sollen angeblich auch die Starts bei ausgeleuchtetem Flugzeugdeck durchgeführt werden. Auf der Insel befindet sich die Radarantenne SPS-43, darüber SPS-52 (etwa 1977 entfernt). Unter dem Schiffsnamen steht auf einer Konsole ein zweirohriger CHAFROC-Starter für Düppelraketen. Links neben dem Schiffsnamen sieht man die runde Basis mit dem FLG SPG-55. Das linke Foto zeigt im Detail den Radarmast einschließlich „high-finder" SPS-30, der etwa 1977 durch SPS-48 ersetzt wurde. Vor dem Radom ist eine weitere Satelliten-Antenne zu sehen.

Fotos: Archiv des Verfassers

America im September 1974 in englischen Gewässern. *America* ist 1978 der einzige Träger, der noch die beiden Terrier-Lenkwaffenstarter besitzt. Sie sind allerdings zum Abschluß der Standard (medium range) modifiziert worden. Foto: Wright & Logan

Diese Aufnahme aus dem Jahr 1977 macht deutlich, daß *America* (nunmehr CV-66) inzwischen die gleiche Radarausrüstung besitzt wie CV-67 *John F. Kennedy.* SPS-52 und SPS-30 wurden entfernt, dafür kam SPS-48 auf den Radarmast. An Bord befinden sich bereits Jäger des Typs F-14A Tomcat. Ein weiterer Starter für Düppelraketen befindet sich auf einer besonderen Konsole an der Backbordseite vorne, knapp unter der Kante des Flugzeugdecks. *America* besitzt vier Dampfkatapulte des Typs C-13 Mod. 0 Foto: USN

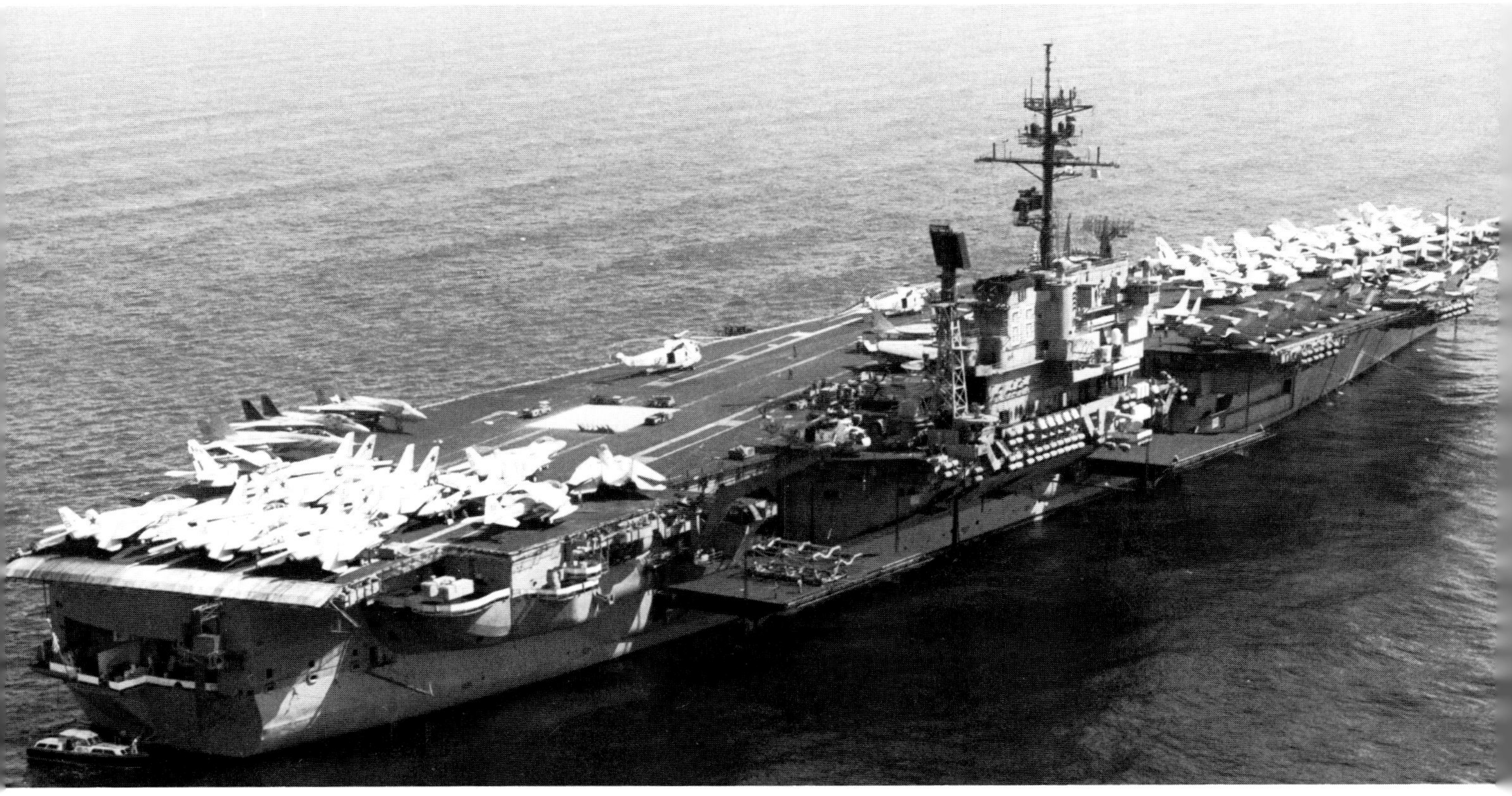

Diese beiden Luftaufnahmen zeigen *America* im August 1984 vor der Küste von Monaco, im Mittelmeer. An Bord befinden sich Maschinen des Geschwaders CVW-1. Auf dem achteren abgesenkten Flugzeugaufzug befinden sich Boots-Gestelle, auf denen die großen Beiboote im Hangar, manchmal auch auf dem Flugdeck gelagert werden. Es ist nach wie vor üblich, daß die Boote achtern anlegen. Foto: Pradignac & Léo

Detailaufnahme der Insel von *America*, aufgenommen am 4. April 1984 an der Pier 12 der Norfolk Naval Base. Bemerkenswert ist die Anbringung des Emblems der „Naval Aviation" an der Stirnseite der Insel. Die meteorologische Satellitenantenne SMQ-10 befindet sich an üblicher Stelle unterhalb des Flugdeckrandes.
Foto: Verfasser

Am 24. September 1985 weilte *America* mit CVW-1 in Portsmouth, England, bei welcher Gelegenheit diese Aufnahme entstand.
Foto: Sammlung L & L van Ginderen

Knapp einen Monat vorher wurde im August 1985 CV-66 in Norfolk aufgenommen, hier ohne CVW. Bemerkenswert ist, daß an langen Reelingreihen Persennings angebracht sind. Foto: J. Zeitlhofer

John F. Kennedy (CVA-67)

Dieses Schiff sollte ursprünglich Atomantrieb erhalten; nachdem aber nach langer Verzögerung aus finanziellen Gründen dann doch wieder konventioneller Antrieb gewählt wurde, dauerte die Umplanung so lange, daß die Fertigstellung erst gut 7 Jahre nach *Kitty Hawk/Constellation* und 3 Jahre nach *America* erfolgte. Obwohl im Layout generell diesen Vorgängern entsprechend, gab es hier so viele Unterschiede, daß jetzt „JFK" eine eigene Klasse bildet. Abgeschrägter Abschluß des Schräglandedecks, nach Steuerbord abgeknickter, eckiger Schornstein und das Fehlen einer größeren Lenkwaffenanlage, dies unterscheidet „JFK" vor allem von den ersten beiden Schiffen der *Kitty Hawk*-Klasse. Waren es z. B. bei *Enterprise* vor allem finanzielle Gründe, wegen derer das damals größte Schiff der Welt ohne jegliche Bewaffnung fertiggestellt wurde, so wurde auf „JFK" die ursprünglich vorgesehene Tartar-Doppelanlage auch deswegen nicht installiert, weil immer mehr klar wurde, daß die begleitenden Schiffe weiterreichende Lenkwaffen führen sollten, während sich die Träger selbst bestenfalls gegen schnelle, tief fliegende Ziele verteidigen sollten. Dies aber geht auch mit Sea Sparrow-Flugkörpern, deren Anlage weit preiswerter ist. So erhielt „JFK" ab 1969 drei der kastenartigen Mk 25-Starter für Sea Sparrow-FK, so daß insgesamt 24 Flugkörper mitgeführt werden können.

Die erstmalige Verwendung eines Katapultes vom Typ C-13 Mod. 1 auf CVA-67 stellt für die Trägerwaffe einen großen Fortschritt dar. Hiermit können auch Maschinen mit größtem Startgewicht (die A-3 z. B.) auch ohne Gegenwind, d. h. vom stehenden Schiff aus gestartet werden.

Die an Bord befindlichen Aufbereitungsanlagen können täglich 1400 t Seewasser in Speisewasser aufbereiten. Nachdem die Korrosion an den Oberflächen der Bordflugzeuge, verursacht durch das Gemisch von Seewasser und aggressiven Abgasen, zum Problem geworden war, konnte nach Einführung des schrägen Schornsteins das Flugzeugdeck weitgehend von Abgasen freigehalten werden. Zusätzlich wurden hierdurch auch die Sichtbehinderungen der landenden Flugzeuge eliminiert. Obwohl wahrscheinlich zur Zeit der Planung der „JFK" nicht daran gedacht worden ist, das Schiff auch bei der U-Jagd einzusetzen, erhielt „JFK" wie *America* Raumreserve für eine Bug-Sonaranlage des Typs SQS-23. Die Anlage selbst wurde jedoch nicht installiert.

Die Baukosten werden mit 277 bis 288 Mio $ angegeben. Sie liegen damit deutlich unter denen des sechs Jahre zuvor fertiggestellten Atomträgers *Enterprise*. Beim Streit und der Konfusion bezüglich des Baues weiterer Flugzeugträger wurde davon ausgegangen, daß ein neuer Entwurf stets noch besser und ausgeklügelter zu sein hat, als der nächstältere. Dies bedingte kostenträchtige und zeitraubende Entwicklungsarbeiten, die vor allem an den hohen Kosten beteiligt sind. Daß auf diesem Gebiet auch einmal mit dem vorhandenen vorliebgenommenen werden könnte, darauf ging man in den Staaten lange Zeit nicht ein. „JFK" wäre ein Träger, den man auch jetst noch *ohne* Entwicklungskosten in 2–3 Exemplaren nachbauen könnte, wenn sich die Navy nicht inzwischen definitiv für den Bau von Atomträgern der *Nimitz*-Klasse entschieden hätte.

CVA-John F. Kennedy

Kurzlebenslauf

9/1968	Atlantik; Ostküste.
4/1969	Erster Mittelmeer-Einsatz
9/1970	Alarmfahrt ins Mittelmeer wegen Nahostkrise.
12/1971 10/1972	Dritte Mittelmeerfahrt, die bis ausgedehnt wurde, weil andere Atlantik-Träger vor Vietnam aushelfen mußten; am Ende dieser langen Einsatzperiode Teilnahme am Manöver „Strong Express".
ab 4/1973 bis 1985	Mehrere Wechsel zwischen Ostküste und Mittelmeer.
1973/74	Umrüstung auf F-14 und S-3A-Maschinen.

Schiffselektronik

Radar:

1968	SPS-43, SPS-48
1976	SPS-43, SPS-48, SPS-58
1980	SPS-48, SPS-49

Feuerleitung:

1980	6 Mk 91

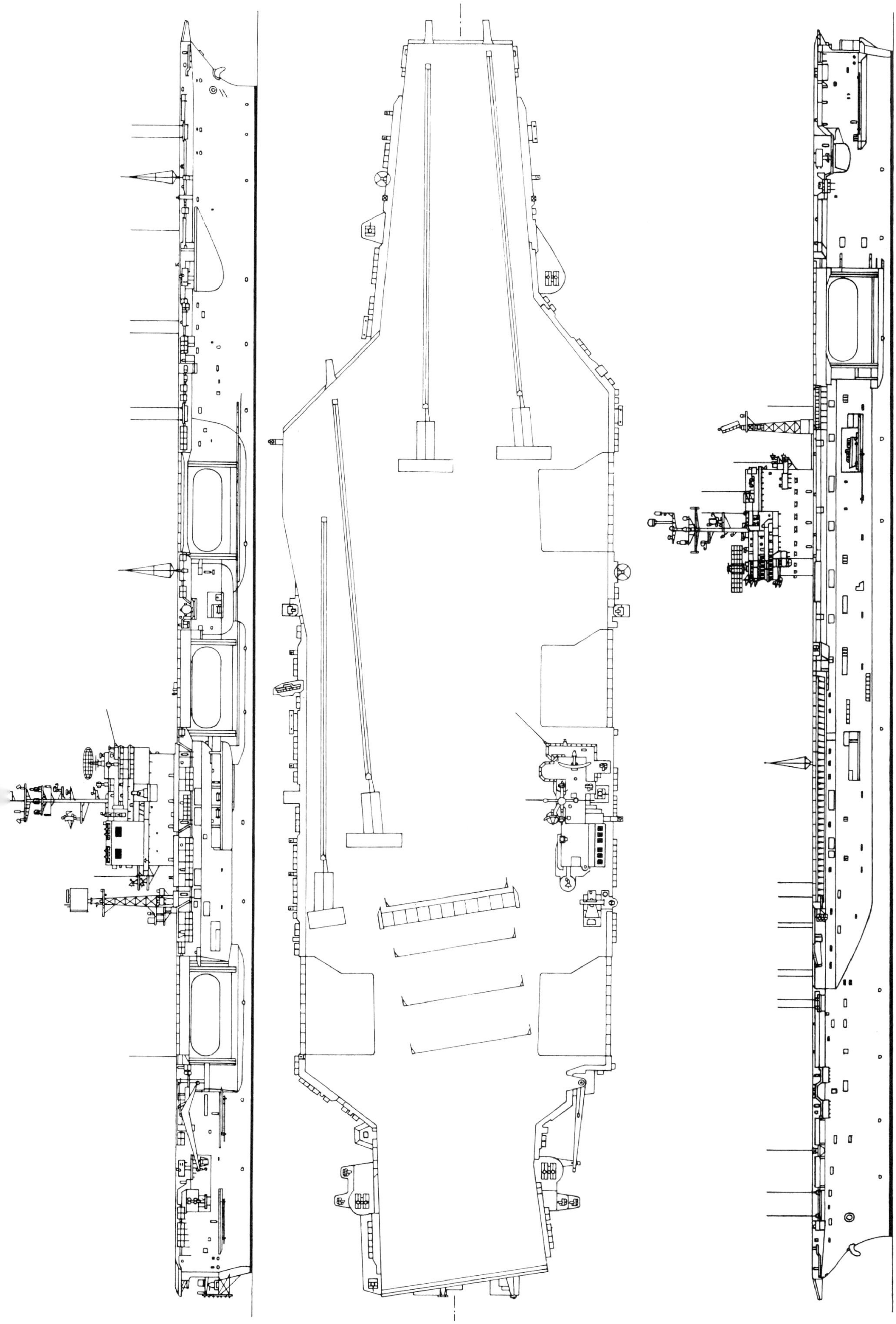

CVA-67 *John F. Kennedy*, der zunächst letzte konventionell angetriebene Superträger der U.S. Navy. Die obere Zeichnung und der Decksplan zeigen das Aussehen nach, die untere Zeichnung das Aussehen vor 1980.

CVA-67 *John F. Kennedy*, unmittelbar nach der Fertigstellung im Herbst 1968. In den vergangenen 10 Jahren hat sich die Radarausrüstung nicht verändert: nur noch zwei große Luftraumüberwachungsanlagen sind vorhanden, SPS-43 auf der Brücke und SPS-48 auf dem separaten Mast. Die Anlage des nach Steuerbord abgewinkelten Schornsteins ist gut sichtbar. Beachtenswert ist der nunmehr stumpfwinkelige Abschluß des Landedecks mit langem Katapult-Ausleger. Die BPDMS-Starter befinden sich noch nicht auf den dafür vorbereiteten Plattformen.
Foto: Newport News S. B. (Sammlung BfZ)

Achteransicht von *JFK*, aufgenommen im April 1972 vor Piräus. Bei den meisten modernen Trägern spielt sich der Personenverkehr vom Achterschiff aus ab. Auf dem achteren Teil des Landedecks sind ausschließlich Phantom-Jäger zu beobachten. Beachtenswert ist der an Backbord sichtbare Überhang des Schräglandedecks, mit dem im November 1976 der Kreuzer *Belknap* (CG-26) kollidierte und dabei schwerste Beschädigungen davontrug. Über dem Heckspiegel ist ein zweirohriger CHAFROC-Werfer zu sehen.
Foto: Verfasser

Am 21. April 1972 während des Flugbetriebes im Mittelmeer aufgenommen: die Insel mit Radarmast von CVA-67, auf dem letzteren SPS-48-Radar in Breitansicht. Ganz oben an der Ecke des Signaldecks sieht man ein zweiäugiges Leitgerät für Sea-Sparrow-Flugkörper. An Flugzeugen sind zu erkennen: eine A-6A von VA-34, dahinter drei Radar-Frühwarnflugzeuge des Typs E-2B und rechts hinter der Insel ein Fernaufklärer des Typs RA-5C. Foto: Verfasser

John F. Kennedy im Oktober 1976 während eines Besuches in England. Zu erkennen sind Flugzeuge der Typen A-7, F-14A und A-6. Foto: Wright & Logan

Diese Aufnahme aus dem Jahre 1977 zeigt die veränderte Zusammensetzung des an Bord befindlichen Geschwaders CVW-1 im Rahmen des CV-Konzeptes, wovon eine vorn abgestellte S-3A Viking zeugt. Foto: USN

Eine leider undatierte Aufnahme von CV-67, die vermutlich zu Beginn der 80er Jahre entstanden ist. Foto: „Ships of the World"

Enterprise-Klasse (CVAN-65)

Zeitlich liegt die Fertigstellung des ersten nuklear angetriebenen Flugzeugträgers der Welt etwa gleich mit der von *Kitty Hawk/Constellation*, mit denen *Enterprise* das Layout des Flugzeugdecks gemeinsam hat. Trotzdem ist der Zugang dieses Schiffes als besonderer Meilenstein in der Geschichte der Kriegsschiffe zu sehen. In den 17 Jahren seit der Inbetriebnahme haben sich die Vorteile von Atomträgern im besonderen und zusammen operierender Atom-Über- und Unterwasserschiffe im allgemeinen sehr deutlich gezeigt. Hierüber wurde bereits in einem der vorstehenden Abschnitte gesprochen. Die Verwendung von acht Atomreaktoren war damals technisch bedingt, und allein die Tatsache, daß nur alle 3–4 Jahre die Uranladungen erneuert werden mußten (was dann jeweils zum mehrmonatigen Ausfall des Schiffes führte), wurde zu jener Zeit als enormer Fortschritt angesehen. Inzwischen soll auch *Enterprise* Urankerne erhalten haben, wie sie auf *Nimitz* (CVN-68) verwendet werden, und die erst nach ca. 13 Jahren ausgewechselt werden müssen.
Bis zur Indienststellung der *Nimitz* im Jahre 1975 war *Enterprise* fast 14 Jahre lang das größte Kriegsschiff der Welt. Ihre Baukosten betrugen 451,3 Mio $. Diese damals als sehr hoch angesehenen Baukosten waren der Grund dafür, daß *Enterprise* nicht mehr die vorgesehenen fünf Schwesterschiffe erhielt. Die vier Dampfkatapulte C-13 Mod. 0 (Beschleunigung der schwersten Bordflugzeuge auf 257 km/h innerhalb von 76 m) und die verstärkte Bremsseilanlage Mk 7 hatte *Enterprise* gemeinsam mit der *Kitty Hawk*-Klasse, und auch die vier 105 ts schweren, fünfkantigen Aufzüge sind in gleicher Weise angeordnet. Diese Anordnung bedingte, daß auch hier die Insel vergleichsweise weit zurückgesetzt wurde. Die Insel ist einmalig in ihrer äußeren Form. Quadratisch und schmal ist die Basis, so daß noch mehr Decksparkfläche zur Verfügung steht. Darüber befindet sich ein weit breiterer kubischer Körper, an dessen vertikalen Flächen je vier nicht rotierende Radarantennen des Typs SPS-32 und 33 angebracht sind. In diesem Teil sind u. a. die beiden Brücken untergebracht sowie die Flugbetrieb-Kontrollstation („primary flight control"). Die krönende Kuppel enthält ganze Ring-Reihen von hammerartigen ECM-Antennen. Die Verwendung der nicht rotierenden Radarantennen SPS-32 und 33 beschränkte sich auf die *Enterprise* und den Lenkwaffenkreuzer *Long Beach* (CGN-9). Vorbedingung hierfür war offensichtlich die Tatsache, daß die beiden Atomschiffe keine korrosiven Abgase produzierten. Eine Mitte der 70er Jahre durchgeführte Modernisierung der SPS-32/33-Anlage auf *Long Beach* durch die herstellende Firma Hughes zeigte, daß hier gewisse Beschränkungen vorgelegen haben müssen. So wurden diese Anlagen auf USS *Nimitz* nicht mehr installiert.
Bis zum Herbst 1965 gehörte *Enterprise* der atlantischen Flotte an, die Vorteile des Atomantriebes konnten jedoch in den Weiten des Pazifischen Ozeans besser genutzt werden. Bedingt durch die Ausweitung des Vietnamkrieges wurde *Enterprise* an der Westküste der U.S.A. stationiert.

Vom Entwurf her sollte *Enterprise* – genau wie *Kitty Hawk* auch – zwei Lenkwaffenanlagen für Terrier-Flugkörper erhalten. Dies wurde jedoch wegen der ohnehin sehr hohen Baukosten nicht realisiert, so daß das damals größte Schiff der Welt mehrere Jahre lang ohne jegliche Bewaffnung fuhr. Erst ab 1967 wurden nacheinander erst ein, später noch ein zweiter Sea Sparrow-Starter installiert.
Der Wegfall der viel Raum beanspruchenden Kessel und des Eigenbedarfes an Treibstoff gestatteten die Einplanung von mehr Kapazität zur Mitnahme von Flugzeugtreibstoff und Munition, als dies bei der *Forrestal*-Klasse der Fall war. Auch kann *Enterprise* Treibstoff als Ballast mitführen, um ihn an andere innerhalb des Verbandes fahrende Schiffe abzugeben. Die Gesamtleistung aller Hilfsmaschinen soll 30 000 PS betragen.

Im Laufe der ersten 18 Jahre ihrer Dienstzeit hat sich *Enterprise* (jetzt CVN-65) äußerlich kaum verändert. Die umseitigen Zeichnungen zeigen das Aussehen des Schiffes vor dem großen Umbau 1979/82, hier mit nur zwei BPDMS-Startern Mk 25. ▶

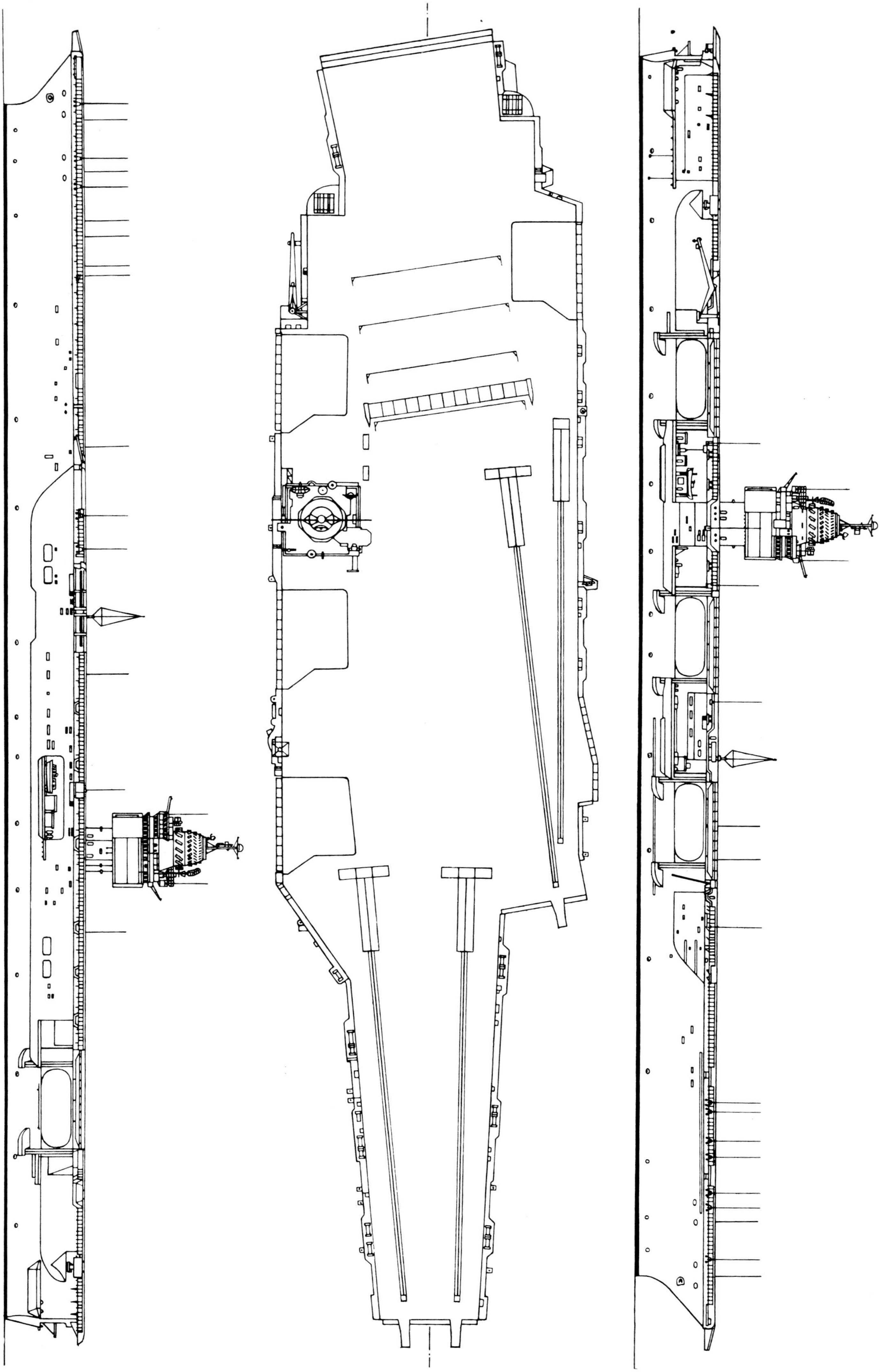

CVAN-65 Enterprise

Kurzlebenslauf

1961	Atlantik.
6/1962	Ostküste, Mittelmeer.
10/1962	Blockade Kubas.
5/1963	Mittelmeer; von da ab mit *Long Beach* (CGN-9) und *Bainbridge* (DLGN-25) Bildung von „Task Force 1" und Welt-Reise „Operation Sea Orbit" über 49 000 km um die Weltkugel.
10/1964	Erste Uranergänzung.
11/1965-1978	Pazifik; mehrfacher Wechsel zwischen Westküste und Westpazifik, gelegentlich auch Indischer Ozean, darunter Vietnam-Einsätze.
1/1969	Schwere Explosion nach Zündung einer Zuni-Rakete: 27 Tote, 344 Verwundete, 15 vernichtete Flugzeuge; Werft.
5/1969	Wieder einsatzbereit.
8/1969	Zweite Uran-Ergänzung während langer Werftzeit.
1/1971	Wieder einsatzfähig; Einsätze Westpazifik einschließlich Exkursion in den Indischen Ozean, im Wechsel mit Westküste.
1973	Letzte Luftangriffe von Bordflugzeugen auf Ziele in Vietnam.
1973	Werft; Vorbereitung zur Aufnahme von F-14 und S-3A-Maschinen, danach Westpazifik, einschl. Indischer Ozean.
4/1975	Evakuation von Saigon; danach wieder regelmäßiger Wechsel zwischen III. und VII. Flotte.
1979/82	Große Modernisierung in Bremerton
1983/85	Einsatzfahrten im Nord- und Westpazifik sowie im Indischen Ozean.

Schiffselektronik

Radar:

1961	4 SPS-32, 4 SPS-33
1963/78	4 SPS-32, 4 SPS-33, SPS-12
ab ca. 1976	SPS-58
1982	SPS-48, SPS-49

Feuerleitung:

1982	6 Mk 91

Eines der bekanntesten Fotos des ersten Atomträgers der Welt, USS *Enterprise* (CVAN-65), aufgenommen am 30. Oktober 1961, drei Tage nach Indienststellung, bei Geschwindigkeits-Probefahrten. Das Flugzeugdeck-Layout entspricht dem von *Kitty Hawk*. Es sind vier Dampfkatapulte des Typs C-13 Mod. 0 vorhanden. *Enterprise*, das damals größte Kriegsschiff der Welt, erhielt aus kostenbedingten Gründen keine Lenkwaffenanlage und fuhr mehrere Jahre – bis zur Aufstellung des ersten BPDMS-Starters– ohne jegliche Bewaffnung. Im Vergleich zu *John F. Kennedy:* rechtwinkeliger Abschluß des Landedecks. Foto: Newport News S. B.

Teleobjektiv-Aufnahmen verstärken insbesondere bei so stark vorlichen Aufnahmen den Eindruck der mächtigen Umrisse der *Enterprise.* Auch an Backbord ist am Ende des Landedecks eine Funkantenne angebracht.
Foto: USIS (Sammlung S. Breyer)

Untrügliches Kennzeichen der *Enterprise* ist ihre viereckige Insel, deren schmale Basis mehr Abstellplatz auf dem Deck ermöglicht. Dies ist eine ältere Aufnahme der Insel, erkennbar an der größeren TACAN-Antennenabdeckung an der Mastspitze. Der konisch zulaufende Aufsatz ist mit zahlreichen ECM-Antennen gespickt. Kennzeichnend für *Enterprise,* wie auch für den Atomkreuzer *Long Beach* ist das Radarsystem SPS-32/33, zu dem u. a. vier rechteckige, nicht rotierende, an den Flanken der Insel angebrachte Flächenantennen gehören. Die waagerechten Antennen sind vom Typ SPS-32, die senkrechten SPS-33.
Foto: USIS (Sammlung S. Breyer)

Eine F-14A Tomcat von VF-1 landet am 18. März 1974 irgendwo im Pazifik auf *Enterprise*. SPS-12-Radar ist an der Achterkante der Insel angebracht. Davor, über dem Schiffsnamen, findet man eine viereckige Satelliten-Empfangsantenne des Typs SRN-9. Auf der Kenn-Nummer sind Leuchten angebracht, so daß das Schiff auch bei Nacht rasch identifiziert werden kann. Aber auch bei Besuchen in Häfen wird die Kenn-Nummer damit ausgeleuchtet. Zwei Schulmaschinen des Typs T-1 sind zu sehen. Foto: USN (Sammlung J. Kürsener)

Etwa 1977 wurde dieses Foto der *Enterprise* aufgenommen, an Deck nahezu alle Maschinen von CVW-14, darunter auch F-14A-Jäger. An der Stelle, an der ursprünglich eine größere Lenkwaffenanlage ihren Platz finden sollte, befindet sich jetzt einer der drei BPDMS-Starter Mk 25 für Sea Sparrow-Flugkörper. Foto: USN

Dieses Foto wurde im April 1982 aufgenommen, als *Enterprise* nach beendetem Umbau von Bremerton erstmalig nach Alameda kam. Besonderes Kennzeichen dieses Umbaus war die Neugestaltung der Insel und das Hinzukommen eines Träger-Standardmastes. Auf diesem Foto sieht man, daß die Mastspitze samt URN-25 zwecks leichterer Durchfahrt unter Brücken abgeklappt ist. Foto: USN

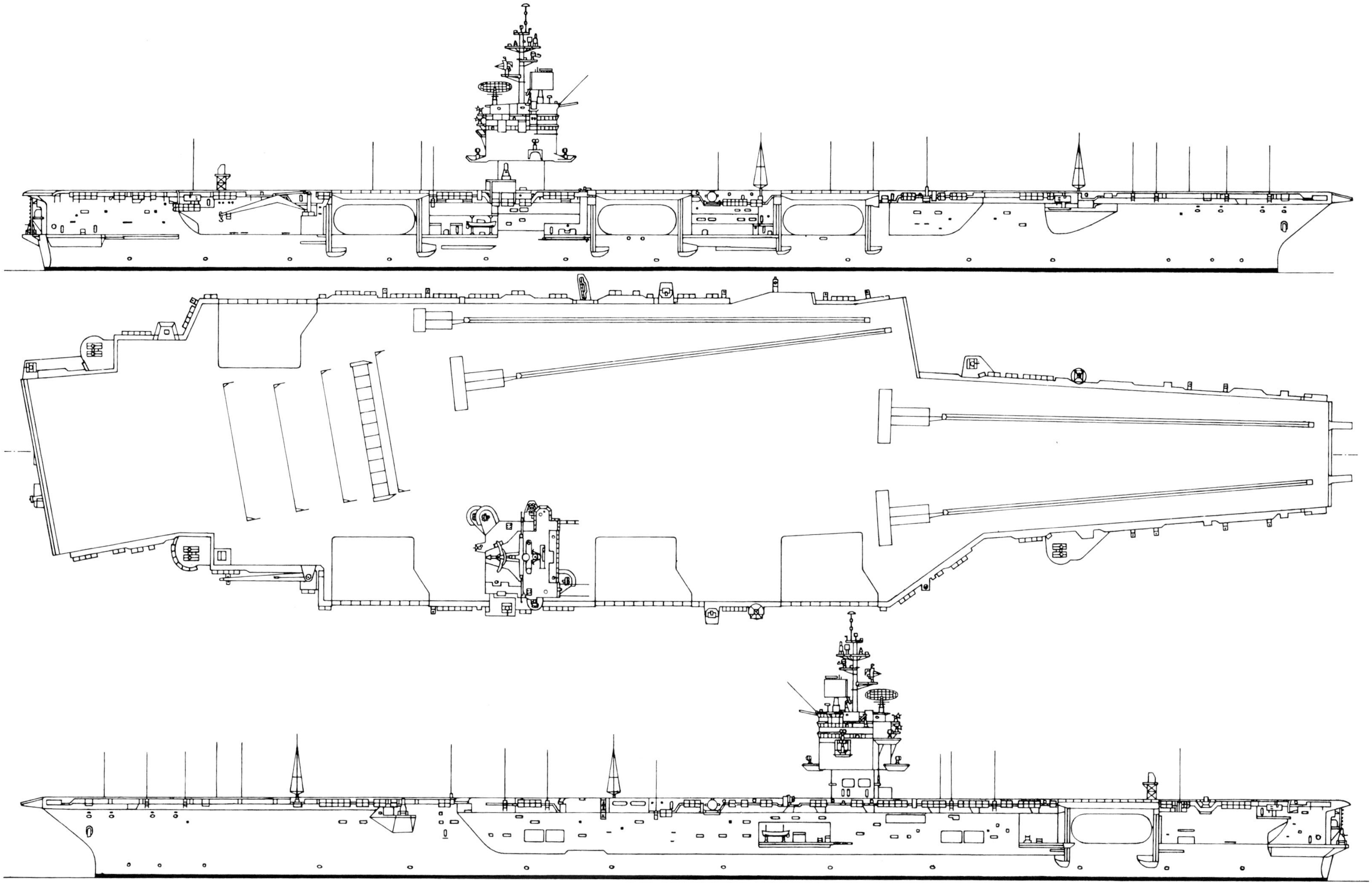

Die „mid-life conversion“ der *Enterprise* fand zwischen 1979 und 1982 statt. Hierbei wurde die Insel ganz neu gestaltet und modernere Waffensysteme kamen an Bord. Auch die Schiffselektronik wurde dem derzeitigen Standard angepaßt.

Diese drei Detailaufnahmen der *Enterprise* entstanden am 16. April 1984 in Alameda. Angewinkelte Strahlabweiser hinter den Katapulten Nr. 1 und 2, unterschiedlich hoch, alle drei Stb.-Flugzeugaufzüge in unterer Position, SMQ-10-Satellitenantenne und die neu gestaltete Insel mit SPS-48 und -49-Radar. Im Hintergrund sieht man den Atomkreuzer *California* (CGN-36) und den Versorger *Roanoke* (AOR-7), beide mit Phalanx. Die Aufnahmen entstanden vom Brückendeck der *Carl Vinson* (CVN-70), die an der selben Pier gegenüber von CVN-65 lag. Fotos: Verfasser

Bei derselben Gelegenheit aufgenommen: die Steuerbordseite der Insel. Die Antennengruppe von SLQ-17-ECCM sieht man über der geschlossenen Brückennock, darunter eines von sechs FLG Mk 91. Phalanx hat hier „den Kopf im Nacken". Nach dem erfolgten Umbau ist die Kennummer „65" viel besser zu erkennen, als zuvor.
Foto: Verfasser

Während der großen Flottenübung FLEETEX 1985 präsentiert sich *Enterprise* hier, hohe Fahrtstufe fahrend, mit Maschinen seines Geschwaders CVW-11. Ganz vorne sieht man eine EA-3B der VQ-1-Staffel. Eine Landeradaranlage befindet sich jetzt weit ab von der Insel auf einer erhöhten Plattform. Foto: „Ships of the World"

Nimitz-Klasse (CVAN-68)

Nicht zuletzt dem energischen Einsatz von Admiral H. G. Rickover, dem „Vater der Atomträger" ist es zu verdanken, daß die Navy nach mehreren Jahren der Unterbrechung doch noch weitere Atomträger erhalten hat. Ihm war es gelungen, bei den Bewilligungs-Behörden im Kongreß eine ausreichende Mehrheit zu finden, die er von den unzweifelhaften Vorteilen der Atom-Kampfgruppen überzeugt hatte. Das Typschiff *Nimitz* wurde aus dem Etat 1967 zum Bau freigegeben. Nach weiteren drei bzw. vier Jahren folgten dann die beiden Schwesterschiffe, während der Bau von CVN-71 wegen der inzwischen auf über 2000 Mio $ angestiegenen Baukosten noch keineswegs als gesichert gilt. Schon *Nimitz* kostete angeblich rund 646,7 Mio $; der Preis für *Dwight D. Eisenhower* wird mit ca. 750 Mio und mehr angegeben, und der von *Carl Vinson* mit etwa 2 Milliarden.

Der *Nimitz*-Entwurf trägt allen mit vergangenen Trägerklassen gemachten Erfahrungen Rechnung und ist das Modernste, was die U.S. Navy jemals hervorgebracht hat. Die Verbesserungen betreffen vor allem die äußerlich nicht wahrnehmbaren Bereiche. Das gegenüber *Enterprise* zu verzeichnende Mehrgewicht von 5900 ts Standard drückt sich in nur geringfügig größerer Breite und einem etwas größeren Tiefgang aus, nicht jedoch in der größeren Länge. Das generelle Flugzeugdeck-Layout ist gegenüber *Kitty Hawk* im Prinzip unverändert, jedoch sollen noch mehr Munition und Flugzeugtreibstoff mitgeführt werden können. Eingedenk des bei vorherigen Klassen festgestellten permanent anwachsenden Raumbedarfs für Angehörige des Schiffes und des Bordgeschwaders wurden hier Unterbringungsmöglichkeiten für 6286 Mann geschaffen, gegenüber 4900 auf der *Enterprise* und 5727 auf *John F. Kennedy*. Möglicherweise ist angesichts des Fehlens von geeigneten Flottenflaggschiffen an die temporäre Unterbringung eines Flottenstabes mit 80 bis 100 Mann gedacht worden. Gegenüber *Enterprise* stellt man bei *Nimitz* die Rückkehr zur relativ kleinen, kompakten Insel fest, die – da ohne Schornstein – noch etwas kleiner ist, als auf *John F. Kennedy*.

Das Mehrgewicht gegenüber *Enterprise* kommt auch dadurch zustande, daß lebenswichtige Teile des Schiffes durch eine dickere Panzerung noch besser geschützt sein sollen. Das Fehlen der sonst quer durch den Rumpf laufenden Rauchgasabzüge bringt nicht nur Vorteile bei der Gestaltung der Insel, sondern schaffte auch mehr Raum für die im Rahmen des CV-Konzeptes zusätzlich aufzunehmenden Flugzeuge. Bedingt durch voluminöse Überhänge konnten alle vier Aufzüge so angebracht werden, daß sie in ihren Tief-Positionen keinen Hangarraum beanspruchen.

Einen entscheidenden Fortschritt gegenüber *Enterprise* stellt die Verwendung von nur zwei Atomreaktoren dar. Es werden Urankerne verwendet, die nur etwa alle 13 Jahre ersetzt werden müssen. Dies resultiert in kürzeren Zwischen-Werftzeiten und damit insgesamt in längeren Einsatzzeiten, was angesichts der schrumpfenden Zahl der Träger not tut. Diese Klasse war von vornherein auf die Eigenverteidigung durch drei Sea Sparrow-Starter ausgelegt.
Die gegenwärtig auf beiden Schiffen aufgestellten BPDMS-Starter Mk 25 sollen demnächst durch die leichteren Mk 29-Starter ersetzt werden, von denen aus modernere Sea-Sparrow-Flugkörper gestartet werden können. Die Problematik des gegenwärtigen amerikanischen Trägerbaues wird deutlich, wenn man weiß, daß zur Zeit nur eine einzige Werft, nämlich die Newport News S. B. & D. D. in Newport News, Virginia, überhaupt imstande ist, so komplexe Schiffe zu bauen.

Die entsprechenden Abhängigkeiten zwischen verspäteter Baubewilligung eines Schiffes und der doch beschränkten personellen Kapazität der Werft wurden offensichtlich, als die bereits 1973 fertiggestellte *Nimitz* noch weitere zwei Jahre die Werft nicht verlassen konnte, weil wichtige Komponenten der Atomantriebsanlage noch gefehlt haben. Es ist bekannt, daß diese Teile mindestens sieben Jahre vor der Inbetriebnahme bestellt sein müssen. Sie können aber erst bestellt werden, wenn ganz sicher ist, daß der Träger überhaupt gebaut wird. Da die Terminpläne die Fertigstellung von CVN-69 21 Monate nach CVN-68 vorsahen und die Werftkapazität nicht zu einer Beschleunigung der Arbeiten ausreichte, mußte die Navy auf die Indienststellung zweier ihrer am meisten benötigten Schiffe jeweils zwei Jahre länger warten als nötig.

Die *Nimitz*-Klasse stellt den vorläufigen Höhepunkt der amerikanischen Trägertechnologie dar und weist zugleich auf die Grenzen, die durch Teuerung und Inflation gesetzt sind. Die diametral unterschiedlichen Auffassungen der Carter- und der Reagan-Administration bezüglich der Beschaffung von Flugzeugträgern spiegeln sich deutlich bei der Beschaffungsprozedur von CVN-71. Die Beschaffung dieser Einheit war eigentlich im Etat 1978 „dran“. Sie wurde dann auf FY 79 verschoben (5 Jahre nach der Bewilligung der Konstruktion von CVN-70). Präsident Carter legte sein Veto gegen den Bau von CVN-71 ein, so daß letztlich das Schiff aus FY 80 endlich zum Bau freigegeben wurde, nicht ohne daß der Kongreß dem Präsidenten gewissermaßen als Kompensation in einer anderen Angelegenheit (Sanktionen gegen Rodesien!) entgegenkam. Der nachfolgenden Regierung Reagan gelang es, dem Kongreß unter Vorrechnung von nennenswerten Einsparungen gegenüber einer Einzelvergabe, die Bewilligung zum Bau von gleich zwei Trägern dieser Klasse schmackhaft zu machen. So wird es – mit CVN-72 und -73 – bis zum Jahr 1990 sechs Träger der *Nimitz*-Klasse geben, ebensoviel wie 25 Jahre zuvor für die *Enterprise*-Klasse vorgesehen waren. Die Baukosten von CVN-71 sollen ca. 2,2 Milliarden $ betragen, die von CVN-72/73 je ca. 3,3 Milliarden $. – Wie verlautet, beabsichtigt Marineminister Lehman Mittel für den Bau des siebten Schiffes der *Nimitz*-Klasse (CVN-74) noch vor 1992 zu fordern.

CVAN-68 Nimitz

Kurzlebenslauf

1975	Atlantik; Ausbildungsfahrten, darunter
8/1975	auch nach Wilhelmshaven.
1975–1985	Wechsel zwischen Ostküste und Mittelmeer.
7/1978	Zweiter Besuch in Wilhelmshaven
1987/88	Wechsel zur Pazifikflotte vorgesehen

Schiffselektronik

Radar:

1975/78	SPS-43, SPS-48
1984	SPS-48, SPS-49

Feuerleitung:

1984	4 Mk 91

Typschiff der modernsten Klasse von Atom-Flugzeugträgern: USS *Nimitz* (CVAN-68), aufgenommen während der Seeversuchsfahrten am 4. März 1975, zwei Monate vor der Indienststellung, jedoch bereits mit einigen F-8-Maschinen auf dem Deck. Beachtenswert ist die stromlinienförmige Abrundung der Unterkonstruktion des Landedecks, das – ebenso wie auf *John F. Kennedy* –stumpfwinkelig abschließt. Alle vier C-13-Katapulte gehören zum Modell 1, d. h. daß auch die schwersten Maschinen ohne Gegenwind, also vom stehenden Träger aus, gestartet werden können. Die Bahnen der beiden auf dem Landedeck installierten Katapulte konvergieren zueinander und enden vorne beim gemeinsamen Ausleger. Foto: USN

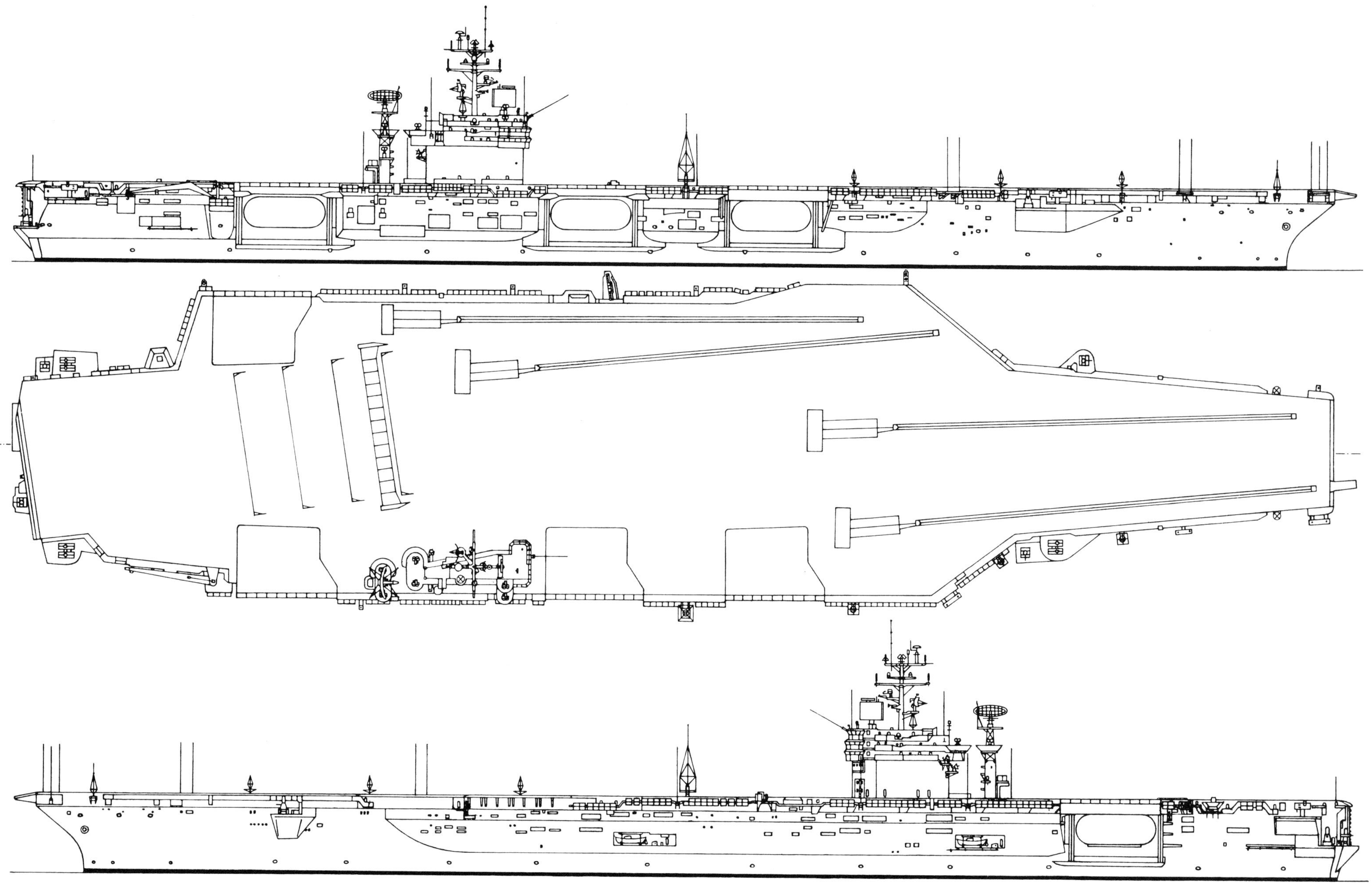

Carl Vinson, Aussehen 1986

Im Vergleich zur *Enterprise*, aber auch zu allen anderen Vorgänger-Klassen, die wegen des konventionellen Antriebes noch mit Schornsteinen ausgerüstet sind, ist die Insel der *Nimitz* kleiner. Bei den an der Vorderkante der Insel sichtbaren Fensterreihen handelt es sich (von oben nach unten gesehen) um: „primary flight control"-Station, Brücke für die Schiffsführung, Admiralsbrücke, Kanzel für das Fernsehteam samt Kamera. Auf der Insel befindet sich – genau entgegengesetzt als bei JKF – die Radarantenne SPS-48, darüber SPS-10. Vor der Insel sieht man einige Traktoren-Jeeps und einen gepanzerten, gelb angemalten Feuerlöschwagen.
Foto: Verfasser

Der hinter der Insel aufgestellte Radarmast trägt Radar SPS-43 und – vor dem umkleideten Teil des Mastes sichtbar – das Leitgerät für Sea-Sparrow-Flugkörper. Dieses wie auch das vorige Foto wurden Ende August 1975 aufgenommen, als *Nimitz* während ihrer ersten Auslandsfahrt (noch im Rahmen der Ausbildungsperiode) Wilhelmshaven besuchte. Foto: Verfasser

Nur wenige Tage später, Anfang September 1975, besuchte *Nimitz* auch England, wobei dieses Foto entstand. Der vordere BPDMS-Starter ist in gleicher Weise wie auf *John F. Kennedy* angebracht. Offiziell befand sich während dieser Fahrt CVW-8 an Bord; das Geschwader setzte sich jedoch aus dem Geschwaderstab zusammen und aus mehreren Staffeln, die von der *Saratoga* abkommandiert waren, wie auch aus einer VMFA-Staffel des Marine Corps.
Foto: Wright & Logan

Nach Erreichen der vollen Kampfkraft präsentiert sich *Nimitz* 1977 mit Maschinen von CVW-8. Eine E-2B befindet sich in Startposition. Zu diesem Zeitpunkt waren noch keine F-14A-Jäger an Bord, von denen inzwischen zwei Staffeln vorhanden sind. Foto: USN

Nimitz, hier aufgenommen im Juli 1984 nach Empfang von Phalanx, dessen oberer Radomabschluß nicht mehr weiß, sondern grau ist. Auf dem separaten Elektronikmast findet man jetzt SPS-49-Radar. Das Foto entstand in der Werft in Newport News. Foto: W. Donko

Nimitz, hier aufgenommen am 26. April 1985 während eines Besuches an der französischen Riviera. Auf dem Flugdeck befinden sich Maschinen von CVW-8. Foto: Pradignac & Léo

CVN-69 Dwight D. Eisenhower

Kurzlebenslauf

9/1977	Atlantik; Ausbildungsfahrten.
10/1978	Voll einsatzfähig
1/1979	Erster Mittelmeer-Einsatz, dann bis
1985	Wechsel zwischen II. und VI. Flotte.

Schiffselektronik

Radar:

1977/85	SPS-43, SPS-48

Diese am 23. August 1977 fotografierte Luftansicht von CVN-69 *Dwight D. Eisenhower* bei der Probefahrt verdeutlicht den Hauptunterschied zur *Nimitz*, nämlich das Fehlen eines der beiden Ausleger vor den Bug-Katapulten. Der Backbord-BPDMS-Starter wirkt heller als das übrige Schiff. Die gegenwärtig vorhandenen BPDMS-Starter Mk 25 werden 1986 gegen solche des Modells Mk 29 ausgetauscht. Foto: Newport News S.B.

Dwight D. Eisenhower (CVN-69), aufgenommen am 30. Juli 1977 bei Probefahrten in der Chesapeake Bay. Wie auch auf *Nimitz*, findet man hier die selbsttätig aufblasbaren Rettungsinseln an den Rändern des Flugzeugdecks. Fotos: Newport News S. B.

Die beiden Fotos entstanden am 1. Februar 1985, als CVN-69 zu Besuch in Toulon weilte. Zusammen mit *Independence* war CVN-69 der letzte Träger, der 1985 weder Phalanx, noch SPS-49-Radar, noch IPDMS Mk 29 an Bord hatte. Zum Unterschied von *Nimitz* führt *Dwight D. Eisenhower* nur einen Katapultausleger. An Bord befinden sich CVW-7-Maschinen.

Fotos: Pradignac & Léo

Zwei weitere, während des Besuchs in Toulon am 1. Februar 1985 aufgenommene Fotos von *Dwight D. Eisenhower.* Insbesondere das imposante Bugfoto veranschaulicht die größere Höhe des Sea Sparrow-Starters Mk 25 und – an der Backbord-Deckskante – die älteren ECCM-Sensoren. Foto: Pradignac & Léo

Insel und Elektronikmast von CVN-69. Auf dem Mast befindet sich zuoberst die TACAN-Antenne URN-25, darunter, recht nah beieinander, die beiden Satellitenantennen OE-82B. Auf dem separaten Gittermast ruht SPS-43A-Radar und – weiter unten – ein Leitgerät Mk 76. Foto: W. Donko

CVN-70 Carl Vinson

Kurzlebenslauf

3/1982	Atlantik; Ausbildungsfahrten.
4/1983	Zwischenaufenthalt Mittelmeer, danach Wechsel zur Pazifischen Flotte und Austausch gegen *Coral Sea* (CV-43)
1984–1986	Wechselnde Einsätze bei der III. bzw. VII. Flotte

Schiffselektronik

Radar:

1982	SPS-43, SPS-48
1984	SPS-49, SPS-48

Feuerleitung:

1982	6 Mk 91

Carl Vinson (CVN-70), aufgenommen während der Probefahrten im Januar 1982, hier noch mit der Radarantenne SPS-43A. Erster Flugzeugträger mit vier Phalanx-Anlagen. Foto: USN

Während der Umrundung der Weltkugel in Richtung Pazifikflotte: *Carl Vinson*, aufgenommen während eines Besuches in Monaco am 3. April 1983, jetzt bereits mit SPS-49-Radar auf dem Gittermast. Auf dem Flugdeck befinden sich Maschinen von CVW-15. Beachte die an Backbord extrem außen aufgehängte Antennengruppe von SLQ-17. Wie CVN-69 hat auch CVN-70 nur einen Katapultausleger vor dem Katapult Nr. 1. Foto: Pradignac & Léo

Backbord- und Steuerbordansicht der Insel von *Carl Vinson*, aufgenommen am 16. April 1984 in Alameda, Cal. Die eigenartig geformten Leitgerät-Wannen befinden sich nur an der dem Flugdeck zugewandten Seite der Insel und des Elektronikmastes. Letzterer beinhaltet zwei FLG Mk 91 und die Radarantenne SPS-49. Hinter der Backbordseite der Insel sieht man die Insel der gegenüberliegenden *Enterprise* (CVN-65).
Fotos: Verfasser

Carl Vinson, aufgenommen am 10. Dezember 1984 anläßlich eines Besuches in Yokosuka, Japan.
Foto: Sammlung L & L van Ginderen

Theodore Roosevelt (CVN-71), aufgenommen am 6. April 1984 im Baudock. Die Bugsektion und die Insel fehlen noch. Über der Heckpartie befindet sich der riesige Krupp-Kran. Foto: Verfasser

Während der Ausrüstung in der Bauwerft aufgenommen: CVN-71, Stand 18. Juli 1985. Gegenüber CVN-70 sind bisher keine Unterschiede festzustellen. Das Schiff liegt noch hoch im Wasser. Foto: W. Donko

Anhang

Bestand an aktiven Flugzeugträgern in den Jahren zwischen 1941 und 1978

Nachfolgende Übersicht gibt einen Überblick über den Bestand an aktiven Flugzeugträgern der U.S. Navy am 1. Juli eines jeden Jahres, beginnend mit dem Jahr 1941, dem des Kriegseintritts der U.S.A. Der vollstänidgen Übersicht wegen sind hier auch die bis in die Nachkriegsjahre im Dienst verbliebenen Geleitflugzeugträger (CVE) ebenfalls aufgeführt, nicht jedoch die nach ihrer Umklassifizierung zu den amphibischen Streitkräften übergewechselten Hubschrauberträger (CVHA/ LPH).

Jahr	CV	CVA	CVB	CVL	CVS	CVE	insg.
1941	6					1	7
1942	5					3	8
1943	7			5		17	29
1944	13			9		63	85
1945	20			8		70	98
1946	12		2	1		10	25
1947	10		2	2		8	22
1948	8		3	2		7	20
1949	5		5	5		7	18
1950	4		3	4		4	15
1951	11		3	4		10	28
1952	13		3	5		12	33
1953		17		5		12	34
1954		16		3	4	7	30
1955		17		2	5	3	27
1956		19		1	7	3	30
1957		16		1	8		25
1958		15			11		26
1959		14			10		24
1960		14			10		24

Jahr	CV	CVA	CVB	CVL	CVS	CVE	insg.
1961		15			10		25
1962		16			10		26
1963		15			10		25
1964		15			10		25
1965		16			10		26
1966		15*			8		23
1967		15*			8		23
1968		15*			8		23
1969		14*			8		22
1970		14			4		18
1971		14			4		18
1972		14			2		16
1973		14			1		15
1974		14					14
1975		15					15
1976		14					14
1977		13					13
1978		13					13

* ohne den im Umbau befindlichen, außer Dienst gestellten CVA-41 *Midway*

Geleitflugzeugträger der U.S. Navy

Aus Gründen der Raumbeschränkung kann sich vorliegender Band nur mit den amerikanischen Flugzeugträgern befassen, die im Flotteneinsatz waren, bzw. noch sind. Darüber hinaus besaß die U.S. Navy im II. Weltkrieg und auch noch geraume Zeit danach eine große, nach dem Kriege stetig abnehmende Anzahl von Hilfs- bzw. Geleitflugzeugträgern, die wegen ihrer weit geringeren Geschwindigkeit nicht mit den schnellen Kampfverbänden operieren konnten. Sie wurden vornehmlich zum Begleitschutz von Geleitzügen und bei sonstigen Unternehmungen eingesetzt, bei denen eine hohe Geschwindigkeit ohnedies nicht erreicht werden konnte (u. a. amphibische Landungsverbände). Diese Schiffe entstanden in sehr kurzen Bauzeiten, vornehmlich durch Umbau bzw. Fertigbau von Handelsschiffs-Rümpfen.

Für die U.S. Navy war der Bau von 102 Geleitflugzeugträgern beschlossen. 86 davon wurden fertiggestellt, der Bau der übrigen 16 wurde suspendiert. 38 Einheiten wurden an die britische Marine abgegeben, die damit den dringenden Bedarf an bordgestützten Flugzeugen als Schutz für die atlantischen Geleitzüge decken konnte.

Sechs CVE wurden im II. Weltkrieg durch Feindeinwirkung versenkt. Es folgt eine knappe Übersicht der CVE-Klassen der U.S. Navy:

CVE-Klassen der U.S. Navy

Klassen-Kennung	Klasse	Anzahl der bew. Schiffe	Bemerkungen
1	Long Island	1	CVE 1 (+ 4 Schiffe an England)
9	Bogue/ Prince William	11	CVE 9, 11, 12, 13, 16, 18, 20, 21, 23, 25, 31 (+34 Schiffe an England)
26	Sangamon	4	CVE 26–29
30	Charger	1	CVE 30
55	Casablanca	50	CVE 55–104
105	Commencement Bay	23	CVE 105–127 (124–127 nicht gebaut)
128	–	12	CVE 128–139 (nicht gebaut)
		102	

Hilfsschiffe der Luftwaffe

Der gewaltige Aufschwung und die weltweite Verbreitung, die die amerikanische Luftwaffe während des II. Weltkrieges erfahren hat, waren Ursache dafür, daß seitens der Navy eine enorme Organisation zur Bewältigung von Nachschub- und Instandsetzungsproblemen aufgebaut werden mußte. Dies betraf nicht nur die bordgestützte Luftwaffe, sondern in nicht geringerem Maße die zahlreichen Staffeln von landgebundenen Seeaufklärern und von Heeresflugzeugen, die fern von festen Stützpunkten in den Weiten des pazifischen Raumes eingesetzt waren. Sie alle mußten versorgt, gewartet und transportiert werden, ihren Besatzungen mußten Wohnunterkünfte geboten werden. Auch die von Schlachtschiffen und Kreuzern aus operierenden leichten Aufklärungsflugzeuge mußten ersetzt oder instandgesetzt werden; und nicht alle Reparaturen ließen sich mit Bordmitteln bewerkstelligen. Für all das wurde ein Troß von Hilfsschiffen geschaffen, der überwiegend durch Umbauten und Umklassifierung vorhandener, zumeist älterer Schiffe entstand. Ohne diese Hilfsschiffsflotte hätte die Luftwaffe während des II. Weltkrieges ihre Aufgaben nicht durchführen können. Aus verständlichen Gründen können nicht alle Hilfsschiffe ausführlich vorgestellt werden. Daher beschränke ich mich auf die knappe Vorstellung der Schiffskategorien, die auch vom Unterstellungsverhältnis her als „Aviation Auxiliary Ships“ bezeichnet wurden.

AV – Seaplane Tenders (Seeflugzeugtender)

Zum Unterschied bei anderen Marinen vorhandenen Seeflugzeugtendern, die permanent operativ eine Anzahl von Seeflugzeugen mitgeführt haben, waren die AV der U.S. Navy nur Stützpunkt- und Werkstattschiffe, die allerdings auch ein bis zwei Seeflugzeuge zur Instandsetzung an Bord nehmen konnten. Es gab in dieser Kategorie neun Klassen mit insgesamt 17 Schiffen, von denen nur ein knappes Drittel speziell für diese Aufgabe konzipiert war. Die übrigen waren umgebaute Handelsschiffe.

AVP – Small Seaplane Tenders (Kleine Seeflugzeugtender)

Hier gab es drei Klassen mit insgesamt 51 Schiffen, von denen eine Klasse speziell für diesen Zweck gebaut war und - obwohl nur in Fregatten-Größe – sich durch Zerstörer-Bewaffnung auszeichnete (bis zu vier 12,7-cm L/38-Geschütze). Schiffe dieser Klasse hatten auch einen schweren Standard-Kran zur Anbordnahme von je einem Seeflugzeug.

AVD – Seaplane Tenders, Destroyer (Kleine Seeflugzeugtender)

Aus alten Vier-Schornstein-Zerstörern aus dem I. Weltkrieg wurde eine Klasse von 14 Schiffen zusammengestellt, die zu klein waren, um Flugzeuge an Bord nehmen zu können, von denen aus aber Reparaturen vorgenommen werden konnten. Sie dienten auch als Wohnschiffe für Flugzeugbesatzungen.

AVB – Advance Aviation Base Ships (Vorgeschobene Flugzeugstützpunktschiffe)

Dies sind Versorgungsschiffe der 60er Jahre, Umbauten aus ehemaligen Kampfwagen-Landungsschiffen (LST), die als vorgeschobene schwimmende Stützpunkte zur Unterstützung von im Mittelmeer temporär eingesetzten landgebundenen Fernaufklärungsstaffeln der Navy (VP-Staffeln) verwendet wurden. In dieser Kategorie gab es nur zwei Einzelgänger.

APV – Aircraft Transports (Flugzeugtransporter)

Es gab hier drei Klassen mit insgesamt vier Schiffen, die speziell für den Transport von zerlegten oder auch zusammengesetzten Flugzeugen eingesetzt waren.

AVT – Auxiliary Aircraft Transports (Hilfs-Flugzeugtransporter)

Dies war die Kategorie, in die ab 1959 mehrere in Reserve befindliche Flugzeugträger der *Essex*- und *Independence*-Klasse überführt wurden, als klar wurde, daß diese Schiffe im Falle einer notwendig werdenden Reaktivierung lediglich noch für diese Aufgabe eingesetzt werden könnten.

AKV – Cargo Ships and Aircraft Ferries (Frachter und Flugzeugfähren)

Ebenso Flugzeugtransporter wie die später so bezeichneten APV/AVT. Vier Klassen mit 43 Schiffen, von denen allein 36 ehemalige Geleitflugzeugträger waren.

AVS – Aviation Supply Ships (Luftwaffen-Versorger)

Hier gab es vier Klassen mit acht umgebauten Handelsschiffen, die vor allem den Nachschub an Flugzeugausrüstung und Ersatzteilen bewältigten. Sie wurden ab etwa 1964 durch die neuen AFS (Combat Store Ships) der *Mars*-Klasse abgelöst.

AZ – Lighter-than-Air Aircraft Tender (Luftschiffs-Tender)

Ende der 20er Jahre beabsichtigte die U.S. Navy in gesteigertem Maße für diverse Aufgaben Luftschiffe einzusetzen. Das einzige größere Schiff in dieser Kategorie wurde später als Seeflugzeugtender (AV) umklassifiziert.
Es gab weiter einige Schiffe, auf denen beschädigte Bordflugzeuge oder deren Antriebe instandgesetzt wurden:

ARV – Aircraft Repair Ships

2 Schiffe

ARVA – Aircraft Repair Ships (Aircraft)

für Zellen, 2 Schiffe

ARVE – Aircraft Repair Ships (Engine)

für Motore, 2 Schiffe

ARVH – Aircraft Repair Ships (Helicopter)

für Hubschrauber, 1 Schiff
Schiffe der ersten drei hier erwähnten Kategorien hatten durchlaufende Kenn-Nummern.

Literaturverzeichnis

a) Bücher und Einzelveröffentlichungen

U.S. Aircraft Carriers, (The Maru Special 81–89), Tokio 1983–1984.

Air Forces of the World, Vol. I: *Aircraft of the U.S. Navy,* Delta Editrice, O. u., 1977.

S. Breyer: Schlachtschiffe und Schlachtkreuzer 1905–1970, J.F. Lehmanns Verlag, München 1970.

D. Brown: *Carrier Operations of World War* II, Vol. II: *The Pacific Navies,* Ian Allan, London 1974.

ders.: *Aircraft Carriers,* (WW II Fact Files), Macdonald and Jane's, London 1977.

M. Cagle: *The Naval Aviation Guide,* Naval Institute Press, 3. Auflage, Annapolis, Md. 1976.

U.S. Carriers, (Graphic Quaterly, Maru Graphic), Tokio 1976.

R. Chesneau: *Aircraft Carriers of the World, 1914 to the Present,* Naval Institute Press, Annapolis, Md. 1984.

Conway's all the Worlds fighting Ships 1860–1982, Vol. I–IV, herausgeg. von R. Gardiner, Conway Maritime Press, London 1979–1985.

Conway's Directory of modern Naval Power 1986, herausgeg. von H. Cowin, Conway Maritime Press, London 1985.

W. Cracknell: *USS Enterprise (CVAN 65),* (Profile Warship 15), Profile Publications, Windsor, U.K. 1972.

ders.: *USS Hornet (CV 8),* (Profile Warship 3), Profile Publications, Windsor, U.K. 1971.

Dictionary of American Naval Fighting Ships, Vol. I–VIII, herausgeg. von der Naval History Division (Naval Historical Center, Department of the Navy), United States Government Printing Office, Washington, D.C. 1959–1981.

S. Ewing: *USS Enterprise (CV 6),* Pictorial Histories Publishing Co., Missoula, Mta. 1982.

N. Friedman: *Carrier Air Power,* Naval Institute Press, Annapolis, Md. 1981

ders.: *Naval Radar,* Naval Institute Press, Annapolis, Md. 1981.

ders.: *U.S. Aircraft Carriers,* Naval Institute Press, Annapolis, Md. 1983.

ders.: *U.S. Naval Weapons,* Naval Institute Press, Annapolis, Md. 1983

W. Green / G. Swanborough: *US Navy and Marine Corps Fighters,* (WW II Fact Files), Macdonald and Jane's, London 1976.

W. Hadeler: *Der Flugzeugträger,* J. F. Lehmanns Verlag (Wehrwissenschaftliche Berichte, Band 5), München 1968.

History of U.S. Aircraft Carriers, (Ships of the World No. 291), Tokio 1981.

USS Hornet, (Warship's Battle Damage Report No. 1), Pictorial Histories Publishing Co., Missoula, Mta. 1985.

B. Ireland: *Warships of the World, Major Classes,* Ian Allan, London 1975.

ders.: The Aircraft Carrier: *An Illustrated History,* Chartwell Books, Seracus, N. J. 1979.

B. Johnson: *Fly Navy,* Morrow and Co., New York 1981.

J. Jordan: *An Illustrated Guide to the Modern US Navy,* Salamander Books, London 1982.

P. Kilduff: *US Carriers at War,* Ian Allan, London 1981

P. Law: *Shipboard Antennas,* Artech House Inc., Dedham, Ma. 1983.

H. Lenton: *American Battleships, Carriers and Cruisers,* (Navies of the Second World War), Macdonald, London 1970.

W. Lord: *Schickt sie auf den Grund des Meeres,* Scherz Verlag, Bern – München – Wien 1968.

P. Mersky / N. Polmar: *The Naval Air War in Vietnam,* Nautical and Aviation Publ. Co., Annapolis, Md. 1981.

J. Michener: *Die Brücken von Toko–Ri,* Fischer Bücherei, Frankfurt/M. – Hamburg 1955.

S. E. Morison: *History of United States Naval Operations,* Vol. I–XIV, Little, Brown and Co., Boston 1947–1960.

ders.: *The two Ocean War,* Little, Brown and Co., Boston – Toronto 1963.

S. L. Morison / J. Rowe: *Warships of the US Navy,* Jane's Publishing Co., London 1983.

Office of Naval Intelligence (Hg.): *United States Naval Aviation 1910–1970,* O.N.I. 222–US, 1945, Office of DCNO (Air), Naval Air Systems Command, (Nachdruck:) Washington, D.C. 1970.

Office of Naval Intelligence (Hg.): *U.S. Carriers,*

O.N.I. 54 Series, U.S. Naval Vessels (Nachdruck:) Trident Verlag, Maria Enzersdorf 1976.

L. Peacock: *U.S. Navy Combat Aircraft in the 1970's*, (Warbird Illustrated No. 4), Arms and Armour Press, London – Melbourne – Harrisburg, Pa. 1982.

H. Pemsel: *Von Salamis bis Okinawa*, J. F. Lehmanns Verlag, München 1975.

ders.: *Seeherrschaft*, 2 Bde., Bernard und Graefe Verlag, Koblenz 1985.

N. Polmar: *Aircraft Carriers*, Macdonald, London 1969.

A. Preston: *Aircraft Carriers*, Bison Books, London 1979.

C. Reynolds: *The Fast Carriers*, McGraw–Hill Book Co., New York 1968.

J. Roberts: *The Aircraft Carrier 'Intrepid'*, (Anatomy of the Ship), Conway Maritime Press, London 1982.

J. Rohwer / G. Hümmelchen: *Chronik des Seekrieges 1939–1945*, G. Stalling Verlag, Oldenburg – Hamburg 1968.

F. Ruge: *Entscheidung im Pazifik*, Dulk Verlag, Hamburg 1968.

L. Sowinski: *USS Intrepid Album*, The Floating Drydock, Philadelphia, Pa. 1976.

L. Sowinski / T. Walkowiak: *United States Navy Camouflage of the WW II Area*, Vol. I–II, The Floating Drydock, Philadelphia, Pa. 1976–1977.

P. Silverstone: U.S. Warships of World War II, Ian Allan, London 1966.

G. Swanborough / P. Bowers: *United States Navy Aircraft Since 1911*, Naval Institute Press, Annapolis, Md. 1976.

S. Terzibaschitsch: *Schiffe und Flugzeuge der US Flotte*, J. F. Lehmanns Verlag, München 1966.

ders.: *Die Luftwaffe der U.S. Navy und des Marine Corps*, (Wehrwissenschaftliche Berichte Band 14), J. F. Lehmanns Verlag, München 1974.

ders.: *Das FRAM–Modernisierungsprogramm der US-Navy*, (Wehrwissenschaftliche Berichte Band 17), J. F. Lehmanns Verlag, München 1975.

ders.:*Die Flugzeuge der U.S. Navy*, Verlag Wehr und Wissen, Koblenz – Bonn 1980.

ders.: *Flugzeugträger USS Enterprise (CV 6)*, (Marine International 2), Podzun-Pallas Verlag, Friedberg 1982.

ders.: *Seemacht USA*, 2 Bde., Bernard und Graefe Verlag, Koblenz – Bonn 1982.

USS Yorktown (CV 10), (Ship's Data 7), Leeward Publications, Annapolis, Md. 1977.

b) Periodisch erscheinende Bücher

Die Angaben zu Verlag, Erscheinungsort und Erscheinungsfolge beziehen sich nur auf den gegenwärtigen Stand.

Almanacco Navale. Istituto Idrografico della Marina, Genua; Erscheinungsfolge: 2 Jahre.

Combat Fleets of the World, Naval Institute Press, Annapolis, Md.; Erscheinungsfolge: 2 Jahre.

Flottes de Combat, Editions Maritimes et d'Outre-Mer, Paris; Erscheinungsfolge: 2 Jahre.

Flugzeuge der Welt, W. Classen Verlag, Zürich; Erscheinungsfolge: 1 Jahr.

Jane's Fighting Ships, Jane's Publishing Co., London; Erscheinungsfolge: 1 Jahr.

Jane's Weapon Systems, Jane's Publishing Co., London; Erscheinungsfolge: 1 Jahr.

The Ships and Aircraft of the U.S. Fleet, Naval Institute Press, Annapolis, Md.; Erscheinungsfolge: 3 Jahre.

Weyers Flottentaschenbuch, bis Ausgabe 1943/44 *Weyers Taschenbuch der Kriegsflotten*, Bernard und Graefe Verlag, Koblenz; Erscheinungsfolge: 2 Jahre. (Seit Ausgabe 1977/78 erscheint *Weyers Flottentaschenbuch* zweisprachig, deutsch/englisch).

Weyers Warship of the World, Naval Institute Press, Annapolis, Md.; Erscheinungsfolge: eingestellt, s.o.

c) Zeitschriften

Nachstehend sind Titel und gegenwärtige Herausgeber bzw. Verlage jener Zeitschriften genannt, aus deren Nachrichtenteil bzw. Artikel in größerem Ausmaß Informationen für dieses Buch verwendet wurden.

Naval Aviation News, Department of the Navy, Washington, D.C.

The Hook, The Tailhook Association, Bonita, Ca.

U.S. Naval Institute Proceedings, U.S. Naval Institute, Annapolis, Md.

Marine-Rundschau, Arbeitskreis für Wehrforschung, Stuttgart.

Nachrichten aus der USN, S. Terzibaschitsch (Eigenvertrieb), Leonberg.

Naval Forces, Mönch (UK) Ltd., Farnborough, U.K.

Navy Times, Army Times Publishing Co., Springfield, Va.

Seapower, Sea Power Inc., Tokio.

Ships of the World, Kaijinsha and Co., Tokio.

Warship, Conway Maritime Press, London.

Warship International, International Naval Research Organisation, Toledo, Oh.

Schiffsnamenregister

Schiffsnamen in Kursiv-Druck weisen auf die Kurzlebensläufe der einzelnen Schiffe hin, Schiffsnamen in Normalschrift auf die Schiffsklassen. Die den Namen vorangesetzte Kenn-Nummer entspricht derjenigen zur Zeit der Indienststellung. Hinter den Schiffsnamen befinden sich Angaben über den gegenwärtigen Status des Schiffes. Es bedeutet hierbei:

Aa = Atlantik, aktiv
Ar = Atlantik, Reserve
Pa = Pazifik, aktiv
Pr = Pazifik, Reserve
b = in Bau
ATr = Atlantik, Schulträger
+ = gestrichen
++ = Kriegsverlust
§ = nicht fertiggestellt

Tabellenteil

Erläuterungen zu den nachfolgenden Tabellen

(Baudaten, Antriebsanlage, technische Angaben, Bewaffnung)

Bei den *Baudaten* einiger Schiffe sind auch bei den amtlichen Quellen zum Teil unterschiedliche Angaben festzustellen. Dies trifft ganz besonders zu für Außerdienststellungsdaten vor Modernisierungs- und Reservezeiten sowie für Wiederindienststellungsdaten nach beendeten Werftzeiten und Reaktivierungsprozessen.
Desgleichen gibt es z. T. voneinander abweichende Angaben über die *Besatzungsstärken* (die ja ohnehin ständig veränderlich sind!) sowie über den *Treibstoffvorrat* und die *Fahrstrecke.*
Bei den einzelnen Quellen gibt es weiterhin Abweichungen bei den genauen Angaben über die *Wasserverdrängung.* Die Angaben über die *Höhen von Flugzeugdeck, Brücke, Schornstein und Mast* bei allen Trägern *vor der Forrestal-Klasse* entstammen amtlichen Veröffentlichungen. Für Träger *ab Forrestal-Klasse* wurden diese Höhen vom Verfasser aus zuverlässigen Seitenansichten herausgemessen; sie sind daher nur als ungefähr einzustufen.
Es wurde versucht, die kontinuierliche Entwicklung der Schiffs-*Bewaffnung* bei den einzelnen Trägern nachzuvollziehen. Nicht in allen Fällen konnten die Veränderungen lückenlos dokumentiert werden. So wurden die Angaben nach bestem Wissen als Mischung zwischen amtlichen bzw. privaten Informationen und eigenen Auswertungen zusammengestellt. So beziehen sich auch hier die aufgeführten Jahreszahlen zumeist nicht auf die tatsächlich stattgefundenen Veränderungen bei der Bewaffnung, sondern auf das Jahr des Foto-Nachweises.

Gewisse Unsicherheit besteht auch bei den Angaben über die ursprüngliche Anzahl und Anordnung von Flugzeug-*Katapulten* auf den vor und während des Krieges gebauten Trägern.

Kenn-Nr.	Schiffsname	Etat	Kiellegung	Stapellauf	Indienststellung	Außerdienststellung	gestrichen	Bauwerft	Verbleib
CV-1	*Langley I* (ex *Jupiter*)		18. 10. 11	24. 8. 12	7. 4. 13 als AC 20. 3. 22 als CV		8. 5. 43	Mare Island Norfolk N. Sh.	† 27. 2. 42
CV-2	*Lexington I*		8. 1. 22 als CC-2	3. 10. 25	14. 12. 27		24. 6. 42	Fore River, Quincy	† 8. 5. 42
CV-3	*Saratoga I*		25. 9. 20 als CC-3	7. 4. 25	16. 11. 27		15. 8. 46	New York S. B.	Atombomben-versuchsobjekt, gesunken 25.7.46
CV-4	*Ranger I*	1930	26. 9. 31	25. 2. 33	4. 6. 34	18. 10. 46	29. 10. 46	Newport News S. B. & D. D.	Schrott 1947
CV-5	*Yorktown I*	1933	21. 5. 34	4. 4. 36	30. 9. 37		2. 10. 42	Newport News S. B. & D. D.	† 7. 6. 42
CV-6	*Enterprise I*	1933	16. 7. 34	3. 10. 36	12. 5. 38	17. 2. 47	2. 10. 56	Newport News S. B. & D. D.	Schrott 1958
CV-8	*Hornet I*	1939	25. 9. 39	14. 12. 40	20. 10. 41		13. 1. 43	Newport News S. B. & D. D.	† 26. 10. 42
CV-7	*Wasp I*	1935	1. 4. 36	4. 4. 39	25. 4. 40		2. 11. 42	Bethlehem, Quincy	† 15. 9. 42
CV-9	*Essex*	1940	28. 4. 41	31. 7. 42	31. 12. 42 15. 1. 51	9. 1. 47 30. 6. 69	15. 6. 75	Newport News S. B. & D. D.	Schrott
CV-10	*Yorktown II* (ex *Bon Homme Richard*)	1940	1. 12. 41	21. 1. 43	15. 4. 43 2. 53	9. 1. 47 30. 6. 70	1. 6. 73	Newport News S. B. & D. D.	Denkmalsschiff in Charleston, S. C.
CV-11	*Intrepid*	1940	1. 12. 41	26. 4. 43	16. 8. 43 9. 2. 52	22. 3. 47 15. 3. 74	23. 2. 82	Newport News S. B. & D. D.	Denkmalsschiff in New York City
CV-12	*Hornet II* (ex *Kearsarge*)	1940	3. 8. 42	30. 8. 43	29. 11. 43 20. 3. 51	15. 1. 47 26. 1. 70		Newport News S. B. & D. D.	Pazifik, Reserve als CVS
CV-13	*Franklin*	1940	7. 12. 42	14. 10. 43	31. 1. 44	17. 2. 47	1. 10. 64	Newport News S. B. & D. D.	Schrott
CV-14	*Ticonderoga* (ex *Hancock*)	1940	1. 2. 43	7. 2. 44	8. 5. 44 11. 9. 54	9. 1. 47 16. 11. 73	16. 11. 73	Newport News S. B. & D. D.	Schrott
CV-15	*Randolph*	1940	10. 5. 43	29. 6. 44	9. 10. 44 1. 7. 53	25. 2. 48 13. 2. 69	15. 6. 73	Newport News S. B. & D. D.	Schrott
CV-16	*Lextington II* (ex *Cabot*)	1940	15. 7. 41	26. 9. 42	17. 2. 43 15. 8. 55	24. 4. 47		Bethlehem, Quincy	aktiv als AVT-16
CV-17	*Bunker Hill*	1940	15. 9. 41	7. 12. 42	25. 5. 43	9. 7. 47	1. 11. 66	Bethlehem, Quincy	Schrott
CV-18	*Wasp II* (ex *Oriskany*)	1940	18. 3. 42	17. 8. 43	24. 11. 43 10. 9. 51	17. 2. 47 1. 7. 72	1. 7. 72	Bethlehem, Quincy	Schrott
CV-19	*Hancock* (ex *Ticonderoga*)	1940	26. 1. 43	24. 1. 44	15. 4. 44 15. 2. 54	9. 5. 47 30. 1. 76	31. 1. 76	Bethlehem, Quincy	Schrott

Kenn-Nr.	Klasse	Antriebsanlage	PS/Schrauben	Geschwindigkeit kn	Schiffs-Brennstoff ts	Fahrstrecke, sm bei Geschw., kn
1	*Langley*	3 Dampfkessel; turbo-elektrischer Antrieb	5 000/2	15	2 300	12 260/10
2–3	*Lexington*	16 Dampfkessel; turbo-elektrischer Antrieb	184 000/4 (bei Probefahrten: 210 000 PS)	34	9 748	4 600/25 8 015/20 9 500/15
4	*Ranger*	6 Dampfkessel; Getriebe-Turbinen	53 500/2	29,5	3 675	5 800/25 11 500/15
5–6, 8	*Yorktown*	9 Dampfkessel; Getriebe-Turbinen	120 000/4	33	7 366 7 366 7 400	8 220/20
7	*Wasp*	6 Dampfkessel; Getriebe-Turbinen	75 000/2	29,5	3 160	ca. 8 000/20
9–21, 31–40, 45–47, (50–55)	*Essex*	8 Dampfkessel; Getriebe-Turbinen nur bei 9, 10, 11, 12, 13	150 000/4	33	6 161 6 161 6 161 6 161 6 161 6 161 6 251 6 161 6 161 6 161 6 161	4 100/33 10 700/25 14 100/20 16 900/15

Kenn-Nr.	Schiffsname	Etat	Kiellegung	Stapellauf	Indienststellung	Außerdienststellung	gestrichen	Bauwerft	Verbleib
CV-20	*Bennington*	1941	15. 12. 42	26. 2. 44	6. 8. 44 13. 11. 52	8. 11. 46 15. 1. 70	31. 1. 76	New York N. Sh.	Pazifik Reserve als CVS
CV-21	*Boxer*	1941	13. 9. 43	14. 12. 44	16. 4. 45	1. 12. 69	1. 12. 69	Newport News S. B. & D. D.	Schrott
CV-31	*Bon Homme Richard*	1942	1. 2. 43	29. 4. 44	26. 11. 44 15. 1. 51	9. 1. 47 2. 7. 71		New York N. Sh.	Pazifik Reserve als CVA
CV-32	*Leyte* (ex *Crown Point*)	1942	21. 2. 44	23. 8. 45	11. 4. 46	15. 5. 59	1. 6. 69	Newport News S. B. & D. D.	Schrott
CV-33	*Kearsarge*	1942	1. 3. 44	5. 5. 45	2. 3. 46 15. 2. 52	16. 5. 50 13. 2. 70	1. 5. 73	New York N. Sh.	Schrott
CV-34	*Oriskany*	1942	1. 5. 44	13. 10. 45 Weiterbau ab 1. 10. 47	25. 9. 50	15. 5. 76		New York N. Sh.	Pazifik Reserve als CV
CV-35	*Reprisal*	1942	1. 7. 44	Bau am 11. 8. 1945 suspendiert				New York N. Sh.	Rumpf Schrott
CV-36	*Antietam*	1942	15. 3. 43	20. 8. 44	28. 1. 45 17. 1. 51	12. 6. 49 8. 5. 63	1. 5. 73	Philadelphia N. Sh.	Schrott
CV-37	*Princeton II* (ex *Valley Forge*)	1942	14. 9. 43	8. 7. 45	18. 11. 45 28. 8. 50	21. 6. 49 30. 1. 70	30. 1. 70	Philadelphia N. Sh.	Schrott
CV-38	*Shangri La*	1942	15. 1. 43	24. 2. 44	15. 9. 44 10. 5. 51	7. 11. 47 30. 7. 71	15. 7. 82	Norfolk N. Sh.	
CV-30	*Lake Champlain*	1942	15. 3. 43	2. 11. 44	3. 6. 45 19. 9. 52	17. 2. 47 2. 5. 66	1. 12. 69	Norfolk N. Sh.	Schrott 1973
CV-40	*Tarawa*	1942	1. 3. 44	12. 5. 45	8. 12. 45 3. 2. 51	30. 6. 49 13. 5. 60	1. 6. 67	Norfolk N. Sh.	Schrott
CV-45	*Valley Forge*	1943	7. 9. 44	18. 11. 45	3. 11. 46	15. 1. 70	15. 1. 70	Philadelphia N. Sh.	Schrott
CV-46	*Iwo Jima*	1943	29. 1. 45	Bau am 15. 8. 1945 suspendiert				Newport News S. B. & D. D.	abgebrochen
CV-47	*Philippine Sea* (ex *Wright*)	1943	19. 8. 44	5. 9. 45	11. 5. 46	28. 12. 58	1. 12. 69	Bethlehem, Quincy	Schrott
CV-50		1944	Bau am 27. 3. 1945 suspendiert					Bethlehem, Quincy	
CV-51		1944	Bau am 27. 3. 1945 suspendiert					New York N. Sh.	
CV-52		1944	Bau am 27. 3. 1945 suspendiert					New York N. Sh.	
CV-53		1944	Bau am 27. 3. 1945 suspendiert					Philadelphia N. Sh.	

Kenn-Nr.	Klasse	Antriebsanlage	PS/Schrauben	Geschwindigkeit kn	Schiffs-Brennstoff ts	Fahrstrecke, sm bei Geschw., kn
					6 161	
					6 331	
					6 161	
					6 331	
					6 331	
					6 331	
					6 331	
					6 331	
					6 331	
					6 331	
					6 331	
					6 331	

Kenn-Nr.	Schiffsname	Etat	Kiellegung	Stapellauf	Indienststellung	Außerdienststellung	gestrichen	Bauwerft	Verbleib
CV-54		1944	Bau am 27. 3. 1945 suspendiert					Norfolk N. Sh.	
CV-55		1944	Bau am 27. 3. 1945 suspendiert					Norfolk N. Sh.	
CV-22	*Independence I* (ex *Amsterdam*)	1942	1. 5. 41	22. 8. 42	14. 1. 43	7. 46	27. 2. 51	New York S. B.	29. 1. 51 als Zielobjekt gesunken
CV-23	*Princeton I* (ex *Tallahassee*)	1942	2. 6. 41	18. 10. 42	25. 2. 43		13. 11. 44	New York S. B.	† 24. 10. 44
CV-24	*Belleau Wood* (ex *New Haven*)	1942	11. 8. 41	6. 12. 42	31. 3. 43	13. 1. 47 5. 9. 53 an Frankreich 12. 9. 60 zurück	1. 10. 60	New York S. B.	Schrott
CV-25	*Cowpens* (ex *Huntington*)	1942	17. 11. 41	17. 1. 43	28. 5. 43	13. 1. 47	1. 11. 59	New York S. B.	Schrott
CV-26	*Monterey* (ex *Dayton*)	1942	29. 12. 41	28. 2. 43	17. 6. 43 15. 9. 50	11. 2. 47 16. 1. 56	1. 6. 70	New York S. B.	Schrott
CVL-27	*Langley II* (ex *Crown Point*, ex *Fargo*)	1942	11. 4. 42	22. 5. 43	31. 8. 43	11. 2. 47 1/1951 an Frankreich 20. 3. 63 zurück	1963	New York S. B.	Schrott
CVL-28	*Cabot* (ex *Wilmington*)	1942	16. 3. 42	4. 4. 43	24. 7. 43 27. 10. 48	11. 2. 47 21. 1. 55	1. 11. 59	New York S. B.	30. 8. 67 an Spanien = *Dédalo*
CVL-29	*Bataan* (ex *Buffalo*)	1942	31. 8. 42	1. 8. 43	17. 11. 43 13. 5. 50	11. 2. 47 9. 4. 54	1. 9. 59	New York S. B.	Schrott
CVL-30	*San Jacinto* (ex *Reprisal*, ex *Newark*)	1942	26. 10. 42	26. 9. 43	15. 12. 43	1. 3. 47	1. 6. 70	New York S. B.	Schrott
CVL-48	*Saipan/ Arlington*	1943	10. 7. 44	8. 7. 45	14. 7. 46 27. 8. 66 als AGMR-2	3. 10. 57 14. 1. 70	15. 8. 75	New York S. B.	Schrott
CVL-49	*Wright*	1943	21. 8. 44	1. 9. 45	9. 2. 47 11. 5. 63 als CC-2	15. 3. 56 22. 5. 70	1. 12. 77	New York S. B.	Schrott
CVB-41	*Midway*	1942	27. 10. 43	20. 3. 45	10. 9. 45 31. 1. 70	15. 2. 66		Newport News S. B. & D. D.	Pazifik aktiv
CVB-42	*F. D. Roosevelt* (ex *Coral Sea*)	1943	1. 12. 43	29. 3. 45	27. 10. 45 6. 4. 56	23. 4. 54 1. 10. 77	1. 10. 77	New York N. Sh.	Schrott
CVB-43	*Coral Sea*	1943	10. 7. 44	2. 4. 46	1. 10. 47 25. 1. 60	24. 5. 57		Newport News S. B. & D. D.	Atlantik aktiv

Kenn-Nr.	Klasse	Antriebsanlage	PS/Schrauben	Geschwindigkeit kn	Schiffs-Brennstoff ts	Fahrstrecke, sm bei Geschw., kn
22–30	*Independence*	4 Dampfkessel; Getriebe-Turbinen	100 000/4	32	2 419 max. 2 789	5 800/25 7 600/20 10 100/15
48-49	*Saipan*	4 Dampfkessel; Getriebe-Turbinen	120 000/4	33	2 400	8 000/15
41–42 (44,56–57)	*Midway*	12 Dampfkessel; Getriebe-Turbinen	212 000/4	33	9 276 bei Fertigstellung, 1970: 8 800 Treibstoff 300 Dieseloel 640 Reserve-Speisewasser 788 Frischwasser	4 500/32,5 5 040/30 7 800/25 9 600/20 11 520/15 14 000/13

Kenn-Nr.	Schiffsname	Etat	Kiellegung	Stapellauf	Indienststellung	Außerdienststellung	gestrichen	Bauwerft	Verbleib
CVB-44		1943	Bau am 11. 1. 1943 suspendiert					Newport News S. B. & D. D.	
CVB-56		1945	Bau am 27. 3. 1945 suspendiert					Newport News S. B. & D. D.	
CVB-57		1945	Bau am 27. 3. 1945 suspendiert						
CVB-58	*United States*	1949	18. 4. 49	Bau am 23. 4. 1949 eingestellt				Newport News S. B. & D. D.	abgebrochen
CVB-59	*Forrestal*	1952	14. 7. 52	11. 12. 54	1. 10. 55			Newport News S. B. & D. D.	Atlantik aktiv
CVB-60	*Saratoga II*	1953	16. 12. 52	8. 10. 55	14. 4. 56			New York N. Sh.	Atlantik aktiv
CVA-61	*Ranger II*	1954	2. 8. 54	29. 9. 56	10. 8. 57			Newport News S. B. & D. D.	Pazifik aktiv
CVA-62	*Indepen-dence II*	1955	1. 7. 55	6. 6. 58	10. 1. 59			New York N. Sh.	Atlantik aktiv
CVA-63	*Kitty Hawk*	1956	27. 12. 56	21. 5. 60	29. 4. 61			New York S. B.	Atlantik aktiv, ab 1987
CVA-64	*Constellation*	1957	14. 9. 57	8. 10. 60	27. 10. 61			New York N. Sh.	Pazifik aktiv
CVA-66	*America*	1961	9. 1. 61	1. 2. 64	23. 1. 65			Newport News S. B. & D. D.	Atlantik aktiv
CVAN-65	*Enterprise II*	1958	4. 2. 58	24. 9. 60	25. 11. 61			Newport News S. B. & D. D.	Pazifik aktiv
CVA-67	*John F. Kennedy*	1963	22. 10. 64	27. 5. 67	7. 9. 68			Newport News S. B. & D. D.	Atlantik aktiv
CVAN-68	*Nimitz*	1967	22. 6. 68	13. 5. 72	3. 5. 73			Newport News S. B. & D. D.	Pazifik aktiv, ab 1988
CVN-69	*Dwight D. Eisenhower*	1970	15. 8. 70	11. 10. 75	18. 10. 77			Newport News S. B. & D. D.	Atlantik aktiv
CVN-70	*Carl Vinson*	1974	11. 10. 75	15. 3. 80	13. 3. 82			Newport News S. B. & D. D.	Pazifik aktiv
CVN-71	*Theodore Roosevelt*	1979	31. 10. 81	27. 10. 84	27. 10. 86			Newport News S. B. & D. D.	Atlantik aktiv
CVN-72	*Abraham Lincoln*	1983	3. 11. 84		89			Newport News S. B. & D. D.	in Bau
CVN-73	*George Washington*	1983			91 evtl. früher			Newport News S. B. & D. D.	in Bau

Kenn-Nr.	Klasse	Antriebsanlage	PS/Schrauben	Geschwindigkeit kn	Schiffs-Brennstoff ts	Fahrstrecke, sm bei Geschw., kn
58	*United States*		280 000/4	33		
59–62	*Forrestal*	8 Dampfkessel; Getriebe-Turbinen	260 000/4	33	7 828	
			280 000/4	34		
			280 000/4	34		
			280 000/4	max. 36		
63–64, 66	*Kitty Hawk/ America*	8 Dampfkessel; Getriebe-Turbinen	280 000/4	35	7 828	
				34		
				35		
65	*Enterprise*	8 Atomreaktoren A2W; Getriebe-Turbinen	280 000/4	36	Uran	140 000/36 400 000/20
67	*John F. Kennedy*	8 Dampfkessel; Getriebe-Turbinen	280 000/4	35		
68–73	*Nimitz*	2 Atomreaktoren A4W/A1G Getriebe-Turbinen	260 000/4	30+	Uran	

Kenn-Nr.	Schiffsname	Wasserverdrängung Standard ursprünglich später	voll beladen	Höhen, m Fl.-Deck Schornst.	 Brücke Mast	Länge üb. alles m ursprünglich * später	Breite, m Flugdeck Wasserlinie ursprünglich später	Tiefgang, m ursprünglich später	Besatzung Offz./Mann F = Frieden K = Krieg
1	*Langley*	11 050	14 700			165,3 158,6	20,0	5,7 7,3	410
2	*Lexington I*	36 000	41 000*	13,7 33,5	29,0 47,3	270,8 259,3	39,7 32,2	7,4 9,9	F 2 122 K 2 951
3	*Saratoga I*	36 000	41 000 48 550	13,7 33,5	29,0 47,3	270,8 277,2 259,3	39,7 32,2 34,1	7,4 9,9	F 2 122 K 3 373
4	*Ranger I*	14 500	20 500	17,7 22,6	32,0 44,0	234,5 222,7	33,4 24,4	6,0	F 1 788 K 2 000
5	*Yorktown I*	19 800	25 500	16,8 31,4	26,2 43,6	246,9 234,9	33,2 25,3	6,6 8,5	F 1 889 K 2 919
6	*Enterprise I*	19 800	25 500	16,8 31,4	26,2 43,6	1938: 246,9 234,9	33,2 34,8 25,3	6,6 8,5	F 1 889 K 2 919
7	*Wasp I*	14 700	21 000	16,5 33,8	25,3 35,4	226,1 210,5	33,2 24,6	6,1 8,5	F 1 889 K 2 367
8	*Hornet I*	19 000	29 100	16,8 31,4	26,2 43,6	246,9 234,9	34,8 25,3	6,6 8,8	F 160/1 729 K 306/2 613
9	*Essex*	27 100 33 000	33 000 40 600	17,4 32,0/37,0	28,4 44,8/55,3	267,2 272,6 250,1	45,0 58,5 28,4 30,8	7,0 8,7 9,4	F 3 448 K 340/2 900
10	*Yorktown II*	27 100 33 000	33 000 40 600	17,4 32,0	28,4 44,8	267,2 272,6 250,1	45,0 58,5 28,4 30,8	7,0 9,4 8,7	F 3 448 K 340/2 900
11	*Intrepid*	27 100 32 800	33 000 44 700	17,4 32,0	28,4 44,8	267,2 272,6 250,1	45,0 58,5 28,4 30,8	7,0 9,4 8,7	F 3 448 K 340/2 900
12	*Hornet II*	27 100 33 000	33 000 40 600	17,4 32,0	28,4 44,8	267,2 272,6 250,1	45,0 58,5 28,4 30,8	7,0 9,4 8,7	F 3 448 K 340/2 900
13	*Franklin*	27 100	33 000 36 500	17,4 32,0	28,4 44,8	267,2 250,1	45,0 28,4	7,0 8,7	F 3 448 K 340/2 900
14	*Ticonderoga*	27 000 32 800	33 000 41 726	17,4 32,0	28,4 44,8	270,8 272,6 250,1	45,0 58,5 28,4 30,8	7,0 9,4 8,7	F 3 448 K 354/3 170 mit CVW
15	*Randolph*	27 100 33 000	33 000 40 600	17,4 32,0	28,4 44,8	270,8 272,6 250,1	45,0 58,5 28,4 30,8	7,0 9,4 8,7	F 3 448 K 340/2 900

* unter dem Bruchstrich Längen in der Konstr.-Wasserlinie

Bewaffnung	Katapulte	Flugzeuge	Bemerkungen
4–12,7 cm L/51	2*	33**	* Katapulte primitiver Art, 1928 ausgebaut ** Gestaut unter Deck
bis 1941: 8–20,3 cm L/55, 12–12,7 cm L/25, 48–28 mm, 28 MG 7,6 mm 1942: 10–12,7 cm L/25, 48–28 mm, 18–20 mm	(1)	90–120	* ,,battle condition'': 42 500 ts ,,emergency load'': 47 900 ts
bis 1940: 8–20,3 cm L/55, 12–12,7 cm L/25, 8 MG 1941: 12–12,7 cm L/25, 20–28 mm, 32 MG 1942: 16–12,7 cm L/38, 36–28 mm 1944: 16–12,7 cm L/38, 96–40 mm*, 16–20 mm	2	90–120	* 1945: 23 40-mm-Vierlinge + 2 Zwillinge = 100 40-mm-Rohre
1934: 8–12,7 cm L/25 1944: 24–40 mm, 46–20 mm**	1*	80–86	* ab 1944 ** zeitweilig ca. 1942 auch 28-mm-Flak an Bord
1937: 8–12,7 cm L/38 1942: 8–12,7 cm L/38, 16–28 mm, 16–20 mm	3*	81–90	* 2 Katapulte im Hangar bis 1939; ab 1941: 2 auf Flugdeck
1938: 8–12,7 cm L/38 1942: 8–12,7 cm L/38, 16–28 mm, 23–20 mm 1945: 8–12,7 cm L/38, 42–40 mm, 32–20 mm	3*	81–90	* 2 Katapulte im Hangar bis 1939, dann ab 1941: 2 auf Flugdeck
1941: 8–12,7 cm L/38, 16–28 mm, 16 MG 1942: 8–12,7 cm L/38, 16–28 mm, 23–20 mm	3*	85–90	* 1 Katapult im Hangar 2 Katapulte auf Flugdeck
1941: 8–12,7 cm L/38, 16–28 mm, 24 MG 1942: 8–12,7 cm L/38, 16–28 mm, 30–20 mm, 9 MG	*	80–84	* 2 vorgesehene Katapulte nicht zum Einbau gekommen
1943: 12–12,7 cm L/38, 32–40 mm, 44–20 mm* 1951: 8–12,7 cm L/38, 28–7,6 cm L/50 1957: 7–12,7 cm L/38, 14–7,6 cm L/50 1959: 7–12,7 cm L/38 1964: 4–12,7 cm L/38	2**	80–100	Typ ,,short hull'' * 1945: 61–20 mm ** Ursprünglich keine Katapulte, ab 4/1944: 2 auf Flugdeck
1943: 12–12,7 cm L/38, 32–40 mm, 46–20 mm 1945: 12–12,7 cm L/38, 68–40 mm, 61–20 mm 1953: 8–12,7 cm L/38, 28–7,6 cm L/30 1956: 7–12,7 cm L/38, 8–7,6 cm L/50 1959: 7–12,7 cm L/38 1964: 6–12,7 cm L/38 1968: 4–12,7 cm L/38	2*	80–100	Typ ,,short hull'' Besatzung als CVS: 115 / 1500 ** ursprünglich je 1 Katapult im Hangar und auf Flugdeck
1943: 12–12,7 cm L/38, 40–40 mm, 55–20 mm 1944: 12–12,7 cm L/38, 64–40 mm, 56–20 mm 1954: 8–12,7 cm L/38, 14–7,6 cm L/50 1974: 4–12,7 cm L/38	2*	80–100	Typ ,,short hull'' Besatzung als CVS: 115 / 1500 * ursprünglich je 1 Katapult im Hangar und auf Flugdeck
1945: 12–12,7 cm L/38, 68–40 mm, 35–20 mm 1953: 8–12,7 cm L/38, 28–7,6 cm L/50 1957: 7–12,7 cm L/38, 8–7,6 cm L/50 1970: 4–12,7 cm L/38	2*	80–100	Typ ,,short hull'' Besatzung als CVS: 115 / 1500 * Katapulte wie auf CV-11
1945: 12–12,7 cm L/38, 68–40 mm, 57–20 mm	2*	80–100	Typ ,,short hull'' * Katapulte wie auf CV-11
1945: 12–12,7 cm L/38, 72–40 mm, 35–20 mm 1955: 8–12,7 cm L/38, 28–7,6 cm L/50 1959: 8–12,7 cm L/38, 8–7,6 cm L/50 1972: 4–12,7 cm L/38	2	80–100	Typ ,,long hull'' Besatzung als CVS: 115 / 1500
1945: 12–12,7 cm L/38, 72–40 mm, 56–20 mm 1953: 8–12,7 cm L/38, 28–7,6 cm L/50 1956: 8–12,7 cm L/38, 8–7,6 cm L/50, Regulus I 1968: 4–12,7 cm L/38	2	80–100	Typ ,,long hull'' Besatzung als CVS: 115 / 1500

Kenn-Nr.	Schiffsname	Wasserverdrängung Standard (ursprünglich / später)	voll beladen	Höhen, m Fl.-Deck / Schornst.	Brücke / Mast	Länge üb. alles m ursprünglich / * später	Breite, m Flugdeck / Wasserlinie ursprünglich	später	Tiefgang, m ursprünglich	später	Besatzung Offz./Mann F = Frieden K = Krieg
16	*Lexington II*	27 100	33 000	17,4	28,4	267,2	45,0	58,5	7,0	9,4	F 3 448
		33 000	39 000	32,0	44,8	272,6	28,4	30,8	8,7		K 340 / 2 900
		1978:	42 113			250,1					1984:
		1984:	42 500								75/1365
17	*Bunker Hill*	27 100	33 000	17,4	28,4	267,2	45,0		7,0		K 3 448
			36 500	32,0	44,8	250,1	28,4		8,7		
18	*Wasp II*	27 100	33 000	17,4	28,4	267,2	45,0	58,5	7,0	9,4	F 3 448
		33 000	40 600	32,0	44,8	272,6	28,4	30,8	8,7		K 340 / 2 900
						250,1					
19	*Hancock*	27 100	33 000	27,4	28,4	270,8	45,0	58,5	7,0	9,4	F 3 448
		32 800	44 700	32,0	44,8	272,6	28,4	30,8	8,7		K 340 / 2 900
						250,1					
20	*Bennington*	27 100	33 000	17,4	28,4	267,2	45,0	58,5	7,0	9,4	F 3 448
		33 000	40 600	32,0	44,8	272,6	28,4	30,8	8,7		K 340 / 2 900
						250,1					
21	*Boxer*	27 100	33 000	17,4	28,4	270,8	45,0	39,6	7,0	9,4	F 3 448
		30 800	40 600	32,0	44,8	250,1	28,4	28,4	8,7		
31	*Bon Homme Richard*	27 100	33 000	17,4	28,4	267,2	45,0	58,5	7,0	9,4	F 3 448
		32 800	44 700	32,0	44,8	272,6	28,4	30,8	8,7		
						250,1					
32	*Leyte*	27 100	33 000	17,4	28,4	270,8	45,0	39,6	7,0	9,4	F 3 448
		30 800	38 500	32,0	44,8	250,1	28,4	28,4	8,7		
33	*Kearsarge*	27 100	33 000	17,4	28,4	270,8	45,0	58,5	7,0	9,4	F 3 448
		33 000	40 600	32,0	44,8	272,6	28,4	30,8	8,7		
						250,1					
CV-34	*Oriskany*	30 800	39 800			270,8	45,0	59,5	6,7	9,4	F 3 460
		33 250	44 700			271,3	28,4	32,5	8,7		mit CVW
						250,1					
CV-36	*Antietam*	27 100	33 000	17,4	28,4	270,8	45,0	46,9	7,0	9,4	F 3 448
		30 000	38 000	32,0	44,8	250,1	28,4	28,3	8,7		
CV-37	*Princeton II*	27 100	33 000	17,4	28,4	270,8	45,0	39,6	7,0	9,4	F 3 448
		30 800	40 600	32,0	44,8	250,1	28,4	28,4	8,7		

* unter dem Bruchstrich Längen in der Konstr.-Wasserlinie

Bewaffnung	Katapulte	Flugzeuge	Bemerkungen
1945: 12–12,7 cm L/38, 68–40 mm*, 30–20 mm, 5 MG 1956: 8–12,7 cm L/38, –7,6 cm L/50, Regulus I 1968: 4–12,7 cm L/38 1970: keine Bewaffnung	2	80–100	Typ „short hull"; Besatzung als CVA: 354/3170 mit CVW; als AVT: 75/1365 * 1945 zunächst 72–40 mm, dann reduziert
1945: 12–12,7 cm L/38, 68–40 mm, 35–20 mm	2*	80–100	Typ „short hull"; * ursprünglich je ein Katapult im Hangar und auf Flugdeck
1945: 12–12,7 cm L/38, 68–40 mm, 29–20 mm, 6 MG 1952: 8–12,7 cm L/38, 28–7,6 cm L/50 1956: 8–12,7 cm L/38, 14–7,6 cm L/50 1961: 7–12,7 cm L/38 1964: 4–12,7 cm L/38	2*	80–100	Typ „short hull" Besatzung als CVS: 115/1500 * Katapulte wie CV-17
1945: 12–12,7 cm L/38, 72–40 mm, 59–20 mm 1954: 8–12,7 cm L/38, 28–7,6 cm L/50, Regulus I 1957: 8–12,7 cm L/38, 8–7,6 cm L/50 1959: 8–12,7 cm L/38 1975: 4–12,7 cm L/38	2	80–100	Typ „long hull" Besatzung als CVA: 354/3170
1945: 12–12,7 cm L/38; 40–40 mm, 60–20 mm 1953: 8–12,7 cm L/38, 28–7,6 cm L/50 1955: 8–12,7 cm L/38, 8–7,6 cm L/50, Regulus I 1957: 8–12,7 cm L/38 1965: 4–12,7 cm L/38	2	80–100	Typ „short hull" Besatzung als CVS: 115/1500
1945: 12–12,7 cm L/38, 72–40 mm, 35–20 mm 1953: 12–12,7 cm L/38, 44–40 mm 1959: 12–12,7 cm L/38 1968: 8–12,7 cm L/38	2*	80–100 als LPH: 40 Hel.	Typ „long hull" Besatzung als LPH: 1000 * Beim LPH-Umbau Katapulte stillgelegt
1945: 12–12,7 cm L/38, 68–40 mm, 56–20 mm 1956: 8–12,7 cm L/38, 8–7,6 cm L/50, Regulus I 1962: 8–12,7 cm L/38 1964: 4–12,7 cm L/38	2	80–100	Typ „short hull" Besatzung als CVA: 354/3170
1946: 12–12,7 cm L/38, 44–40 mm, 28–20 mm 1958: 12–12,7 cm L/38	2	80–100	Typ „long hull" Besatzung als CVS: ca. 1000
1946: 12–12,7 cm L/38, 40–40 mm 1952: 8–12,7 cm L/38, 20–7,6 cm L/50 1954: 8–12,7 cm L/38, 16–7,6 cm L/50 1961: 7–12,7 cm L/38 1966: 4–12,7 cm L/38	2	80–100	Typ „long hull" Besatzung als CVS: 115/1500
1951: 8–12,7 cm L/38, 28–7,6 cm L/50, 14–20 mm 1954: 8–12,7 cm L/38, 16–7,6 cm L/50 1960: 7–12,7 cm L/38 1967: 4–12,7 cm L/38 1976: 2–12,7 cm L/38	2	80	Besatzung ohne CVW: 110/1980 CVW-Besatzung: 135/1050
1945: 12–12,7 cm L/38, 44–40 mm, 39–20 mm 1953: 10–12,7 cm L/38, 32–40 mm 1960: 8–12,7 cm L/38	2	80–100	Typ „long hull" Besatzung als CVS: 2100
1946: 12–12,7 cm L/38, 60–40 mm, 35–20 mm 1951: 12–12,7 cm L/38, ca. 56–40 mm 1955: 12–12,7 cm L/38, –40 mm, Regulus I 1959: 12–12,7 cm L/38 1969: 6–12,7 cm L/38	2*	80–100 als LPH: 40 Hel.	Typ „long hull" Besatzung als LPH: 1000 * Beim LPH-Umbau Katapulte stillgelegt

Kenn-Nr.	Schiffsname	Wasserverdrängung Standard ursprünglich später	Wasserverdrängung voll beladen ursprünglich später	Höhen, m Fl.-Deck Schornst.	Höhen, m Brücke Mast	Länge üb. alles m ursprünglich * später	Breite, m Flugdeck Wasserlinie ursprünglich	Breite, m später	Tiefgang, m ursprünglich	Tiefgang, m später	Besatzung Offz./Mann F = Frieden K = Krieg
CV-38	*Shangri La*	27 100 32 800	33 000 44 700	17,4 32,0/37,0	28,4 44,8/55,3	270,8 272,6 ――― 250,1	45,0 28,4	58,5 30,8	7,0 8,7	9,4	F 3 448
CV-39	*Lake Champlain*	27 100 33 100	33 000 40 800	17,4 32,0	28,4 44,8	270,8 ――― 250,1	45,0 28,4	46,3 31,0	7,0 8,7	9,4	F 3 448
CV-40	*Tarawa*	27 100 33 800	33 000 38 500	17,4 32,0	28,4 44,8	270,8 ――― 250,1	45,0 28,4	39,6 28,4	7,0 8,7	9,4	F 3 448
CV-45	*Valley Forge*	27 100 30 800	33 000 40 600	17,4 32,0	28,4 44,8	270,8 ――― 250,1	45,0 28,4	39,6 28,4	7,0 8,7	9,4	F 3 448
CV-47	*Philippine Sea*	27 100 30 800	33 000 38 500	17,4 32,0	28,4 44,8	270,8 ――― 250,1	45,0 28,4	39,6 28,4	7,0 8,7	9,4	F 3 448
CVL-22	*Independence I*	11 000	13 000	14,0 17,7	20,7 35,7	189,9 ――― 183,0	33,3 21,8		6,1 7,9		K 1 569
CVL-23	*Princeton I*	11 000	13 000	14,0 17,7	20,7 35,7	189,9 ――― 183,0	33,3 21,8		6,1 7,9		K 1 569
CVL-24	*Belleau Wood*	11 000	13 000	14,0 17,7	20,7 35,7	189,9 ――― 183,0	33,3 21,8		6,1 7,9		K 1 569
CVL-25	*Cowpens*	11 000	13 000	14,0 17,7	20,7 35,7	189,9 ――― 183,0	33,3 21,8		6,1 7,9		K 1 569
CVL-26	*Monterey*	11 000	13 000	14,0 17,7	20,7 35,7	189,9 ――― 183,0	33,3 21,8		6,1 7,9		K 1 569
CVL-27	*Langley II*	11 000	13 000	14,0 17,7	20,7 35,7	189,9 ――― 183,0	33,3 21,8		6,1 7,9		K 1 569
CVL-28	*Cabot*	11 000	13 000	14,0 17,7	20,7 35,7	189,9 ――― 183,0	33,3 21,8		6,1 7,9		K 1 569
CVL-29	*Bataan*	11 000	13 000	14,0 17,7	20,7 35,7	189,9 ――― 183,0	33,3 21,8		6,1 7,9		K 1 569
CVL-30	*San Jacinto*	11 000	13 000	14,0 17,7	20,7 35,7	189,9 ――― 183,0	33,3 21,8		6,1 7,9		K 1 569
CVB-41	*Midway*	45 000 51 000	60 000 64 200	15,9 35,4	26,2 43,0	1945: 295,2 1957: 298,0 1970: 303,8 ――― 274,5	41,5 34,5	72,5* 36,9	10,9	 10,8	1945: 4 104 mit CAG 1976: 140 / 2 475 ohne CVW
CVB-42	*F. D. Roosevelt*	45 000 50 100	60 100 64 400	15,9 35,4	26,2 43,0	295,2 304,9 ――― 274,5	41,5 34,5	67,1 36,9	10,0 10,7	8,9 10,8	1945: 4 104 mit CAG 1976: 140/2 475 ohne CVW

* unter dem Bruchstrich Längen in der Konstr.-Wasserlinie

Bewaffnung	Katapulte	Flugzeuge	Bemerkungen
1945: 12–12,7 cm L/38, 44–40 mm, 60–20 mm 1957: 8–12,7 cm L/38, 24–7,6 cm L/50 1958: 8–12,7 cm L/38 1969: 4–12,7 cm L/38	2	80–100	Typ „short hull" Besatzung als CVA einschließlich CVW: 354 / 3170
1945: 12–12,7 cm L/38, 44–40 mm 1953: 8–12,7 cm L/38, 28–7,6 cm L/50 1955: 8–12,7 cm L/38, 24–7,6 cm L/50, Regulus I 1966: 8–12,7 cm L/38	2	80–100	Typ „long hull" Besatzung als CVS ohne CVSG: 115 / 1000
1946: 12–12,7 cm L/38, –40 mm 1951: 12–12,7 cm L/38, ca. 36–40 mm	2	80–100	Typ „long hull" Besatzung als CVS: 1000
1947: 12–12,7 cm L/38, 44–40 mm 1956: 12–12,7 cm L/38, ca. 36–40 mm 1961: 6–12,7 cm L/38	2*	80–100	Typ „long hull" Besatzung als LPH: 1000 * Beim LPH-Umbau Katapulte stillgelegt
1946: 12–12,7 cm L/38; 44–40 mm 1952: 12–12,7 cm L/38, 36–40 mm 1958: 12–12,7 cm L/38	2	80–100	Typ „long hull" Besatzung als CVS: 1000
4/1943: 2–12,7 cm L/38, 18–40 mm, 4–20 mm 7/1943: 26–40 mm, 4–20 mm 1945: 28–40 mm, 4–20 mm	2	45*	* gestaut 100 Flugzeuge
1943: 26–40 mm, 16 bis 22–20 mm 1945: 26–40 mm, 22–20 mm	2	45	
1943: 26–40 mm, 4–20 mm	2	45	
1945: 26–40 mm, 7–20 mm	2	45	
1945: 26–40 mm, 8–20 mm	2	45	
1943: 28–40 mm, 22–20 mm 1945: 26–40 mm, 5–20 mm*	2	45**	* 1960: 26–40 mm, 6–20 mm ** 1960: 26 Flugzeuge
1945: 26–40 mm, 5–20 mm 1977: 26–40 mm	2*	45**	* 1967: ausgebaut ** 1977: 4 V/STOL, 20 Hel.
1945: 28–40 mm, 4–20 mm 1954: 16–40 mm	2	45	
1945: 26–40 mm, 22–20 mm	2	45	
1945: 18–12,7 cm L/54, 84–40 mm, 28–20 mm 1950: 14–12,7 cm L/54, 40–7,6 cm L/50 1957: 10–12,7 cm L/54, 22–7,6 cm L/50 1961: 10–12,7 cm L/54 1963: 4–12,7 cm L/54 1970: 3–12,7 cm L/54 1985: 2 BPDMS Mk 25, 2 Phalanx Mk 15	2***	80–145**	* Breite Flugdeck 1970: 78,7 m ** Höchst-Dotierung niemals an Bord gehabt *** C-13
1945: 18–12,7 cm L/54, 84–40 mm, 28–20 mm 1951: 14–12,7 cm L/54, 36–7,6 cm L/50, 10–20 mm 1956: 10–12,7 cm L/54, 22–7,6 cm L/50 1960: 10–12,7 cm L/54 1963: 4–12,7 cm L/54 1977: 2–12,7 cm L/54	2	80–145	

Kenn-Nr.	Schiffsname	Wasserverdrängung Standard	voll beladen	Höhen, m Fl.-Deck Schornst.	Brücke Mast	Länge üb. alles m ursprünglich * später	Breite, m Flugdeck Wasserlinie ursprünglich später	Tiefgang, m ursprünglich später	Besatzung Offz./Mann F = Frieden K = Krieg
CVB-43	*Coral Sea*	52 500	62 700	15,9 35,4	26,2 43,0	295,2 298,6 274,5	41,5 67,7 34,5 37,0 1960: 72,6	10,0 11,1 10,8	1946: 4 104 mit CAG; 1976: 165 / 2 545 ohne CVW
CVL-48	*Saipan*	14 500 als AGMR:	20 000 19 347	14,9 19,5	21,3 30,8	208,6 202,5	35,1 23,4	7,6 8,5	1 721 als AGMR: 47 / 944
CVL-49	*Wright*	14 500 als CC:	20 000 19 600	14,9 19,5	21,3 30,8	208,6 202,5	35,1 33,2 23,4 23,4	7,6 8,5	234 / 1 553 als CC: 746
CVA-59	*Forrestal*	59 650	78 200	20,1 37,2	33,8 56,4	316,7 302,0	76,8 38,5	11,3	145 / 2 645 442 / 4 678 mit CVW
CVA-60	*Saratoga II*	60 000	78 200	20,1 37,2	33,8 56,4	316,7 302,0	76,8 38,5	11,3	145 / 2 645 442 / 4 678 mit CVW
CVA-61	*Ranger II*	60 000	79 200	20,1 37,2	33,8 56,4	316,7 302,0	79,2 38,5	11,3	145 / 2 645 442 / 4 / 678 mit CVW
CVA-62	*Independence II*	60 000	79 200	20,1 37,2	33,8 56,4	319,0 302,0	76,8 38,5	11,3	145 / 2 645 442 / 4 678 mit CVW
CVA-63	*Kitty Hawk*	60 100	80 300	19,8 36,3	34,1 58,2	323,9 302,0	76,0 38,5	10,9	150 / 2 645 428 / 4 154 mit CVW
CVA-64	*Constellation*	60 100	80 300	19,8 36,3	34,1 58,2	326,9 302,0	76,0 38,5	10,9	150 / 2 645 428 / 4 154 mit CVW
CVA-66	*America*	60 300	81 700			319,3 302,0	76,0 39,6	10,9	150 / 2 645 428 / 4 154 mit CVW
CVAN-65	*Enterprise II*	75 700	91 000	* 342,3 über Kat.-Ausleger		*341,3 317,2	78,3 38,5	10,8	162 / 2 940 425 / 4 475 mit CVW
CVA-67	*John F. Kennedy*	61 000	81 100			319,3 302,0	76,9 39,6	10,9	150 / 2 645 505 / 5 222 mit CVW
CVAN-68	*Nimitz*	81 600	94 400			332,0 317,2	76,8 40,8	11,3	3 300 569 / 5 717 mit CVW
CVN-69	*Dwight D. Eisenhower*	81 600	94 400			332,0 317,2	76,8 40,8	11,3	203 / 3 205 CVW: 366 / 2 512
CVN-70	*Carl Vinson*	81 600	94 400			332,0 317,2	76,8 40,8	11,3	203 / 3 205 CVW: 366 / 2 512
CVN-71	*Theodore Roosevelt*	81 600	96 800			332,0 317,2	76,8 40,8	11,3	

* unter dem Bruchstrich Längen in der Konstr.-Wasserlinie

Bewaffnung	Katapulte	Flugzeuge	Bemerkungen
1947: 14–12,7 cm L/54, 14–20 mm 1949: 14–12,7 cm L/54, 36–7,6 cm L/50 1957: 14–12,7 cm L/54, 32–7,6 cm L/50 1960: 6–12,7 cm L/54 1962: 3–12,7 cm L/54 1983: 3 Phalanx Mk 15	2*	80–145	* ab SCB 110A 3 Katapulte; 1983 C-11 Mod. 1
1946: 40–40 mm, 25–20 mm 1966: 8–7,6 cm L/50	2*	50	* Katapulte 1965 ausgebaut
1947: 40–40 mm, 25–20 mm 1956: 26–40 mm 1963: 8–40 mm	2*	50	* Katapulte 1962 ausgebaut
1955: 8–12,7 cm L/54 1962: 4–12,7 cm L/54 1968: 1 BPDMS Mk 25 1976: 2 BPDMS Mk 25 1985: 2 IPDMS Mk 29, 3 Phalanx Mk 15	4*	80–95	SLEP 1983/85 * C-13
1956: 8–12,7 cm L/54 1963: 4–12,7 cm L/54 1975: 2 BPDMS Mk 25 1985: 3 IPDMS Mk 29, 3 Phalanx Mk 15	4*	80–95	SLEP 1981/83 * 2 C-11, 2 C-7
1957: 8–12,7 cm L/54 1966: 4–12,7 cm L/54 1975: 2–12,7 cm L/54 1984: 2 IPDMS Mk 29	4*	80–95	* C-7
1959: 8–12,7 cm L/54 1961: 4–12,7 cm L/54 1978: 2 IPDMS Mk 29 1984: 2 IPDMS Mk 29	4*	80–95	SLEP 1985/87, dann * C-13
1961: 2 Starter Terrier Mk 10 1978: 2 IPDMS Mk 29 1985: 3 IPDMS Mk 29, 3 Phalanx Mk 15	4*	80–95	* C-13
1961: 2 Starter Terrier Mk 10 1978: 2 IPDMS Mk 29 1984: 3 IPDMS Mk 29, 3 Phalanx Mk 15	4*	80–95	* C-13
1965: 2 Starter Terrier Mk 10 1978: 2 Starter Terrier Mk 10 1984: 3 IPDMS Mk 29, 3 Phalanx Mk 15	4*	80–95	* 3 C-13, 1 C-13 Mod. 1
1961: keine Bewaffnung 1968: 1 BPDMS Mk 25 1971: 3 BPDMS Mk 25 1984: 2 IPDMS Mk 29, 3 Phalanx Mk 15	4*	80–95	* C-13 Mod. 1
1968: 3 BPDMS Mk 25 1984: 3 IPDMS Mk 29, 3 Phalanx Mk 15	4*	80–95	* 3 C-13, 1 C-13 Mod. 1
1975: 3 BPDMS Mk 25 1984: 2 IPDMS Mk 29, 3 Phalanx Mk 15	4*	80–105	* C-13 Mod. 1
1977: 3 BPDMS Mk 25 1984: 3 IPDMS Mk 25	4*	80–105	* C-13 Mod. 1
1984: 3 IPDMS Mk 29, 4 Phalanx Mk 15	4*	80–105	* C-13 Mod. 1

Reihenfolge der Fertigstellung	Schiffs-Name und Datum der Indienststellung	Kenn-Nummer	Bauwerft	hull		Brücke		Katapulte			Anordnung der 40-mm-Vierlinge									
				short	long	frühe Form	späte Form	im Hangar	ein Decks-	zwei Decks-	1 am Bug	2 am Bug	2 Stb. achtern	3 Stb. unter Insel	2 Bb vorne	1 am Heck	2 am Heck	4 an Insel	3 an Insel
				1	2	3	4	5	6	7	8	9	10	11	12	13	14	15	16
1	Essex 31. 12. 42	9	Newport News	●		i.D. ●	4/44 ●			4/44 ●	●		4/44 ●		4/44 ●	●		i.D. ●	4/44 ●
2	Lexington 17. 2. 43	16	Bethlehem Quincy	●			i.D. ●		i.D. ●	●	●		12/43 ●	5/45 ●	i.D. ●	●	12/43 ●	i.D. ●	5/45 ●
3	Yorktown 15. 4. 43	10	Newport News	●		i.D. ●	9/44 ●	i.D. ●	i.D. ●	9/44 ●	●		6/43 ● +	9/44 ●	9/44 ●	●	9/44 ●	i.D. ●	9/44 ●
4	Bunker Hill 16. 8. 43	17	Bethlehem Quincy	●		i.D. ●	1/45 ●	i.D. ●	i.D. ●	1/45 ●	●		i.D. ● +	1/45 ●	1/45 ●	●	1/45 ●	i.D. ●	1/45 ●
5	Intrepid 16. 8. 43	11	Newport News	●		i.D. ●	3/44 ●	i.D. ●	i.D. ●	3/44 ●	●		i.D. ● +	3/44 ●	3/44 ●	●	3/45 ●	i.D. ●	3/44 ●
6	Wasp 24. 11. 43	18	Bethlehem Quincy	●		i.D. ●	6/45 ●	i.D. ●	i.D. ●	6/45 ●	●		i.D. ● +	6/45 ●	6/45 ●	●	6/45 ●	i.D. ●	6/45 ●
7	Hornet 29. 11. 43	12	Newport News	●		●		●	●	9/45 ●	●		i.D. ● +	9/45 ●	9/45 ●	●	9/45 ●	●	9/45 ●
8	Franklin 31. 1. 44	13	Newport News	●		i.D. ●	5/44 ●	i.D. ● bis 4/44	i.D. ●	1/45 ●	●		1/45 ** ● +	1/45 ●**	1/45 ●	●	1/45 ●	i.D. ●	5/44 ●
9	Hancock 15. 4. 44	19	Bethlehem Quincy		●		●			●		●	6/45 ●	6/45 ●	6/45 ●		●		●
10	Ticonderoga 8. 5. 44	14	Newport News		●		●			●		●	4/45 ●	4/45 ●	i.D. ●		●		●
11	Bennington 6. 8. 44	20	New York Nav. Sh.	●			●			●	●				i.D. ●		●		●
12	Shangri La 15. 9. 44	38	Norfolk Nav. Sh.		●		●			●		●			i.D. ●		●		●
13	Randolph 9. 10. 44	15	Newport News		●		●			●		●	1/45 ●*	1/45 ●*	1/45 ●		●		●
14	Bonne Homme Richard 26. 11. 44	31	New York Nav. Sh.	●			●			●	●		5/45 ●*	5/45 ●	i.D. ●		●		●
15	Antietam 28. 1. 45	36	Philadelphia Nav. Sh.		●		●			●		●			i.D. ●		●		●
16	Boxer 16. 4. 45	21	Newport News		●		●			●		●	7/45 ●	7/45 ●	●		●		●
17	Lake Champlain 3. 6. 45	39	Norfolk Nav. Sh.		●		●			●		●			●		●		●

+ Flakstände zunächst eingezogen aufgestellt, um Passage durch Panama-Kanal zu ermöglichen; später fast durchweg nach außenbords versetzt, um größeren Bestreichungswinkel zu erreichen.

Radar-Anordnung				Tarnanstriche												
SK			SK-2	Schema					Muster						Antennen-Gitter-maste Stb.	Bemerkungen
ob. Mast-Pl.	Stb.-Seite Schornst.	Plattf. h. Mast		12	21	22	32	33	10 A	6–10 D	3 A	6 A	17 A-1	17 A-2		
17	18	19	20	21	22	23	24	25	26	27	28	29	30	31	32	
i.D. ●	4/44 ●		3/45 ●		i.D.● 3/45●		3/44 ●			3/44 ●					5**	* ganze Zeit in eingezogener Position ** bis Kriegsende
	i.D. ●		5/45 ●	5/45 ●	i.D. ●*										5	* behielt Schema 21 bis 5/85
i.D. ●*					i.D.● /45●			3/44 ●	3/44 ●						5**	* 9/44 versetzt an Bb-Seite des Schornsteins ** 9/44 drei achtere Antennen-Gittermaste entfernt
	i.D. ●				i.D.● 1/45●		3/44 ●					3/44 ●			5*	* 1/45 drei Antennen-Gittermaste entfernt
i.D. ●*	11/43 ●			/45 ●	i.D. ●		3/44 ●				3/44 ●				4	* 11/43 seitlich an den Schornstein versetzt + erst 3/45 wurde nur der vordere nach außenbords vorgezogen
	i.D. ●				i.D.● 6/45●			3/44 ●	3/44 ●						4*	* 6/45 zwei achtere Antennen-Gittermaste entfernt
		i.D. ●	9/45 ●			/45 ●		i.D. ●*			i.D. ●*				4**	* erster Träger m. Mehrfarbenanstrich ** 1945 nur noch die beiden vorderen Antennen-Gittermaste vorhanden
		i.D. ●	1/45 ●		1/45 ●		i.D. ●				●*	i.D. ●*			4***	* 5/44 bis 11/44: 3 A an Backbord, 6 A an Steuerbord ** 3/45 vor Panamakanal-Transit abgetrennt *** 1/45 nur noch die beiden vorderen Antennen-Gittermaste
		i.D. ●		6/45 ●			i.D. ●				i.D. ●				4*	* 6/45 zwei Antennen-Gittermaste entfernt
		i.D. ●	4/45 ●		i.D. ●			i.D. ●	i.D. ●						4*	* 4/45 zwei Antennen-Gittermaste entfernt
			●*		7/45 ●		i.D. ●						i.D. ●	12/44 ●	4	* 8–12/44 auf Plattform hinter dem Mast, danach Stb.-Seite Schornstein
			●*					●	●						4	* 1/45 SK-2 und SC-2-Positionen vertauscht; bis 1/45 wie CV-20
			●		/44 ●		i.D. ●						i.D. ●		4***	* Nach Kriegsschluß vor Panama-kanal-Transit entfernt
			●	3/45 ●			i.D. ●							i.D. ●	4*	* 1952 immer noch die beiden achteren Antennen-Gittermaste ** 1952 beide Wannen leer, Geschütze entfernt
			●		5/45 ●		i.D. ●							i.D. ●	4	
			●		●										4	
			●		●										4*	* 1945/46 zwei Antennen-Gitter-maste entfernt

Erklärung dieser Tabelle auf der folgenden Seite

Besonderheiten bei Trägern der *Essex*-Klasse in der Reihenfolge ihrer Fertigstellung

(Tabellen Seite 334/335)

Bemerkungen zu den einzelnen Spalten

Vorstehende Tabelle enthält nur die bis zum Kriegsschluß 1945 fertiggestellten Träger der *Essex*-Klasse. Sie sind hier in der Reihenfolge ihrer Fertigstellung aufgelistet. Die einzelnen Spalten der Tabelle beinhalten 32 charakteristische Merkmale dieser Klasse, die von Schiff zu Schiff zeitlich unterschiedlich vorhanden waren und somit – neben zahlreichen anderen Merkmalen – für die Schiffs-Identifikation von Wert sind.
Die Kürzung i.D. zeigt an, daß das Schiff mit diesem Merkmal in Dienst gestellt worden ist. Sofern erforderlich zeigt die Bruchzahl vor dem Merkmal Monat/Jahr der Einführung desselben. Wo beides fehlt, bedeutet dies, daß das Merkmal nicht mehr abgeändert wurde, oder daß der Zeitpunkt der Abänderung nicht bekanntgeworden ist.
Spalten 1–2
Unterscheidung nach „short hull" und „long hull"-Schiffen.
Spalten 3–4
Frühe Brückenform enthält vier 40-mm-Vierlinge im Bereich der Insel (je einen *vor* und *hinter* der Insel, und je einen vorn und achtern *auf* der Insel).
Späte Brückenform enthält Verbreiterung der Admiralsbrücke (unteres Brücken-Niveau), wobei der vordere vor der Insel aufgestellte 40-mm-Vierling entfernt wurde.
Fast alle Schiffe mit der frühen Brückenform erhielten im Laufe des Krieges die spätere Form.
Spalten 5–7
Nur sechs Schiffe hatten in den ersten Kriegsjahren einen Hangar-Katapult in Verbindung mit nur einem Decks-Katapult. Bis auf ein Schiff erhielten später alle übrigen ein zweites Decks-Katapult, wobei das aus dem Hangar entfernt wurde.
Spalte 8
Ein Bug-40-mm-Vierling: typisch für alle „short hill"-Schiffe.
Spalte 9
Zwei Bug-Vierlinge: typisch für alle „long hull"-Schiffe.
Spalte 10
40-mm-Flakstände an der Steuerbordseite im achteren Schiffsviertel auf dem Niveau des Hangardecks. Bei zahlreichen Schiffen erst nachträglich aufgestellt, z. T. zunächst eingezogen, später zur Erreichung eines besseren Schußfeldes nach vorn außenbords vorgezogen.
Spalte 11
Drei Steuerbord-40-mm-Flakstände außenbords unter der Insel. Passage des Panama-Kanals damit nicht möglich, daher Abtrennung der Wannen bei *Franklin* und *Randolph* bei Kriegsende.
Spalte 12
Zwei 40-mm-Backbord-Flakstände in Höhe des Hangar-Niveaus anstelle des Hangar-Katapultauslegers; zumeist bei Entfernung des letzteren aufgestellt. Bei späteren Schiffen bei Fertigstellung vorhanden.
Spalte 13
Ein 40-mm-Heck-Vierling, unsymmetrisch nach Backbord versetzt; zunächst typisch für acht von zehn „short hull"-Vertretern.
Spalte 14
Zwei 40-mm-Heck-Vierlinge; typisch zunächst für das neunte bis siebzehnte Schiff, wo bei Fertigstellung vorhanden. die übrigen Schiffe wurden – mit Ausnahme der *Essex* – nachgerüstet.
Spalten 15–16
Aufstellung entsprechend Spalte 3–4.
Spalte 17
Radarantenne SK auf der Dreibenmast-Plattform *vor* der Stenge.
Spalte 18
Radarantene SK auf Konsole an der Steuerbordseite des Schornsteins.
Spalte 19
Radarantenne SK auf der Dreibeinmast-Plattform hinter der Stenge.
Spalte 20
Radarantenne SK-2; zunächst typisch für Schiff 11 bis 17 (in der Reihenfolge der Fertigstellung); später Nachrüstung bei fünf älteren Schiffen.
Spalten 21–31
Angaben über die Farb- und Tarnanstriche. Vier der älteren Schiffe erhielten Anstrich nach Schema 21 zweimal.
Spalte 32
Die ersten vier Schiffe wurden mit fünf klappbaren Antennen-Gittermasten an der Steuerbord-Deckskante fertiggestellt, die übrigen mit nur vier. Im Laufe des Krieges und kurz danach wurden einige oder alle diese Antennen entfernt und durch dünnere Peitschenantennen ersetzt.

Zugehörigkeit der im II. Weltkrieg eingesetzten Flugzeugträger zu den einzelnen Verbänden

Das hier vorliegende Buch kann und will kein Geschichtswerk sein. Die einzelnen Klassen und deren Schiffe stehen hier im Mittelpunkt und damit zugleich auch die Flugzeugverbände, die auf diesen Schiffen zum Einsatz kamen sowie die Schiffsverbände, zu denen die einzelnen Schiffe gehörten. Nachfolgende Übersicht enthält eine Auflistung der meisten im II. Weltkrieg eingesetzten Verbände, die in mehrfacher Hinsicht interessant ist, weil sie neben den rein statistischen Daten auch die Möglichkeit bietet, den Umfang des Einsatzes und die Entwicklung der amerikanischen Trägerflotte im II. Weltkrieg zu überschauen und zu begreifen. Aus der Fülle der dabei zu gewinnenden Erkenntnisse darf man andeutungsweise nur einige erwähnen.

Im Atlantischen Bereich verbleibt nach Abzug der *Wasp I* in den Pazifik nur noch die *Ranger* (CV-4). An den Hunter-Killer-Operationen beteiligen sich neben den britischen nach und nach auch insgesamt elf amerikanische Geleitträger (CVE). Aber auch bei Landungen in Nordafrika und in Südfrankreich unterstützen Flugzeuge der CVE die Landtruppen.

Mit Absicht enthalten diese Übersichten – im Vorgriff auf Band II dieser Serie – auch die Verbände, in denen nur Geleitflugzeugträger zusammengefaßt waren. Aus der Gesamt-Konzeption des Trägereinsatzes sind die Geleitträger nicht auszuklammern. Aus der anfänglichen Absicht, diese kleinen, schwach bewaffneten und wenig leistungsfähigen Hilfs-Flugzeugträger vor allem bei der U-Jagd-Sicherung von Geleitzügen einzusetzen, ist zumindest bei der U.S. Navy nicht allzuviel übriggeblieben. 1942, als die Trägerflotte der Vereinigten Staaten zeitweilig auf nur einen einsatzfähigen Träger (CV-6 *Enterprise*) schrumpfte, spielten die CVE im pazifischen Raum noch keine Rolle. Mit dem Zugang der Flottenträger ab Ende 1942 jedoch beginnt auch der Einsatz der CVE im Pazifik, und dies nicht nur bei U-Jagdoperationen, sondern auch sehr aktiv bei der Luftunterstützung bei Landungen sowie im Transport von Ersatzflugzeugen für die größeren Flottenträger. Der oft festzustellende geschlossene Einsatz der vier CVE der *Sangamon*-Klasse, die sich bereits 1942 im Atlantik bewährt haben, zeugt von dem Ausmaß der Belastung, der diese Schiffe und deren Besatzungen ausgesetzt sein mußten.

Aus der Zusammensetzung der „Task Groups“ mit den größeren CVL und den großen CV kann der zeitmäßig gestaffelte Zugang an neuen Trägern ersehen werden, wie auch die stets gemischte Sortierung, wobei die CV die Hauptlast der Flugzeugeinsätze gegen den Gegner trugen, während die Jäger der CVL dem Schutz der eigenen Träger dienten – neben anderen Aufgaben.

Atlantischer Bereich

8/1942

Bezeichnung des Verbandes	Kennung des Trägers	Name des Trägers	Bemerkungen
Carriers	CV-4	*Ranger*	
	ACV-13	*Core*	
	ACV-16	*Nassau*	
	ACV-20	*Barnes*	
	ACV-21	*Block Island I*	
	ACV-25	*Croatan*	
	ACV-29	*Santee*	
	ACV-30	*Charger*	

Landung in Nordafrika – Western Naval Task Force – 11/1942

TG 34.8 Air Group	ACV-26	*Sangamon*	
Northern Attack Gr.	ACV-28	*Chenango*	
TG 34.2 Air Group	CV-4	*Ranger*	
Center Attack Gr.	ACV-27	*Suwannee*	
Southern Attack Gr.	ACV-29	*Santee*	

U-Jagd-Gruppen im Atlantik – 1943 bis 1945

	CVE-9	*Bogue*	3–12/1943; 2–9/1944; 4–5/1945
	CVE-11	*Card*	7–12/1943; 7/1944
	CVE-21	*Block Island I*	12/1943 bis 5/1944; versenkt 29. 5. 1944
	CVE-13	*Core*	6–11/1943; 4–5/1945
	CVE-25	*Croatan*	4–6/1944; 3–4/1945
	CVE-59	*Mission Bay*	9–10/1944; 3–4/1945
	CVE-29	*Santee*	6–8/1943
	CVE-67	*Solomons*	5–6/1944
	CVE-64	*Tripoli*	8–10/1944
	CVE-65	*Wake Island*	6–8/1944
	CVE-60	*Guadalcanal*	3–6/1944

Landung in Südfrankreich (Operation „Dragoon") = 8/1944

TG 88.2	CVE-72	*Tulagi*	außerdem noch sieben britische CVE
	CVE-69	*Kasaan Bay*	

Pazifischer Bereich

12/1941

Carriers	CV-2	*Lexington I*	
	CV-3	*Saratoga*	
	CV-6	*Enterprise*	
	CV-5	*Yorktown I*	

Tokyo-Raid – 4/1942

TF 16	CV-6	*Enterprise*	
		Hornet	

Schlacht im Korallenmeer – 5/1942

TF 17	CV-5	*Yorktown I*	
TF 11	CV-2	*Lexington I*	Totalverlust

Bezeichnung des Verbandes	Kennung des Trägers	Name des Trägers	Bemerkungen

Schlacht bei Midway – 6/1942

TF 16	CV-6	*Enterprise*	
	CV-8	*Hornet I*	
TF 17	CV-5	*Yorktown I*	Totalverlust

Invasion von Guadalcanal und Tulagi – 8/1942

TG 61.1	CV-3	*Saratoga*	
	CV-6	*Enterprise*	
	CV-7	*Wasp*	

Schlacht bei den Ost-Salomonen – 8/1942

TF 11	CV-3	*Saratoga*	
TF 16	CV-6	*Enterprise*	
TF 18	CV-7	*Wasp I*	drei Wochen später Totalverlust

Schlacht bei Santa Cruz – 10/1942

TF 16	CV-6	*Enterprise*	
TF 17	CV-8	*Hornet*	Totalverlust

Guadalcanal – 11/1942

TF 16	CV-6	*Enterprise*	

Evakuation von Guadalcanal – 1/1943

TF 11	CV-6	*Enterprise*	
TF 16	CV-3	*Saratoga*	
TF 18	ACV-28	*Chenango*	
	ACV-27	*Suwannee*	

Einnahme von Attu – 5/1943 (Operation „Landcrab")

TG 51.1 Support Group	ACV-16	*Nassau*	

Gilbert-Inseln – 11–12/1943 (Operation „Galvanic")

TG 52.3 Air Support Group,	CVE-56	*Liscome Bay*	Totalverlust
	CVE-57	*Coral Sea*	später in *Anzio* umbenannt
Northern Attack Force	CVE-58	*Corregidor*	
TG 53.6 Air Support Group Southern Attack Force	CVE-26	*Sangamon*	
	CVE-27	*Suwannee*	
	CVE-28	*Chenango*	
	CVE-20	*Barnes*	
	CVE-16	*Nassau*	
TG 50.1 Carrier Interceptor Group	CV-10	*Yorktown*	
	CV-16	*Lexington*	
	CVL-25	*Cowpens*	
TG 50.2 Northern Carrier Group	CV-6	*Enterprise*	
	CVL-24	*Belleau Wood*	
	CVL-26	*Monterey*	
TG 50.3 Southern Carrier Group	CV-9	*Essex*	
	CV-17	*Bunker Hill*	
	CVL-22	*Independence*	
TG 50.4 Relief Carrier Group	CV-3	*Saratoga*	
	CVL-23	*Princeton*	

Bezeichnung des Verbandes	Kennung des Trägers	Name des Trägers	Bemerkungen
Marshall-Inseln – 1–2/1944 (Operationen „Flintlock" und „Catchpole")			
TG 52.9 Carrier Support Group Southern Attack Force	CVE-61	*Manila Bay*	
	CVE-57	*Coral Sea*	alle drei
	CVE-58	*Corregidor*	CARDIV 24
TG 53.6 Carrier Group Northern Force	CVE-26	*Sangamon*	
	CVE-27	*Suwannee*	alle drei
	CVE-28	*Chenango*	CARDIV 22
TG 51.2 Majuro Attack Group	CVE-16	*Nassau*	
	CVE-62	*Natoma Bay*	
Fast Carrier Force			
TG 58.1	CV-6	*Enterprise*	
	CV-10	*Yorktown*	
	CVL-24	*Belleau Wood*	
TG 58.2	CV-9	*Essex*	
	CV-11	*Intrepid*	
	CVL-28	*Cabot*	
TG 58.3	CV-17	*Bunker Hill*	
	CVL-26	*Monterey*	
	CVL-25	*Cowpens*	
TG 58.4	CV-3	*Saratoga*	
	CVL-23	*Princeton*	
	CVL-27	*Langley*	
Truk – 2/1944			
TG 58.1	CV-6	*Enterprise*	
	CV-10	*Yorktown*	
	CVL-24	*Belleau Wood*	
TG 58.2	CV-9	*Essex*	
	CV-11	*Intrepid*	
	CVL-28	*Cabot*	
TG 58.3	CV-17	*Bunker Hill*	
	CVL-26	*Monterey*	
	CVL-25	*Cowpens*	
Neu-Guinea und Marianische Inseln – 6/1944			
TG 58.1	CV-12	*Hornet*	
	CV-10	*Yorktown*	
	CVL-24	*Belleau Wood*	
	CVL-29	*Bataan*	
TG 58.2	CV-17	*Bunker Hill*	
	CV-18	*Wasp*	
	CVL-26	*Monterey*	
	CVL-28	*Cabot*	
TG 58.3	CV-6	*Enterprise*	
	CV-16	*Lexington*	
	CVL-30	*San Jacinto*	
	CVL-23	*Princeton*	
TG 58.4	CV-9	*Essex*	
	CVL-27	*Langley*	
	CVL-25	*Cowpens*	
Hollandia – 4–5/1944			
Escort Carrier Groups			
TG 78.1	CVE-26	*Sangamon*	
	CVE-27	*Suwannee*	alle vier
	CVE-28	*Chenango*	CARDIV 22

Bezeichnung des Verbandes	Kennung des Trägers	Name des Trägers	Bemerkungen
	CVE-29	*Santee*	
TG 78.2	CVE-62	*Natoma Bay*	
	CVE-57	*Coral Sea*	alle vier
	CVE-58	*Corregidor*	CARDIV 24
	CVE-61	*Manila Bay*	
Saipan und Tinian – 6–8/1944 (Operation „Forager")			
Carrier Support Groups			
TU 52.14.1	CVE-70	*Fanshaw Bay*	
	CVE-63	*Midway*	späte in *St. Lo* umbenannt
TU 52.12.2	CVE-66	*White Plains*	
	CVE-68	*Kalinin Bay*	
TU 52.11.3	CVE-71	*Kitkun Bay*	
	CVE-73	*Gambier Bay*	
TU 52.11.4	CVE-74	*Nehenta Bay*	
TG 50.17 Fueling Group	CVE-12	*Copahee*	Transport von Ersatzflug-
	CVE-23	*Breton*	zeugen für CV und CVL
	CVE-61	*Manila Bay*	Transport von
	CVE-62	*Natoma Bay*	Jagdflugzeugen für Saipan
Schlacht bei den Philippinen – 6/1944			
TF 58 Fast Carrier Force			
TG 58.1	CV-12	*Hornet*	
	CV-10	*Yorktown*	
	CVL-24	*Belleau Wood*	
	CVL-29	*Bataan*	
TG 58.2	CV-17	*Bunker Hill*	
	CV-18	*Wasp*	
	CVL-26	*Monterey*	
	CVL-28	*Cabot*	
TG 58.3	CV-6	*Enterprise*	
	CV-16	*Lexington*	
	CVL-30	*San Jacinto*	
	CVL-23	*Princeton*	
TG 58.4	CV-9	*Essex*	
	CVL-27	*Langley*	
	CVL-25	*Cowpens*	
Einnahme von Guam – 7–8/1944			
TG 53.7 Carrier Support Group	CVE-26	*Sangamon*	alle drei
	CVE-27	*Suwannee*	CARDIV 22
	CVE-28	*Chenango*	
	CVE-58	*Corregidor*	beide
	CVE-57	*Coral Sea*	CARDIV 24
Luftschlacht bei Formosa – 10/1944			
TF 38 Fast Carrier Groups			
TG 38.1	CV-18	*Wasp*	
	CV-12	*Hornet*	
	CVL-26	*Monterey*	
	CVL-25	*Cowpens*	
	CVL-28	*Cabot*	
TG 38.2	CV-11	*Intrepid*	
	CV-19	*Hancock*	
	CV-17	*Bunker Hill*	
	CVL-22	*Independence*	

Bezeichnung des Verbandes	Kennung des Trägers	Name des Trägers	Bemerkungen
TG 38.3	CV-9	*Essex*	
	CV-16	*Lexington*	Flaggschiff TF 38
	CVL-23	*Princeton*	
	CVL-27	*Langley*	
TG 38.4	CV-13	*Franklin*	
	CV-6	*Enterprise*	
	CVL-30	*San Jacinto*	
	CVL-24	*Belleau Wood*	

Schlacht in der Surigao-Straße und Schlacht bei Samar – 10/1944

TG 77.4 Escort Carrier Group

TU 77.4.1 (Taffy 1)	CVE-26	*Sangamon*	
	CVE-27	*Suwannee*	alle vier CARDIV 28
	CVE-29	*Santee*	
	CVE-80	*Petrof Bay*	
TU 77.4.2 (Taffy 2)	CVE-62	*Natoma Bay*	
	CVE-61	*Manila Bay*	
	CVE-77	*Marcus Island*	
	CVE-76	*Kadashan Bay*	alle vier CARDIV 27
	CVE-78	*Savo Island*	
	CVE-79	*Ommaney Bay*	
TU 77.4.3 (Taffy 3)	CVE-70	*Fanshaw Bay*	
	CVE-63	*St. Lo*	Totalverlust bei Samar
	CVE-66	*White Plains*	
	CVE-68	*Kalinin Bay*	beide CARDIV 26
	CVE-71	*Kitkun Bay*	
	CVE-73	*Gambier Bay*	Totalverlust bei Samar

Schlacht bei Cap Engaño – 10/1944

TF 38

TG 38.2	CV-11	*Intrepid*	
	CVL-28	*Cabot*	
	CVL-22	*Independence*	
TG 38.3	CV-9	*Essex*	
	CV-16	*Lexington*	Flaggschiff TF 38
	CVL-27	*Langley*	
TG 38.4	CV-6	*Enterprise*	
	CV-13	*Franklin*	
	CVL-30	*San Jacinto*	
	CVL-24	*Belleau Wood*	

Invasion von Leyte – 10/1944

TF 38

TG 38.1	CV-18	*Wasp*	
	CV-12	*Hornet*	
	CVL-26	*Monterey*	
	CVL-25	*Cowpens*	
TG 38.2	CV-11	*Intrepid*	
	CV-19	*Hancock*	
	CV-17	*Bunker Hill*	
	CVL-28	*Cabot*	
	CVL-22	*Independence*	
TG 38.3	CV-9	*Essex*	
	CV-16	*Lexington*	Flaggschiff TF 38
	CVL-23	*Princeton*	
	CVL-27	*Langley*	
TG 38.4	CV-13	*Franklin*	
	CV-6	*Enterprise*	
	CVL-30	*San Jacinto*	
	CVL-24	*Belleau Wood*	
TG 30.8 At Sea Logistic Group	CVE-18	*Altamaha*	TG 30.8 führte Ersatzflugzeuge für die Flottenträger TF 38
	CVE-86	*Sitkoh Bay*	
	CVE-88	*Cape Esperance*	
	CVE-16	*Nassau*	
	CVE-98	*Kwajalein*	
	CVE-85	*Shipley Bay*	
	CVE-87	*Steamer Bay*	
	CVE-74	*Nehenta Bay*	
	CVE-83	*Sargent Bay*	
	CVE-81	*Rudyerd Bay*	

Befreiung der Philippinen – 12/1944

TF 38

TG 38.1	CV-10	*Yorktown*	
	CV-18	*Wasp*	
	CVL-25	*Cowpens*	
	CVL-26	*Monterey*	
TG 38.2	CV-16	*Lexington*	
	CV-19	*Hancock*	Flaggschiff TF 38
	CV-12	*Hornet*	
	CVL-22	*Independence*	
	CVL-28	*Cabot*	
TG 38.3	CV-9	*Essex*	
	CV-14	*Ticonderoga*	
	CVL-27	*Langley*	
	CVL-30	*San Jacinto*	
TG 38.5	CV-6	*Enterprise*	Nachtjagdgruppe; kam nur für sieben Tage zusammen
	CVL-22	*Independence*	

Invasion von Luzon – 1/1945

TG 77.4 Escort Carrier Group

Lingayen Carrier Group	CVE-93	*Makin Island*	
	CVE-94	*Lunga Point*	
	CVE-95	*Bismarck Sea*	
	CVE-96	*Salamaua*	
	CVE-75	*Hoggatt Bay*	
Lingayen Protective Group	CVE-71	*Kitkun Bay*	
	CVE-84	*Shamrock Bay*	
Hunter-Killer Group	CVE-72	*Tulagi*	
San Fabian Carrier Group	CVE-62	*Natoma Bay*	
	CVE-61	*Manila Bay*	
	CVE-65	*Wake Island*	
	CVE-87	*Steamer Bay*	
	CVE-78	*Savo Island*	
	CVE-79	*Ommaney Bay*	versenkt am 4. 1. 1945
Close Covering Group	CVE-82	*Saginaw Bay*	
	CVE-76	*Kadashan Bay*	
	CVE-77	*Marcus Island*	
	CVE-80	*Petrof Bay*	

Bezeichnung des Verbandes	Kennung des Trägers	Name des Trägers	Bemerkungen
Befreiung der Philippinen – 12/1944 – 1/1945			
At Sea Logistic Group	CVE-18 CVE-57 CVE-88 CVE-98 CVE-85 CVE-74 CVE-83 CVE-81	*Altamaha* *Anzio* *Cape Esperance* *Kwajalein* *Shipley Bay* *Nehenta Bay* *Sargent Bay* *Rudyerd Bay*	Abgabe von Ersatzflugzeugen an die Flottenträger
Kämpfe um die japanischen Heimatinseln – 3–4/1945			
TF 52 Amphibious Support Force			
TG 52.1 Support Carrier Group			
TU 52.1.1	CVE-93 CVE-70 CVE-94 CVE-26 CVE-62 CVE-78 CVE-57	*Makin Island* *Fanshaw Bay* *Lunga Point* *Sangamon* *Natoma Bay* *Savo Island* *Anzio*	
TU 52.1.2	CVE-82 CVE-83 CVE-81 CVE-77 CVE-80 CVE-72 CVE-65	*Saginaw Bay* *Sargent Bay* *Rudyerd Bay* *Marcus Island* *Petrof Bay* *Tulagi* *Wake Island*	
TU 52.1.3	CVE-27 CVE-28 CVE-29 CVE-87	*Suwannee* *Chenango* *Santee* *Steamer Bay*	
Special Escort Carrier Group	CVE-97 CVE-66 CVE-86 CVE-23	*Hollandia* *White Plains* *Sitkoh Bay* *Breton*	Flugzeugtransport von „Marine Air Group“ 31 und 33 nach Okinawa
TF 58 Fast Carrier Group			
TG 58.1	CV-12 CV-18 CV-20 CVL-24 CVL-30	*Hornet* *Wasp* *Bennington* *Belleau Wood* *San Jacinto*	TG 58.1 ab 7. 4. 1945: CV-12, 20, CVL-24, 30
TG 58.2	CV-6 CV-13 CV-15	*Enterprise* *Franklin* *Randolph*	TG 58.2 ab 10. 4. 1945: CV-15, CVL-22
TG 58.3	CV-9 CV-17 CV-19 CVL-28 CVL-29	*Essex* *Bunker Hill* *Hancock* *Cabot* *Bataan*	Flaggschiff TF 58 TG 58.3 ab 7. 4. 1945: CV-9, 17, 38 (ab Ende April), CVL-29
TG 58.4	CV-10 CV-11 CVL-27 CVL-22	*Yorktown* *Intrepid* *Langley* *Independence*	TG 58.4 ab 10. 4. 1945: CV-10, 11, 6, CVL-27
TG 50.8 Logistic Support Group	CVE-84 CVE-91	*Shamrock Bay* *Makassar Bay*	
TU 50.8.4 Plane Transport Unit	CVE-102 CVE-99 CVE-100 CVE-92	*Attu* *Admiralty Islands* *Bougainville* *Windham Bay*	Transport von Ersatzflugzeugen für Flottenträger der TF 52

Geschwader und Staffeln im Trägereinsatz (vor 1950)

Erläuterungen

Es gibt bisher leider keine *geschlossenen* Veröffentlichungen über die exakte zeitliche Zuordnung der einzelnen Flugzeugstaffeln und der dazugehörigen Flugzeugtypen zu den entsprechenden Bordgeschwadern. Die nachfolgenden Informationen stellen die Summe von Auswertungen aus amtlichen Veröffentlichungen und aus anderen Text- und Bildunterlagen dar. Auch hierbei wird auf das Literaturverzeichnis hingewiesen.

Die Monats- und Jahreszahlen beziehen sich nicht immer auf den genauen Zeitpunkt der Übernahme einer „Air Group" durch einen Träger, und auch nicht auf die jeweils in der letzten Spalte enthaltene Information unter der Überschrift „Einsatz bei". Der Begriff „Air Group" steht hier stellvertretend für alle Arten von Bordgeschwadern, die es im Laufe der letzten 4 Jahrzehnte gegeben hat, also für CVG, CAG, CVLG, CVBG, CVW, CVSG usw. „Air Groups" mit Nummern zwischen 50 und 60 sind stets die 1960/61 eingeführten CVSG, die auf den U-Jagd-Trägern (CVS) zum Einsatz gekommen sind. Vor 1960 führten CVS-Träger je eine oder mehrere VS- und HS-Staffeln ohne CVSG-Nummer. Ein (N) in der Spalte „Air Group" bezeichnet hier die neun bei Ende des II. Weltkrieges an Bord befindlichen „Night Air Groups". Die temporär aus mehreren Staffeln zusammengesetzten ad-hoc-Bordgeschwader wurden mit „Air Task Groups" bezeichnet und hier mit ATG abgekürzt. Bei den VS-Staffeln handelt es sich

- bei den Trägern einschließlich CV-8 *Hornet* um „Scouting Squadrons", die im Laufe des Krieges verschwanden,
- bei den ab CVS-9 *Essex* um die ab 1950 eingeführten „Air Anti-Submarine Squadrons", die aus den vormaligen VC-Staffeln entstanden sind.

Bei der Information über die Zugehörigkeit einzelner Staffeln zu einer „Air Group" steht

- in der obersten Reihe die Nummer der Staffel
- in der mittleren Reihe der geflogene Flugzeugtyp
- in der unteren Reihe – soweit bekannt – (in Klammern) die Anzahl der Maschinen.

Die Bezeichnungen der Flugzeugtypen orientieren sich bis Ende 1962 an das bis dahin gültige Navy-System, ab 1963 an das noch gegenwärtig gültige gemeinsame System des Heeres, der Luftwaffe und der Marine.

Die VAH- und RVAH-Staffeln operierten gelegentlich – insbesondere auf den kleineren Trägern – nur mit „detachments" (Teilstaffeln) mit wenigen Maschinen. Bei den VAW- und VAQ-Maschinen war dies in den meisten Fällen, und bei den VQ-, VAP-, VFP, VMFP-, VMCJ- und HC-Staffeln immer der Fall.

CV-1 Langley

Monat/Jahr	VF	VB	VT	VS
1923	1 TS-1			
1925	1 2			1 SC-1
11/1926	2B F6C		2B T3M	
6/1928	1B 2B F3B F3B			1B O2U
1/1929	2B F3B+F4B			1B O2U
12/1929	2B 3B F6C			1B O2U
6/1930	2B F6C			1B O2U
12/1930	2B F2B			1B O2U
6/1931	3B F3B			1B O2U
10/1932	3B F3B+F4B			1B O2U
6/1933	3B F4B			1B O2U+SU
11/1933	3B F4B			1B SU
6/1934	3B F4B	3B BM		1B SU

CV-2 Lexington

Monat/Jahr	VF	VB	VT	VS	Anzahl der Maschinen	Einsatz bei
11/1928	3B FB-5 F3B	5B 1B F6C F3B F4B	1B 1S T4M T3M			
6/1931	2B F3B	5B F4B	1B T4M	3B 15M O2U	72	
6/1933	2B F4B	5B BFC-2 FF-1	1B BM	3B 15M SF-1 SU	78	
6/1936	2B F2F	3B 5B BG BG		3B SBU	79	
11/1939	2 F2A F2F	2 SBC SB2U	2 TBD	2 SBC	80	

Monat/Jahr	VF	VB	VT	VS	Anzahl der Maschinen	Einsatz bei
12/1941	2 F2A (18)	2 SBD (18)	2 TBD (21)	2 SBD (18)	75	Wake
5/1942	2 F4F (22)	2 SBD (18)	2 TBD (12)	2 SBD (18)	70	TG 17.5 Korallensee

CV-3 Saratoga

Monat/Jahr	Air Croup	VF	VB	VT	VS	VFN	Anzahl der Maschinen	Einsatz bei
11/1928		1B 2B F2B F2B	2B {F2B F3B	2B T3M	2B UO			
6/1931		1B 6B F2C F4B		2B T4M	2B 14M O2U O2U		72	
6/1933		1B 6B {F11C F4B F4B		2B TG	2B 14M SU SU		80	
6/1936		6B F3F		2B TG-2	2B {BFC SBU			
11/1939		3 {F2F F2A	3 SB2U	3 TBD	3 SBC		81	
12/1941		3 F2A F4F (19)	3 SBD (18)	3 TBD (18)	3 SBD (18)		81	
6/1942	3	2 5 75 F4F F4F F4F	3 SBD	5 8 TBD TBF	3 5 SBD SBD		85	Evakuation Guadalcanal
8/1942	3	5 F4F (34)	3 SBD (18)	8 TBF (16)	3 SBD (19)		87	TG 61.1 Ost-Salomonen
10–12/1943	12	12 F6F (37)	12 SBD (24)	12 TBF (18)			79	TG 50.4 Gilberts
1–2/1944	12	12 F6F (36)	12 SBD (24)	12 TBM (18)			78	TG 58.4 Marshall-Inseln
12/1944	(N) 53	53		53		53	74	Japan
6/1945	8	8 F6F F6F-5N (57)		8 TBM(N) (18)			75	

CV-4 Ranger

Monat/Jahr	Air Croup	VF	VFN	VB	VS	Anzahl der Maschinen	Einsatz bei
4/1935		3B F2F		3B 5B BG-1 BFC	1B BM	78	
6/1936		3B 5B F2F F2F		1B 3B BM BG-1	1B SBU	79	
11/1939		3 4 F3F F3F		4 {SB2U BT}	41 42 SBU SBU	80	
1940		41 42 F4F F4F			41 42 SB2U SB2U	80	
3/1941	4	41 42 F4F F4F			41 42 SB2U SB2U		
8/1942	9	9 41 F4F F4F (27) (27)			41 SBD (18)	72	TG 34.2 Nordafrika
1/1944	4		77				

CV-5 Yorktown

Monat/Jahr	Air Group	VF	VB	VT	VS	Anzahl der Maschinen	Einsatz bei
6/1937		5 F2F/F3F		5 BM	5 SBC		
1939		5 F3F	5 BT	5 TBD	5 SBC	83	
5/1942	5	42 F4F (20)	5 SBD (19)	5 TBD (13)	5 SBD (19)	71	TG 17.5 Korallensee
6/1942	3	3 F4F (25)	3 SBD (18)	3 TBD (13)	5 SBD (19)	75	TG 17.5 Midway

CV-6 Enterprise

Monat/Jahr	Air Group	VF	VB	VT	VS	Anzahl der Maschinen	Einsatz bei
6/1938		6 {F3F + O3U + SBC (20) (2) (1)}	6 BT (13)	6 TBD (20)	6 SBC (20)	76	
12/1941		6 F4F (18)	6 SBD (18)	6 TBD (18)	6 SBD (18)	78	
4/1942	6	6 F4F (27)	3 6 SBD SBD (18) (18)	6 TBD (18)		81	TF 16 bei Tokyo-Raid
6/1942	6	6 F4F (27)	6 {SBD SBN} (19)	6 TBD (14)	6 SBD (19)	79	TG 16.5 Midway

Monat/Jahr	Air Group	VF	VFN	VB	VT	VS	Anzahl der Maschinen	Einsatz bei
8/1942	Enterprise	6 F4F (36)		6 SBD (18)	3 TBF (15)	5 SBD (18)	87	TG 61.1 Guadalcanal Ost-Salomonen
10/1942	10	10 F4F (34)		10 SBD (18)	10 TBF (12)	10 SBD (18)	82	TF 16 Santa Cruz
11/1942	10	10 F4F (38)		10 SBD (15)	10 TBF (9)	10 SBD (16)	78	Guadalcanal
10–12/1943	6	2 F6F (36)		6 SBD (36)	6 TBF (18)		90	TG 50.2 Gilberts
1–2/1944	10	10 F6F (32)		10 SBD (30)	10 TBF (16)		78	TG 58.1 Marshall-Inseln
2/1944	10	10 F6F (32)	101 F4U (4)	10 SBD (30)	10 TBF (16)		82	TG 58.1 Truk
6/1944	10	10 F6F (31)	101 F4U (3)	10 SBD (21)	10 TBF/TBM (14)		69	TG 58.3 Philippinen
10/1944	20	20 F6F F6F-3N (36) (4)		20 SB2C (34)	20 TBM (19)		93	TG 38.4 Leyte
1/1945	(N) 90		90 F6F (16) F6F-5N (16) F6F-5P (2)			90 TBM (27)	61	TG 38.5 Befreiung Philippinen; nur 7 Tage an Bord
3–4/1945	(N) 90		90 F6F (11) F6F-5N (19) F6F-5P (2)			90 TBM (21)	53	TG 58.2 Japanische Inseln

CV-7 Wasp

Monat/Jahr	Air Group	VF	VB	VT	VS	Anzahl der Maschinen	Einsatz bei
11/1939		7 F2F	7 BG		71 72 SBU SB2U	81	
1/1941		71 72 F4F F4F (18) (17)			71 72 SB2U SB2U (17) (18)	70	
12/1941		71 72 F4F F4F			71 72 SBD SBD	72	

Monat/Jahr	Air Group	VF		VB	VT	VS		Anzahl der Maschinen	Einsatz bei
12/1941		71 F4F	72 F4F			71 SBD	72 SBD	72	
8/1942		71 F4F (29)			7 TBF (10)	71 SBD (15)	72 SBD (15)	69	Guadalcanal
8/1942		71 F4F (28)			7 TBF (15)	71 SBD (18)	72 SBD (18)	80	TG 61.1 Ost-Salomonen

CV-8 Hornet

Monat/Jahr	Air Group	VF	VB	VT	VS	Anzahl der Maschinen	Einsatz bei
1941		8 {F3F {F4F	8 SBC	8 {SBN {TBD	8 {SBC {SBD	79	
12/1941		8 F4F (21)	8 SBC (19)	8 SBN + TBD (16)	8 SBC (20)	76	
4/1942	8	8 F4F (18)	8 SBD (16)	8 TBN (15)	8 SBD (16)	81*	TF 16 Tokyo-Raid
6/1942	8	8 F4F (27)	8 SBD (19)	8 TBD (15)	8 SBD (18)	79	TG 16.5 Midway
10/1942	8	72 F4F (36)	8 SBD (18)	8 TBF (15)	8 SBD (18)	87	TF 17 Santa Cruz

* einschließlich 16 B-25 der USAAF

CV-9 Essex

Monat/Jahr	Air Group	VF	VFN	VMF	VB	VBF	VT	Anzahl der Maschinen	Einsatz bei
10–12/1943	9	9 F6F (36)			9 SBD (36)		9 TBF (18)	90	TG 50.3 Gilberts
1–2/1944	9	9 F6F (35)			9 F6F (1) SBD (34)		9 TBF/TBM (19)	89	TG 58.2 Marshall-Inseln Truk
6/1944	15	15 F6F (39)	77 F6F-3N (4)		15 SBD/SB2C (4) (36)		15 TBF/TBM (20)	103	TG 58.4 Philippinen
10/1944	15	15 F6F (45) F6F-3N (4) F6F-3P (2)			15 SB2C (25)		15 TBF/TBM (20)	96	TG 38.3 Leyte

Monat/Jahr	Air Group	VF	VFN	VMF	VB	VBF	VT	Anzahl der Maschinen	Einsatz bei
1/1945	4	4 F6F (44)		124 213 F4U F4U (18) (18)	4 SB2C (24)		4 TBM (18)	122	TG 38.3 Befreiung der Philippinen
3–4/1945	83	83 F6F (30) F6F-5N (4) F6F-5P (2)			83 SB2C (15)	83 F4U (36)	83 TBM (15)	102	TG 58.3 Japanische Inseln

CV-10 Yorktown

Monat/Jahr	Air Group	VF	VFN	VB	VBF	VT	Anzahl der Maschinen	Einsatz bei
9/1943	5	5 F6F	76 F6F-3N	5 SBD/SB2C		5 TBF/TBM		Marianen
10–12/1943	5	5 F6F (37)		5 SBD (36)		5 TBF (18)	91	TG 50.1 Gilberts
1–2/1944	5	5 F6F (36)		5 SBD (36) F6F (1)		5 TBF (18)	91	TG 58.1 Marshall-Inseln
2/1944	5	5 F6F (36)	76 F6F-3N (4)	5 F6F (1) SBD (36)		5 TBF (18)	95	TG 58.1 Truk
5/1944	1	1 F6F (39)	77 F6F-3N (5)	1 SBD/SB2C (31)		1 TBF/TBM (18)	93	Bonin, Yap
6/1944	1	1 F6F (42)	77 F6F-3N (4)	1 SBD SB2C (4) (40)		1 TBF/TBM (17)	107	TG 58.1 Philippinen
1/1945	3	3 F6F (48) F6F-5P (6)		3 SB2C (24)		3 TBM (18)	96	TG 38.1 Befreiung der Philippinen
3–4/1945	9	9 F6F F6F-5N F6F-5P (40)		9 SB2C (15)	9 F6F (33)	9 TBM (7)	95	TG 58.4 Japanische Inseln
6/1945	88	88 F6F (30) F6F-5N (6) F6F-5P (3)		88 SB2C (15)	88 FG *) (37)	88 TBM (15)	106	TG 58.4 Japanische Inseln *) Corsair!

CV-11 Intrepid

Monat/Jahr	Air Group	VF	VFN	VB	VBF	VT	Anzahl der Maschinen	Einsatz bei
1–2/1944	6	6 F6F (37)		6 SBD (36)		6 TBF/TBM (19)	92	TG 58.2 Marshall-Inseln
2/1944	6	6 F6F (37)	101 F4U (4)	6 SBD (36)		6 TBF/TBM (19)	96	TG 58.2 Truk
6/1944	19	19		19		19		
10/1944	18	18 F6F (36) F6F-5N (6) F6F-5P (2)		18 SB2C (28)		18 TBM (18)	90	TG 38.2 Leyte
1/1945	10	10 F6F (6) F4U/FG (30)		10 SB2C (15)	10 F4U (36)	10 TBM (15)	102	Japanische Inseln
3–4/1945	10	10 F4U/FG (29) F6F-5N (6) F6F-5P (2)		10 SB2C (15)	10 F4U (36)	10 TBM (10)	98	TG 58.4 Japanische Inseln

CV-12 Hornet

Monat/Jahr	Air Group	VF	VFN	VB	VT	Anzahl der Maschinen	Einsatz bei
12/1943	15						
6/1944	2	2 F6F (36)	76 F6F-3N (4)	2 SB2C (33)	2 TBF/TBM (19)	92	TG 58.1 Philippinen
10/1944	11	11 F6F (32) F6F-3N/5N (4) F6F-3P/5P (4)		11 SB2C (25)	11 TBF/TBM (18)	83	TG 38.1 Leyte
1/1945	11	11 F6F (48) F6F-5N (3)		11 SB2C/SBW (23)	11 TBM (18)	92	TG 38.2 Befreiung der Philippinen
3–4/1945	17	17 F6F (61) F6F-5N (4) F6F-5P (6)		17 SB2C/SBW (15)	17 TBM (15)	101	TG 58.1 Japanische Inseln

CV-13 Franklin

Monat/Jahr	Air Group	VF	VMF	VB	VT	Anzahl der Maschinen	Einsatz bei
10/1944	13	13 F6F (31)		13 SB2C (31)	13 TBM (18)	88	TG 38.4 Leyte
3/1945	5	5 F4U/FG (32) F6F-5N (4) F6F-5P (2)	zeitweise zusätzlich: 214 452 F4U F4U	5 SB2C (15)	5 TBM (15)	68	TG 58.2 Japanische Inseln

CV-14 Ticonderoga

Monat/Jahr	Air Group	VF	VFN	VB	VT	Anzahl der Maschinen	Einsatz bei
6/1944	80	80 F6F (73)	105 F6F-5N (6)	80 SB2C (22)	80 TBM (16)	116	
1/1945	80	80 F6F (68) F6F-5N (3) F6F-5P (2)		80 SB2C (22)	80 TBM (16)	111	
5/1945	87	87 F6F		87 SB2C	87 TBM		Japanische Inseln

CV-15 Randolph

Monat/Jahr	Air Group	VF	VB	VBF	VT	Anzahl der Maschinen	Einsatz bei
3–4/1945	12	12 F6F (27) F6F-5N (4) F6F-5P (2)	12 SB2C (15)	12 F6F (24)	12 TBM (15)	87	TG 58.2 Japanische Inseln
7/1945	16	16 F6F	16 SB2C		16 TBM		Japanische Inseln
2/1947		42 F4U F8F					

CV-16 Lexington

Monat/Jahr	Air Group	VF	VFN	VB	VT	Anzahl der Maschinen	Einsatz bei
2/1943	16	16 F6F (36)	76 F6F-3N (6)	16 SBD (34)	16 TBF/TBM (20)	96	Tarawa, Wake, Palau, Hollandia
10–12/1943	16	16 F6F (37)		16 SBD (36)	16 TBF (18)	91	TG 50.1 Gilberts

Monat/Jahr	Air Group	VF	VFN	VB	VT	Anzahl der Maschinen	Einsatz bei
6/1944	16	16 F6F (38)	76 F6F-3N (4)	16 SBD (34)	16 TBF/TBM (18)	94	TG 58.3 Philippinen
10/1944	19	19 F6F (36) F6F-3N/5N (4) F6F-3P/5P (2)		19 SB2C (30)	19 TBM (10)	90	TG 38.3 Leyte
11/1944	20	20 F6F (72)		20 SB2C (15)	20 TBM (15)	102	Philippinen
1/1945	20	20 F6F (69) F6F-5N (5)		20 SB2C (15)	20 TBM (15)	104	TG 38.2 Befreiung der Philippinen
2/1945	9	9 F6F		9 SB2C	9 TBM		Japanische Inseln
8/1945	9	9 94 F6F F6F		9 SB2C			Japanische Inseln

CV-17 Bunker Hill

Monat/Jahr	Air Group	VF	VFN	VMF	VB	VT	Anzahl der Maschinen	Einsatz bei
6/1943	17	18 F6F (35)	76 F6F-3N (6)		17 SB2C (33)	17 TBF/TBM (18)	92	Rabaul. Gilberts, Marshall-Inseln
10–12/1943	17	18 F6F (24)			17 SB2C (33)	17 TBF (18)	75	TG 50.3 Gilberts
1–2/1944	17	18 F6F (37)			17 F6F (1) SB2C (31)	17 TBF/TBM (20)	89	TG 58.3 Marshall-Inseln
2/1944	17	18 F6F (37)	76 F6F-3N (4)		17 F6F (1) SB2C (31)	17 TBF/TBM (20)	93	TG 58.3 Truk
3/1944	8	8 F6F	76 F6F-3N		8 SB2C			Palaus, Hollandia, Truk
6/1944	8	8 F6F (38)	76 F6F-3N (4)		8 SB2C (33)	8 TBF/TBM (18)	93	TG 58.2 Philippinen
10/1944	8	8 F6F (41) F6F-3N/5N (8)			8 SB2C/SBW SBF (24)	8 TBM (19)	92	TG 38.2 Leyte

Monat/Jahr	Air Group	VF	VFN	VMF	VB	VT	Anzahl der Maschinen	Einsatz bei
11/1944	4	4 F6F			4 SB2C			
3–4/1945	84	84 F4U (27) F6F-5N (4) F6F-5P (6)		221 F4U (18) 451 F4U (18)	84 SB2C (15)	84 TBM (15)	103	TG 58.3 Japanische Inseln

CV-18 Wasp

Monat/Jahr	Air Group	VF	VFN	VMF	VB	VBF	VT	Anzahl der Maschinen	Einsatz bei
1/1944	14	14 F6F	77 F6F-3N (6)		14 SB2C		14 TBF		Marianische Inseln
6/1944	14	14 F6F (35)	77 F6F-3N (4)		14 SB2C (32)		14 TBF (18)	89	TG 58.2 Philippinen
10/1944	14	14 F6F (37) F6F-3N (3) F6F-3P (2)			14 F6F (10) SB2C (25)		14 TBF/TBM (18)	95	TG 38.1 Leyte
11/1944	81	81 F6F (54)		216* F4U (18) 217* F4U (18)	81 SB2C (32)		81 TBM (18)	104	Japanische Inseln * zeitweise
1/1945	81	81 F6F (49) F6F-3N/5N (4) F6F-3P (1)			81 SB2C/SBW (21)		81 TBM (18)	93	TG 38.1 Befreiung der Philippinen
3/1945	86	86 F6F (30) F6F-5N (2) F6F-5P (2)			86 SB2C (15)	86 F4U (36)	86 TBM (15)	93	TG 38.1 Japanische Inseln
6/1945	86	86 F6F (34)			86 SB2C (15)	86 F4U (36)	86 TBM (15)	100	Japanische Inseln

CV-19 Hancock

Monat/Jahr	Air Group	VF	VB	VBF	VT	Anzahl der Maschinen	Einsatz bei
6/1944	7	7 F6F (45)	7 SB2C (37)		7 TBF (18)	100	Leyte

Monat/Jahr	Air Group	VF	VB	VBF	VT	Anzahl der Maschinen	Einsatz bei
10/1944	7	7 F6F (37) F6F-5N (4)	7 SB2C (30)		7 TBM (18)	89	TG 38.2 Leyte
11/1944	7	7 F6F (73)	7 SB2C (12)		7 TBF (18)	103	Philippinen
1/1945	7	7 F6F (50) F6F-5N (2) F6F-5P (2)	7 SB2C/SBW (25)		7 TBM (18)	97	TG 38.2 Befreiung der Philippinen
1/1945	80	80 F6F	80 SB2C		80 TBF		Japanische Inseln
3–4/1945	6	6 F6F (30) F6F-5N (4) F6F-5P (2)	6 SBW/SB2C (12)	6 F6F (36)	6 TBM (10)	94	TG 58.3 Japanische Inseln

CV-20 Bennington

Monat/Jahr	Air Group	VF	VMF		VB	VT	Anzahl der Maschinen	Einsatz bei
9/1944	82	82 F6F (36)			82 SB2C (36)	82 TBF (18)	90	
11/1944	82	82 F6F (54)			82 SB2C (24)	82 TBF (18)	96	
12/1944	82	82 F6F (37)	112 F4U (18)	123 F4U (18)	82 SB2C (15)	82 TBM (15)	103	
3/1945	1	1 F4U/F6F	112 F4U	123 F4U	1 SB2C	1 TBM		
3–4/1945	82	82 F6F (31) F6F-5N (4) F6F-5P (2)	112 F4U (18)	123 F4U (17)	82 SB2C (15)	82 TBM (15)	102	TG 58.1 Japanische Inseln

CV-21 Boxer

Monat/Jahr	Air	GroupVF	VB	VT
5/1945	93	93 F6F/F4U	93 SB2C	93 TBM
6/1947	19	F8F	SB2C	
3/1948	19	5A FJ-1/F8F		

CVL-22 Independence

Monat/Jahr	Air Group	VF	VFN	VB	VC	VT	VTN	Anzahl der Maschinen	Einsatz bei
3/1943	22	6 F6F 22 F6F							
7/1943	22	22 F6F	79	22 SBD		22 TBM			Marcus, Wake, Rabaul
10–12/1943	22	6 F6F (12) 22 F6F (16)			22 TBF (9)			37	TG 50.3 Gilberts
8/1944	(N) 41		41 F6F-5N (9)				41 TBM (13)	22	Leyte
10/1944	(N) 41		41 F6F (5) F6F-5N (14)				41 TBM (22)	27	TG 38.2 Leyte
1/1945	(N) 41		41 F6F-5N (9)				41 TBM (8)	17	TG 38.5 Befreiung der Philippinen
3–4/1945	46	46 F6F (24) F6F-5P (1)			46 TBM (8)			33	TG 58.4 Japanische Inseln
6/1945	27	27 F6F							Japanische Inseln

CVL-23 Princeton

Monat/Jahr	Air Group	VF	VT	Anzahl der Maschinen	Einsatz bei
8/1943	23	6 F6F 23 F6F			Marcus, Tarawa, Gilberts
10–12/1943	23	23 F6F (24)	23 TBF (9)	33	TG 50.4 Gilberts

CVL-23 Princeton

Monat/Jahr	Air Group	VF	VT	Anzahl der Maschinen	Einsatz bei
1–2/1944	23	23 F6F (24)	24 TBF/TBM (9)	33	TG 58.4 Marshall-Inseln
6/1944	27	27 F6F (24)	27 TBM (9)	33	TG 58.3 Philippinen
10/1944	27	27 F6F (25)	27 TBM (9)	34	TG 38.3 Leyte; Totalverlust

CVL-24 Belleau Wood

Monat/Jahr	Air Group	VF		VC	VT	Anzahl der Maschinen	Einsatz bei
6/1943	24	6 F6F	24 F6F		24 TBM		Marcus, Tarawa, Wake
10–12/1943	24	6 F6F (12)	24 F6F (26)	22B TBF (9)		47	TG 50.2 Gilberts
1–2/1944	24	24 F6F (24)			24 TBF (8)	32	TG 58.1 Marshall-Inseln; ebenso 3/1943 bei Truk
6/1944	24	24 F6F (26)			24 TBM/TBF (9)	35	TG 58.1 Philippinen
10/1944	21	21 F6F (24) F6F-5P (1)			21 TBM (9)	34	TG 38.4 Leyte
3–4/1945	30	30 F6F (24) F6F-5P (1)			30 TBM (9)	34	TG 58.1 Japanische Inseln
7/1945	31	31 F6F			31 TBM		Japanische Inseln

CVL-25 Cowpens

Monat/Jahr	Air Group	VF		VC	VT	Anzahl der Maschinen	Einsatz bei
10–12/1943	25	6 F6F (12)	25 F6F (24)	25 TBF (10)		46	TG 50.1 Gilberts
1–2/1944	25	25 F6F (24)			25 TBF (9)	33	TG 58.3 Marshall-Inseln, Truk

Monat/Jahr	Air Group	VF	VC	VT	Anzahl der Maschinen	Einsatz bei
6/1944	25	25 F6F (23)		25 TBM/TBF (9)	32	TG 58.4 Philippinen
10/1944	22	22 F6F (25) F6F-5P (1)		22 TBM (9)	35	TG 38.1 Leyte
1/1945	22	22 F6F (24) F6F-5P (1)		22 TBM (9)	34	TG 38.1 Befreiung der Philippinen

CVL-26 Monterey

Monat/Jahr	Air Group	VF	VC	VT	Anzahl der Maschinen	Einsatz bei
5/1943	28	28 F6F (21)		28 TBM (8)	29	Marshall-Inseln, Palaus
10–12/1943	30	30 F6F (24)	30 TBF (9)		33	TG 50.2 Gilberts
1–2/1944	30	30 F6F (25)		30 TBM/TBF (9)	34	TG 58.3 Marshall-Inseln, Truk
6/1944	28	28 F6F (21)		28 TBM (8)	29	TG 58.3 Philippinen
10/1944	28	28 F6F (21) F6F-5P (2)		28 TBM (9)	32	TG 38.1 Leyte
1/1945	28	28 F6F (24) F6F-5P (1)		28 TBM (9)	34	TG 38.1 Befreiung der Philippinen
4/1945	34	34 F6F		34 TBM		Japanische Inseln

CVL-27 Langley

Monat/Jahr	Air Group	VF	VC	VT	Anzahl der Maschinen	Einsatz bei
10/1943	32	32 F6F (25)	32 TBM/TBF (9)		34	Marshall-Inseln, Palaus, Marianen
1–2/1944	32	32 F6F (22)		32 TBF (9)	31	TG 58.4 Marshall-Inseln

Monat/Jahr	Air Group	VF	VC	VT	Anzahl der Maschinen	Einsatz bei
6/1944	32	32 F6F (23)		32 TBF/TBM (9)	32	TG 58.4 Philippinen
10/1944	44	44 F6F (25)		44 TBM (9)	34	TG 38.3 Leyte
1/1945	44	44 F6F (24) F6F-5P (1)		44 TBM (9)	34	TG 38.3 Befreiung der Philippinen
2–4/1945	23	23 F6F (24) F6F-5P (1)		23 TBM (9)	34	TG 58.4 Japanische Inseln

CVL-28 Cabot

Monat/Jahr	Air Group	VF	VT	Anzahl der Maschinen	Einsatz bei
7/1943	31	31 F6F (24)	31 TBM/TBF (9)	33	Marshall-Inseln, Truk, Palaus, Marianen
1–2/1944	31	31 F6F (24)	31 TBM/TBF (9)	33	TG 58.2 Marshall-Inseln; ebenso TG 58.2 2/1944 Truk und 6/1944 Philippinen
10/1944	44	44 F6F (25)	44 TBM (9)	34	Philippinen
10/1944	29	29 F6F (21)	29 TBM/TBF (9)	30	TG 38.2 Philippinen
1/1945	29	29 F6F (25)	29 TBM (9)	34	TG 38.2 Befreiung der Philippinen; ebenso TG 58.3 3–4/1945 Japanische Inseln
7/1945	32	32 F6F	32 TBF/TBM		Japanische Inseln

CVL-29 Bataan

Monat/Jahr	Air Group	VF	VMF	VT	Anzahl der Maschinen	Einsatz bei
1/1944	50	50 F6F (26)		50 TBM (9)	35	Hollandia, Truk, Marianen
6/1944	50	50 F6F (24)		50 TBM (9)	33	TG 58.1 Philippinen
3/1945	47	47 F6F (24)		47 TBM (12)	36	Japanische Inseln

Monat/Jahr	Air Group	VF	VMF	VT	Anzahl der Maschinen	Einsatz bei
3–4/1945	47	47 F6F (23) F6F-5P (1)		47 TBM (12)	36	TG 58.3 Japanische Inseln
8/1945	49	49		49		Japanische Inseln
12/1950			312 F4U			Korea

CVL-30 San Jacinto

Monat/Jahr	Air Group	VF	VT	Anzahl der Maschinen	Einsatz bei
1/1944	51	51 F6F (24)	51 TBM (8)	32	Marianen, Leyte
6/1944	51	51 F6F (24)	51 TBM (8)	32	TG 58.3 Philippinen
10/1944	51	51 F6F (19)	51 TBM (7)	26	TG 38.4 Leyte
11/1944	45	45 F6F (24)	45 TBM (9)	33	Japanische Inseln
1/1945	45	45 F6F (23) F6F-5P (1)	45 TBM (9)	33	TG 38.3 Befreiung der Philippinen
3–4/1945	45	45 eine F6F mehr wie 1/1945	45	34	TG 58.1 Japanische Inseln
5/1945	49	49	49		Japanische Inseln
8/1945	47	47	47		Japanische Inseln

CV-31 Bon Homme Richard

Monat/Jahr	Air Group	VF	VFN	VB	Einsatz bei
1/1944	16	16		16	
5/1945	(N) 91		91 F6F-5N		Japan

CV-32 Leyte

Monat/Jahr	Air Group	VF	VF	VB	VMC	Anzahl der Maschinen
9/1946	7	F8F	F8F F6F	SB2C	TBF TBM	75

Monat/Jahr	Air Group	VF	VMC	Anmerkung:
11/1948	7	F8F		
12/1949			1 F4U	
10/1950	3	33 F4U		
4–5/1952				Während dieser Zeit operierte CV-32 mit den Staffeln VC-4, VC-33, VS-27, VX-2, VX-3, VP-35, VC-12, VF-171 und HU-2
8/1952	3			

CV-33 Kearsarge

Monat/Jahr	Air Group	VF	Einsatz bei
6/1947	3	3A F8F	
6/1948	3	3A F8F	VI. Flotte

CV-36 Antietam

Monat/Jahr	Air Group	VF	VB
1/1945	89	89	89

CV-38 Shangri La

Monat/Jahr	Air Group	VF	VFB	VB	Einsatz bei
11/1944	85	85 F6F	99 F4U	85 SB2C	Okinawa, Japan
9/1945	2				Japan
1947	5	5 F8F		54 SB2C	

CV-39 Lake Champlain

Monat/Jahr	Air Group	VF	VB
8/1944			150 SB2C
6/1945	.	F4U	150 SB2C

CV-40 Tarawa

Monat/Jahr	Air Group	VF
12/1947	1	20 F8F

CVB-41 Midway

Monat/Jahr	Air Group	VF	VB	Anmerkung:
5/1945	74	F4U (97)	SB2C (48)	theoretisch mögliche Kapazität an Jägertypen: F4U (73)/F8F (27)/F7F (32)
1949	6	61 F4U F8F		

CVB-42 F. D. Roosevelt

Monat/Jahr	Air Group	VF	VB	VT
7/1945	3		83 SB2C	
1947		F4U F8F	SB2C	TBM
3/1949	6	F8F		

CVB-43 Coral Sea

Monat/Jahr	Air Group	VF	VAH
1948	17	F8F	
9/1948	6	F8F	
3/1949	2		
9/1950	17		AJ-1

CV-47 Philippine Sea

Monat/Jahr	Air Group	VF	VT
6/1946		F6F F8F	TBM
2/1948	9		
1/1949	7	F8F	
9/1949	11	F8F	
1950		111 F9F-2	

CVL-48 Saipan

Monat/Jahr	Air Group	VF	VT	Anzahl der Maschinen
1946		F6F/F4U (36)	TBM (12)	48
5/1948	17	17A FH-1		

CV-9 Essex

Monat/ Jahr	Air Group	VF			VMA	VA			VAH	VS		HS	VAW	VFP	Einsatz bei
8/1951	5	172 F2H/F9F													VII. Flotte
6/1952	ATG-2	53 F4U													VII. Flotte
11/1954	ATG-201														VII. Flotte
1/1955	2	24 F9F	63	64		65									VII. Flotte
8/1956	11	112 F3H	114			113	115 AD		6 AJ-1						VII. Flotte
2/1958	ATG-201	11	62			83 A4D	105 AD		7				33 AD-5Q	62	VI. Flotte
8/1959	10	13 F9F-8	62 FJ-3		225 A4D	81 F9F-8	106 A4D	176 AD-6					12 AD-5W	62 F9F-8P	VI. Flotte
6/1960	60									34 S2F	39 S2F	9 HSS	12		VI. Flotte
10/1963	60									34 S-2	39 S-2	9 SH-3	12		VI. Flotte
1965	60									22 S-2	32 S-2	5 SH-3			VI. Flotte
7/1967	54									22 S-2D	32 S-2D	5 SH-3A	121 EA-1		VI. Flotte
3/1968	60									34 S-2E		9 SH-3			

CV-10 Yorktown

Monat/ Jahr	Air Group	VF			VSF	VA		VC	VS		HS	VAW	Einsatz bei
8/1953	2												VII. Flotte
7/1954	15	152	153	154		155 AD							VII. Flotte
3/1956	ATG-4	23	94	214		216 AD		11 AD-4Q					VII. Flotte
3/1957	19	191 FJ3	193			192 F9F	195 AD						VII. Flotte
11/1958									37 S2F		2 HSS		VII. Flotte
3/1960									23 S2F		4 HSS	11	VII. Flotte
9/1961	55								23 S2F	25 S2F	4 HSS	11 AD-5W/EA-1E	VII. Flotte

Monat/ Jahr	Air Group	VF	VSF	VA	VC	VS		HS	VAW	Einsatz bei
3/1966	55		1 A-4			23 S-2	25 S-2	4 SH-3	11 E-2A	VII. Flotte
4/1968	55					23 S-2E	25 S-2E	4 SH-3	111	VII. Flotte

CV-11 Intrepid

Monat/ Jahr	Air Group	VF		VSF	VA				VAH	VS		HS	VAW		VAQ	VFP	Einsatz bei
6/1955	4	22	44		45	83 F7U			AJ-2								VI. Flotte
3/1956	8	61 F9F	82 F7U		83 F7U	85 AD			AJ-2								VI. Flotte
2/1959	6	33 F11F	74 F4D		25 AD-6	46 A4D	66 A4D						12 AD-5W	33 AD-5N		62 F9F-8P	VI. Flotte
8/1960	6	33 F11F	74 F4D		65 AD-6	66 A4D	76 A4D						12 AD-5W	33 AD-5N		62 F9F-8P	VI. Flotte
6/1964	56									S-2	S-2	SH-3					VI. Flotte
5/1966	10				15 A-4	95 A-4	165 A-4	176 A-1									VII. Flotte
6/1967	10	111 F-8		3 A-4	15 A-4	34 A-4C	145 A-1H						33	121		63 RF-8	VII. Flotte
7/1968	56	F-8			106 A-4F	Det. 45 A-4C				31 S-2E		4 SH-3			33 EA-1F		VI. Flotte
1971	56									S-2E	31 S-2G	4 SH-3					VI. Flotte

CV-12 Hornet

Monat/ Jahr	Air Group	VF			VA		VS		HS	VAW	Einsatz bei
7/1954	9										VII. Flotte
6/1955	7	71	72	73	75 AD						VII. Flotte
2/1957	14	142	144		145 AD	146					VII. Flotte
2/1958	ATG-4	94	152		214	216 AD					
5/1959							38 S2F		8 HSS	11 F2H	VII. Flotte
7/1960							37 S2F		2 HSS	13	VII. Flotte
7/1962	57						35 S2F	37 S2F	2 HSS	11 AD-5W	VII. Flotte

Monat/ Jahr	Air Group	VF	VA	VS	VS	HS	VAW	Einsatz bei
9/1965	57			35 S-2	37 S-2	2 SH-34		VII. Flotte
5/1967	57			35 S-2D	37 S-2D	2 SH-3A	111 E-1B	VII. Flotte
10/1968	57			35 S-2	37 S-2	2 SH-3A	111 E-1B	VII. Flotte

CV-14 Ticonderoga

Monat/ Jahr	Air Group	VF	VF	VA	VA	VA	VAH	VS	VS	HS	VAW	VAW	VFP	Einsatz bei
11/1955	3	31 F9F	32	35	66									VI. Flotte
10/1957	9	91	122	93 A4D	95		2 A3D							VII. Flotte
10/1958	ATG-1	52	112	151	196 AD									VII. Flotte
4/1960	5	51 F8U	53 F8U	52 AD	55	56								VII. Flotte
5/1961	5	51 F8U	53 F3H	52 AD-6	55 A4D	56 A4D	4 A3D				11 WF-2	13 AD-5Q	61 F8U-1P	VII. Flotte
11/1965	5	51 F-8E	53	52 A-1J	56 A-4E	144 A-4	4 A-3B				11 E-2A	13	63 RF-8	VII. Flotte
10/1966	19	191 F-8E	194 F-8E	52 A-1H	192 A-4F	195 A-4	4 A-3				11 E-2A	13	63 RF-8	VII. Flotte
1/1968	19	191 F-8E	194 F8-J	23 A-4F	192 A-4E	195 A-4	4 A-3				111 E-1B	33	63 RF-8A	VII. Flotte
2/1969	16	111 F-8H (12)	162 F-8E (12)	25 A-7A	87 A-7A								63 RF-8A	VII. Flotte
1970	59							29 S-2E	38 S-2E	4 SH-3				

CV-15 Randolph

Monat/ Jahr	Air Group	VF	VF	VF	VA	VA	VS	HS	VAW	Einsatz bei
6/1949	17				174 AD					
12/1951	3	F8F								
1/1955	ATG-	21 F9F-7	34	41	42					VI. Flotte
7/1956	ATG-202	62	102 F4D		46	176 AD				VI. Flotte
1/1958	4	22	73	173	45 AD					VI. Flotte

Monat/ Jahr	Air Group	VF		VA			VS		HS	VAW	Einsatz bei
9/1958	7	71	84	72 A4D	75 AD	86					VI. Flotte
6/1962	58						26 S2F	36 S2F	7 HSS	12 WF	VI. Flotte
6/1965							26 S-2	36 S-2	7 SH-3	12	VI. Flotte
1968	60						24 S-2	27 S-2	9 SH-3	121	

CV-16 Lexington

Monat/ Jahr	Air Group	VF			VMF	VA			VAH	VAW		VFP	Einsatz bei
6/1956	ATG-1	52	111			151	196 AD						VII. Flotte
5/1957	12	121	123	124 F3H		125 AD							VII. Flotte
9/1958	21	213				212	215 AD						VII. Flotte
6/1959	21	211 F11F-1	213 F4D		451 FJ-4	212 FJ-4	215 AD-6		4 A3D			63	VII. Flotte
12/1960	21	211 F8U	213 F3H			212 FJ-4	215 AD-6	216 FJ-4		13 WF		63 F8U-1P	VII. Flotte
12/1961	14	141 F3H			323 F8U	144 FJ-4	145 AD-6	146 FJ-4	4 A3D	11 WF	13 AD-5Q	63 F8U-1P	VII. Flotte

CV-18 Wasp

Monat/ Jahr	Air Group	VS			HS		VAW	Einsatz bei
5/1958		31	33					VI. Flotte
6/1961	52	28 S2F	31 S2F		11 HSS		12 AD-5W	VI. Flotte
10/1964	52	28 S-2	31 S-2		11 SH-3			VI. Flotte
10/1968	52	28 S-2	31 S-2		11 SH-3A		121 E-1B	VI. Flotte
1974	54	22 S-2E	28 S-2E	32 S-2E	5 SH-3D	7 SH-3D		

CV-19 Hancock

Monat/ Jahr	Air Group	VF		VMF	VA	VAH	VAW	VAQ	VFP	Einsatz bei
10/1955	12	121	124		125 AD					VII. Flotte

Monat/ Jahr	Air Group	VF		VMF	VA			VAH	VAW	VAQ	VFP	Einsatz bei
5/1957	ATG-2	143 F7U		214	55	116 F7U						VII. Flotte
3/1958	15	23	154 FJ-3		153	155						VII. Flotte
9/1959	15	151 F3H	154 F8U		152 F2H	153 A4D	154 A4D	4 A3D				VII. Flotte
9/1960	11	111 F11F	114 F3H		112 A4D	113 A4D	115 AD-7	4 A3D	113 WF			VII. Flotte
2/1962	21	211 F8U	213 F3H		212 A4D	215 AD-7	216 FJ-4	4 A3D	11 WF	129 EKA-3B		VII. Flotte
11/1964	21	24 F-8C	211 F-8E		212 A-4E	215 A-1H	216 A-4C	4 A-3B	11 E-1B		63 RF-8	VII. Flotte
1/1967	5	51 F-8E	53 F-8E		93 A-4E	94 A-4C	115 A-1J	4 A-3B	11		63 RF-8	VII. Flotte
8/1968	21	24 F-8H	211 F-8J		55 A-4E	163 A-4E	164 A-4F		111 E-1B	130 EKA-3B	63 RF-8G	VII. Flotte
3/1971	21	24 F-8J									61 RF-8G	
1972	21	24 F-8J	211 F-8E		55 A-4F	164 A-4E	212 A-4		111 E-1B			VII. Flotte
1976	21	24 F-8J	211 F-8J		55 A-4F	164 A-4E	212 A-4					

CV-20 Bennington

Monat/ Jahr	Air Group	VF		VA			VS		HS	VAW	Einsatz bei
9/1953	7										VI. Flotte
5/1955		173 FJ-3									VI. Flotte
11/1955	ATG-201	13		36	105						VII. Flotte
11/1956	ATG-181	21 F11F	41	42							VII. Flotte
9/1958	ATG-4	111		55	152	216 AD					VII. Flotte
12/1960	59						33 S2F	38 S2F	8 HSS	11 AD-5W	VII. Flotte
2/1962	59						33 S2F	38 S2F	8 HSS	11	VII. Flotte
12/1966	59						33 S-2	38 S-2	8 SH-3	11 E-1B	VII. Flotte
6/1968	59						33 S-2	38 S-2E	8 SH-3A	111 E-1B	VII. Flotte

CV-21 Boxer

Monat/ Jahr	Air Group	VF		VA	VS	HS	Einsatz bei
1/1950	19						Korea
9/1950	2						
3/1951	101	791 F4U		702 AD			
4/1953	ATG-1	F6F-5K					VII. Flotte
4/1954	12						
7/1955	14	142	144	145			VII. Flotte
8/1956					23	4	VII. Flotte

CV-31 Bon Homme Richard

Monat/ Jahr	Air Group	VF		VC	VA			VAH	VAW		VAQ	VFP	Einsatz bei
5/1951	102												Korea
4/1952	7												Korea
1953				33 AD									
9/1956	21	211 FJ-3	213		212	215 AD							VII. Flotte
8/1957	5	51	141		54	56		2 A3D					VII. Flotte
12/1958	19	191	193		192	195							VII. Flotte
1/1960	19	191 F8U	193		192	195	196 AD	4 A3D					VII. Flotte
5/1961	19	191 F8U	193 F3H		192 A4D	195 A4D	196 AD-6	4 A3D	11 WF/AD-5Q				VII. Flotte
8/1962	19	191 F8U	193 F3H		192 A4D	195 A4D	196 AD-6	4 A3D	11 WF			63 F8U-1P	VII. Flotte
5/1965	19	191 F-8E	194 F-8		192 A-4C	195 A-4C	196 A-1H		11 E-2A			63 RF-8	VII. Flotte
2/1967	21	74	211 F-8E		76 A-4E	212 A-4	215 A-1	4 A-3	11 E-2A				VII. Flotte
5/1967	21	24 F-8G	211 F-8E		22 A-4F	76 A-4C	144 A-4F	4 A-3	11				VII. Flotte
2/1968	5	51 F-8H	53 F-8		93 A-4F	94 A-4E	212 A-4		13 EA-1F	111 E-1B		63 RF-8G	VII. Flotte
1969	5				22 A-4F	94 A-4E	144					63 RF-8G	
6/1970	5	51 F-8J	53 F-8J		93 A-4F	94 A-4C	212 A-4C		13	111 E-1B	130		

CV-33 Kearsarge

Monat/ Jahr	Air Group	VF			VA		VS		HS	VAW	Einsatz bei
9/1952	101										Korea
7/1953	11	112	113	114	115						Korea
12/1955	5	54	91	141							VII. Flotte
9/1957	ATG-3	53	194		26	96					VII. Flotte
10/1959							21 S2F		6 HSS	13	VII. Flotte
4/1961	53						21	29	6		VII. Flotte
1965	53						21 S-2	29 S-2	6 SH-3	111	I. Flotte
10/1967	53						21 S-2F	29 S-2E	6 SH-3A	111 EA-1E	VII. Flotte

CV-34 Oriskany

Monat/ Jahr	Air Group	VF			VMF	VA			VAH	VAW		VAQ	VCP	VFP	Einsatz bei
10/1952	102 12														Korea
10/1953	19														Korea
4/1955	19	191	192	193		195									VII. Flotte
3/1956	9	93	194			95									VII. Flotte
7/1960	14	141	142			144	145	146					63 A3D-2P		VII. Flotte
7/1962	16	161 F3H			232 F8U	163 A4D	164 A4D	165 AD-6	4 A3D	11 WF					VII. Flotte
2/1965	16	162 F-8			212 F-8E	152 A-1H	163 A-4B	164 A-4	4 A-3B	13				63 RF-8	VII. Flotte
6/1966	16	111 F-8H	162 F-8E			162 A-1H	163 A-4E	164 A-4E	4 A-3B	12				63 RF-8	VII. Flotte
1967	16					195 A-4C									
1969	16	194 F-8E				195 A-4E									
1972	19	191 F-8J	194 F-8J			153 A-7A	155 A-7B	215 A-7B		111 E-2A		130		63 RF-8G	VII. Flotte
7/1976	16	111 F-8	162 F-8E			152 A-1H	163 A-4E	164 A-4E	4 A-3B	13	111			63 RF-8G	VII. Flotte

CV-36 Antietam

Monat/ Jahr	Air Group	VC	VS	Einsatz bei
10/1951	15			Korea
3/1954		4 F4U		
1/1955			26 S2F	VI. Flotte
12/1956			31 S2F	

CV-37 Princeton

Monat/ Jahr	Air Group	VF		VS		HS	Einsatz bei
12/1950	19	191 F9F	821 F4U				Korea
2/1953	15						Korea
1/1955				23 S2F	27 S2F		VII. Flotte
3/1956				21 S2F			VII. Flotte
7/1957				38 S2F		8 HSS	VII. Flotte
8/1958				23 S2F		4 HSS	VII. Flotte

CV-38 Shangri La

Monat/ Jahr	Air Group	VF			VSF	VAH	VMA	VA			VFP	Einsatz bei
3/1956	ATG-3	53	92	122								VII. Flotte
12/1956	2	24	64					63	65			VII. Flotte
4/1958	11	114						113	115	156 F11F		VII. Flotte
4/1959	11	111 F11F	114 F3H					113 A4D	115 AD-7			VII. Flotte
2/1961	10	13 F4D	62 F8U				225 A4D	46 A4D	106 A4D	176 AD-6	62 F8U-1P	VI. Flotte
9/1965	10	24 FJ-3	124 F3H			1 A3D						VI. Flotte
10/1966	8	13 F-8D	62 F-8E		1 A-4			81 A-4C	83 A-4C		62 RF-8	VI. Flotte
11/1967	8	13 F-8	62 F-8					81 A-4C	83 A-4E	95 A-4C	62 RF-8G	VI. Flotte
1/1969	8	13 F-8	62 F-8					72 A-4E	81 A-4C	82 A-7A	62 RF-8G	VI. Flotte

CV-39 Lake Champlain

Monat/ Jahr	Air Group	VF			VMF	VA	VS	HS	VAW	Einsatz bei
6/1953	4	F6F	F4U	F2H						Korea
1954	8	61	82	84		85 AD				VI. Flotte
10/1955	6	33	74			25 AD				VI. Flotte
2/1957	ATG-182	81			533	16				VI. Flotte
6/1959							30 S2F	1 HSS	12 AD-5W	VI. Flotte
11/1964	54						S-2	SH-3		VI. Flotte

CV-40 Tarawa

Monat/ Jahr	Air Group	VF	VS			Einsatz bei
1/1952		671 F4U				VII. Flotte
2/1954	3					VII. Flotte
1/1956			31 S2F	32 S2F	39 S2F	

CVA-41 Midway

Monat/ Jahr	Air Group	VF	VF		VMA	VA	VA	VA	VAH	VAW	VAP	VAQ	HS	VMFP	Einsatz bei
2/1955	1	12	101	174 F9F		15									VII. Flotte
9/1958	2	64 F3H	211 F8U			63	65 AD		8 A3D						VII. Flotte
9/1959	2	21	24 F8U			22	23	25 AD	8 A3D				63 F8U-1P		VII. Flotte
10/1961	2	21 F3H	24 F8U		211 A4D	22 A4D	23 A4D	25 AD-7	8 A3D	13 AD-5Q			63 F8U-1P		VII. Flotte
5/1962	2	21 F3H	24 F8U			22 A4D	23 A4D	25 AD-7	8 A3D	11 WF					VII. Flotte
4/1965	2	21 F-4B	111 F-4B			22 A-4C	23 A-4E	25 A-1H	8 A-3B	11 E-2A	61 RA-3B		63 RF-8A		VII. Flotte
1972	5	151 F-4	161 F-4N			56 A-7B	93 A-7B	115 A-6B KA-6D							VII. Flotte
1977/78	5	151 F-4N	161 F-4N			56 A-7E	93 A-7E	115 A-6E KA-6D		115 E-2		2 EA-6A		3 RF-4B	VII. Flotte
1985	5	151* F-4S	161* F-4S			56 A-7E	93 A-7E	115 A-6E KA-6D		115 E-2C		136 EA-6B	12 SH-3H		VII. Flotte * ab 1986 VFA mit F/A-18

CVA-42 F. D. Roosevelt

Monat/ Jahr	Air Group	VF		VMF	VMA	VA			VAH	VAW	VAQ	VQ	VFP	Einsatz bei
7/1953	1	13 F2H	14 F2H											
7/1957	17	74	171			175			3					VI. Flotte
2/1959	1	14 F3H		114 F4D		15 AD-6	172 A4D		11 A3D				62 F8U-1P	VI. Flotte
2/1960	1	11 F8U (14)	14 F3H (13)			15 AD-6 (12)	46 A4D (12)	172 A4D (12)	11 A3D (2)				62 F8U-1P (3)	VI. Flotte
2/1961	1	11 F8U	14 F3H			12 AD-6	15 AD	172 A4D	11 A3D	12 WF			62 F8U-1P	VI. Flotte
9/1962	1	11 F-8E (8)	14 F-3B (9)			12 A-4C (11)	15 A-1H (12)		1 A-3B (6)					
7/1965	1	11 F-4B	14 F-4B			12 A-4	172 A-4		10 A-3B	12 E-1B		2 EA-3B	62 RF-8G	Vietnam
9/1967	1	14 F-4B	32 F-4B			12 A-4C	72 A-4E	172 A-4C	10 A-3	121 E-1B		2 EA-3B	62 RF-8G	VI. Flotte
1972	6	41 F-4J				15 A-7B	87 A-7B	176 A-6 KA-6D		121 E-1B	33		63 RF-8G	VI. Flotte
1977	19	51 F-4	111 F-4		231 AV-8A	153 A-7B	155 A-7	215 A-7		110				VI. Flotte

CVA-43 Coral Sea

Monat/ Jahr	Air Group	VF			VMF	VMA	VA			VAH	VMCJ	VAW	VAQ	VAP	VFP	Einsatz bei
3/1951	1															
4/1953	8															
7/1954	10															
4/1952	4															
3/1955	17	171	172	173	122		175									VI. Flotte
8/1956	10	11	103				104	106								VI. Flotte
10/1960	15	151 F3H	154 F8U		121 A4D	324 A4D	152 AD-6	153 A4D	155 A4D	2 A3D		13 WF			61	VII. Flotte
1/1962	15	151 F8U	154 F3H				152 AD-6	153 A4D	155 A4D	2 A3D		11 WF			63 F8U-1P	VII. Flotte
1/1965	15	151 F-8D	154 F-4B				153 A-4C	155	165 A-1H	2 A-3B	1	11 E-2A		61 RA-3B	62 RF-8	VII. Flotte
8/1966	2	21 F-4B	154 F-4B				52 A-1	192 A-4	195 A-4	4 A-3		11 E-2A	13		63 RF-8G	VII. Flotte

Monat/ Jahr	Air Group	VF		VMF	VMA	VA			VAH	VMCJ	VAW	VAQ	VAP	VFP	Einsatz bei
8/1967	15	151 F-4B	161 F-4B			25 A-1H	153 A-4C	155 A-4B	2 A-3B		116 E-2A			63 RF-8G	VII. Flotte
9/1968	15	11 F-4B	151 F-4N			52 A-6	153 A-4C	216 A-4C	10 A-3B		116 E-2	130 EKA-3B			VII- Flotte
1972	15	111 F-4B	51 F-4B		224 A-6	22 A-7E	94 A-7	95 A-6							
1977	15	191 F-4J	194 F-4J			22 A-7E	94 A-7E	95 A-6 KA-6D		110 E-2				63 RF-8G	VII. Flotte

Monat/ Jahr	Air Group	VF	VF	VA	VA	VA	VAW	HS	Einsatz bei
9/1983	14	21 F-4N	154 F-4N	27 A-7E	97 A-7E	196 A-6E KA-6D	113 E-2B	12 SH-3H	Fahrt um die Welt-kugel

Monat/ Jahr	Air Group	VFA	VFA	VMFA	VMFA	VA	VAW	VAQ	HS	Einsatz bei
10/1985	13	131 F/A-18	132 F/A-18	314 F/A-18	323 F/A-18	55 A-6E KA-6D	127 E-2C	139 EA-6B	17 SH-3H	VI. Flotte

CV-45 Valley Forge

Monat/ Jahr	Air Group	VF			VA	VS		HS	Einsatz bei
9/1949	11	 F8F							
5/1950	5	51 F9F-2	53 F4U	54 F4U	115 AD				VII. Flotte
12/1950	2	24 F4U							Korea
12/1951	ATG-1								VII. Flotte
12/1952	5								VII. Flotte
6/1960	56					24 S2F	27 S2F	3 HSS	VI. Flotte

CV-47 Philippine Sea

Monat/ Jahr	Air Group	VF		VA	VS	HS	Einsatz bei
7/1950	11 2	113 F4U	114 F4U				VII. Flotte

Monat/ Jahr	Air Group	VF	VA	VS	HS	Einsatz bei
1/1953	3					VII. Flotte
4/1954	5		AD			VII. Flotte
5/1955	ATG-2	123 143	55			VII. Flotte
4/1957				37 S2F	2 HSS	VII. Flotte
2/1958				21 S2F	6 HSS	VII. Flotte

CVL-49 Wright

Monat/ Jahr	Air Group	VMFN	VMA	VS
1950				31 AF-2
10/1952		114		
5/1954			211	

CVA-59 Forrestal

Monat/ Jahr	Air Group	VF	VMF	VMA	VA	RVAH	VAH	VS	HS	VAW	VAQ	VMCJ	VQ	VFP	Einsatz bei
2/1957	1	14 32 84 F8U			15 76 AD		1 A3D								VI. Flotte
9/1958	10	102 103			12 104		5 A3D			VA (AW) 33 AD-5N					VI. Flotte
2/1960	8	102 103 F4D F8U (14) (14)			81 83 85 A4D A4D AD-6 (12) (12) (12)		5 A3D (10)			12 33 WF AD-5Q				62 F8U-1P	VI. Flotte
8/1962	8	74 103 F4H F8U (12) (12)			81 83 85 A4D A4D AD-6 (12) (12) (12)		5 A3D (12)								VI. Flotte
7/1964	8	74 103 F-4B F-8		331 A-4	81 83 A-4 A-4		6 A-3B			12 33				62 RF-8	VI. Flotte
9/1965	8	74 F-4B	451		81 83 112 A-4E A-4C A-4		11 A-3B			12			2 EA-3B	62 RF-8	VI. Flotte
7/1967	17	11 74 F-4B F-4B			46 65 106 A-4 A-6 A-4C	11 RA-5C	10 A-3B			13 123 124			2 EA-3B		VII. Flotte
7/1968	17	11 74 F-4B F-4B			15 34 152 A-7B A-4C A-4E	12 RA-5C	10 A-3B			123 E-2					VI. Flotte

Monat/ Jahr	Air Group	VF	VA	RVAH	VAH	VS	HS	VAW	VQ	VAQ	VAP	VMCJ VFP	Einsatz bei
1973	17	11 F-4J 74 F-4J	81 A-7E 83 A-7E 85 A-6A A-6E KA-6D	7 RA-5C			3 SH-3D	126 E-2B	135 EA-6 EA-6A	2 RF-4B			
1978	17	11 F-4J 74 F-4J	81 A-7E 83 A-7E 85 A-6E KA-6D	7 RA-5C		30 S-3A	3 SH-3H	126 E-2C	135 EA-6B				

CVA-60 Saratoga

Monat/ Jahr	Air Group	VF	VA	RVAH	VAH	VS	HS	VAW	VQ	VAQ	VAP	VMCJ VFP	Einsatz bei
2/1958	3	31 32 F8U	34 A4D 35 AD-6		9 A3D								VI. Flotte
8/1959	3	31 F3H 32 F8H	34 A4D 35 AD-6 36 A4D		9 A3D			12 AD-5W 33 AD-5Q				62 F8U-1P	VI. Flotte
8/1960	3	31 F3H (14) 32 F8U (14)	34 A4D (12) 35 AD-6 (12) 36 A4D (12)		9 A3D (12)			12 AD-5W WF-2 33 AD-5Q			A3D-2P	62 F8U-1P	VI. Flotte
4/1963	3	31 F-3D (12) 32 F-8D (14)	34 A-4C (12) 35 A-1H (12) 36 A-4C (12)		9 A-3B (12)							62 RF-8A	VI. Flotte
12/1964	3	31 F-4B 32 F-8	34 A-4 35 A-6 36 A-4	9 RA-5C				12 E-B					VI. Flotte
4/1966	3	31 F-4B 103 F-4B	34 A-4 46 A-6 106 A-4B					12 E-1B	2 EA-3A				VI. Flotte
5/1967	3	31 F-4J 103 F-4B	44 A-4C 176 A-6 216 A-4B	9 RA-5C				121 E-1B					VI. Flotte
1969	3	103 F-4J											
1972	3	31 F-4J 103 F-4J	37 A-7A 75 A-6A KA-6D 105 A-7A	1 RA-5C		24 S-2	7 SH-3	123 E-2				VMCJ 2 RF-4B	VII. Flotte
1977	3	31 F-4J 103 F-4J	37 A-7E 75 A-6E KA-6D 105 A-7E	1 RA-5C		22 S-3A	7 SH-3H	123 E-2C		131 EA-6B		VFP 63 RF-8G	VI. Flotte
1978	3	31 F-4J 103 F-4J	37 A-7E 75 A-6E KA-6D 105 A-7E			22 S-3A	7 SH-3H	123 E-2C		131 EA-6B			VI. Flotte

Monat/ Jahr	Air Group	VF	VA	VMA (AW)	VAW	VMAQ VAQ	VS	HS	Einsatz bei
7/1983	17	74 F-14A 103 F-14A	81 A-7E 83 A-7E	533 A-6E	125 E-2C	2 EA-6B	30 S-3A	3 SH-3H	
1985	17	74 F-14A 103 F-14A	81 A-7E 83 A-7E 85 A-6E KA-6D		125 E-2C	137 EA-6B	30 S-3A	3 SH-3H	

CVA-61 Ranger

Monat/ Jahr	Air Group	VF			VA			RVAH	VAH	VS	HS	VAW	VAQ	VFP VCP	Einsatz bei
2/1959	14	141 F4D	142 F8U	144 FJ-4	145 AD-6	146 FJ-4			6 A3D			11 AD-5W		61 F8U-1P	VII. Flotte
3/1960	9	91 F8U	92 F3H		93 A4D	94 A4D	95 AD		6 A3D			13 AD-5		63 F8U-1P	VII. Flotte
9/1961	9	91 F8U	92 F3H		93 A4D	94 A4D	95 AD-7		6 A3D			11 WF	13 AD-5Q	63 F8U-1P	VII. Flotte
12/1962	9	91 F8U	92 F3H		93 A4D	94 A4D	95 AD-7		6 A3D			11 WF	12 AD-5Q	63 F8U-1P	VII. Flotte
8/1964	9	92 F-4B	96 F-4B		93 A-4C	94 A-4C	95 A-1H	5 RA-5C	2 A-3B			11 E-2A		63 RF-8A	VII. Flotte
8/1966	14	142 F-4B	143 F-4B		55 A-4E	146 A-4C	145 A-1J	9 RA-5C	2 KA-3B			11 E-2A			
11/1967	2	21 F-4B	154 F-4B		22	147 A-7A	165 A-6A	6 RA-5C				115	13		VII. Flotte
5/1969	2	21 F-4J	154 F-4J		25 A-7E	113 A-7E	145 A-6	5 RA-5C				111 E-2A	130 EKA-3B		
1977	2	21 F-4J	154 F-4J		25 A-7E	113 A-7E	145 A-6E KA-6D	5 RA-5C			4 SH-3				
1978	2	21 F-4J	154 F-4J	25 A-7E	113 A-7E	145 A-6E KA-6D				29 S-3A	4 SH-3H				
2/1979	2	21 F-4J	154 F-4J	25 A-7E	113 A-7E	145 A-6E KA-6D		7 RA-5C		29 S-3A	4 SH-3H	117 E-2B	137 EA-6B		

Monat/ Jahr	Air Group	VF	VF	VA	VA	VA	VAW	VAQ	VS	HS	Einsatz bei
2/1984	9	24 F-14A	211 F-14A	192 A-7E	195 A-7E	165 A-6E KA-6D	112 E-2C	138 EA-6B	33 S-3A	8 SH-3H	

CVA-62 Independence

Monat/ Jahr	Air Group	VF		VSF	VMA	VA			RVAH	VAH	VS	HS	VAW	VAQ	VQ	VFP	Einsatz bei
8/1960	7	41 F3H (9)	84 F8U (13)			72 A4D (16)	75 AD-6 (12)	86 A4D (16)		1 A3D (4)						62 F8U-1P	VI. Flotte
8/1961	7	41 F3H	84 F8U			72 A4D	75 AD-6	86 A4D		A3D			33 AD-5Q			62 F8U-1P	VI. Flotte
8/1963	7	41	84 F-8E		324 A-4	72 A-4		86 A-4B		1 A-3B							VI. Flotte
7/1965	7	41 F-4H	84 F-4			72 A-4	75 A-6A	86 A-4E	1 RA-5C	4 A-3B			12				VII. Flotte
7/1966	7	41 F-4	84 F-4		324 A-4	72 A-4E	75 A-6A KA-6D	86 A-4E	1 RA-5C				12	33	2 EA-3B	62 RF-8	VI. Flotte

Monat/ Jahr	Air Group	VF		VSF	VMA	VA			RVAH	VAH	VS	HS	VAW	VAQ	VQ	VFP	Einsatz bei
4/1968	7	41 F-4J	84 F-4B	1 A-4C		46	64 A-4	76 A-4C	7 RA-5C	10 A-3B				33 TA-4F			VI. Flotte
1973	7	33 F-4J	84 F-4J			12 A-7	65 A-6E KA-6D	66 A-7E	9 RA-5C			5 SH-3	124 E-2	33			
1977/78	7	33 F-4J	102 F-4J			12 A-7E	65 A-6E KA-6D	66 A-7E	12 RA-5C		31 S-3A	5 SH-3H	117 E-2C	136 EA-6B			

Monat/ Jahr	Air Group	VF		VA			VAW	VAQ	VS	HS	Einsatz bei
10/1984	6	14 F-14A	32 F-14A	15 A-7E	87 A-7E	176 A-6E KA-6D	122 E-2C	131 EA-6B	28 S-3A	15 SH-3H	

CVA-63 Kitty Hawk

Monat/ Jahr	Air Group	VF		VA				RVAH	VAH	VS		VS HS	HS	VAW	VAQ	VFP	Einsatz bei
10/1962	11	111 F8U	114 F4H	112 A4D	113 A4D	115 AD-6			13 A3D					11 WF		63 F8U-1P	VII. Flotte
11/1965	11	114 F-4B	213 F-4G	85 A-6A	113 A-4C	115 A-1H		13 RA-5C	4 A-3B					11 E-2A			VII. Flotte
11/1966	11	213 F-4B		85 A-6	112 A-4C	144 A-4C		13 RA-5C	4 KA-3B					11 E-2A			VII. Flotte
12/1967	11	114 F-4B	213 F-4B	75 A-6	112 A-4C	144 A-4C		11 RA-5C	4 KA-3B					13 E-2			VII. Flotte
1972/74	11	114 F-4J	213 F-4J	37 A-7E	52 A-6 KA-6D	192 A-7E	195 A-7E			33 S-2E	37 S-2E	38 S-2G 4 SH-3D	8 SH-3D	124 E-2			Erprobung CV-Konzept
1977	11	114 F-14A	213 F-4J	192 A-7E	195 A-6E KA-6E			7 RA-5C		33 S-3A	37 S-3A	38 S-3A	8 SH-3D		136 EA-6B		
1978	11	114 F-14A	213 F-4J	52 A-6E	192 A-7E KA-6D	195 A-7E				33 S-3A			8 SH-3H	122 E-2C	131 EA-6B		

Monat/ Jahr	Air Group	VF	VF	VA	VA	VA	VAW	VAQ	VS	HS	Einsatz bei
7/1983	2	1 F-14A	2 F-14A	146 A-7E	147 A-7E	145 A-6E KA-6D	116 E-2C	130 EA-6B	38 S-3A	2 SH-3H	

CVA-64 Constellation

Monat/ Jahr	Air Group	VF		VA			RVAH	VAH	VS	HS	VAW	VAQ	VFP	Einsatz bei
8/1961	13													„Berlin Crisis Group“
6/1962	5													
3/1963	14	124 F-8E	132 F-8D					10 A-3B						
7/1964	14	142 F-4B	143 F-4B	144	145 A-1	146	5 RA-5C	10 A-3B			11 E-2A		63	VII. Flotte
6/1966	15	151 F-4B	161 F-4B	65 A-6A	153	155 A-4F	6 RA-5C	8 A-3B			11 E-2A			VII. Flotte
5/1967	14	142 F-4B	143 F-4B	55	146 A-4C	196 A-6	12 RA-5C	8 KA-3B			13			VII. Flotte
6/1968	14	142 F-4	143 F-4	27 A-7A	97 A-7A	196 A-6A	5 RA-5C	2 KA-3B			13 113			VII. Flotte
1972	9	92 F-4J	96 F-4J	146 A-7E	147 A-7E	165 A-6A KA-6D	12 RA-5C			6 SH-3	E-2B			VII. Flotte
1977	9	24 F-14A	211 F-14A	147 A-7E	165 A-6E KA-6D					6 SH-3H	126 E-2C		63 RF-8G	
1978	9	24 F-14A	211 F-14A	146 A-7E	147 A-7E	165 A-6E KA-6D			21 S-3A	6 SH-3H	126 E-2C	132 EA-6B	63 RF-8G	

Monat/ Jahr	Air Group	VF		VFA		VA			VAW	VAQ	VS	HS	Einsatz bei
5/1982	9	24 F-14A	211 F-14A			146 A-7E	147 A-7E	165 A-6E KA-6D	112 E-2C	134 EA-6B	38 S-3A	8 SH-3H	
2/1985	14	21 F-14A	154 F-14A	25 F/A-18	113 F/A-18			196 A-6E KA-6D	113 E-2C	139 EA-6B	37 S-3A	8 SH-3H	

CVAN-65 Enterprise

Monat/ Jahr	Air Group	VF		VA				RVAH	VAH	VS	HS	VAW	VAQ	VAP	Einsatz bei
2/1963	6	33 F-8E (14)	102 F-4B (14)	64 A-4C (12)	65 A-1H (12)	66 A-4C (12)	76 A-4C (12)		7 A-5A (10)						VI. Flotte
11/1965	9	92	96	36	76 A-4C	93 A-4C	94 A-4C	7 RA-5C	4 A-3B			11 E-2A			VII. Flotte
12/1966	9	92	96	35 A-6	36	113 A-4C		7 RA-5C	2 A-3B			11 E-2A		61 RA-3B	VII. Flotte
1/1968	9	92 F-4B	96 F-4B	35 A-6A	56 A-4A	113 A-4F		1 RA-5C	2 A-3B			13 112			VII. Flotte

Monat/ Jahr	Air Group	VF	VF	VA	VA	VA	RVAH	VAH	VS	HS	VAW	VAQ	VAP	Einsatz bei
1971	14	142 F-4B	143 F-4B	27 A-7A	97 A-7E	196 A-6A KA-6D	9 RA-5C				113 E-2B	130 EA-3B		
1978	14	1 F-14A	2 F-14A	27 A-7E	97 A-7E	196 A-6E KA-6D	12 RA-5C		38 S-3A	2 SH-3H	113 E-2C	134 EA-6B		

Monat/ Jahr	Air Group	VF	VF	VA	VA	VA	VAW	VAQ	VS	HS	Einsatz bei
8/1984	11	114 F-14A	213 F-14A	22 A-7E	94 A-7E	95 A-6E KA-6D	117 E-2C	133 EA-6B	21 S-3A	6 SH-3H	

CVA-66 America

Monat/ Jahr	Air Group	VF	VF	VF	VA	VA	VA	RVAH	VAH	VS	HS	VAW	VAQ	VQ	VFP	Einsatz bei
12/1965	6	33 F-4		102	64 A-4	66 A-4	85 A-6	5 RA-5C				12		2 EA-3B		VI. Flotte
1/1967	6	33 F-4B		102 F-4B	36 A-4C	64 A-4	66 A-4	5 RA-5C	10 KA-3B		9 SH-3A	33 122		2 EA-3B		VI. Flotte
5/1968	6	33 F-4B	96 F-4J	102 F-4J	82 A-7A	85 A-6A	86 A-7A	13 RA-5C	10 KA-3B			13 122	132 EKA-3B			VII. Flotte
1974	8	74 F-4B		142 F-4J	35 A-6 KA-6D	82 A-7E	86 A-7A B/E						133 EA-6B			
1977/78	6	142 F-14A		143 F-14A	15 A-7E	87 A-7E	176 A-6E KA-6D			28 S-3A	15 SH-3H	124 E-2C	137 EA-6B		63 RF-8G	

Monat/ Jahr	Air Group	VF	VF	VA	VA	VA	VAW	VAQ	VS	HS	Einsatz bei
5/1984	1	33 F-14A	102 F-14A	46 A-7E	72 A-7E	34 A-6E KA-6D	123 E-2C	135 EA-6B	32 S-3A	11 SH-3H	

CVA-67 John F. Kennedy

Monat/ Jahr	Air Group	VF	VF	VA	VA	VA	RVAH	VS	HS	VAW	VAQ	Einsatz bei
1968	1			81 A-4C		83 A-4C						
4/1969	1	14 F-4B	32 F-4B	34 A-6	46 A-4B	72	14 RA-5C			125 E-2A	33 + 135 EA-1F	VI. Flotte

Monat/ Jahr	Air Group	VF		VA			RVAH	VS	HS	VAW	VAQ	Einsatz bei
4/1972	1	14 F-4B (12)	32 F-4B (12)	34 A-6A (5) A-6B (3) A-6C (3) KA-6D (4)	46 A-7B (12)	72 A-7B (12)	14 RA-5C (4)			125 E-2A (4)	135 EKA-3B (3)	VI. Flotte
1978	1	14 F-14A	32 F-14A	34 A-6E KA-6D	46 A-7E	72 A-7E		32 S-3A	11 SH-3H	125 E-2C	133 EA-6B	

Monat/ Jahr	Air Group	VF		VA		VAW	VAQ	VS	HS	Bemerkungen
7/1983 5/1984	3	11 F-14A	31 F-14A	75 A-6E KA-6D	85 A-6E	126 E-2C	137 EA-6B	22 S-3A	7 SH-3H	,,All-Grumman Air Wing"-Versuch; 1986 immer noch

CVAN-68 Nimitz

Monat/ Jahr	Air Group	VF		VMF	VA			RVAH	VS	HS	VAW	VAQ	Einsatz bei
8/1975	8	31 F-4J		333 F-4J	35 A-6E KA-6D	82 A-7E	86 A-7E	9 RA-5C (3)		15 SH-3H (7)	126 E-2B	130 EA-6B	Besuch in Wilhelmshaven
1977	8	74 F-4J		333 F-4J	35 A-6E KA-6D	82 A-7E	86 A-7E	9 RA-5C	32 S-3A	2 SH-3H	116 E-2C	130 EA-6B	
1978	8	41 F-14A	84 F-14A		35 A-6E KA-6D	82 A-7E	86 A-7E		24 S-3A	9 SH-3H	116 E-2C	130 EA-6B	

Monat/ Jahr	Air Group	VF		VA			VAW	VAQ	VS	HS	Einsatz bei
4/1985	8	41 F-14A	84 F-14A	82 A-7E	86 A-7E	35 A-6E KA-6D	124 E-2C	138 EA-6B	24 S-3A	9 SH-3H	

CVN-69 Dwight D. Eisenhower

Monat/ Jahr	Air Group	VF		VA			VAW	VAQ	VS	HS	Einsatz bei
6/1984	7	142 F-14A	143 F-14A	12 A-7E	66 A-7E	65 A-6E KA-6D	121 E-2C	132 EA-6B	31 S-3A	5 SH-3H	

CVN-70 Carl Vinson

Monat/ Jahr	Air Group	VF		VA			VAW	VAQ	VS	HS	Einsatz bei
12/1984	15	51 F-14A	111 F-14A	27 A-7E	97 A-7E	52 A-6E KA-6D	114 E-2C	134 EA-6B	29 S-3A	4 SH-3H	

Flugzeug- und Hubschrauber-Tabellen

Erläuterungen

Es ist nicht Aufgabe dieses Buches, die Waffe ,,Flugzeug" in allen seinen technischen Einzelheiten vorzustellen, sondern es geht darum, die Beziehung zwischen dieser Waffe und der dazugehörigen Plattform, dem Flugzeugträger, herzustellen. Es sind daher in der nachfolgenden Tabelle nur diejenigen Informationen enthalten, die diesem Ziel dienen. Erfaßt sind dort nur die Flugzeugtypen, die ab etwa 1935 zur Flotte kamen. Zum Vergleich sind hier – nicht zuletzt auch im Hinblick auf Vergleiche mit der Tabelle der ,,Air Groups" – sowohl die alten als auch die ab 1962 geltenden Typenbezeichnungen, wie auch die volkstümlichen Bezeichnungen nebeneinandergesetzt worden.

alte Typenbezeichnung	Typenbezeichnung seit 1962	Hersteller	volkstümliche Bezeichnung	Angaben gelten für Version	Maximal-Geschw. Meilen/h	Maximal-Abfluggewicht to.	Datum der Einführung in Staffel	Ende der Dauerverwendung	Bemerkungen
Jagdflugzeuge (Kolbenmaschinen)									
F2F		Grumman		F3F	264	2,2	2/1935 VF-2B	9/1940	F2F auf CV-2, 3, 4, 5, 7; ab 4/1936 F3F in VF-5B; bis 10/1941 auch in VMF-Staffeln
F2A		Brewster	Buffalo	F2A-3	321	3,25	12/1939 VF-3	9/1942	auf CV-2, 3; ebenfalls bei VMF-221 (Midway)
F4F		Grumman	Wildcat	F4F-4	318	3,6	12/1940 VF-4	11/1945	auf CV-3, 4, 6, 7, 8; ebenfalls in VMF
F4U		Vought	Corsair	F4U-4	446	6,7	10/1942 VF-12	12/1955	in großer Anzahl in mehreren Werken gebaut; auch in VMF-Staffeln in Korea
F6F		Grumman	Hellcat	F6F-5	380	7,0	1/1943 VF-9	8/1953	Hauptjäger der USN im II. Weltkrieg
F7F		Grumman	Tigercat	F7F-3	435	11,7	1/1944 VMF-911	3/1954	Erster zweimotoriger Jäger der USN, geplant für *Midway*-Klasse; Nachtjäger des USMC, kein Bordeinsatz
F8F		Grumman	Bearcat	F8F-1	421	5,9	5/1945 VF-19	1/1953	Kam zu spät, um noch im II. Weltkrieg eingesetzt zu werden; eingeführt in 23 VF-Staffeln
Jagdflugzeuge (Strahlantrieb)									
FH		McDonnell	Phantom	FH-1	479	5,5	7/1947 VF-17A	7/1950	Hauptsächlich in VMF-Staffeln
FJ-1		North American	Fury	FJ-1	547	7,1	11/1947 VF-5A	10/1949	Nur bei einer Staffel auf CV-21

alte Typenbezeichnung	Typenbezeichnung seit 1962	Hersteller	volkstümliche Bezeichnung	Angaben gelten für Version	Maximal-Geschw. Meilen/h	Maximal-Abfluggewicht to.	Datum der Einführung in Staffel	Ende der Dauerverwendung	Bemerkungen
F2H	F-2	McDonnell	Banshee	F2H-2	532	10,1	3/1949 VF-171	9/1959	Auch in VMF-Staffeln in Korea
F9F	F-9	Grumman	Panther	F9F-5	579	8,5	5/1949 VF-51	10/1958	Mit CV-21 in Korea; als DF-9E bis 1962 im Dienst
F3D	F-10	Douglas	Skynight	F3D-2	600	12,2	2/1951 VC-3	1968	Elektronik-Version EF-10B vom USMC bis in die 70er Jahre geführt
F7U		Vought	Cutlass	F7U-3	680	14,4	4/1954 VF-81	11/1957	Nur in 4 VF-Staffeln eingesetzt
F9F	F-9	Grumman	Cougar	F9F-6	690	9,1	11/1952 VF-32	2/1960	Auch in VMF-Staffeln; Schulmaschine TF-9J bis 2/1974 im Dienst
FJ-2	F-1	North American	Fury	FJ-4	680	10,8	1/1954 VMF-122	9/1962	In insgesamt 21 Navy- und USMC-Staffeln
F4D	F-6	Douglas	Skyray	F4D-1	695	11,4	4/1956 VC-3	2/1964	In Navy- und USMC-Staffeln, ab 1962 in Reservestaffeln
F3H	F-3	McDonnell	Demon	F-3B	647	15,4	3/1956 VF-14	8/1964	Wurde durch F-4 ersetzt
F11F	F-11	Grumman	Tiger	F-11A	750	10,1	3/1957 VA-156	4/1961	In nur 5 Navy-Staffeln eingeführt
F8U	F-8	LTV	Crusader	F-8E	1120	15,5	3/1957 VF-32	1977	Foto-Aufklärer RF-8G 1985 noch bei NARF
F4H	F-4	McDonnell	Phantom II	F-4B	1485	24,8	12/1960 VF-121		In Navy- und USMC-Staffeln, beim USMC auch als Foto-Aufklärer RF-4B
	F-14	Grumman	Tomcat	F-14A	Mach 2,34	32,7	12/1972 VF-124		Wird später ergänzt durch F-14D
	F/A-18	McDonnell Douglas	Hornet	F/A-18A	1190	25,4	4/1980 VFA-125		Bei der Navy Ersatz für A-7. Beim USMC Ersatz für F-4
Aufklärer-Bomber									
SB2U		Vought	Vindicator	SB2U-3	243	4,3	12/1937 VB-3	2/1943	Eingesetzt auf CV-2, 3, 4, 7 und bei USMC-Staffeln
SBD		Douglas	Dauntless	SBD-5	245	4,9	4/1938 VB-5	9/1945	Haupt-Bordbomber im II. Weltkrieg, eingesetzt auf CV-2, 3, 5, 6 und *Essex*-Klasse
SB2C		Curtiss	Helldiver	SB2C-4	295	7,5	12/1942 VS-9	6/1949	Eingesetzt auf *Essex*-Klasse und beim USMC
Torpedoflugzeuge									
TBD		Douglas	Devastator	TBD-1	206	4,6	10/1937 VT-3	8/1942	Eingesetzt auf CV-2, 3, 5, 6, 8; VT-8 bei Midway komplett vernichtet
TBF/TBM		Grumman	Avenger	TBF-1	271	7,2	3/1942 VT-8	10/1954	Mehrere Versionen; zuletzt für U-Jagd in VS-Staffeln

alte Typen-bezeich-nung	Typen-bezeich-nung seit 1962	Hersteller	volks-tümliche Bezeich-nung	Angaben gelten für Version	Maxi-mal-Geschw. Meilen/h	Maxi-mal-Abflug-gewicht to.	Datum der Einführung in Staffel	Ende der Dauer-verwen-dung	Bemerkungen
Angriffsflugzeuge									
AD	A-1	Douglas	Skyraider	AD-7	318	11,4	12/1946 VA-19A	ca. 1974	Zahlreiche Versionen, Produktion 1957 eingestellt; anfangs auch Stuka- und Torpedomaschine; zuletzt Radarflugzeug auf *Essex*-Klasse
AM		Martin	Mauler	AM-1	367	10,6	3/1948 VA-17A	10/1950	Erster „attack"-Typ; ab 1950 nach Ersatz durch AD in Reservestaffeln
AF		Grumman	Guardian	AF-2S	317	11,6	10/1950 VS-25	8/1955	AF-2S = U-Jagd-Version, Vorgänger von S-2; AF-2W = Radar-Frühwarnversion
A4D	A-4	McDonnell Douglas	Skyhawk	A-4M	670	11,1	9/1956		1985 noch bei VMA-Staffeln
A2F	A-6	Grumman	Intruder	A-6E	648	27,4	2/1963 VA-12		Kann Atombomben abwerfen; auch in VMA-Staffeln; Tanker-Version KA-6D, ECM-Version EA-6A/B
	A-7	LTV	Corsair II	A-7E	698	19,1	10/1966 VA-147		Mehrere Versionen
Schwere Angriffsflugzeuge									
AJ	A-2	North American	Savage	AJ-1	471	24,0	9/1949 VC-5	1/1960	Erster Atombomber der Navy, zuletzt als schwerer Foto-Aufklärer AJ-2P und als Tanker eingesetzt
A3D	A-3	Douglas	Skywarrior	A-3B	610	37,3	3/1956 VAH-1		In 8 VAH-Staffeln; Foto-Version RA-3B, ECM-Version EA-3B und als Tanker EKA-3B
A3J	A-5	North American	Vigilante	RA-5C	1385	36,2	A-5A 6/1961 in VAH-3 RA-5C6/1964 in RVAH-5	ca. 1978	Zuerst Atombomber A-5A/B, dann Fernaufklärer RA-5C; ab 1977 Aussonderung
U-Jagdflugzeuge									
S2F	S-2	Grumman	Tracker	S-2E	253	12,2	2/1954 VS-26	1976	Version C-1A als Kuriermaschine, E-1 als ECM-Version; S-2 auf CVS der *Essex*-Klasse eingesetzt
	S-3	Lockheed	Viking	S-3A	514	23,9	2/1974 VS-41		Strahlflugzeug; ab *Forrestal*-Klasse; Kurierversion US-3A.
Radar-Frühwarnflugzeuge									
W2F	E-2	Grumman	Hawkeye	E-2C	374	23,4	1/1964 VAW-11		Ab *Midway*-Klasse; E-2B in Reservestaffeln

alte Typenbezeichnung	Typenbezeichnung seit 1962	Hersteller	volkstümliche Bezeichnung	Angaben gelten für Version	Maximal-Geschw. Meilen/h	Maximal-Abfluggewicht to.	Datum der Einführung in Staffel	Ende der Dauerverwendung	Bemerkungen
Kurz- und Senkrechtstarter									
	AV-8	Hawker Sideley	Harrier	AV-8A	730	9,6	1/1971 VMA-513		In 3 VMA-Staffeln
	AV-8	McDonnell Douglas	Harrier II	AV-8B	668	13,5	10/1983 VMA-331		In 8 VMA-Staffeln an Stelle von A-4M
Hubschrauber									
HO4S / HRS	H-19	Sikorsky		HRS-2	101	3,6	HO4S-1 12/1950 in HU-2 HRS-4/1951 in HMX-1	12/1960	HO4S = Jagdversion; HRS = Transportversion des USMC
HSS	H-34	Sikorsky	Seabat	UH-34D	123	6,4	HSS-8/1955 in HS-3 HUS-2/1957 in HMRL-363	ca. 1974	In mehreren Versionen gebaut; vor allem für U-Jagd
HSS-2	H-3	Sikorsky	Sea King	SH-3D	166	9,3	6/1961 HSS-1		In mehreren Versionen gebaut; vor allem für U-Jagd
HU2K	H-2	Kaman	Seasprite	SH-2F	160	6,0	12/1962 HU-2		In mehreren Versionen gebaut; SH-2D/F als LAMPS I auf Kreuzern, Zerstörern und Fregatten; UH-2 für Kurier- und Bergungsaufgaben
HU	H-1	Bell	Iroquois/ Sea Cobra/ Huey Cobra	UH-1N	127	4,5	3/1964 VMO-1		In mehreren Versionen hauptsächlich für USMC gebaut; AH-1G Kampfhubschrauber, in der Regel keine Trägermaschine
	H-53	Sikorsky	Sea Stallion	CH-53D	196	19,1	11/1966 in HMH-463 RH-53D 9/1973 in HM-12		Schwerer Transporter des USMC; CH-53E in Einführung; RH-53D für Minenräumaufgaben der Navy; in der Regel nur auf LHA/LPH eingesetzt
	H-46	Boeing/ Vertol	Sea Knight	CH-46D	166	10,4	6/1964 HMM-265		In mehreren Versionen für die Navy und das USMC gebaut; in der Regel nicht auf Flugzeugträgern eingesetzt
	H-60	Sikorsky	Sea Hawk	SH-60B	167	9,9	10/1983 HSL-41		Hubschrauber-Komponente für das LAMPS III-System auf Kreuzern, Zerstörern und Fregatten